中 国 民 族 研 究 文 库

Feixiaotong
Zhonghua Minzu Duoyuan Yiti Geju

中华民族
多元一体格局

费孝通 主编

U0125748

中央民族大学出版社
China Minzu University Press

图书在版编目（CIP）数据

　　中华民族多元一体格局 ／ 费孝通主编 . —修订本 . —北京：中央民族大学出版社，2018.10（2022.12 重印）

　　ISBN 978-7-5660-1501-3

　　Ⅰ.① 中…　Ⅱ.① 费…　Ⅲ.① 中华民族－研究　Ⅳ.① K28

中国版本图书馆 CIP 数据核字（2018）第 067653 号

中华民族多元一体格局

主　　编	费孝通
责任编辑	邱　立　杨爱新
责任校对	杜星宇　肖俊俊
封面设计	舒刚卫
出版发行	中央民族大学出版社

北京市海淀区中关村南大街 27 号　　邮编：100081

电话:(010) 68472815（发行部）　传真：(010) 68933757（发行部）
　　　(010) 68932218（总编室）　　　　　(010) 68932447（办公室）

经 销 者	全国各地新华书店
印 刷 厂	北京鑫宇图源印刷科技有限公司
开　　本	787×1092　1/16　印张：20.5
字　　数	340 千字
版　　次	2018 年 10 月第 1 版　2022 年 12 月第 9 次印刷
书　　号	ISBN 978-7-5660-1501-3
定　　价	86.00 元

费孝通先生

费孝通、陈连开先生在探讨中华民族多元一体格局的理论问题

Feixiaotong
Zhonghua Minsu Duoyuan Yiti Geju

中华民族多元一体格局

费孝通 主编

目　录

第三章 民族称谓含义的演变
及其内在联系

第四章 中国历史上游牧民族的地位

第五章　中华民族研究的理论与方法

CONTENTS

Chapter Three   The Evolution of Ethnic Appellations and the Internal Relations That They Have Revealed

Chapter Four   Historical Position of Nomadic Ethnic Groups in China

Chapter Five   Theories and Methods for the Study of the Chinese Nation

代序：民族研究

—— 简述我的民族研究经历与思考

一

1930年我转学燕京大学师从吴文藻老师学习社会学。在他的指导和影响下，我认识到要科学地认识中国社会，吸收西方人类学实地调查的方法和着重现实的分析是一条比较踏实可行的路子，因此我在1933年升入清华大学研究院师从史禄国老师学习人类学。我在清华学习的两年，主要是学体质人类学。1936年秋季我接着去伦敦经济政治学院师从马林诺斯基老师学习社会人类学，1938年在抗日战争期间返国。到达云南后即在内地进行农村调查，按马老师的功能观点和实地调查方法实行吴老师所提倡的"社区研究"，一直到1949年中华人民共和国成立。在这以前，1935年在清华研究院结业后，接受史禄国老师的建议去到少数民族地区实习一年，因而到广西大瑶山实地调查瑶族的体质和社会组织。这次实习可说是我民族研究的初次尝试。1936年利用夏季回家乡休养的机会又在家乡江苏吴江的"江村"进行了一次为期近两个月的农村实地调查。

也许在这里我应当加一点说明，吴文藻老师所提倡的"社区研究"用学科名称说实际上是社会学和人类学的结合。社区是指人们在一定地区内经营共同生活的群体。它可以是人数较少，经济较简单，文化较低的原始族群，也可以是人数较多，经济和文化较发达的农村、集镇和城市。按照这种观点，社区研究可以包括我1935年的广西瑶族调查、1936年的家乡江村农村调查和后来1939年开始的云南内地农村调查。在这些不同的社区里所研究的对象和所用的研究方法是相同的。社区研究可说是贯串在我一生学术工作中的主线。社区研究这个名称和采用的研究方法及观点，与中国传统的学科分类不完全一致，是否能为学术界接受是可以讨论的。为了避免学科名称上的争论，我现在采取以研究对象为区别把"社区研究"分成两个方面：一是民族研究，一是农村研究，以及后来的城乡研究。这篇论文限于略述我所从事的民族研究这一方面。

二

以我一生的学术经历来说，不同时期有不同的重点，有时是民族研究，有时是城乡研究。从个人选择研究对象来看，不仅决定于个人的兴趣，个人所处的客观条件也很重要。以我本人说，1936年我在 L. S. E 学习时，我的导师建议我以江村调查的资料为依据写出我的博士论文，即后来出版的 *Peasant Life in China* [Fei，1939]。后来在云南的研究工作就偏重于农村研究，一直到抗日战争结束。1949年中华人民共和国成立，我的研究工作重点转向了民族研究。现在回想起来，这次转向主要是由于当时客观形势的改变，请允许我在这里多说几句。

中华人民共和国的成立在我国历史上是件空前的大事，全国社会结构起了重大变化，其中之一是民族关系的转变，从不平等的关系转变为平等关系。中国是个多民族国家，民族间的关系十分复杂，但是几千年来基本上没有变的是民族间不平等的关系，不是这个民族压倒那个民族，就是那个民族压倒这个民族。在这段历史里，中国在政治上有过多次改朝换代，占统治地位的民族也变过多少次，但民族压迫民族的关系并没有改变。直到20世纪的初年，封建王朝覆灭，进入了民国时代，才开始由孙中山先生为代表推行了五族共和的主张。又经过了几乎半个世纪中华人民共和国成立后方出现各民族一律平等的事实，并在国家的宪法上做出了规定。从此我国各民族间的相互关系出现了一个新的民族平等的时代，现在又已经过了近半个世纪了。回想起我们中国这个民族关系的根本变化，如果针对世界上民族战争至今未息的形势来看，不能不承认民族平等是件有关人类共同命运的根本大事。在一个和平大同的世界里，民族平等是决不能少的条件。这个条件在我们中国首先实现，在人类历史上是应当大书特书的。

为实现民族平等，我们必须建立新的制度。在政治体制上我们要有一个由各民族代表共同参加的最高权力机关，即人民代表大会。但是在开国初期我们还不清楚中国究竟有多少民族，它们叫什么名称和各有多少人口。

为了摸清楚有关各民族的基本情况，建立不久的中央人民政府于1950年到1952年间派出了若干"中央访问团"，分别到各大行政区去遍访各地的少数民族（汉族以外的民族因为人口都较少，所以普遍称作少数民族）。除了宣传民族平等的基本政策外，中央访问团的任务就是要亲自拜访各地的少数民族，摸清楚它的民族名称（包括自称和他称）、人数、语言和简单的历史，以及他们在文化上的特点（包括风俗习惯）。由于我本人学过人类学，所以政府派我参加中央访问团。这对我来说是个千载难逢的机会，首先是我在政治上积极拥护民族平等的根本政策，愿意为此出力，同时我觉得采用直接访问的方法去了解各民族情况，就是我素来提倡的社区研究。因之我积极地接受了这项任务。我在1951年和1952年先后参加西南及中南访问团，并负责领导贵州和广西两个省的实地访问工作。这两年可说是我进行民族研究真正的开始。

在访问团的工作中，我有机会翻山越岭，穿林涉水，深入贵州和广西两省分布在各处的少数民族的村寨中去，与群众亲切联欢和交谈。在和众多的少数民族直接接触中，我才深切体会到民族是一个客观普遍存在的"人们共同体"，是代代相传，具有亲切认同感的群体，同一民族的人们具有强烈的休戚相关、荣辱与共的一体感。由于他们有共同的语言并经常生活在一起，形成了守望相助，患难与共的亲切社会关系网络。总而言之，我理解了民族不是个空洞的概念，而是个实实在在的社会实体。同属于一个民族的人们的认同感和一体感，是这个社会实体在人们意识上的反映，即我们通常所说的民族意识。民族意识具体表现在不仅对自己所属的民族有个名称（自称），而且别的民族也常用不同的名称相称（他称）。一般说，我们所接触的少数民族群众都知道自己属于哪个民族。为了答复中国有哪些民族的问题，我们认为首先可以从各地少数民族自报的民族名称入手。

1953年全国第一次人口普查中，自报登记的民族名称全国总共有400多个。分析这张自报族称的名单，发现其中有不少问题。有些自报是少数民族的实际上却是汉族，由于不同原因他们自认为或被认为是一个民族，而且有一定的名称，例如广西的"六甲人"、湖南的"哇乡人"等。有些是某一少数民族

的一部分，由于不同原因，被分成若干民族而且各有不同的族称，例如云南的
"阿细""撒尼""阿哲""普拉"等，其实都是彝族的分支。因之，我们不能直
接根据自报的族称来决定他们是不是一个民族。我们必须对这些自报的族名逐
一进行甄别。这是一项比较复杂的工作，我们称之为民族识别工作，从1953
年开始直到1982年告一段落，一共进行了30年。每个民族在经过我们识别之
后，还要和当地有关民族群众协商，取得同意后，才由中央分批审定和公布。
至1954年确认了38个少数民族，1954—1964年确认了16个少数民族，1979
年又确认了1个少数民族，至此一共确认了55个少数民族。加上汉族，中国
这个多民族国家一共有56个民族。这些民族的正式名称，按名从主人的原则，
还要经过协商才予以正式确认。现在民族识别工作并没有结束，还有极少数族
群的识别没有定论，这些疑案还要进一步研究才能做出决定。

三

民族识别工作牵涉怎样才可以认定是一个民族的理论问题。我在上面已
说过，从我在民族地区实地和少数民族接触中体会到，民族不是一个由人们出
于某种需要凭空虚构的概念，而是客观存在的，是许多人在世世代代集体生活
中形成的，在人们的社会生活中发生重要作用的社会实体。对于民族的形成、
所具的特征进行说明属于民族理论的范围，所以民族理论是民族识别的依据和
标准。在中华人民共和国成立初期，我们可以用作参考的民族理论是当时从苏
联传入的。当时苏联流行的民族定义，简单地说就是"人们在历史上形成的一
个有共同语言、共同地域、共同经济生活以及表现于共同文化上的共同心理素
质的稳定的共同体"。这个定义是根据欧洲资本主义上升时期所形成的民族总
结出来的。这里所提出的"在历史上形成"这个限定词，就说明定义里提到的
四个特征只适用于历史上一定时期的民族，而我们明白我国的少数民族在中华
人民共和国成立初期大多还处于前资本主义时期，所以这个定义中提出的四个
特征在我们的民族识别工作中只能起参考作用，而不应当生搬硬套。同时我们
也应当承认从苏联引进的理论确曾引导我们从这个定义所提出的共同语言、共
同地域、共同经济生活、共同文化上的心理素质等方面去观察中国各少数民族

的实际情况，因而启发我们有关民族理论的一系列思考，从而看到中国民族的特色。

先说有关"共同语言"这个特征。我已说过，我们所观察到的事实是，聚居在一起的少数民族是用相同的语言交谈的，没有共同的语言也就不可能进行日常的共同生活。同时我们也看到他们的语言和其他民族的语言不同，汉族和不同民族的人不能直接用各自的语言通话。这一点是容易明白的。但是自认为是同一民族的人，如果来自不同地方，我们发现他们之间也有并不一定能直接通话的，就是说他们之间语言也有差别。这在我们汉族中也是常常可以遇到的情况。比如，我们苏州人初次碰到福建人或广东人，就通不了话，这是因为各地的方言不同。方言学起来并不难，因为这不过是各地居民口音不同，在语言的文法结构上和所用的字汇上基本是相同的。这里就发生了"共同语言"共同到什么程度的问题。这问题牵涉语言学的专门知识。在语言学里按语言的差异程度分出语系、语族和语支。同一语言里还要分地区间的变异，就是方言。不掌握这门专门知识的人，单凭听觉不易分清差异到什么程度应该说是不同语系、语族、语支或不同方言。在进行民族识别工作时，这方面的问题我们只有依靠语言学专家。幸亏我们的民族研究早就注意到少数民族的语言调查，所以当我们进行民族识别工作时，已有足够的少数民族语言资料提供我们参考。

从语言角度审核上述的民族名称自报名单，可以发现这张名单中有两种情况，一是所报不同的民族有不少语言是相同或相近的，另一种是所报同一民族中包含着不同语言。第一种情况比如广西的"布壮""布越""布雅依""布衣""布土""布雄""布依"等讲的都是侗傣语系的语言，经过说这些话的人相互对话之后，都同意他们所说的话是出于同一母语，所以自愿合并到壮族这个民族中去。第二种情况比如我20世纪30年代调查过的广西大瑶山的瑶族，大瑶山里就有三种不同的语言，第一种是属汉藏语系苗瑶语族瑶语支的勉语（盘瑶），第二种是属汉藏语系苗瑶语族苗语支的布努语（花篮瑶），第三种是属汉藏语系壮侗语族侗水语支的拉珈语（茶山瑶）。这些说不同语言的人虽各有自称，但都一致认同于瑶族。我们根据自愿的原则认定他们都是瑶族的一部分。瑶族在其他地方还有许多不同自称的群体，一起都称为瑶族。

这里应当说明的是，我们并不把上述"定义"所提到的特征孤立起来对待，而认为必须和其他特征结合在一起，特别要考虑这些合并在一起的自报单位间的历史上的渊源关系，因为中国历史的一个特点是，长时期中不同民族在不断的流动中有的被分散了，有的被孤立了，也有的在相互接触中融合了。在分分合合中形成了当前各民族交杂分布在广大地域上的格局。我们这时要进行识别，必须采取历史观点和自愿原则。同时要承认这个复杂的情况，不能用行政手段加以定论，所以凡是一时不易解决的事例，宁可存疑待决，不做武断。

至于"共同地域"的特征，我们在识别工作的实践中提出了"民族聚居区"的概念加以补充和修正。我们承认同一民族的人倾向于居住在同一的地区，但是不应把"同一地区"和"共同地域"等同起来，因为同一地区里可以有不同民族的人共同聚居在内。这个现象在中国特别突出，我们称之为"大杂居，小聚居"。据1982年人口普查的资料，聚居在全国民族自治地方的少数民族人口只占少数民族总人口的74.5%，约有四分之一的少数民族人口杂居或散居在全国各地。总之，中国各民族的居住形态并不是区划齐整、界限分明的，而是互相插花、交错杂居的，这是中国各民族间长期交叉流动和相互交往的结果。尽管如此，从民族人口分布上来看，同一民族聚居的倾向还是很明显的，尽管聚居区有大有小，同一民族的聚居区可以分散在各处，甚至并不联接。在一个民族的聚居区内还可以有不同民族聚居或散居在内。

我们根据中国这个特点提出"民族聚居区"的概念，不仅在理论上有它结合实际的重要意义，而且在一个国家怎样处理民族关系上体现了民族平等的原则。我认为西方民族理论中把"共同地域"作为民族特征，和政治观念中把国家与领土密切结合在一起是分不开的。正因为这种概念，使民族要和国家结合成为民族国家，进而要求国家领土的完整，这不就是当前西方民族纠纷连绵不断，民族战争至今未息的一个原因吗？和西方的民族理论与民族关系相对照，我觉得我们以"民族聚居区"的概念代替民族定义中的以"共同地域"为特征的认识是值得深思的。

我愿意在这里特别提出的是，这个新的概念已经写进我们中华人民共和国的宪法，总纲第四条中规定"各少数民族聚居的地方实行区域自治"。根据这条规定我们中国的少数民族都享受到自治的权利，同时所建立的自治地方内不排斥其他民族杂居在一起，甚至一个区域如果有若干人数相当的少数民族共同聚居在内，可以建立多民族联合的自治地方，同一少数民族可以有不相联接的好几个自治地方。

接着可以就上引苏联流行的民族定义中的第三个特征"共同经济生活"提出一点意见。我们经过结合中国实际情况加以检讨后，也认为这是不符合我们国情的。我已说过苏联流行的民族定义是总结欧洲资本主义上升时期的情况。资本主义上升时期，在欧洲确曾出现过建立民族共同的统一市场的趋势，而实际所形成的是一个超越国界的殖民主义市场。暂且不论这个包括殖民地在内的民族国家市场是否能说是现代民族的特征，即以西方现代民族来说，一个民族内人民的经济生活能否说是"共同"也是一个问题。这个"共同经济生活"显然包含着许多不共同的层次，或说是阶级，甚至有人说是两个民族的矛盾共处。无论如何，我们不能照搬"共同经济生活"来作为中国少数民族的特征。一般说，中国少数民族在中华人民共和国成立时大多是处于前资本主义的小农场耕种和草场放牧的经济状态。至多我们大体上可以说中国少数民族在中华人民共和国成立前只有相同或相似的（而不是共同的）经济生活。

在中国少数民族经济生活方面可以提出来注意的是，它们之间，特别和汉族之间的密切关系。历史上汉族凭借其在经济和文化上比较国内其他各民族为先进的优势，已经长期深入其他民族聚居的区域，建立了沟通各民族的经济渠道。汉族聚居的商业据点分散在几乎所有的少数民族聚居区里，遍布全国，构成了巨大的经济流通网络，起着汉族吸收和传播各民族物质和精神文化的作用，逐年累月地把各民族捆成一个高层次的共同体，这就是我在下面将要提出的中华民族。

最后让我说一下关于"共同文化特点的共同心理素质"。这也许是在苏联流行的民族定义中最重要的一个特征。但正是这个特征我们最不容易捉摸。以我个人来说，至今还是没有甚解。有一段时间我们笼统把它看成少数民族所有的那些特殊的风俗习惯，而且常被他们视作超俗的、不允许触犯的、带有神圣性质的象征。这种理解固然容易观察，但又似乎和上述定义中的意义还有点出入。

在捉摸这个特征的意义时，我特别注意到心理素质这几个字，想从人们心理方面去看民族意识是怎样形成的。这个思路就引导我在理论上进一步探索。在探索过程中我回想到早年在社会学里学到的In-group或We-group一词。In-group或We-group就是指我们把周围所接触的各种人一分为二，一是自家人，一是陌生人，简单说是把人己之别用来区别不同的群体，而且用不同的感情和态度来对待这两种群体。凡是和自己同属一个群体的，即是自家人，相互之间痛痒相关、休戚与共。自家人的认同意识就发生了共同的命运感和共同的荣辱感。In-group或We-group不就是"认同意识"所产生的吗？民族不就是一种In-group或We-group吗？从这条思路上，我找到了民族这个群体的心理素质。认为所谓民族心理素质其实就是民族认同意识。民族认同意识并不是空洞的东西，我们每个人可以通过自己的反省体会民族认同意识是什么，因为当今之世每个人都有自己所属的民族，都有民族意识。

以上是我结合民族实际对民族理论的一些思考。民族实际是因地因时而变化的，我们对民族的认识也应当根据实际的变化而不断发展。中国的现实给了我们学习民族理论的好机会。

四

在这几年民族研究实践中，我对我国在民族这一方面的特点有了一点认识，同时也体会到民族是在人们共同生活经历中形成的，也是在历史运动中变化的，要理解当前的任何民族绝不能离开它的历史和社会的发展过程。现况调查必须和历史研究相结合。在学科上说就是社会学或人类学必须和历史学相结合。看来这不仅是我个人的体会，也是当时从事民族研究的学者以及领导的共同认识。

1956年第一届全国人民代表大会常务委员会决定组织一个科学队伍对中国各少数民族进行一次全面的社会历史调查。参与这项调查研究的工作人员前后总共超过1700人，分别在不同地区的少数民族中进行实地调查，并反复分组分批进行研究讨论。从1957年开始，20世纪60年代中期告一段落，整个调查一直到1991年才结束。调查结果由国家民族事务委员会出版"民族问题五种丛书"，除一本综合性的概况介绍外，包括少数民族的志、史、语言的专刊和实地调查资料的汇编，全书共计403册，8000万字。这项大规模的民族研究工作历时30多个年头，其中虽则因"文化大革命"的干扰停顿过10多年，但从其成果来说，应当说是我国民族研究的空前创举。

这次中国少数民族社会历史调查我只参加开始的一段，负责筹备、组织和开始时在云南省的实地调查。1957年我被召回京，不久就受到政治上反右斗争扩大化的影响，被迫停止社会调查工作。1966年开始的"文化大革命"时期，我的正常社会生活都受到冲击，直到1980年才公开改正我的政治地位和恢复我正常的社会生活。从此我获得了学术上的第二次生命，到目前已有16年。合计起来，若将1935年瑶族调查作为我学术生命的开始，至今已超过60年，其中由于政治原因丢掉了23年，真正主要花在学术工作上的时间至目前为止约30多年。我在第二次生命中，尽力想把一天当两天用，把丢掉的时间捞回来。这个愿望固然不坏，能否实现，还得看天命。

在我得到学术上的第二次生命时，正值中国进入改革开放时期，国民经济有了突飞猛进的发展。社会各方面发生着巨大的变化。生逢盛世，我的学术工作又发生了一次新的定向。起初我还打算用我这第二次生命继续把民族研究做下去。但在1981年为了去伦敦接受赫胥黎奖章，我听从老师Raymond Firth教授的建议，准备利用这次机会向校友们讲一点我家乡农村自中华人民共和国成立后的情况，因此我又回到家乡的农村做了一次短期的访问。这次访问中我深深受到当时农村发展热浪的刺激，促使我决心追随这个历史性转变的大潮流，把研究重点转移到农村社区研究，接着上升到小城镇研究，直到最近又上升了一步，对经济区域的形成和中心城市的勃兴发生了研究兴趣。因此在最近这十多年中民族研究多少被挤掉了一些，虽则我心里对民族研究旧情未衰，还是恋恋不舍，有机会还常到少数民族地区去拜访我的老朋友。

当年我参加中国少数民族社会历史调查时，心里怀着一系列问题有待研究。这些问题一直挂在心上。我虽则1957年以后已无缘在实地调查中寻求答案，但并没有在思想中抹去。困惑我的主要问题是，汉族对少数民族社会历史发展发生过什么作用，和怎样去看待包含汉族和国内所有少数民族在内的"中华民族"。

在我开始参加民族研究的那一段时间里，我们一提民族工作就是指有关少数民族事务的工作，所以很自然地民族研究也等于是少数民族研究，并不包括对于汉族的研究。回想起来这种不言而喻的看法在中央访问团时期已经形成了。中央访问团的实际任务就是向少数民族讲清楚在中华人民共和国他们已有当家做主的权利，即宣传民族平等的政策。因之访问团只访问少数民族，并不访问汉族。这样的任务决定了工作的程序也以一个一个少数民族为对象分别进行访问。在我们组织少数民族社会历史调查时，也是同样安排，最后还是以一个少数民族为单位编写出各民族的历史，55个少数民族各有一本简史，共55册。初看来这种体例倒也是顺理成章的，深入推考一下，使我想到了这种分民族写历史的体例固然有它的好处和方便的地方，但是产生了我上述的困惑。

我的困惑出于中国的特点，就是事实上少数民族是离不开汉族的。如果撇开汉族，以任何少数民族为中心来编写它的历史很难周全。困惑的问题，在编写《民族简史》时成了执笔的人的难题。因之在20世纪60年代初期有许多学者提出了要着重研究"民族关系"的倡议。着重"民族关系"当然泛指一个民族和其他民族接触和影响而言，但对我国的少数民族来说主要是和汉族的关系。这个倡议反映了历史研究不宜以一个民族为单位入手。着重写民族关系固然是对当时编写各民族史时的一种有益的倡议，用以补救分族写志的缺点，但并没有解决我思想上的困惑。

我不是专攻历史学的人，但对过去以汉族为中心的观点写成的中国的历史一直有反感。怎样能跳出这个观点来写中国历史呢？说起这个问题，在我从中央访问团回来后参与筹备中央民族学院的工作时已经有所自觉和考虑。当时我建议聘请一批历史学家、语言学家、民族学家来中央民族学院执教，并推动民族研究。这个建议得到领导的同意，而且确实向这方面走出了一步。不久我又建议在课程里应当有一门综合性地介绍各民族历史的基础课时，却找不到愿意承担讲课工作的人，因为许多历史学家，并没有讲授这门课的准备，过去确实从来没人从民族的角度系统地讲过中国通史。最后我无可奈何只有自己上台试讲了。这个课程只讲了一个学期，写下了一本讲义，最后还是不能不知难而退，没有继续下去。这本讲义并没有外传，束之高阁，因而在"文化大革命"期间得以保留了下来。

1989年夏我到威海暑休，当时已年近八十。出于我对民族研究的留恋，老问题又涌上心头。我带了这本幸存的讲义，打算利用这近一个月的余暇，重新把这20多年里的思考结合这本讲义，整理出一篇文章来。这时我正接到Tanner讲座之约到香港中文大学做一次学术讲演。我打算就用这篇文章作讲稿。这篇文章的题目是《中华民族的多元一体格局》[费孝通，1989]，在这篇文章中我初步走出了郁积多年在民族研究上的困惑，也提出了一些值得继续探索的观点。

这篇讲话的主要论点，第一是中华民族是包括中国境内56个民族的民族实体，并不是把56个民族加在一起的总称，因为这些加在一起的56个民族已结合成相互依存的、统一而不能分割的整体，在这个民族实体里所有归属的成分都已具有高层次的民族认同意识，即共休戚、共存亡、共荣辱、共命运的感情和道义。这个论点我引申为民族认同意识的多层次论。多元一体格局中，56个民族是基层，中华民族是高层。

第二个论点是形成多元一体格局有个从分散的多元结合成一体的过程，在这个过程中必须有一个起凝聚作用的核心。汉族就是多元基层中的一元，由于他发挥凝聚作用把多元结合成一体，这一体不再是汉族而成了中华民族，一个高层次认同的民族。

第三个论点是高层次的认同并不一定取代或排斥低层次的认同，不同层次可以并存不悖，甚至可以在不同层次的认同基础上各自发展原有的特点，形成多语言、多文化的整体。所以高层次的民族可说实质上是个既一体又多元的复合体，其间存在着相对立的内部矛盾，是差异的一致，通过消长变化以适应于多变不息的内外条件，而获得这共同体的生存和发展。

这几个论点是我从研究中国民族的现状和历史的实践中得到的。也可以说，经过了多年探索和思考得到的一些不够全面的认识。在这种认识里，中华民族、汉族和少数民族都各得其所，分属于不同层次的认同体，尽管我们在语言中都用"民族"这同一个名词，但它可以指不同层次的实体。汉族和55个少数民族同属于一个层次，他们互相结合而成中华民族。中华民族是56个民族的多元形成的一体，是高一层次认同的民族实体。如果把具有多元一体格局的中华民族的形成过程如实地摆清楚，也就是一部从民族观点描述的中国通

史了，也可以说就是我在民族研究领域中悬想已久而至今没有能力完成的一个
目标。

五

我总觉得一个人的思想观念是在接触实际中酝酿和形成的，理论离不开
实践。我这篇"多元一体格局"的根子可以追溯到1935年广西大瑶山的实地
调查。同时我觉得只有实践也是不够的，还须从已有的理论中得到启发和指
引。我在大瑶山的实践中能看到民族认同的层次，再联系上中华民族的形成，
其间实践固然重要，但潜伏在我头脑里的史禄国老师的ethnos论应当说是个促
成剂。

在上面讲到民族语言时我已提到，我在1935年广西大瑶山的瑶人中已看
到有说不同语言的集团：说瑶语的盘瑶（自称勉）、说苗语的花篮瑶（自称炯
奈）、说侗语的茶山瑶（自称拉珈）等。1978年重访瑶山时，以瑶族简史的
记载结合了我在当地的查询，使我对这地区瑶族的历史有了一些初步认识。据
说在14世纪以前，瑶族的先人早就生活在南岭山脉一带。从用汉文记载的史
料来看，这个地区的民族斗争有明一代就日益激烈。到15世纪末明王朝曾调
兵遣将对当地少数民族发动了一次著名的战役，战争就发生在今金秀瑶山附近
的大藤峡一带。当地的少数民族，主要是瑶族，他们从此被赶入山区，形成
了"无山不成瑶"的局面。20世纪30年代我所调查的花篮瑶就在今金秀瑶山，
当时称大瑶山。金秀瑶山里现在的瑶族居民是不同时期从山外迁入的。这些从
不同地区迁入这个山区的人，都是在山外站不住脚的少数民族，进山之后这许
多人凭险恶的山势，得以生存下来。他们为了生存不得不团结起来，建立起一
个共同遵守的秩序，即维持至中华人民共和国成立时的石牌组织。对内和平合
作，对外同仇敌忾，形成了一体。山外的人称他们为瑶人，他们也自称是瑶
人，成为一个具有民族认同意识的共同体。在我的心目中，也成了一个多元一
体的雏形。

后来我和各地的少数民族接触多了，对各少数民族的历史知识的了解也
多了些，又联系上汉族本身，感觉到由多元形成一体很像是民族这个共同体形

成的普遍过程。再进一步看到当前我们所认同的"中华民族"也并不例外，于是在我思想里，逐渐形成了解决我在上节所提到的民族研究里的困惑的一条思路。20世纪50年代初我在中央民族学院试讲民族历史概论时，就用这个初步形成的思路写下了一本试用性的讲义，1989年写出了"中华民族多元一体格局"为题的Tanner讲座的讲稿。这是我思想上的一次探索，提出了一些值得反复论证的初步理论性的意见，还没有到成熟的阶段。

1990年国家民委召开一次学术讨论会，评议我这篇讲稿。不少学者专家分别根据自己的研究成果，用其他少数民族的历史资料引证多元一体格局。大家共同承认这是一个新观点、新体系和新探索。这次研讨会的论文后来编成《中华民族研究新探索》[费孝通主编，1991]一书，1991年出版。

重读我这篇讲稿，我觉得理论上值得进一步论证的，是以民族认同意识为民族这个人们共同体的主要特征，进而引申到民族认同意识的多层次性。为了追溯我自己这个思路的渊源，我首先想到的是初学社会学时学到的We-group或In-group的概念。W. G. Sumner在他的名著Folkways [Sumner，1907]一书里指出了人们行为规范存在着两重性，对自己所属团体内部的同情和对外界团体的仇恨，也就是具有我们老话所说"非我族类，其心必异"的成见。前者他称作In-group，后者称作Out-group，即团体有内外之别。后来又有人用We-group来称In-group，意思是凡属In-group的人互相间认为是自家人，用"我们"这个认同的词来相称，所以可说是个认同的群体，我觉得民族就是属于We-group或In-group的一类。所以我把民族认同意识作为民族这种群体的心理特征。

我又想到初学人类学时读过史禄国老师的一本名为Ethnos [Shirokogoroff，1934] 的小册子，那还是在1934年。后来史老师又把这本小册子收入他的巨著Psycho-mental Complex of Tun-gus [Shirokogoroff，1935]作为一章。Ethnos这个拉丁字很不容易翻译，它多少和我们所说的民族有密切关系，但是直译为民族似乎还有点问题，尤其是在史老师的理论里，ethnos包含着一大套丰富的含义。Ethnos在史老师的看法里是一个形成ethnic unit的过程。Ethnic unit是人们组成群体的单位，其成员具有相似的文化，说相同的语言，相信是出于同一祖先，在心理上有同属一个群体的意识，而且实行内婚。从这个定义来看ethnic unit可说是相当于我们所说的"民族"。但是ethnos是一个形成民族的过程，一个个民族只是这个历史过程在一定时间空间的场合里呈现的一种人们共同体。

史老师研究的对象是这过程的本身，我至今没有找到一个恰当的汉文翻译。ethnos是一个形成民族的过程，也可以说正是我想从"多元一体"的动态中去认识中国大地上几千年来，一代代的人们聚合和分散形成各个民族的历史。能不能说我在这篇文章里所写的正是史老师用来启发我的这个难于翻译的ethnos呢？

如果我联系了史老师的ethnos论来看我这篇"多元一体论"，就可以看出我这个学生对老师的理论并没有学到家。我只从中国境内各民族在历史上的分合处着眼，粗枝大叶地勾画出了一个前后变化的轮廓，一张简易的示意草图，并没深入史老师在ethnos理论中指出的在这分合历史过程中各个民族单位是怎样分、怎样合和为什么分、为什么合的道理。现在重读史老师的著作发觉这是由于我并没有抓住他在ethnos论中提出的，一直在民族单位中起作用的凝聚力和离心力的概念。更没有注意到从民族单位之间相互冲击的场合中发生和引起的有关单位本身的变化。这些变化事实上就表现为民族的兴衰存亡和分裂融合的历史。

回顾我民族研究的经历，已有30多年没有深入少数民族中去实地调查研究了。像上面提出的那些问题，看来我今生已难于亲自去研究了，因此我只有指望年轻一代有人愿意接下去继续我在这方面的探索。这正是我建议北京大学社会学人类学研究所把民族凝聚力这个问题列入他们今后研究课题的原因。①

---

① 本文作者费孝通，这是作者1996年向日本国立民族学博物馆（大阪）举办的"中华民族多元一体论"国际学术讨论会提供的书面报告，收入《国立民族学博物馆调查报告8》，日本国立民族学博物馆1998年出版。

导论

一 中华民族的多元一体格局

我想以这次香港中文大学邀请我发表Tanner讲演的机会，提出我多年来常在探索中的关于中华民族多元一体格局的问题向各位学者请教。请容许我坦率地说我对这个格局的认识是不够成熟的，所以这篇讲演只能说是我对这个问题研究的起点，并没有构成一个完整的见解。

为了避免对一些根本概念做冗长的说明，我将把"中华民族"这个词用来指现在中国疆域里具有民族认同的11亿人民。它所包括的50多个民族单位是多元的，但中华民族是一体的，它们虽则都称"民族"，但层次不同。我用国家疆域来作中华民族的范围并不是很恰当的，因为国家和民族是两个不同的又有联系的概念。我这样划定是出于方便和避免牵涉到现实的政治争论。同时从宏观上看，这两个范围基本上或大体上可以说是一致的。

中华民族作为一个自觉的民族实体，是在近百年来中国和西方列强对抗中出现的，但作为一个自在的民族实体则是几千年的历史过程所形成的。我这篇论文将回溯中华民族多元一体格局的形成过程。它的主流是由许许多多分散孤立存在的民族单位，经过接触、混杂、联结和融合，同时也有分裂和消亡，形成一个你来我去、我来你去，我中有你、你中有我，而又各具个性的多元统一体。这也许是世界各地民族形成的共同过程。中华民族这个多元一体格局的形成还有它的特色：在相当早的时期，距今3000年前，在黄河中游出现了一个由若干民族集团汇集和逐步融合的核心，被称为华夏，像滚雪球一般地越滚越大，把周围的异族吸收进入这个核心。它在拥有黄河和长江中下游的东亚平原之后，被其他民族称为汉族。汉族继续不断吸收其他民族的成分而日益壮大，而且渗入其他民族的聚居区，构成起着凝聚和联系作用的网络，奠定了以这个疆域内许多民族联合成的不可分割的统一体的基础，成为一个自在的民族实体，经过民族自觉而称为中华民族。

这是一幅丰富多彩的历史长卷，有时、空两个坐标，用文字来叙述有时难于兼顾，所以在地域上不免有顾此失彼、方位错乱，时间上不免有前后交叉、顺序倒置的缺点。让这篇论文作为我在这个学术领域里的一次大胆的尝试吧。

（一）中华民族的生存空间

任何民族的生息繁殖都有其具体的生存空间。中华民族的家园坐落在亚洲东部，西起帕米尔高原，东到太平洋西岸诸岛，北有广漠，东南是海，西南是山的这一片广阔的大陆上。这片大陆四周有自然屏障，内部有结构完整的体系，形成一个地理单元。这个地区在古代居民的概念里是人类得以生息的、唯一的一块土地，因而称之为天下，又因为四面环海所以称四海之内。这种概念固然已经过时，但是不会过时的却是这一片地理上自成单元的土地一直是中华民族的生存空间。

民族格局似乎总是反映着地理的生态结构，中华民族并不例外。他们所聚居的这片大地是一块从西向东倾侧的斜坡，高度逐级下降。西部是海拔4000米以上的号称世界屋脊的青藏高原，东接横断山脉，地势下降到海拔1000—2000米的云贵高原、黄土高原和内蒙古高原，其间有塔里木及四川等盆地。再往东是海拔千米以下的丘陵地带和海拔200米以下的平原。

东西落差如此显著的三级阶梯，南北跨度又达30个纬度，温度和湿度的差距自然形成了不同的生态环境，给人文发展以严峻的桎梏和丰润的机会。中华民族就是在这个自然框架里形成的。

（二）多元的起源

生存在这片土地上的人最早的情况是怎样的？这个问题涉及了中华民族的来源。任何民族都有一套关于民族来源的说法，而这套说法又常是用来支持民族认同的感情，因而和历史上存在的客观事实可以出现差错。关于中华民族的起源，过去长期存在着多元论和一元论、本土说和外来说的争论，直到20世纪50年代，特别是70年代以来，由于中国考古学的发展，我们才有条件对中华民族的早期历史做出比较科学的认识。

在中华大地上已陆续发现了人类从直立人（猿人）、早期智人（古人）到晚期智人（新人）各进化阶段的人体化石，可以建立较完整的序列。说明了中国这片大陆应是人类起源的中心之一。

这些时代的人体化石又分布极广，年代最早的元谋人（距今约170万年）是在云南发现的。其他猿人的化石已在陕西蓝田县、北京周口店、湖北郧县及郧西县、安徽和县有所发现。生活在10万至4万年以前的古人化石，已在陕西大荔县、山西襄汾县丁村、山西阳高县许家窑、辽宁营口金牛山、湖北长阳县、安徽巢县及广东曲江县马坝等处发现。生活在距今4万至1万年以前的新人化石已在北京周口店山顶洞、山西朔县峙峪、内蒙古乌审旗、辽宁建平县、吉林延边州安图县、黑龙江哈尔滨市、广西柳江县、贵州兴义县、云南丽江县、台湾台南县左镇有所发现。我列举这许多地名目的是要指出在人类进入文化初期，中华大地上北到黑龙江，西南到云南，东到台湾都已有早期人类在活动，并留下了石器。很难想象在这种原始时代，分居在四面八方的人是出于同一来源。可以肯定的是，这些长期分隔在各地的人群必须各自发展他们的文化以适应如此不同的自然环境。这些实物证据可以否定有关中华民族起源的一元论和外来说，而肯定多元论和本土说。

如果以上的论断还不够有说服力的话，考古学上有关新石器时代的丰富资料则有力地表明中华大地上当时已出现地方性的多种文化区。如果我们认为同一民族集团的人大体上总得有一定的文化上的一致性，那么我们可以推定早在公元前6000年前，中华大地上已存在分别聚居在不同地区的许多集团。新石器时期各地不同的文化区可以作为我们认识中华民族多元一体格局的起点。

（三）新石器文化多元交融和汇集

近年来，我国各省区发现新石器文化遗址总共有7000多处，年代从公元前6000年起延续到公元前2000年。根据考古学界的整理和研究，对各地文化区的内涵、演进、交融和汇集，已有比较明确的轮廓，尽管有不少专题还有争论。我在这里不可能详细介绍这方面的研究成果，只能就中原地区的有关资料择要一述。

新石器时期黄河中游和下游存在东西相对的两个文化区：

黄河中游新石器文化的序列是前仰韶文化（前6000—前5400年）—仰韶文化（前5000—前3000年）—河南龙山文化（前2900—前2000年）。继河南龙山文化的可能是夏文化。因仰韶文化以彩绘陶器著名，曾被称为彩陶文化。仰韶文化分布以渭、汾、洛诸黄河支流域的中原地区为中心，北达长城沿线，南抵湖北西北部，东至河南东部，西达甘青接壤地区。但在河南龙山文化兴起前它在黄河中游地区已经衰落了。

黄河下游则另有一序列的文化和黄河中游的文化不同。它们是青莲岗文化（前5400—前4000年）—大汶口文化（前4300—前2500年）—山东龙山文化（前2500—前2000年）—岳石文化（前1900—前1500年）。继岳石文化的可能是商文化。龙山文化以光亮黑陶著名，曾被称为黑陶文化。

公元前3000年当仰韶文化在黄河中游地区突然衰落时，黄河下游的文化即向西扩张，继仰韶文化出现的是河南龙山文化。虽则考古学者认为河南和山东的龙山文化具有地区性的区别，但中游地区在文化上受到下游文化的汇聚和交融的影响是明显的。

长江中下游在新石器时代同样存在着相对的两个文化区。长江下游的文化区是以太湖平原为中心，南达杭州湾，西至苏皖接壤地区。其文化序列大体是河姆渡文化（前5000—前4400年）—马家浜·崧泽文化（前4300—前3000年）—良渚文化（前3300—前2200年）。良渚文化大体和河南龙山文化年代相当，文化特征也与山东龙山文化有密切的联系。

长江中游新石器文化以江汉平原为中心，南包洞庭湖平原，西尽三峡，北抵河南南部，其文化序列分歧意见较多，大体上是大溪文化（前4400—前3300年）—屈家岭文化（前3000—前2000年）—青龙泉文化（前2400年），因其受中原龙山文化的影响，亦称湖北龙山文化。长江中游和下游相同的是在后期原有文化都各自有黄河下游龙山文化的渗入，而处于劣势地位。关于新石器时代北方的燕辽文化区，黄河上游文化区及华南文化区留待下面讲到这些地区时再说。

上面所述新石器时代中原两河流域中下游这个在生态条件上基本一致的

地区的考古发现，已可以说明中华民族的先人在文明曙光时期，公元前5000年到前2000年之间的3000年中还是分散聚居在各地区，分别创造他们具有特色的文化。这是中华民族格局中多元的起点。

在这多元格局中，同时也在接触中出现了竞争机制，相互吸收比自己优秀的文化而不失其原有的个性。例如，在黄河中游兴起的仰韶文化，曾一度向西渗入黄河上游的文化区，但当其接触到了比它优秀的黄河下游山东龙山文化，就出现了取代仰韶文化的河南龙山文化。考古学者在龙山文化前加上各个地方的名称，表示它们依然是从当地原有文化中生长出来的，实际上说明了当时各族团间文化交流的过程，在多元之上增加了一体的格局。

（四）凝聚核心汉族的出现

中国最早的文字史料现在可以确认的是商代的甲骨文，而相传由孔子编选的《尚书》还记载一些夏商文化和上古传说。早年的史书中，把上古史编成三皇五帝的历史系统。这些文字史料已有部分可以和考古资料相印证，使我们对新石器时代末期到铜器时代的历史能有较可靠的知识，特别是20世纪80年代初期发掘的河南登封王城岗夏代遗址，一般认为即是夏王朝初期的"阳城"遗址，夏代历史已从神话传说的迷雾中得以落实。商代历史有甲骨文为据，周代历史有钟鼎文为据，相应的后世的文字记载都可得而考。而夏商周三代正是汉族前身华夏这个民族集团从多元形成一体的历史过程。

河南夏代"阳城"遗址所发现的文物，显示了它是继承了新石器时代河南龙山文化发展到了铜器时代。从黄河中下游遗留的文物中也可以看到这些地区都早已发展了农业生产，这和夏禹治水的传说（河南龙山文化的中晚期）可以联系起来，表明了这地区早期居民当时生产力的发达水平。我们还记得河南的龙山文化正是在仰韶文化的基础上吸收了山东的龙山文化而兴起的。所以可以说华夏文化就是以黄河中下游不同文化的结合而开始的。

传说的历史中在禹之前还有尧、舜和神话性的始祖黄帝。留下的传说大多是关于他们向四围被称为蛮夷戎狄的族团的征伐。黄帝曾击败过蚩尤和炎帝，地点据说都在今河北省境内。据《史记》所载，舜又把反对他的氏族部落放逐到蛮夷戎狄中去改变后者的风俗，也可以说就是中原居民和文化的扩张。到禹时，如《左传》所载："禹会诸侯于涂山，执玉帛者万国。"《禹贡》将这时的地域总称为"九州"，大体包括了黄河中下游和长江下游的地区，奠定了日益壮大的华夏族的核心。

继夏而兴起的是商。商原是东夷之人，而且是游牧起家的。后来迁泰山，再向西到达河南东部，发展了农业，使用畜力耕种。农牧结合的经济使它强大起来，起初臣属于夏，后来取得了统治九州的权力，建立商朝，分全国为中东南西北五土。《诗经·商颂》有："邦畿千里，维民所止，肇域彼四海。"商代疆域包括今河南、山东、河北、辽宁、山西、陕西、安徽以及江苏、浙江的一部分，可能还有江西、湖南及内蒙古的某些地方。

继商的是周。周人来自西方，传说的始祖是姜嫄，有人认为即西戎的一部分羌人，最初活动在渭水上游，受商封称周。它继承了商的天下，又把势力扩大到长江中游。《诗经·北山》称："溥天之下，莫非王土，率土之滨，莫非王臣。"它实行宗法制度，分封宗室，控制所属地方；推行井田，改进农业，提高生产力。西周时松散联盟性质的统一体维持了约300年，后来列国诸侯割据兼并，进入东周的春秋战国时代。这时的统一体之内，各地区的文化还是保持着它们的特点。直到战国时期，荀子还说："居楚而楚，居越而越，居夏而夏。"夏是指中原一带的一个核心，不论哪个地方的人，到了越就得从越，到了楚就得从楚，可见楚和越和夏还有明显的差别。

无可否认的是，在春秋战国的500多年里，各地人口的流动、各族文化的交流、各国的互相争雄，出现了中国历史上的一个文化高峰。这500年也是汉族作为一个民族实体的育成时期，到秦灭六国，统一天下，而告一段落。

汉作为一个族名是在汉代和其后中原的人和四围外族人接触中产生的。民族名称的一般规律是从"他称"转为"自称"。生活在一个共同社区之内的人，如果不和外界接触不会自觉地认同。民族是具有共同生活方式的人们共同体，必须和"非我族类"的外人接触才发生民族的认同，也就是所谓民族意识的形成，所以有一个从自在到自觉的过程。秦人或汉人自认为秦人或汉人，是出于别人将他们称作秦人或汉人。必须指出，民族的得名必须先有民族实体的存在，并不是得了名才成为一个民族实体的。

汉人这个名称不能早于汉代，但其形成则必须早于汉代。有人说汉人成为族称起于南北朝初期，可能是符合事实的。因为魏晋之后正是北方诸族纷纷入主中原的十六国分裂时期，也正是汉人和非汉诸族接触和混杂的时候，汉人这个名称也就成了当时流行的指中原原有居民的称呼了。

当时中原原有的居民在外来的人看来是一种"族类"，而以同一名称来相呼，说明这时候汉人已经事实上形成了一个民族实体。上面从华夏人开始所追溯的2000多年的历史正是这个民族诞生前的孕育过程。

汉族的形成是中华民族形成中的一个重要阶段，在多元一体的格局中产生了一个凝聚的核心。

（五）地区性的多元统一

秦始皇结束战国时代地方割据的局面在中国历史上是一件划时代的大事，因为从此统一的格局成了历史的主流。当然所统一的范围在秦代还只限于中原，就是黄河长江中下游的平原农业地区，而且这个统一的格局也是经过长时期逐步形成的。在春秋战国时代各地方的经济都有所发展，他们修筑道路，发展贸易。战国时的列国通过争雄称霸，基本上已把中原这片土地四通八达地构成了一个整体。秦始皇在这基础上做了几件重要的事，就是车同轨，书同文，立郡县和确立度量衡的标准，在经济、政治和文化上为统一体立下制度化的规范。

车同轨和度量衡的标准化是经济统一的必要措施。传统的方块字采用视觉符号把语和文分离，书同文就是把各国的通用符号统一于一个标准，也就是把信息系统统一了起来，在多元语言上罩上一种统一的共同文字。这个信息工具至今还具有生命力。废封建、立郡县，建立了中央集权的政体，这个政体延续至今已有2000多年的历史。关于中原地区的统一我不再多说。在这里要指出的，这只是形成中华民族多元一体格局的又一步。第一步是华夏族团的形成，第二步是汉族的形成，也可以说是从华夏核心扩大而成汉族核心。

我说秦代的统一还只是中华民族这个民族实体形成的一个步骤，因为当时秦所统一的只是中原地区，在中华民族的生存空间里只占一小部分，在三级地形中只是海拔最低的一级，而且还不是全部。中原的周围还有许多不同的族团也正在逐步分区域地向由分而合的统一路上迈进。让我先讲北方的情况。

到目前为止，我国考古学的工作主要还是集中在中原地区，因此我们对中原周围地区的上古历史相对地说还是知道得很少。陈连开教授提出过一个值得重视的观点，我的另一位同事谷苞教授经过几十年在西北的实地考察，也提出了同一观点，他们都认为秦汉时代中原地区实现统一的同时，北方游牧区也出现了在匈奴人统治下的大一统局面。他们更指出，南北两个统一体的汇合才是中华民族作为一个民族实体进一步的完成。我同意这个观点。

南北两大区域的分别统一是有其生态上的基础的。首先统一的中原地区是黄河长江中下游的平原地区，从新石器时代起就发生了农业文化。黄河中下游的新石器遗址中已找到粟的遗存，长江中下游的新石器遗址中已找到稻的遗存。从夏代以降修水利是统治者的主要工作，说明了灌溉在农业上的重要地位。小农经济一直到目前还是汉族的生活基础，至今还没有摆脱汉族传统性的祖先神农氏的阴影。

这一片平原上的宜耕土地，在北方却与蒙古高原的草地和戈壁相接，在西方却与黄土高原和青藏高原相连。这些高原除了一部分黄土地带和一些盆地外都不宜耕种，而适于牧业。农业和牧业的区别各自发生了相适应的文化，这是中原和北方分别成为两个统一体的自然条件。

划分农牧两区的地理界限，大体上就是从战国时开始建筑直到现在还存在的长城。这条战国秦汉时开始修成的长城是农业民族用来抵御畜牧民族入侵的防线。农民处于守势而牧民处于攻势。这也决定于两种经济的不同性质。农业是离不开土地的，特别是发展了灌溉农业，水利的建设更加强了农民不能背井离乡的黏着性。农民人口增长则开荒辟地，以一点为中心逐步扩大，由家而乡，紧紧牢守故土，难得背离，除非天灾人祸才发生远距移动。

牧业则相反。在游牧经济中，牲口靠在地面上自然生长的草得到食料，牲口在草地上移动，牧民靠牲口得到皮、毛、肉、乳等生活资料，就得跟牲口在草地上移动，此即所谓"逐水草而居"。当然游牧经济里牲口和人的移动也是有规律的，但一般牧民不能长期在一个地方定居，必须随着季节的变化，在广阔的草原上转移。牧民有马匹作行动的工具，所以他们的行动比较迅速，集散也比较容易。一旦逢遭灾荒,北方草原上的牧民就会成群结队,南下就食农区。当双方的经济和人口发展到一定程度,农牧矛盾就会尖锐起来,牧民成为当时生活在农区的人的严重威胁。对这种威胁,个体小农是无法抗拒的,于是不能不依附于可以保卫他们的武力以及可以动员和组织集体力量来建筑防御工程的权力。这也是促成中央集权政体的一个历史因素。长城表现了这一历史过程。

牧区经济的发展同样需要有权力来调处牧场的矛盾,需要能组织武力进行自卫或外出夺取粮食、财物和人口。我们对于北方草原上民族的早期历史知道得很少。当在汉代的史书中看到有关匈奴人较详细的记载时,他们已经是北方的强大力量,拥有长城之外东起大兴安岭,西到祁连山和天山这广大地区,就是这里所说的北方统一体,到汉初已形成"南有大汉,北有强胡"的局面。

实际的历史过程不可能这样简单。考古学者从20世纪30年代起已陆续在长城外的内蒙古赤峰(昭乌达盟)发现了新石器时代的红山文化,这地区的先民已过着以定居农业为主,兼有畜牧渔猎的经济生活。近年又发现了距今5000年前的祭坛和"女神庙",出土的玉器与殷商玉器同出一系。铜器的发现更使我们感到对东北地区早期文化的认识不足,而且正是这个东北平原和大兴安岭及燕山山脉接触地带,在中国历史上孕育了许多后来入主中原的民族。关于这方面的情况,下面再提。

中原和北方两大区域的并峙,实际上并非对立,尽管历史里记载着连续不断的所谓劫掠和战争。这些固然是事实,但不见于记载的经常性相互依存的交流和交易却是更重要的一面。把游牧民族看成可以单独靠牧业生存的观点是不全面的。牧民并不是单纯以乳肉为食,以毛皮为衣。由于他们在游牧经济中不能定居,他们所需的粮食、纺织品、金属工具和茶及酒等饮料,除了他们在大小绿洲里建立一些农业基地和手工业据点外,主要是取给于农区。一个渠道是由中原政权馈赠与互市,一个渠道是民间贸易。

贸易是双方面的,互通有无。农区在耕种及运输上需要大量的畜力,军队里需要马匹,这些绝不能由农区自给。同时农民也需牛羊肉食和皮毛原料。在农区对牧区的供应中,丝织物和茶常是重要项目。因而后来把农牧区之间的贸易简称为"马绢互市"和"茶马贸易"。在北方牧区的战国后期及汉代墓葬中，发现很多来自中原地区的产品，甚至钱币。

在日益密切的相互依存和往来接触中，靠近农区的那一部分匈奴牧民于公元1世纪已逐步和附近的汉族农民杂居混合，进入半农半牧的经济。公元1世纪中叶，这些匈奴人在汉光武帝的强大压力下南北分裂。后被称为南匈奴的，后来并没有跟北匈奴远走中亚，而留原地，即今内蒙古境内，并且逐渐进入关内和汉人杂居混合。

在战国到秦这一段历史时期里，农牧两大一统体之争留下了长城这一道巨大的工程，这是表示了早期牧攻农守的形势。但是当农业地区出现的统一体壮大后，从汉武帝开始就采取了反守为攻的战略。这个战略上的改变导致了汉族向西的大扩张，就是在甘肃西部设置河西四郡：敦煌、酒泉、武威、张掖，移入28万人，主要是汉族。

河西四郡是黄土高原通向天山南北的走廊。这个地区的平原地带降水量是很少的，但是祁连山山区降水量较多，而且有积雪融化下流，供水较足，可以灌溉农田。这是汉族能大量移入开荒种田的经济基础。这条走廊原来是乌孙和月氏的牧场，匈奴把他们赶走后占领其地，并和羌人联合起来，在西方包围了汉族。汉武帝于公元前121年迫降该地区的匈奴，置四郡移汉人实边，把这个包围圈打出了一个缺口，即所谓"隔绝羌胡"。这条走廊也给汉代开辟西域铺下通道。后来汉代又利用这条通道，联合天山以南盆地里的被匈奴欺压掠夺的农业小国和被匈奴放逐到中亚的乌孙，形成了对匈奴的反包围，并且击败匈奴。

从蒙古高原经天山北路直到中亚细亚是一片大草原，这对游牧民族来说是可以驰骋无阻的广场。游骑飘忽，有来有去。牧场的争持，你占我走，你走我占，所以这个地区的民族是时聚时散的。哪个部落强大了就统治其他部落，而且以其名称这广大草原上的牧民。所以在史书上所见的是一连串在北方草原上兴起的族名：匈奴之后有鲜卑、柔然、突厥、铁勒、回鹘等。他们有时占领整个大草原，有时只占其中的一部分，最后是蒙古人，其势力直达西亚。

曾在这片草原上崛起的民族，许多还有其后裔留在这个地区，但又多和其他民族结合，其杂其混、其分其合，构成很复杂的历史过程，我们在此毋庸细述。大体上说，新疆现有民族中有五个少数民族所说的语言属于突厥语族，他们是维吾尔、哈萨克、乌孜别克、塔塔尔、柯尔克孜。他们都是早期就在这片大草原上活动过的民族的后裔。

（六）中原地区民族大混杂、大融合

汉族形成之后就成了一个具有凝聚力的核心，开始向四周围的各族辐射，把他们吸收成汉族的一部分。紧接汉魏在西晋末年黄河流域及巴蜀盆地出现了"十六国"，实际上有20多个地方政权，大多是非汉民族建立的。在这大约一个半世纪（304—439）里，正是这个地区民族大杂居、大融合的一个比较明显的时期，是汉族从多元形成一体的一幕台前的表演。而这场表演的准备时期早在汉代就已开始，匈奴人的"归附"即是其中的一幕。

在这些地方政权中，匈奴人建立的有3个，氐人建立的有4个，羯人建立的有1个，鲜卑人建立的有7个，羌人建立的有1个，汉人建立的有3个。它们所占的地区遍及今陕西、山西、河北、河南、甘肃、宁夏及四川、山东、江苏、安徽、辽宁、青海、内蒙古等省区，实际上中原地区的全部都曾波及。

北方及西方非汉民族在上述地区建立地方政权表明，有大量的非汉人进入了这个地区，由于混而未合，所以这时"汉"作为民族标记的名称也就流行起来，而且由于汉人的政治地位较低，"汉人"也成为带有歧视的称呼。但是进入华北地区的非汉人，一旦改牧为农，经济实力最终还是要在社会地位上起作用。在这个时期就开始有关于"胡人改汉姓"的记载，到了统一华北的北魏还发布了改复姓为单姓的诏命，也就是要胡人改从汉姓。有人统计《魏书》"官氏表"中126个胡姓中已有60个不见于官书。杂居民族间的通婚相当普遍，甚至发生在社会上层。非汉人的政治地位又不易持久，你上我下，我去你来，结果都分别吸收在汉人之中。汉族的壮大并不是单纯靠人口的自然增长，更重要的是靠吸收进入农业地区的非汉人，所以说是像滚雪球那样越滚越大。

经过南北朝的分裂局面，扩大了的中原地区重又在隋唐两代统一了起来。唐代的统治阶级中就有不少是各族的混血。建国时，汉化鲜卑贵族的支持起了举足轻重的作用，因之他们在统治集团中一直处于重要地位。有人统计，唐朝宰相369人中，胡人出身的有36人，占1/10。《唐书》还特辟专章为番将立传。沙陀人在唐末颇为跋扈，在继唐而起的五代中后唐、后晋、后汉三朝都是沙陀人建立的，以中兴唐朝出名的庄宗本身就是出自沙陀人。所以有唐一代名义上是汉族统治，实际上是各族参与的政权。从唐到宋之间的近500年的时间里，中原地区实际上是一个以汉族为核心的民族熔炉。许多非汉族被当地汉人所融合而成为汉人。当然融合的过程是复杂的，但结果许多历史有记载的如鲜卑、氐、羯等族名逐渐在现实生活中消失了。

唐代不能不说是中华文化的一个高峰。它的特色也许就在于它的开放性和开拓性。这和民族成分的大混杂和大融合是密切相关的。

（七）北方民族不断给汉族输入新的血液

北宋可以说经过了五代的分裂局面，使中原又恢复了统一，但它的力量究竟是微弱的。它的北方，今内蒙古巴林左旗，在公元916年兴起了一个强大的民族——契丹，作为中国的一个王朝称辽，它的疆域从黑龙江出海口到今蒙古国中部，南面从今天津，经河北霸县到山西雁门关一线与北宋对峙。统治了210年才为另一北方民族女真所灭。发源于白山黑水的女真人，公元1115年立国称金。公元1125年灭辽，接着灭北宋，先后在今北京和开封建都，疆域包括辽的故土并向西扩张到陕西、甘肃与西夏接界，向南扩张达秦岭和淮河与南宋接界。两宋共有320年的历史，这是中原北部这个地区混杂居住的许多民族成分消化和融合的阶段，并为汉族向南扩张积聚了力量。这是后话。

这里应当讲一讲大兴安岭以东的松辽平原。这个平原和广大草原之间当时存在着一个大兴安岭的屏障，广阔的森林可能挡住了游牧民族的东进。看来有一些游牧民族可以溯源于这个森林里的狩猎民族。

最近我到大兴安岭林区实地观察，在呼伦贝尔盟阿里河镇西北10公里见到林区里的一个山洞，称嘎仙洞，洞里还保留着公元443年北魏太武帝拓跋焘遣使树立的用以纪念他祖先的石刻祝文。这表明鲜卑族早期曾居住在大兴安岭的森林里。鲜卑族后来从山区西南迁到呼伦池的草原上，然后继续向西南迁徙，居阴山河套之间，形成鲜卑拓跋部，其中一部分进入青海，大部分则在4

世纪初活动在今内蒙古和山西大同地区。公元386年建立魏国，公元439年统一中原北部地区。

建辽国的契丹人原是活动在辽河上游的游牧民族，曾臣服于唐，公元916年阿保机称帝。建国前后都有大批汉人迁入，农业和手工业得到发展，但被金灭后，契丹人多与汉人及女真人相融合。

建立金国的女真人也是在松辽平原上兴起的，他们走上与契丹人同样的由弱到强、由强而亡的道路。当他们占有中原北部地区后，曾把所征服的地区的居民用汉人、燕人、南人等名称和女真人相区别，但是后来也有许多女真人开始改用汉姓，见于《金史》记载的有31姓，而且他们的改姓并非出于诏令，而是民间的自愿，尽管改用汉姓并不表示他们已完全成了汉人，只能表明他们已不再抗拒汉化了。

不论是契丹人还是女真人，尽管在中原北部政治上取得优势，但都没有统一中国。北方民族囊括中国全部版图成为统一的政权是从蒙古人建立的元朝开始。其后还有女真人的后裔满人建立了清朝。元朝统治了97年（1271—1368），清朝统治了近260年（1644—1911）。蒙古人和满人是非汉民族，而且至今还是有人口百万以上的少数民族，但是在他们的统治时代，汉族还是在壮大，当他们的王朝灭亡后，大量的蒙古人和满人融合在汉族之中。

元代蒙古人统治下的人分四等：蒙古、色目、汉人和南人。这时的女真人、契丹人、高丽人都被包括在汉人之中，与汉人的待遇是一致的。又据《元史》记载："女直（即女真）、契丹同汉人。若女直、契丹生西北不通汉语者，同蒙古人；女直（其下当遗契丹二字）生长汉地，同汉人。"①看来女真人和契丹人中已有分化，或融合于汉人，或融合于蒙古族。元代把宋遗民分化为汉人和南人两类，以南宋、金疆域为边界。凡是先被蒙古人征服的原属金的区域里的人民称汉人，后来征服了南宋，曾属南宋的人称南人或宋人、新附人或蛮子。看来其中也包括长江以南的各非汉民族。这样也加强了这些非汉民族和汉族的融合。

继蒙古人之后统治中国的是汉族，称明朝，初期曾下令恢复"唐代衣冠"，

---

① 《元史·世祖纪十》。

禁止胡服胡语胡姓。用行政命令来改变民族风俗习惯和语言都是徒劳的。据《明实录》引用公元1442年的一奏折中有当时"靼装"盛过唐服的话。但是民间交流却起作用。明末清初的顾炎武在他的《日知录》里关于当时民族混杂的情况曾说："华宗上姓与毡裘之种相乱，惜乎当日之君子徒诵'用夏变夷'之言，而无类族辨物之道。"又说："今代山东氏族其出于金、元之裔者多矣。"这表明在当时的社会上层各族间的通婚已经通行，而且大量地汉化了。

蒙古人融合于汉族的具体例子见于梁漱溟先生的《问答录》。他说："我家祖先与元朝皇帝同宗室，姓'也先帖木耳'，蒙古族。元亡，末代皇帝顺帝携皇室亲属逃回北方，即现在的蒙古，而我们这一家未走，留在河南汝阳，改汉姓梁……说到种族血统，自元亡以后经过明清两代，历时500余年，不但旁人早不晓得我们是蒙古族，即自家人如不是有家谱记载也无从知道了。但几百年来与汉族通婚，不断融合两种不同的血统，自然是具有中间的气质的。"①在看到这段话之前，我从来不知道梁先生的祖先是蒙古人，他并没有报过蒙古族，而安于自认及被认为汉族，但是有意思的是他这500多年前的血统渊源还看成是他的"中间气质"的根源。可见民族意识是很深的。中华人民共和国成立之后，原来已报汉族而后来改报蒙古族的人数还是不少的。

这里可以提一下，由于蒙古人先统一了北方地区，后来才西征中亚，然后回师从甘肃，经四川，入云南，沿长江而下，灭亡南宋。这一场战争在中华民族的格局中增添了一个重要的少数民族，即回族。1982年普查人数达722万，在少数民族中仅次于壮族，而且是其中分布最广的民族。主要聚居于宁夏和甘肃，并在青海、河南、山东、云南等省及全国各大城市有大小不等的聚居区。

大约在7世纪中叶，从海路有大批阿拉伯和波斯的穆斯林商人在广州、泉州、杭州、扬州等沿海商埠定居，当时称蕃客。13世纪初叶蒙古人西征，中亚信仰伊斯兰教各国被征服后，大批商人、工匠签发为远征军，称"探马赤军"，后随军进入中国征伐南宋，其中有汉人称他们为"回回军"的。回族就是在蕃客和回回军基础上大量和汉族通婚后，形成包括所有在中国各省信仰伊斯兰教的人。除了随蒙古军队在大城市落户的中亚商人和工匠外，还有大量中

---

① 《问答录》第2页。

亚军人分驻各防区，主要在甘肃、云南，奉命屯垦，"上马则备战斗，下马则屯聚牧养"①，定居了下来，他们在元代列入色目人中，享有较高的政治和社会地位。明代他们在政府和军队中还保持了较高地位。其时在甘青宁一带人口众多，曾有"回七汉三"的说法。在云南大理一带其人数也很多。但由于后来清代执行民族欺压政策，西北和云南的回族人口大为减少。

由于这个民族具有商业传统，早在唐代，丝绸之路上的来往商人，蕃客就占重要地位。回族形成后，在黄土高原上北和蒙古、西和青藏牧区接壤地区，即甘青宁黄河上游走廊地带，依靠农牧产品贸易，即所谓"茶马贸易"，善于经商的回族得以发展，所以现在最大的回族聚居区还是在宁夏回族自治区和甘肃的临夏回族自治州。

回族现在通用汉语。海上和从中亚移入的穆斯林什么时候和怎样失去他们原来的语言已经难说。有人认为商人和军队中妇女较稀少，所以为了繁衍种族，势必和当地妇女通婚，由母传子，改变了民族语言。经商也应当是他们必须掌握当地语言的一个原因，何况回族一般是以小聚居、大分散的格局和汉人杂居，在语言和生活各方面和汉族趋同是很自然的社会结果。但是他们坚持伊斯兰信仰，用以在汉族的"汪洋大海"中保持和加强自己的民族意识。他们一般的习惯是回族可以娶汉族妇女，嫁后须信仰伊斯兰教。回族妇女不嫁汉人，除非汉人改信伊斯兰教，成为回族成员。

清代满族并没有逸出过去进入中原的北方民族的老路。这是大家记忆犹新的历史，可以不必在此多说。我在中华人民共和国成立前的确没有听到过语言学家罗常培、文学家老舍是满族，他们都是在中华人民共和国成立之后才公开他们的民族成分的。当然，我们这些汉人和他们相处时并不会感到我们之间有什么民族差别。在没有公开他们的民族成分之前，他们都知道自己是满族。这又说明了在一体的格局中多元还是顽强地存在。

北方诸非汉民族在历史长河里一次又一次大规模地进入中原农业地区而不断地为汉族输入了新的血液，使汉族壮大起来，同时又为后来的中华民族增加了新的多元因素。这些对中华民族多元一体格局的形成都起了重要的作用。

---

① 《元史·兵志》。

我在本文中只能做出上面简单的叙述，指出它的梗概而已。

（八）汉族同样充实了其他民族

在我国古代民族中，除了月氏、乌孙、匈奴、突厥等民族的大部或部分迁居他国外，绝大多数的民族都长期在中华大地上居住，他们之间的交流和融合是经常的。上节里我着重讲了在不同时期汉族曾融合进了为数众多的其他民族成分。在这一节里，我要略述汉族融合到其他民族里去的情况。

汉族被融合入其他民族主要有两种情况：一种是被迫的，有如被匈奴、西羌、突厥掳掠去的，有如被中原统治者派遣去边区屯垦的士兵、贫民或罪犯；另一种是由于天灾人祸自愿流亡去的。这两种人为数都很多，有人估计"匈奴有奴隶约30万，约占匈奴人口的七分之一或五分之一"①，有人估计"匈奴有奴隶50多万，占匈奴人口的三分之一"②，这些奴隶主要是汉人，也有西胡、丁零等族。永初四年（110）南匈奴曾一次"还所钞汉民男女及羌所掠转买入匈奴中者合万余人"③。

西汉时，侯应曾列举十条理由反对罢边塞、毁长城，其中的第七条是："边人奴婢愁苦，欲亡者多……时有亡出塞者。"可见当时时有汉人自愿逃亡匈奴游牧区。东汉末年，仅逃亡到乌桓地区的汉人就有10万多户。西晋亡后，中原板荡，汉族人民逃亡辽西、河西、西域和南方的人很多。据《晋书·慕容廆传》："时二京倾覆，幽冀沦陷，廆刑政修明，虚怀引纳，流亡士庶众多襁负归之。廆乃立郡以统流人，冀州人为冀阳郡，豫州人为周郡，青州人营丘郡，并州人为唐国郡。"流人之多可以想见。

移入民族地区的汉人很多就和当地民族通婚，并且为了适应当地社会生活和自然环境，也会在生活方式、风俗习惯等方面发生改变，过若干代后，就融合于当地民族了。比如，公元399年在吐鲁番盆地及邻近地区建立的麴氏高昌国原是一个以汉人为主体的国家。这些汉人是汉魏屯田士兵和晋代逃亡到

① 《匈奴史论文选集》，第12页。
② 《匈奴史论文选集》，第10页。
③ 《后汉书·南匈奴传》。

这地区的人的后裔，正是《魏书·高昌传》所说的"彼之氓庶，是汉魏遗黎，自晋氏不纲，因难播越，成家立国，世积已久"。当时这个高昌国的人胡化已深，如《北史·西域传·高昌传》所说："服饰，丈夫以胡法，妇人裙襦，头上作髻。其风俗政令与华夏略同 …… 文字亦同华夏，兼用胡书，有《毛诗》《论语》《孝经》…… 虽习诵之，而皆为胡语。"麴氏高昌国存在了141年，曾先后臣属于北方游牧民族柔然、高车及突厥。公元640年为唐朝所征服，设西州。公元866年回鹘占领西州，从此长期受回鹘统治，当地汉人的后裔就融合于维吾尔族了。同时生活在天山以南各个绿洲操焉耆 — 龟兹语（吐火罗语）和于阗语的属于印欧语系诸民族也先后融合于维吾尔族。

又比如，在战国时，楚国的庄蹻曾率数千农民迁居于云南滇池地区，自称滇王。其后，汉晋时期均曾派汉人进入云南，但明朝以前迁入云南的汉人大都融合于当地各民族了。迁居于大理洱海地区的汉人成了白族中的一个重要部分。

我们过去对于历史上民族之间相互渗透和融合研究得不够，特别是对汉人融合于其他民族的事实注意不够，因而很容易得到一种片面性的印象，似乎汉族较杂而其他民族较纯。其实所有的民族都是不断有人被其他民族所吸收，同时也不断吸收其他民族的人。至于有人认为经济文化水平较低的民族必然会融合于经济文化水平较高的民族，也是有片面性的，因为历史上确有经济文化水平较高的汉人融合于四周的其他经济文化水平较低的民族的例证。对民族间相互渗透和融合过程还是应当实事求是地进行具体分析。我在这里特地加上这一节，目的就是要指出，在看到汉族在形成和发展过程中大量吸收了其他各民族的成分时，不应忽视汉族也不断给其他民族输入新的血液。从生物基础，或所谓"血统"上讲，可以说中华民族这个一体中经常在发生混合、交杂，没有哪一个民族在血统上可说是"纯种"。

（九）汉族的南向扩展

早在春秋战国时代，作为汉族前身的华夏族，其势力已经东到海滨，南及长江中下游，西抵黄土高原。这个核心的扩展对周围的其他民族，即当时所谓夷蛮戎狄，采取了两种策略，一是包进来"以夏变夷"，一是逐出去，赶到更远的地方。匈奴分南北两部，北匈奴走了，南匈奴化了，是具体的例子。北匈奴沿着直通中亚和东欧的大草原走出了后来中华民族的范围，其他民族能走出这个范围的不多。很可能早期居住在山东半岛上的"东夷"，有部分渡海出走，或绕道东北进入今朝鲜半岛和日本群岛。但绝大多数的非汉民族不受融合的只有走到汉族所不愿去居住的地方，大多是不宜耕种的草原和山区。有些一直坚持到现在，在中华民族的一体中保留了他们的民族特点，构成多元的格局。

这个过程如果要做历史的回顾，一直可以推到三皇五帝的传说时代。被认为是汉族祖先的黄帝，就曾在黄河北岸和炎帝和蚩尤作过战。炎帝后来被加入汉族祖先之列，所以现在通常认为中华民族是"炎黄子孙"。蚩尤在传说中却一直被排斥在"非我族类"之中。但是他所率领的"三苗"却还有人望文生义地和现在的苗族联系了起来。这固然是牵强的推测，但蚩尤之后有一部分被留在汉族之外却可能是事实。

从考古的资料来说，如上所述，长江中下游在新石器时代和黄河中下游一样存在着东西不同的文化区。从山东中南部到徐淮平原的青莲岗—大汶口文化（前5300—前2400年）是有近3000年历史的相当发达的农业文化，这使人联系到史书上所称的东夷。在东夷中无疑还包含着不同的族团。东夷是殷商的先人，当他们被西方来的羌人之后的周人击败后，一部分和周人一起融合进入了华夏族团，也有一部分被驱逐出走他方。这一部分中可能有上面说到的出海和绕道东北去朝鲜半岛和日本群岛的人，但大部分却走向南方。

我这个假说的根据是我在20世纪30年代对朝鲜族人体类型的分析。在我的硕士论文里，我曾在朝鲜人体质资料中看到有大量和江苏沿海居民相同的B型，即圆头体矮的类型。这种类型又见于广西大瑶山瑶人的体质测量资料中。如果这些资料的分析是可信的话，就容易做出把这三个地方的人在历史上联系起来的推想。由于我自己的体质类型分析的研究工作中断已久，资料又都遗失，只能凭记忆做出上述的提示。

我这种推论受到我的一位老师潘光旦教授的支持。他根据文字资料和在福建畲民地区的实地观察，曾提出过一种见解，我凭记忆曾经简述如下：

　　我们可以从徐、舒、畲一系列的地方和族名中推想出一条民族迁移的路线。很可能在春秋战国时代的东夷中靠西南的一支的族名就是徐。他们生活在黄河和淮河之间，现在还留下徐州这个地名。据《新中国的考古发现和研究》，徐国在西周时期曾是一个较强的国家，春秋时仍然不衰，公元前512年被楚灭亡。近年在江西西北部接连出土春秋中期徐国铜器，应该不是偶然，或许与徐人的迁徙有关。①从这一时期的文献中可以看到，这块地区的居民称作舒。潘先生认为畲字和徐是同音，徐人和舒人可能即是畲人的先人。他又以瑶畲都有盘瓠传说，从这个传说联系到徐偃王的记载，认为过山榜有它的历史根据，只是后来加以神话化罢了。这一批人，后来向长江流域移动，进入南岭山脉的那一部分可能就是瑶。从南岭山脉向东，在江西、福建、浙江的山区里和汉族结合的那一部分可能是畲，另外有一部分曾定居在洞庭湖一带，后来进入湘西和贵州山区的可能就是苗。潘先生把苗和瑶联系了起来，是因为他们在语言上同属一个系统，称苗瑶语族，表明他们可能是从一个来源分化出来的。

　　如果东夷中靠西的那部分经过2000年的流动，现在还留着一些后裔，保留了他们的民族特点，成为瑶、苗和畲，那么东夷中靠东的那一部分又怎样了呢？这一部分可能联系上苏北青莲岗文化直到长江下游的河姆渡 — 良渚文化，也就是春秋战国时期吴、越人的活动地区。这一地区在三国时期经常使得统治这地区的孙氏政权头痛的是山区里到处都有越人。这些不能不使我联想到这一系列新石器时代的文化就是吴越文化的底子。

　　浙江南部直到广东沿海考古资料还不够完整。但是广东石峡文化的发现，使考古学者得出一种见解，它和赣江流域、长江中下游甚至远达山东沿海等地诸原始文化，不断发生直接、间接的交往和相互影响，并且越到后来联系越广越远，而断定这沿海地区始终是紧密相联的。②这些线索使我产生一种设想，这种相联不仅是民族间的交往，而且有相近的种类的底子，就是说，从山东到广东的整个沿海地带曾经是古代越人或粤人活动的区域。三国时吴国有山越，其先浙南有瓯越，福建有闽越，广东在汉代建有南越（粤）国，其西到广西还有骆越，都以越或粤名其人，可以认为是一个系统的人。

---

　　① 《新中国的考古发现和研究》，第317页。
　　② 《新中国的考古发现和研究》，第166页。

　　许多民族学者把古代的越人联系到现在分布在西南各省的壮侗语族民族，直到东南亚，如广西的壮族，贵州的布依族、侗族、水族，云南的傣族。如果这个历史联系是可信的话，则可以把他们联上历史上沿海的越人。现在沿海的越人已经都融合成了汉族，而这个越人系统至今还保住了西南一隅，主要是居住在山区的盆地里从事农业，这些地区的山腰和山上住有苗瑶和其他山地小民族。这样一个分布颇广、人数又众的越人系统究竟有怎样的形成历史，我们还没有具体材料予以说明。

　　以上是长江下游、沿海和一点西南边境上的情况。现在让我们看一看长江中游的情况。

　　在新石器时代江汉平原的大溪—屈家岭—青龙泉文化之后，从地区上说，接下去就是楚文化了。春秋战国时代的楚国还保留着相当强烈的地方色彩。著名的屈原《楚辞》还是"书楚语，作楚声，记楚地，名楚物"。楚在中原人眼中还是南蛮，连楚建国后五代孙熊渠自己还说："我蛮夷也，不与中国之号谥。"在楚国统治下有许多小邦，有人计算达60个之多，也就是说它曾是一个与中原华夏并峙的多元统一体。它的地域很广。《淮南子》里有言："昔者楚人地南卷沅湘，北绕颍泗，西包巴蜀，东裹郯邳，颍汝以为洫，江汉以为池……中分天下。"楚还派人西进云南，占有滇池地区。楚是一个农业经济发达、文化高超的诸侯国。秦灭楚后，楚文化的影响事实上还是存在。楚汉相争的结局，项羽是在四面楚歌之中，无面目见江东父老而自杀的。楚汉合并在统一体中也是经过一个相当长的过程的。

　　早在秦代，汉人已越南岭进入珠江流域，广西桂林还有秦渠留作见证。但是汉族文化越岭入粤尚在汉代，当时的南越王事实上还是一个强大的地方政权。但是南岭山脉以南地区要成为以汉人为主的聚居区，还需要近千年的时间。从海南岛的民族结构可以看得到这地区的历史层积。最早在该岛居住的是黎人，语言属壮侗语系，自成一语支，表示和同一语族的其他语支早已分开。由此可以推测在沿海还是越人居住的时代，有一部分已越海居住到了这岛上。继黎人迁入的是另一部分说壮侗语系的人，定居在海岛北部，称临高人，语言和今壮人相同，至今自认是汉人。其后到了宋元才有大量汉人移入，主要是在该岛的沿海地区。大约在明代，又有说瑶语的人移入，他们被人称为苗人，至今也自称苗人。按我上述的推测，他们是向南走得最远的瑶人了。

（十）中国西部的民族流动

让我们回到中华大地的西部，至今是少数民族聚居的地方，即青藏高原和云贵高原，加上天山南北的新疆。这个广大地区考古资料比中原及沿海地区为少，远古的历史还不太清楚。但是已经知道的是在中国找到最早的猿人遗骨化石是在云贵高原（云南元谋县），加上上面已说过的旧石器及新石器的遗留，可以断定在这些西部高原上很早已有人类居住。

在史书的文字记载中，早期在中原之西居住的人统称戎。贴近中原，今宁夏、甘肃这一条黄河上游的走廊地带，正处在农业和牧业两大地区的中间，这里的早期居民称作羌人，牧羊人的意思。羌人可能是中原人对西方牧民的统称，包括上百个部落，还有许多不同的名称，古书上羌氐常常连称。它们是否同一来源也难确定，可能在语言上属于同一系统。《后汉书》说他们是"出自三苗"，就是被黄帝从华北逐去西北的这些部落。商代甲骨文中有羌字，当时活动在今甘肃、陕西一带。羌人和周人部落有姻亲关系，所以周人自谓出于姜嫄。在周代统治集团中夷人占重要地位，后来成为华夏族的重要组成部分。

从历史上看，作为一个保持着民族特点的集团，羌人和中原一直维持着密切关系，是甘陕一带夷夏之间的强大集团。其中党项羌在1038—1227年间曾建立过西夏国，最盛时包括今宁夏、陕北和甘肃、青海、内蒙古的一部分，与辽、金先后成为与宋代鼎峙的地方政权，从事农牧业，有自己的类似汉文的方块文字。自从西夏政权被蒙古人击溃后，羌人的下落在汉文的史料中就不常出现了。可能大多数已和当地汉人及其他民族融合。至今仍自认是羌人的有约100万人（1964年普查时只有约50万人），聚居在四川北部，在四川阿坝藏族羌族自治州，有一个羌族自治县。

羌人在中华民族形成过程中起的作用似乎和汉人刚好相反。汉族是以接纳为主而日益壮大的，羌族却以供应为主，壮大了别的民族。很多民族包括汉族在内从羌人中得到了血液。

让我从西端的藏族说起。据汉文史籍记载，藏族属于两汉时西羌人的一支。西藏有"发羌",发古音读bod,即藏族自称。发羌是当时青藏高原上许多部落之一,而且和甘青诸羌人部落有来往。藏语族有三个语支,即藏语、嘉戎语、门巴语。有些语言学者把羌语、普米语、珞巴语都归入藏语支,也有把嘉戎语归入羌语支。一说西夏语实际是嘉戎语,即羌语。这说明在藏语和羌语间存在着密切关系。嘉戎语主要分布在四川的阿坝藏族自治州,说嘉戎语的人都被认为是藏族。

藏语本身还分三种差距较大的方言:卫藏方言主要分布在西藏自治区大部分地方,康方言主要分布在四川的甘孜、云南的迪庆及青海的玉树等藏族自治州;安多方言分布在甘肃的甘南、青海的一些藏族自治州。藏族的复杂性反映了这个民族的多元格局。即使不把羌人作为藏族的主要来源,羌人在藏族形成过程中的重要作用也是无可怀疑的。

藏族在历史上是一个强大的民族,它不仅统一过青藏高原,而且北面到达帕米尔高原,占领过新疆南部,东面到达过唐代的首都长安和四川的成都平原,南面在滇北和当时的南诏国对峙。在他们的强大时期,当地各族人民受到他们的控制。这些人也就被称为藏人。现在阿坝地区还有一种人被称为白马藏族,他们既不说藏语也不信藏传佛教,在中华人民共和国成立前曾被称为"黑番人",有些学者认为他们是古代氐人的后裔。在六江流域的走廊里还发现出门说藏语、回家说另一种语言的藏人。这些显而易见的是融而未合的例子。

如果语言的系统能给我们一些民族间历史关系的线索,汉语和藏语的近亲关系也支持了我在上面所提到的羌人是汉藏之间的联结环节的假设。从这个线索再推一步,我们又看到了和藏语为近亲的彝语。而彝语的来源有许多学者也认为是羌人系统。胡庆钧教授在《中国大百科全书》彝族条目里是这样说的:"约在4000—5000年以前,羌人早期南下支系与当地少数民族部落融合为僰(濮)。僰系'羌之别种'……公元4世纪初,羌人无弋爱剑之后自甘、宁、青一带河湟地区南下,到岷山以东,至金沙江畔,发展为武都、广汉、越巂诸羌……是羌人南下的较晚支系。"

彝族在1982年人口普查时有545万人,如果加上彝语系统的哈尼、纳西、傈僳、拉祜、基诺等族,将有755万人,在少数民族中仅次于壮族,超过了回族。彝族所居住的横断山脉,山谷纵横,构成无数被高山阻隔的小区域,其间交通不便，实际上属于同一族类的许多小集团，各自有他们的自称，也被他族看成不同的民族单位。现在上述说彝语支语言的民族，已被认定为与彝族属于不同名称的五个民族。即使是包括在彝族范围之内的人，也还有诺苏、纳苏、罗武、米撒泼、撒尼、阿西等不同自称。

当蒙古军队进攻南宋，道出四川、云南、贵州时，彝语系统的各集团大多联合起来进行抵抗，出现了一个统一的名称：罗罗。这个名称在民间一直沿用到中华人民共和国成立时。但因为被认为是一种歧视的辱称所以被废止了，而采用彝这个名称。

彝族在云贵高原长期在各地掌握地方权力。元明两代均利用彝族本族的统治者作为臣属于中央政权的土司，是一种间接统治的方式。清代通过"改土归流"，进行直接统治，部分交通方便的地区，由于大量的汉人移入，在1746年有人记载在东川、乌蒙等地已经是"汉土民夷，比屋而居……与内地气象无异"。

彝族的社会发展是很不平衡的，中华人民共和国成立前夕，在城镇上还自认是彝族的社会上层和汉人往来表现上已辨不出有什么差别，而且在地方政治和经济上还掌握着实权。但在偏僻的山区如四川的凉山，却还保持着其特有的奴隶制度，并成为独立的"小王国"，不受区外权力的控制。

从客观上看，云贵高原的民族格局中实际上存在着六种民族集团。一是在南部及西南边境上多属壮侗语系的民族，主要是傣族。他们是早就住在这地方的少数民族，还是由东方沿海地区移入这山区的人，现在还难说。二是从北方迁入的彝语系统的民族。三是早在这地区居住的少数民族。按考古学上的遗留来看，这是一块人类的发源地，不大能想象没有遗留人种。但是现有的知识，还不能明确他们和现在的民族有什么关系。很可能大多已淘汰，或是和外来的移民同化了。有人认为现有的仡佬族和仫佬族，散居于贵州、广西一带，系旧称僚人的后裔，可能是这地区较早的居民。四是早在春秋战国时代已开始从中原来的移民，见之于历史的最早有楚国的庄蹻带兵进入滇池地区。到汉代从四川进入云贵高原的交通已经开辟，《史记》的作者司马迁就到过云南，滇池附近还发现了汉代的金印。明代及以后大批汉人移入云贵各省是有史可稽的。五是以上各种人的混血。白族可能是其中之一。六是一些跨境的说南亚语的民族，如佤、德昂、布朗等族，很可能是从境外移入的。

为了提供西南部分更完整的面貌，还得简单说一说处在青藏高原、黄土高原及云贵高原之间的那个四川盆地。这个盆地适于农业，很早就有蜀人和巴人在此生息。根据现有的历史知识，早在商代的甲骨文中已见到"蜀"字，那是四川盆地的古国。在周人伐商的战争中已有蜀人的参与。蜀人主要活动地区在四川西部，建立过地方政权，后来被秦所灭，而且据说置蜀郡后中原有大量移民入蜀，蜀人也就并入了汉族。

巴人的来源历史上没有明确记载，传说是廪君之后，起源于"武落钟离山"，有人考证在今湖北境内。他们的活动地区是在四川东部、陕西南部、湖北和湖南西部。西周初期在汉水流域建立巴国，被秦灭后，巴人作为一个民族集团也就湮没无闻。20世纪50年代潘光旦教授考察湘西土家族，认为是巴人的后裔。土家族在中华人民共和国成立初期，并没有被列入少数民族中，因为当时被认为是汉族的一部分。他们在生活和语言上和汉族已极相近。但是，自从承认他们是一个民族单位后，湘、鄂、黔接壤地区很多过去自报汉族的，申请改正为土家族。1964年人口普查时自报土家族的只有52万人，1982年普查时达280万人，在18年中增长了5倍。这说明有许多已长期被吸收入汉族中的非汉民族，在意识上还留有融而未合的痕迹。

（十一）中华民族格局形成的几个特点

以上我把中华民族多元一体格局形成的过程择要勾画出一个草图。中华民族在近百年和西方列强的对抗中成为自觉的民族实体，但是作为一个自在的民族实体是经过上述的历史过程逐步形成的。说到这里，我可以把从这个格局里看到的几个应注意的特点简述如下：

1. 中华民族多元一体格局存在着一个凝聚的核心。它在文明曙光时期，即从新石器时期发展到青铜器时期，已经在黄河中游形成它的前身华夏族团，在夏商周三代从东方和西方吸收新的成分，经春秋战国的逐步融合，到秦统一了黄河和长江两大流域的平原地带。汉继秦业，在多元的基础上统一成为汉族。汉族的名称一般认为到其后的南北朝时期才流行。经过2000多年的时间向四方扩展，融合了众多其他民族的人，到目前人数已超过9亿3400万（1982年），占中华民族总人口的93.3%。其他55个少数民族人口总数是6720万，占6.7%。

汉族主要聚居在农业地区，除了西北和西南外，可以说凡是宜耕的平原几乎全是汉族的聚居区。同时在少数民族地区的交通要道和商业据点一般都有汉人长期定居。这样汉人就大量深入少数民族聚居地区，形成一个点线结合、东密西疏的网络，这个网络正是多元一体格局的骨架。

2. 同时值得重视的是，少数民族聚居地区占全国面积一半以上，主要是高原、山地和草场，所以少数民族中有很大一部分人从事牧业，和汉族主要从事农业形成不同的经济类型。中国的五大牧区均在少数民族地区，从事游牧业的人都是少数民族。我们所谓少数民族聚居地区这个概念是指有少数民族聚居在内的地区，所以并不排斥有汉族居住在内，甚至在人数上可以占多数。少数民族占当地人口10%以上的有八个省（区）：内蒙古（15.5%）、贵州（26%）、云南（31.7%），宁夏（31.9%）、广西（38.3%）、青海（39.4%）、新疆（59.6%）、西藏（95.1%），其中占一半以上的只有两个民族自治区。在这些地区，有些是汉族的大小聚居区和少数民族的聚居区马赛克式地穿插分布；有些是汉人占谷地，少数民族占山地；有些是汉人占集镇，少数民族占村寨；在少数民族的村寨里也常有杂居在内的汉户。所以要在县一级的区域里，除了西藏和新疆外，找到一个纯粹是少数民族的聚居区是很不容易的，即使在乡一级的区域里也不是常见的。在这种杂居得很密的情形下，汉族固然也有被当地民族吸收的，但主要还是汉族依靠着深入各少数民族地区的队伍，发挥它的凝聚力，巩固了各民族的团结，形成一体。

3. 从语言上说，只有个别民族，如回族，已经用汉语作为自己民族的共同语言，其他少数民族可以说都有自己的语言。有些民族，如满族，在日常生活中还经常用满语通话的已经很少，认得满文的普通老百姓则更少了，他们都用汉语汉文来表达自己的思想。杰出的，有我在上面提到的语言学家罗常培和文学家老舍。还有些民族自称有自己的民族语言，但经研究原属已经使用汉语方言，如畲族。有自己语言的民族中有10个民族有自己的文字，但群众里用文字的则只有几个民族，如藏文、蒙古文、维吾尔文、傣文、朝鲜文等，有些

虽有文字，但识字的人很少。少数民族中和汉人接触多的大多已学会汉语。我
20世纪50年代初到广西和贵州访问少数民族时，当地各族的男子大多能和我用
当地汉语方言通话。但是他们和同族的人通话时则用自己的语言。20世纪80年
代我去内蒙古访问，就遇到有不会讲汉语的蒙古族，也有不会讲蒙古语只会讲
汉语的蒙古族。在不同少数民族间通话的媒介也多种多样，有以汉语交谈，有
各用自己语言交谈，也有用对方的语言交谈，也有用当地通用的某一种少数民
族语言交谈。这方面还缺乏具体的调查，但一般来说，汉语已逐渐成为共同的
语言。中华人民共和国成立后，人民政府的政策是各民族都有使用自己语言文
字的权利，并列入宪法。

4. 导致民族融合的具体条件是复杂的。看来主要是出于社会和经济的需
要，虽则政治的原因也不应当忽视。即在几十年前的民国时代，在贵州还发生
强迫苗族改装剪发的事，但是这种直接政治干预的效果是不大也不好的，因为
政治上的歧视、压迫反而会增强被歧视被压迫的人的反抗心理和民族意识，拉
开民族之间的距离。从历史上看，历代王朝，甚至地方政权，都有一套处理民
族关系的观念和政策。固然有些少数民族统治者，如北魏的鲜卑族，入主了汉
族地区后奖励甚至用行政手段命令他们自己的民族和汉族同化，但大多数的少
数民族王朝是力求压低汉族的地位和保持其民族的特点，结果显然都和他们的
愿望相反。政治的优势并不就是民族在社会上和经济上的优势。满族是最近也
是最明显的例子。

在历史上，秦以后中国在政治上统一的时期占三分之二，分裂的时期占
三分之一，但是从民族这方面说，汉族在整个过程中像雪球一样越滚越大，而
且在国家分裂时期也总是民族间进行杂居、混合和融化的时期，不断给汉族以
新的血液而壮大起来。

如果要寻找一个汉族凝聚力的来源，我认为汉族的农业经济是一个主要
因素。看来任何一个游牧民族只要进入平原，进入精耕细作的农业社会里，迟
早会主动地融入汉族之中。

重复提一下，现在那些少数民族聚居的地方，大都是汉人不习惯的高原、
草原、山区和干旱地区以及一时达不到的遥远的地方，也就是"以农为本"的
汉族不能发挥他们优势的地区。这些地区只要汉族停留在农业时代对他们是不

发生吸引力的。在农业上具备发展机会的地方，汉族几乎大都占有了，甚至到后来还要去开垦那些不适宜农业的草原，以致破坏牧场，引起农牧矛盾和民族矛盾。这一切能不能作为农业经济是汉族得到壮大的主要条件的根据呢？看来正是汉族的两腿已深深地插入了泥土，当时代改变，人类已进入工业文明的时候，汉族要从泥土里拔出这两条腿也就显然十分吃力了。

5. 组成中华民族的成员是众多的，所以说它是个多元的结构。成员之间人口悬殊，汉族经过2000年的壮大，已经有9亿3400万人，是当今世界上人数最多的民族。其他55个成员人口总共6720万，其中还包括"未识别"的大约80万人，所以把他们称作少数民族。其中超过100万人口的一共15个民族，最大的是壮族（1300万人）。人数不到100万而超过50万人口的有3个民族，人数在50万以下10万以上的有10个，10万以下1万以上的有15个，1万以下5000以上的有1个，5000以下的有7个，其中在2000人以下的有3个，人数最少的是珞巴族（1066人）。高山族因缺乏台湾部分的统计，没有列入计算。

各民族人口从1964年普查到1982年普查均有增长，少数民族总人口增长68.42%，平均年增长率2.9%，高于汉族（分别为43.82%及2.0%）。增长最多的是土家族，18年中增长4.4倍。这很明显，并不是出于自然增长，而是由于在这几十年中大批以前报作汉族的改报了土家族。这种情形，在其他少数民族中同样发生。汉族原是有许多非汉民族融合进来的。如果推溯其祖先所属的民族来规定自己的民族，那就可以有大量人口从汉族中划出去。当然问题是怎样来规定"所属民族"的标准了。

同样的难题出现在所谓"未识别"的民族，意思是这些人的民族成分还不明确。这类人总数约有80万。其中包括两类，一类是不能确定是汉族或不是汉族；一类是他们属于哪个少数民族没有确定。这种辨别工作我们称为"民族识别"。这并不是指个人而言，而是指：一些集团自称不是汉族，但是历史资料证明是早期移入偏僻地区的汉人，但因种种原因不愿归入汉族。又有一些集团是从某些非汉族中分裂出来，不愿接受原来民族的名称。这些人就归入"未识别民族"的总类里。这说明，民族并不是长期稳定的人们共同体，而是在历史过程中经常有变动的民族实体。在这里我不能从理论上多加发挥了。

6. 中华民族成为一体的过程是逐步完成的。看来先是各地区分别有它的凝聚中心，而各自形成了初级的统一体。比如新石器时期在黄河中下游都有不同的文化区，这些文化区逐步融合出现汉族的前身华夏的初级统一体，当时长城外牧区还是一个以匈奴为主的统一体，和华夏及后来的汉族相对峙。经过多次北方民族进入中原地区及中原地区的汉族向四方扩散，才逐步汇合了长城内外的农牧两大统一体。又经过各民族流动、混杂、分合的过程，汉族形成了特大的核心，但还是主要聚居在平原和盆地等适宜发展农业的地区。同时，汉族通过屯垦移民和通商在各非汉民族地区形成一个点线结合的网络，把东亚这一片土地上的各民族串联在一起，形成了中华民族自在的民族实体，并取得大一统的格局。这个自在的民族实体在共同抵抗西方列强的压力下形成了一个休戚与共的自觉的民族实体。这个实体的格局是包含着多元的统一体，所以中华民族还包含着50多个民族。虽则中华民族和它所包含的50多个民族都称为"民族"，但在层次上是不同的。而且在现在所承认的50多个民族中，很多本身还各自包含更低一层次的"民族集团"。所以可以说，在中华民族的统一体之中存在着多层次的多元格局。各个层次的多元关系又存在着分分合合的动态和分而未裂、融而未合的多种情状。这就为民族学研究者提供了富有吸引力的研究对象和课题。

（十二）瞻望前途

放眼未来，中华民族的格局会不会变？它的内涵会不会变？对这些问题只能做猜测性的推想。

首先应当指出，中华民族在进入21世纪以前已产生了两个重大的质变。第一，过去几千年来的民族不平等的关系已经不仅在法律上予以否定，而且事实上也做出了重大的改变。自从1949年中华人民共和国成立以后，民族平等已成了根本性的政策，而且明确地写入了宪法。为实现民族平等制定了《民族区域自治法》。凡是少数民族聚居的地方都实行区域自治，建立自治地方的自治机关，由各少数民族自己管理自己民族的事务。少数民族的语言和风俗习惯要受到其他民族的尊重，改革与否由各族人民自己决定。少数民族由于历史原因一般说来经济文化过去缺乏发展的条件，所以国家制定一系列对少数民族的优惠政策。这些政策的落实，使很多过去隐瞒自己民族成分的人敢于和乐于公开要求承认他们是少数民族。

第二，中国开始走上工业化和现代化的道路。开放和改革成了基本国策，闭关锁国的局面已一去不复返，从"以农立国"转变到工业化的过程中，对各民族的发展提出了新的问题。如果我以上的叙述和分析是符合历史事实的话，依靠农业上的优势而壮大起来的汉族首先遭到了必须改变经济结构的挑战。他们聚居的地方原本多是适宜于发展农业的地区，这些地区工业所需的原料是比较贫乏的。而过去对汉族缺乏吸引力、一向是少数民族聚居的地方却正是工业原料丰富的地区。同时，工业的发展需要科技和文化知识，而在这方面少数民族一般说来低于汉族的水平。要由少数民族自己利用本地区的资源去发展本地区的工业是有很大困难的。这些具体情况会怎样影响民族的格局呢？

我们要坚持在中华民族里各民族平等和共同繁荣的原则，那就必须有民族间互助团结的具体措施。这正是我们当前必须探索的课题。

如果我们放任各民族在不同的起点上自由竞争，结果是可以预见到的，那就是水平较低的民族走上淘汰、灭亡的道路，也就是说多元一体中的多元一方面会逐步萎缩。我们是反对走这条路的，所以正在依"先进帮后进"的原则办事，先进的民族从经济、文化各方面支持各后进的民族的发展。国家对少数民族地区不仅给优惠政策，而且要给切实的帮助，现在我们正在这样做。

第三，还可以提出一个问题：少数民族的现代化是否意味着更大程度的汉化？如果是这样，各民族共同繁荣是否指向更大的趋同，而同样削弱多元一体格局中多元这一头呢？这固然是存在的一种可能性，但是，我是这样想的：一个社会越是富裕，这个社会里的成员发展其个性的机会也越多；相反，一个社会越是贫困，其成员可以选择的生存方式也越有限。如果这个规律同样可以用到民族领域里的话，经济越发展，亦即越是现代化，各民族间凭各自的优势去发展民族特点的机会也越大。在工业化的过程中，各民族人民生活中共同的东西必然会越来越多，比如为了信息的交流，必须有共同的语言，但这并不妨碍各民族用自己的语言文字发展有自己民族风格的文学。通用的语言可以帮助各民族间互相学习、互相影响而促进自己民族文学的发展。又比如，各民族都有与其相适应的生态条件。藏族能在海拔很高的高原劳动和生活，他们就可以发挥这项特点成为发展这个地区的主力，并通过和其他地区的其他民族互通有无来提高各民族的经济水平。我想到这些情况，使我相信只要我们能及早注意这个问题，我们是有办法迎接这个挑战的。在现代化的过程中，通过发挥各民族团结互助的精神达到共同繁荣的目的，继续在多元一体的格局中发展到更高的层次。在这层次里，用个比喻来说，中华民族将是一个百花争艳的大园圃。我愿意用这个前景鼓励自己和结束这篇论文。①

---

① 本节作者费孝通：1988 年 8 月 22 日。

二　中华民族研究的新探索

感谢国家民委组织这次学术研讨会来评论和发挥我前年在香港中文大学所做的Tanner演讲"中华民族的多元一体格局"。这是对我的鼓励和督促。同时让我借这个机会向参加这次研讨会的学者表示衷心的感激。

在进行讨论之前请容许我把发表那次演讲的动机和经过表白一下。

1933年我从燕京大学社会学系毕业后，由于受美国芝加哥大学社会学派的影响，接受了应用人类学方法来研究人类社会的主张，考入了清华大学研究院专攻人类学的课题。所谓人类学方法就是指当时在英美盛行的对人们集体生活所形成的具体社区进行实地观察和分析的研究方法。社区这个名词，最初就是由当时燕京大学社会学系的学生们提出来用以翻译英文community这个名词的。芝加哥学派创始人Park教授用community这个名词的意义和我们通常翻译为社会的society一词是有区别的。社会是泛指人和人在经营共同生存时所发生的关系，而社区则是指人们在一定地域里经营集体生活的共同体。这个共同体是在一定时间和一定空间内，由一定的人口进行集体生活时有一定社会组织的具体人群，例如村落、乡镇、城市、民族、国家等是不同层次的人们共同体，也就是所谓社区。

在研究人们集体生活时提出社区这个概念，就是要使我们能体会到种种社会关系间的相互依存，把人们的集体生活作为一个整体来看待。这种观点在人类学中被称作功能观点。最著名的先导就是Malinowski。他最初把这种观点应用于研究大洋里和外界相当隔绝的岛民。Park教授把这种研究方法推广到高度现代化城市芝加哥，形成了芝加哥学派的社会学。这个学派的社会学在我看来已经把人类学和社会学打通了。它们之间如果还存在着一定区别的话，是在以不同层次的社区为研究对象。人类学是研究和研究者本人不同民族的不发达社区，社会学是研究研究者自己的发达社区。芝加哥学派社会学和功能学派人类学传到中国，最初以燕京大学社会学系为中心汇合了起来，由中国人自己来研究国内不同层次不同民族的社区。这是被西方学者称作中国学派社会学的特点。

我的学术生涯是在这个特定的历史条件下开始的，所以我对国内的少数民族、农村、小城镇以及城市里工厂的研究都采取同一的观点和方法，把它们看成不同层次的社区，进行亲自的观察和分析。正因为这个缘故，在我的研究工作中社会学研究和民族学研究是一脉相通的，甚至认为毋需加以分科。但是在近40年来中国的学术历史上却一般以两种学科来处理，对此我在这里似乎应当加一点申说。

自从中华人民共和国成立后，我们国家否定了民族歧视和民族压迫，主张实行民族平等。但是历史上形成的许多民族还是各有其民族特点和民族意识的，而且社会经济的发展又不平衡，为了实现民族平等，国家有许多工作要做。要进行这些工作，制定相应的政策，又必须对存在的情况以及形成当前情况的历史过程有足够的知识。这就需要向学术工作者提出新的研究任务，要求他们对当时了解得很不够的各少数民族的社会历史进行科学研究。这项工作当时即称作民族研究。我在1950年就参加这项工作，并于1956—1957年参与组织全国的少数民族社会历史调查。

民族研究这个名称就是这样开始的。这项研究事实上并不包含对汉族的研究。理论上原是说不过去的。但是在我国汉族长期以来一直占人数最多、经济文化最发达的地位，关于它的社会历史情况已经有现存的各学科在研究。少数民族的社会历史却一向被忽视。所以中华人民共和国成立后迫切需要的是了解少数民族的社会历史，由此而产生的民族研究实际上成为不包括汉族在内的少数民族研究。后来民族研究又被称为民族学。这是中国民族研究和民族学产生和发展的历史背景。

在这种历史背景里产生和发展出来的民族研究和民族学有它的长处和短处。长处是突出地把中国少数民族作为研究对象，这对当时的民族工作是适应的。比如说，1950年配合中央访问团所进行的关于少数民族的调查，帮助了国家规定民族成分的工作，1957年开始的全国少数民族社会历史调查，为当时正在进行中的少数民族社会主义改造提供了政策上的科学根据。民族学的实用性是极为明显的，而且也因此而使这门学科获得了学术界的重视和国家的承认。

把民族研究和民族学的对象限于少数民族自有它的缺点。缺点在于把应当包括在民族这个整体概念中的局部过分突出，甚至从整体中割裂了出来。中国的民族研究限于少数民族，势必不容易看到这些少数民族在中华民族整体中的地位以及它们和汉族的关系。而且如果对这些少数民族分开来个别加以研究，甚至各民族间的关系也不易掌握，民族学这个学科也同样受到局限。从严格理论上来说中国少数民族的研究只能是民族学范围内的一个部分，而不能在两者之间画等号。

人们的知识，甚至较有系统的学科知识，无不和当时的历史需要相结合。过去40年中我们在民族研究或民族学的名义下积累了相当多的知识和形成了许多有益的概念，这是必须肯定的。这些将成为今后民族研究进一步发展的基础。但是由于上述的局限性所引起的缺点也应当及时自觉加以改进。怎样改进和提高是我过去相当长时间以来耿耿于怀的问题。

我明白要从中华民族整体出发来研究这个民族的形成和发展的历史和规律绝不是一件轻而易举的事。由于我自己的知识容量过小，思维宽度有限，要把民族研究或民族学推前一步，总觉得心有余而力不足。我记得1953年我在中央民族学院负教务上的责任时，为了给学生提供有关中国各民族的基本情况，曾四处求人讲授，最后只能自己担任，利用有限的历史资料和中央访问团的调查资料，编出了一本讲义。在编写时就深切体会到中国的各少数民族在族源上、在发展中都是密切相关联的。我们这个中华民族就是由这密切相关的各部分在复杂的历史过程中结合成的。但是怎样以这个过程为纲，把中华民族这个民族实体讲清楚，我没有把握。这门功课我只试讲了一年就停止了。但是我的愿望并没有熄灭。

时间过得很快，一转眼就过去了有30多年。我自己个人的经历也发生了许多变化，以致长期不能专心于学术工作，更不能集中力量去编写这本讲义。前年我接到香港中文大学的邀请担任1989年Tanner国际学术讲座的讲员。这是一项荣誉。我很想利用这个机会，把这一生中的一些学术成果提到国际上去讨论。这时又想到了中华民族形成的问题。我自思年近80，来日无几，如果错失时机，不能把这个课题向国际学术界提出来，对人对己都将造成不可补偿的遗憾。因之，我抛去暴露自己浅陋的顾虑，利用这年在烟台暑休的时间，一口气把我在这问题上所有的知识整理成章。我曾把草稿分送多位热心于民族研究的朋友，请他们帮助我修正和补充，帮助我的许多朋友，我不再一一提名道谢了。有些朋友今天也在座。我从朋友的反应中得到了鼓励。鼓励不是来自我说明了中华民族形成的经过，而是提出了对中华民族形成的整体观点。同时这篇讲稿也起到了抛砖引玉的作用，得到许多比我年轻的一代学者热烈的评论和补充，还有许多朋友为我指出了该讲稿中所引用史实的谬误。国家民委鼓励这种学风，同意召开这次国际性的研讨会，我再一次表示感谢。感谢的不仅是对我个人学术工作的支持，而且是对这篇演讲所表现的那种勇于探索精神的支持。

最后，我想说，这个探索是初步的尝试。中华民族不仅有它辉煌的过去，还必然有它更辉煌的未来。我们回顾过去的目的是在为创造未来做准备。我们民族的祖祖辈辈在东亚这片大陆上形成了这样一个优秀的民族，是付出过无数代价的。为了前进，为了在今后年代中能使我们中华民族继续成为世界上一个优秀民族，为人类的不断发展做出贡献，我们的任务比祖祖辈辈更为艰巨，也更为伟大。所以我希望这个尝试性的演说能把我们的眼光导向未来，更自觉地为中华民族做出贡献。

谢谢各位朋友的赏光，参与这次研讨会。①

---

① 本节作者费孝通：本文为1990年5月17日在1990年民族研究国际学术讨论会上的讲话，原收入《中华民族研究新探索》，中国社会科学出版社，1991年。

中华民族的起源
与形成

一　中华新石器文化的多元区域性发展

由于教学和编写教材的需要，有关领导部门与老前辈嘱我研究中华文化起源与中华民族形成的课题。这显然是我的学力所难胜任的。既已接受任务，也只好使出以蚁负山的劲头，来消化考古学界一些老前辈和辛辛苦苦在各地踏访、发掘、研究整理的同志们所发表的论著和报告。结果发现：（一）彻底推翻了形形色色的"外来说"，肯定了中华文化与中华民族起源于中华大地，虽然在其发展过程中吸收了不少外来成分，但就起源而论是土生土长的。（二）也使传统认为中华民族与文化起源于黄河中下游然后向四周扩散的单源中心说得到了修正，证明了中华文化既是多元区域性不平衡发展，又呈现向中原汇聚及中原文化向四周辐射的特点。这两点可以说贯穿了中华文化发展的全过程，在新石器时代已可以轮廓鲜明地追溯其根源。近年来由老一辈考古学家倡导，考古学界颇重视考古学文化区、系、类型的研究，为我们提供了许多可资借鉴的研究成果，《中国大百科全书·考古卷》的出版，已对1984年以前的主要成就做了较全面的总结，为我们提供了比较准确的概括和断代数据①。今趁吉林省民族研究所学刊创立之机，综众家之说，间亦断之己意，一则以志庆，同时也向考古学界请教。

（一）中华文化起源于中华大地

中华远古人类及其文化证明中华文化起源于中华大地。

中国的旧石器时代考古学与古人类学最重要的成就之一，是证明了在我国人类进化自直立人（猿人）、早期智人（古人）、晚期智人（新人），各个阶段没有缺环，可以建立较完整的进化序列。

---

①　以下有关旧、新石器时代文化的年代数据，凡未加说明的，一般均依据《中国大百科全书·考古卷》有关词条中放射性碳素年代经校正的数据。

关于人类的历史，目前一般的说法是300万年左右。依据近年一些新发现，古人类学家推断人类起源可能超过400万年的预告已初步得到证实。众所周知，1956年在元谋县上那蚌村发现的"元谋人"距今170万年，已得到普遍确认。此外，在云南禄丰县，还发现了丰富的腊玛古猿化石。上述发现表明，中国的西南应是人类起源的中心之一。

为了对我国远古人类各进化阶段有个轮廓的了解，今择要谱列如下：

直立人，又称猿人，是人类进化的最早阶段，大约从人类起源一直到距今10万年以前。目前已得到确认的有：元谋人，距今170万年；蓝田人（陕西蓝田县公王岭），距今110万—115万年；北京人（北京周口店），距今70万—20万年；郧县人（湖北郧县）、郧西人（湖北郧西县）、和县人（安徽和县），这些都与北京人一样属直立人的中晚阶段，年代与北京人相当，郧县人、郧西人可能稍早些，和县人晚于北京人。

早期智人，又称古人。从我国材料看，这一阶段人类生活在距今10万年至4万年以前。其中重要的发现有大荔人（陕西大荔县）、丁村人（山西襄汾县丁村）、许家窑人（山西阳高县许家窑）、金牛山人（辽宁营口市金牛山）、长阳人（湖北长阳县）、巢县人（安徽巢县）、马坝人（广东曲江县马坝）。

晚期智人，又称新人。这是生活在距今4万至1万年以前的人类。已发现的有：山顶洞人（北京周口店山顶洞）、峙峪人（山西朔县峙峪）、河套人（内蒙古乌审旗的黄河沿岸）、建平人（辽宁建平县）、安图人（吉林延边州安图县）、哈尔滨人（黑龙江哈尔滨市阎家岗）、柳江人（广西柳江县）、兴义人（贵州兴义县）、丽江人（云南丽江县）、左镇人（台湾台南县左镇）等。

上述直立人、早期智人、晚期智人的体质，越来越表现出与蒙古人种相联系，表现出蒙古人种起源与形成过程中各个环节上的形态与特征。中国科学院古脊椎动物与古人类研究所《中国古人类画集》编写组在该《画集》的《前言》中指出："我国境内已知各阶段人类化石和旧石器有许多共同点，有鲜明的继承性，各不同时期的人类化石，都有铲形门齿，石器以单面反向修理居多，工具组合以刮削器为主，兼有尖状器和砍砸器等。这些无可辩驳的事实，是对形形色色的'中国文化西来说'有力的批判。"[1]另据宋兆麟等所著《中国原始社会史》征引美国人类学家海德路加和德国人类学家魏登瑞的研究，表明铲形门齿在现代中国人中反映最突出。以女性为例，其上内侧门齿铲形者占所研究总人数的82.7%，半铲形者占12.5%，微铲形者占1.0%，非铲形者占3.8%。与此相反，现代白种人女性上内侧门齿铲形者仅占所研究总数中的2.6%，非铲形者占70.4%。而卡包奈尔在1963年统计的中国人、日本人中显著铲形者，上内侧门齿为92.7%，上外侧门齿为91.3%，在其他人种中，有完全没有的，高者也不过5%[2]。由此可见，铲形门齿为蒙古人种最明显的特征之一。元谋人的两枚上内侧门齿，即已呈铲形构造[3]，可以说是已呈现蒙古人种体质特征的初步端倪。至晚期智人阶段，体质特征更有许多与现代蒙古人种接近或相同，并呈现了南北异形的现象。中华大地丰富的古人类化石及其体质特征表明，这里应是蒙古人种（黄种人）的故乡。他们可能有些在长达数百万年的发展中已移徙于中华大地之外，但他们是中华大地最早的居民，中华民族的最早祖先，应是来自这些远古洪荒时代繁衍生息于中华大地的人类。他们生活的时代，从考古文化分期，称为旧石器时代。在这占去人类历史99%以上的漫长岁月中，人们以打制石器为主要工具，过着采集与狩猎的群居生活。

直立人的文化遗存，称为早期旧石器文化。在我国目前已知最早的文化有四处：即山西西侯度文化，距今不晚于180万年；云南元谋人文化，距今170万年；河北小长梁和东爷坨的旧石器遗存，距今也有100万年。这四处各分布在黄土高原、云贵高原和华北平原向蒙古高原的过渡地带。这些证明了我国南北早在180万年以前均有了人类活动。至早期旧石器中后阶段即与北京人相当的阶段，分布范围较前已明显扩大，而以黄河中游及其重要支流渭河、汾河流域发现的地点最为集中，在长江中下游，也有较多的发现。

与早期智人相联系的文化，是旧石器中期文化，目前所知分布范围大体仍以黄河中游较集中。到了晚期智人阶段，即旧石器晚期，已发现的文化遗址与地点，几乎遍及我国南北各省，其中尤其是遍布于黄土高原，在蒙古高原与

① 《中国古人类画集》，中国科学出版社1980年版，第2页。
② 宋兆麟、黎家芳、杜耀西：《中国原始社会史》，文物出版社1983年版，第113页。
③ 胡承志：《云南元谋发现的猿人牙齿化石》，载《地质学报》1973年第1期。

华北平原也有越来越多的发现，在东北则已伸延至黑龙江流域的漠河、呼玛十八站和嫩江流域的昂昂溪等地。长江流域及华南、西南地区的发现也远比前两阶段丰富。尤其值得注意的是，在青藏高原也发现了霍霍西里、申扎、定日三处旧石器地点。位于海拔4000米以上的旧石器地点，在旧石器考古学史上是创纪录的。由此可见，到了旧石器晚期，我国各省（区）均已有人类在那里繁衍生息。在旧石器早期，我国南部与北部的旧石器文化既具有共同的特点又具有不同的风格与传统。至旧石器晚期，不仅石器工艺有了明显的进步，器物类型也多样化，比如多种类的刮削器、尖状器、雕刻器、锥、锯，个别的还出现了箭头。在以细石器为主的遗址中，以细石叶做成的复合工具十分流行。在辽宁海城县小孤山、周口店山顶洞、四川资阳、贵州猫猫洞等处遗址中，更出土了骨针、鱼叉、骨锥、骨刀和角铲等。此外，在周口店山顶洞和辽宁小孤山等处，还出土了用兽牙、鸟骨、贝壳、小砾石等原料制成的装饰品。早在元谋人和西侯度文化遗址中即已发现用火的痕迹，而北京人已可以控制火的保存和使用。这些都说明，在中国旧石器早期人类已经吃熟食，到旧石器晚期，不仅工具种类增加，工艺进步，精神生活也日益丰富，已有了审美意识，也可能有了宗教意识。如果说旧石器早期中期人类还过着群居生活，到旧石器晚期，母系氏族社会可能已有了一定程度的发展。

进入新石器时代，由母系氏族到父系氏族社会的繁荣走向衰落；人类已由完全依赖自然赏赐的采集与渔猎经济过渡到改造自然的生产经济。其基本标志是农业和畜牧业的产生和磨制石器、陶器与纺织的出现。到目前为止，我国所有省区均已发现新石器文化遗址，据不完全统计总共有7000余处，年代大约始于公元前6000年，一般延续到公元前2000年左右，边疆地区结束得要晚一些。鄙意认为中华文化的多元区域性发展，在旧石器中晚期已可看出一些萌芽。旧石器向新石器的过渡与演进，则由于中石器时代考古学近些年才提到日程上来，有许多环节与文化面貌问题，尚不很清楚。到新石器时代，则可根据考古学界对各种考古学文化的内涵、面貌、分布、文化层叠压及文化演进等方面的研究，概括出比较明确的轮廓。

（二）黄河中下游东西相对的两个文化区

黄河中游与下游存在东西相对的两个文化区，大致上确定其序列与相互关系，是最近10余年的大突破。黄河中游最引人注意的是20世纪70年代中叶磁山·裴李岗文化①的发现，这是约公元前6000年至公元前5700年的早期新石器文化。

磁山文化，因1973年首次发现于河北武安县磁山而命名。主要分布于河北中部和南部。裴李岗文化，因1977年首次发现于河南新郑县裴李岗而得名，主要分布于豫中一带，豫北和豫南也有发现。这两种考古学文化内涵比较接近。由于对这两种早期新石器文化研究的突破，于是对20世纪50年代以来不断发现的渭水流域的早期新石器文化即老官台·大地湾文化的研究，也有了新的进展。此外对秦岭以南汉水上游的李家村文化命名与类型划分虽有不同意见，但它是早期新石器文化则大体上可以肯定。

上述早期新石器文化的地层叠压和文化面貌，表明它们都比仰韶文化早，约在公元前6000 — 前5400年。李家村文化可能稍晚一些。从保存着的细石器残余看，它们与处在旧石器时代与新石器时代之间过渡阶段的以河南灵井、陕西沙苑为代表的中石器时代遗存有渊源关系，而它们的聚落分布、建筑形式、墓葬习俗、陶器特征与农业生产等文化因素，都表明仰韶文化对它们有继承发展的关系，尤其是陶面磨光、绳纹、彩绘以及某些器形明显具有仰韶文化前驱的特征。因此，它们往往被统称"前仰韶"期新石器文化。

仰韶文化，因河南渑池县仰韶村遗址而得名。其分布以渭、汾、洛诸黄河支流域的中原地区为中心，北达长城沿线及河套地区，南接鄂西北，东至豫东一带，西至甘青接壤地区，分布广泛，已发现遗址1000余处，内涵也十分丰富，并且对其他地区影响深远；年代约当公元前5000年延续至前3000年，延续时间长久。因有彩绘陶器，曾被称为"彩陶文化"，然而彩陶至庙底沟二

---

① 考古学界一般将裴李岗文化与磁山文化划分为两种新石器早期考古学文化。今从夏鼐教授《中国文明起源》的表述方法。

期文化①在黄河中游衰落了。

庙底沟位于河南西部陕县，1956—1957年中国科学院考古研究所在这里进行发掘，其文化堆积证明，庙底沟一期为仰韶文化，二期具有仰韶文化向河南龙山文化过渡的性质，其后续即是河南龙山文化。这种前后相承的关系，在豫西、晋南、陕西关中各处均得到了验证。

综上，黄河中游的新石器文化，其序列为前仰韶文化（前6000—前5400）—仰韶文化（前5000—前3000）—庙底沟二期文化及河南龙山文化（约前2900—前2000）。继河南龙山文化的可能是夏文化。

在黄河下游，中华人民共和国成立以前及初期仅知龙山文化，以光亮黑陶著称，被称为"黑陶文化"，以与被称为"彩陶文化"的仰韶文化东西相对。这种曾在一段时间内影响极深的看法，现在已经被否定了。现在，龙山文化一般是专指山东龙山文化或称典型龙山文化；而河南龙山文化及陕西龙山文化才是继仰韶文化发展的黄河中游新石器文化。考古学的这种突破性发展是因为1959年在山东泰安县大汶口发现的新石器遗址，随后被命名为大汶口文化，其分布大体与山东龙山文化范围相同，年代和文化面貌也显系山东龙山文化的前驱；20世纪60—70年代，又相继在山东滕县北辛庄及江苏淮安县青莲岗发现了早于大汶口文化且为大汶口文化前驱的北辛（下层）文化，或统称为青莲岗文化；在山东平度县东岳石发现了晚于龙山文化的岳石文化。从而清楚地表明，黄河下游的新石器文化，自成体系，是一个与黄河中游新石器文化既有明显区别，又有互相联系，东西相对的文化区。其分布范围，是以泰山为中心的山东地区为主，南抵淮河以北，东环渤海湾，北达旅大、辽东等处，其序列为：青莲岗文化（前5400—前4000）—大汶口文化（前4300—前2500）—山东龙山文化（前2500—前2000）—岳石文化（前1900—前1500）。岳石文化填补了山东龙山文化与商文化之间的空隙。

值得深入研究的是，在大约公元前3000年，即距今5000年左右，仰韶文化在黄河中游突然衰落，黄河下游的新石器文化不断向黄河中游呈现统一的趋势，以至黄河中游继仰韶文化发展的是河南龙山文化与陕西龙山文化，影响所

① 庙底沟文化仅是仰韶文化诸多类型之一。本文仅涉及区系，不涉及各考古学文化的不同类型，故只限于涉及不同区系演进序列时提到某些类型。以下皆仿此。

及，波及长江流域、珠江流域和黄河上游、长城内外。虽河南龙山文化与陕西龙山文化等与山东龙山文化可以互相区分为另一种地区性新石器文化，然而河南与陕西龙山文化与山东龙山文化大体平行发展而又互相渗透，却是一个相当典型的文化汇聚与交融的现象。这种文化汇聚与交融，反映着创造文化的两大氏族部落集团的交往、斗争、融合过程。许多事实表明最早发达于黄河中下游的国家制度、文字制度、青铜文化，其主要来源，应从黄河中下游东西相对两个文化区汇聚交融当中去追溯。

（三）长江中下游东西相对的两个文化区

长江流域的新石器文化，中华人民共和国成立以前了解不多。20世纪20年代，曾在浙江发现了吴兴县钱山漾遗址，并对杭州市余杭县良渚遗址进行了发掘。当时认为良渚遗址的新石器文化，是长江下游最古老的新石器文化，并且是龙山文化向南传播的一个变种。这种看法到20世纪50—60年代才开始改变，提出了良渚文化的命名，到1973年在浙江余姚河姆渡发现新石器遗址并命名为河姆渡文化后，才从科学上肯定：长江流域的新石器文化，是与黄河流域并行发展的，长江流域同样是新石器文化起源之区。加之江汉平原和长江下游的发现日见丰富，又逐渐清楚地表明，在长江中游和长江下游，同样存在东西相对的两个文化区。

长江下游的新石器文化，以太湖平原为中心，西达杭州湾地区，北以南京为中心包括苏皖接壤地区，其序列大体是河姆渡文化早期（前5000—前4400）—马家浜·崧泽文化①（前4300—前3300）—良渚文化（前3300—前2200）。尽管目前考古学对河姆渡文化与马家浜文化的关系及河姆渡文化早晚期衔接关系及其发展去向还有不同学术见解，但总的特点表明它们仍是一个自成体系的文化区。其中良渚文化大体与河南龙山文化阶段相当，文化特征则与山东龙山文化有更密切的联系，然而并不是龙山文化向南传播的变种，而是继

---

① 对马家浜文化与崧泽遗址的新石器文化，考古学界仍是两种意见：一种认为马家浜文化的早、晚两期；另一种认为是前后相承的两种新石器文化。马家浜文化最早的年代可能与河姆渡早期大致相当，不过一般仍认为是继河姆渡文化发展的新石器文化。

承马家浜·崧泽文化发展起来并受黄河下游新石器文化较多影响的长江下游的新石器文化。

长江中游的新石器文化，以江汉平原为中心，南包洞庭湖平原，西尽三峡川东，北达豫南，与黄河中游新石器文化交错分布。据报道，长江中游的早期新石器文化在湖南石门县皂市、临澧及湖北宜都、秭归、天门等县相继发现多处。其中石门皂市下层经碳−14测定（未经树轮校正）数据6920±200年，约当公元前5000年，显然早于大溪文化和屈家岭文化[①]。

大溪文化，因四川巫山县大溪遗址而得名。其分布东起鄂中南，西至川东，南抵洞庭湖平原，北达汉水中游，主要集中在长江中游西段两岸地区，年代约当公元前4400—前3300年。继大溪文化发展的是屈家岭文化，20世纪50年代首次在江汉平原湖北京山县屈家岭发现，主要分布在江汉平原和豫南，有的遗址叠压在大溪文化上层，豫南有的遗址叠压在仰韶文化之上，年代为前3000—前2000年。屈家岭文化在江汉平原与豫南，均表现出受仰韶文化的明显影响，说明两者之间存在密切联系。

继屈家岭文化发展的是被称为湖北龙山文化的青龙泉三期文化，与中原龙山文化有较大的地区差别，年代经校正约相当公元前2400年。但长江中游因首先在湖北天门县石家河发现了石家河文化，年代与文化面貌均继屈家岭文化而分布面基本重合并有所延伸，与汉水中上游青龙泉文化内涵大同而小异，应是继承屈家岭文化又基本与中原龙山文化平行发展并受中原新石器文化影响的一种长江中游的新石器文化。

目前对长江中游的新石器文化序列分歧意见较多，然而它们与长江下游的新石器文化一样是与淮河以北、黄河中下游以粟为代表的旱地农业文化相区别的长江流域以稻为代表的水田农业文化，则毫无疑义。长江流域东西相对两个文化区，分别受到黄河中下游东西相对两个文化区的明显影响。大体是通过汉水及汝·颍等河流，黄河中游与长江中游有密切的文化交往。通过淮、泗等河流，黄河下游与长江下游有密切的文化交往；其中显然黄河流域在文化上占有优势，但影响仍是相互存在的，黄河长江两大河流域，分别是中华文化与中

---

① 何介钧：《洞庭湖区新石器时代文化》，载《考古学报》1986年第4期。

华民族两大起源之区，则在新石器时代考古学已得到充足的证明。

（四）燕辽文化区及黄河上游文化区

辽东、辽西及燕山南北的新石器文化，自20世纪70年代以来越来越引起重视。

早在1935年在今内蒙古自治区赤峰市红山后发掘出新石器文化，当时命名为赤峰第一期文化，至1954年又命名为红山文化，其年代约当前3500年。但长期仅发现石器与陶器。自20世纪70年代起，不断在西拉木伦河、老哈河、大凌河流域若干地点，先后发现了红山文化的建筑遗址和墓葬，出土了相当数量的玉器，于是红山文化与中华文明起源问题的联系，引起了学术界的特别兴趣。尤其是1983—1985年在辽宁建平、凌源间牛河梁发现红山文化"积石冢"与"女神庙"，中华文明的北方源头已显其端倪。有的还可与商族起源问题联系起来考察。

在辽东及旅大地区，新石器文化明显具有大汶口—山东龙山文化的特征，其早期阶段又存在仰韶文化的影响。而主要分布于辽西及赤峰地区扩及河北北部燕山地区的红山文化，有的认为是仰韶文化的一支；由于其陶器既具有彩陶特征又有一种特有的"之"字纹陶，有细石器，因而可以看出红山文化与沈阳市新乐遗址下层的新石器文化具有相同的特征，而且年代有前后相承的关系。新乐（下层）文化，不仅以"之"字纹陶为基本特征，年代约当前5300—前4800年，显然早于红山文化。因此，许多学者认为红山文化虽受仰韶文化的明显影响，仍是一支自有其发生、发展过程的燕辽地区新石器文化；或者说是仰韶文化与新乐文化的汇合与再创造。总之，燕辽地区新石器文化自成区域，其渊源与序列尚待深入研究，然而辽东新石器文化显然受山东新石器文化的影响，辽西燕山地区的新石器文化多受黄河中游新石器文化的影响，这种山东—辽东、幽燕—辽西联系密切的特点，一直影响到后世交通、人口移徙及行政区划等方面，可见其源远流长。红山文化的后续是约当前2000—前1500年的夏家店下层文化，是一种早期青铜文化，已进入夏及先商时期。

黄河中游的彩陶在前3000年以后衰落了，然而在黄河上游，甘肃、青海、宁夏一带彩陶作为一种艺术更为发展了，这一地区的新石器主要有马家窑文化和齐家文化。

马家窑文化，因甘肃省临洮县马家窑遗址而得名。主要分布在甘肃省，以陇西平原为中心，东起陇山，西至河西走廊和青海北部，北达宁夏南部，南抵四川北部。据地层叠压关系与文化面貌，一般认为它是仰韶文化的一种地方性变体，称为甘肃仰韶文化，年代约当前3300—前2050年，大体与黄河中游河南、陕西龙山文化平行发展。

齐家文化，因甘肃省广河县齐家坪遗址而得名。分布与马家窑文化大体重合，而年代上限约当前2000年，下限更晚一些，一般认为是黄河上游继马家窑文化发展的一种晚期新石器文化和早期青铜文化。又因其文化面貌颇似陕西龙山文化，有人认为它是陕西龙山文化向西发展过程中受到马家窑文化的影响而出现的，年代晚于马家窑文化，故往往在一些遗址堆积中压在马家窑文化上层。

黄河上游地区的新石器文化和燕辽地区的新石器文化一样，在新石器与早期青铜器时期是一种以旱地农业为主，狩猎、畜牧业占相当比重的农业文化，其继承发展的是游牧文化。此时已进入夏商纪年的历史时期，不在本节讨论范围。

（五）以鄱阳湖—珠江三角洲为中心的华南文化区 [①]

华南地区，包括两广、闽台和江西等省区，绝大部分地区为山岭和丘陵地带，地处东南沿海，受海洋季风影响，是雨量充沛的热带、亚热带。这里的新石器文化基本上可分为早、晚两期。早期具有浓厚的地域色彩。遗址多分布于洞穴、贝丘和台地。它们共同的特征是，大量打制石器与磨制石器共存，骨角器比较发达，有的还有蚌器，普遍地使用器形简单的绳纹粗陶，农业痕迹不甚显著，也没有明确可以肯定的家畜遗存，而采集渔猎经济仍占主要地位。陶器产生在种植谷物的农业生产以前，手制质粗。年代普遍偏早，如江西万年仙

---

①　从苏秉琦教授《关于考古学文化的区、系、类型问题》的划分方法、范围与内容，则不敢说是否真的体现了苏先生的科学划分，西南新石器文化附在此略加说明。

人洞遗址下层、广西桂林市甑皮岩、广东英德青塘洞穴遗址、广西南宁豹子头等贝丘遗址，经碳–14测定，这些遗址的年代距今8000—9000年，若经进一步校正可以确立，是中国最早的新石器文化。由于石灰岩地质条件对放射碳素断代标本的影响，往往误差较大。因此，在目前，这些数据还有争议。

华南晚期新石器，已有了较发达的农业。在江西修水山背和广东曲江石峡都发现了稻草和稻谷。陶器也发生了显著的变化，在较晚的时候甚至以高达900—1100℃的高温生产出硬陶，有的遗址中还发现了彩陶。石器也有明显进步，主要是磨制器，种类繁多。目前已命名的考古学文化有以江西修水山背村跑马岭遗址为代表的山背文化，年代当前2800年；以广东曲江石峡遗址为代表的石峡文化，当前2900—前2700年；以福建闽侯县石山遗址为代表的昙石山文化，年代数据各遗址相差较大，尚待进一步确定，而文化性质，与台湾省凤鼻头文化属于同一个系统，可见在前2000—前1000年，中国大陆东南沿海的先民已跨越台湾海峡创造了同一类型文化。以上三种文化有时代地域的差别而又有相当多的共性，既与江汉地区的屈家岭文化相类似，又与长江下游良渚文化有不少共同特征，还具有山东龙山文化的若干因素。

对广泛分布于华南地区以几何纹陶和以石锛为代表的遗存，过去往往统称为"几何印纹陶文化"，并一概归属新石器时代晚期。20世纪50年代末以来，通过重点发掘，揭示不同遗存的文化面貌，命名为不同的考古学文化，于是明确了不能把"几何印纹陶文化"视为统一的考古学文化。这种独特的制陶工艺和文化特征，自新石器晚期萌芽发生，至商周时期兴盛发达，至战国时期才日益衰落，并为原始瓷器的发明开辟了道路，在中国古代文化史上占有重要地位，但不能笼统称为晚期新石器文化。

云贵高原，在古人类化石和旧石器文化遗存方面均有重要发现，而新石器遗存目前所知资料比较零散。在洱海、滇池地区发现了若干遗址，表明稻作农业已有一定程度发展，其中宾川县白羊村遗址，年代约当前2200年。滇北、川南地区文化特征比较接近，元谋大墩子遗址大体相当前1400年，川北理县、汶川一带分布着马家窑文化，均属新石器晚期遗存。西藏地区除较早的细石器传统外，还有藏南林芝、墨脱等地发现以磨制石器和陶器为代表的晚期遗存。在昌都地区还发现了卡若遗址，有新石器晚期的聚落，除旧石器外，有磨制石器和陶器共存,年代约当前3300 — 前2100年,是一种以粟为代表的农业文化。

（六）北方游牧与渔猎文化区

考古学文化的区域划分，通常将红山文化划入北方新石器文化区，而将黄河上游的马家窑文化纳入西部文化区。从地域与考古学文化的面貌看，这样划分都是有充足根据的。我们把这两个地区区分出来，即以红山文化为代表的燕辽文化区，以马家窑文化为代表的黄河上游甘青文化区，是因为这些文化均可视为仰韶文化的地方性变体，都是先有农业文化的发展，在青铜时代转向游牧经济。河套地区和河北沿长城一线，直接划入仰韶文化分布地区，与西拉木伦河及黄河上游一样，这些地区后来相当长时期都是游牧民族的历史舞台，农牧业交替发展。上述三个地区与北方及西部狩猎游牧经济区域也有明显的文化联系，均以保存细石器为特点，且在原始农业发展中伴随着占相当比重的狩猎与畜牧业经济。

东北北部、蒙古高原、阿拉善平原和塔里木盆地东缘等地区，普遍分布着以细石器为代表的遗存，而陶器和磨制石器始终未得到充分发展。在黄河流域、长江流域农业和畜牧业有相当发展的新石器时代，这些以细叶石器为代表的广大地区，仍以采集、狩猎为主，除东北北部细石器分布区农业有所发展，其他蒙古、新疆等地区，由于是干旱而高寒的草原和沙漠，没有发展农业的条件，在以后的历史演变中，或为游牧区或为渔猎区域。

过去曾有一种流行的看法，把北方与西部游牧与渔猎区以细叶石器为代表的遗存，统称为细石器文化，并视作新石器时代的游牧民族文化遗存。实际上早在旧石器时代早期的中后阶段，华北旧石器的周口店 — 峙峪系，即已开辟石器小型化的传统，至旧石器晚期，像山西朔县峙峪和河南安阳小南海等处遗址，已出现了细石器的雏形。至少在1万年以前的旧石器晚期末叶已出现了典型的细石器。中石器时代的遗址，如黄河流域山东沂源凤凰岭、河南许昌灵井、陕西大荔沙苑、青海共和拉乙亥、长城以北内蒙古呼伦贝尔盟扎赉诺尔等处，细石器都相当发达，没有与陶器共生。所以，细石器的出现以华北为早，这个传统可能起源于黄河流域的旧石器晚期[①]。随着农业的发展，黄河流域的细石器突然衰落了，仅在红山文化及长城沿线等农业文化的遗址中还有遗存。在北方和西部草原地区，细石器普遍发展延续到使用金属器以后，说明细石器在游牧区与渔猎区盛行时间很长，而且和华北地区有着渊源关系。在蒙古草原和新疆等地，细石器遗存多自暴露在流沙中的沙丘采集，断代比较困难。在东北北部，根据《黑龙江古代民族史纲》归纳，黑龙江流域的新石器文化可分为西部铜钵好赉文化、中部昂昂溪文化、东部新开流文化三个类型。其中新开流文化以黑龙江密山县新开流遗址为代表，年代当前4100年，有磨制石器、篦纹陶和细石器共存，文化面貌表明是以渔猎为主。其他类型、年代与新开流文化相当，也都有细石器遗存。昂昂溪文化农业有一定程度发展，而铜钵好赉文化是以狩猎为主的新石器遗存。

中华新石器文化的诸多文化区系，都是以当地文化为基础，吸收邻区文化影响形成的。其中黄河流域的仰韶文化和龙山文化，积累年代久，内涵丰富，尤其以农业日益发达、聚落越来越密集引人注目，分布面宽，而辐射影响在其他诸新石器文化区中都有印迹可寻。因而，黄河中游的新石器文化，构成了中华诸多文化区的主干。由此可见，中华新石器文化，既是多元呈区域性发展，又是交互影响、相对统一的。尤其是在新石器晚期，即距今大约5000至4000年这千年间，诸文化区的面貌已经呈现了渐趋一致的趋势。

（七）南北农业及狩猎文化三带的平行发展

中华农业起源自成体系，是世界农业起源的中心之一。在起源阶段即是农业与牲畜饲养相结合，并且南北各具特点，大致以淮河秦岭为界，北方是以粟、黍为代表的旱地农业为主，饲养畜早期有猪、狗、鸡，仰韶期与龙山期又增加了黄牛、山羊、绵羊，马的遗骸也已零星发现，可能饲养较晚。南方是以水稻为代表的水田农业为主，饲养猪、狗、鸡、水牛等。然而，南北界限不是截然不可逾越的。在山东、河南一些新石器遗址中发现过稻的遗存，在江淮地

---

① 参见贾兰坡：《中国细石器的特征和它的传统、起源与分布》，载《古脊椎动物与古人类》1987年第16卷第2期。

区的遗址中还发现了粟。可见南北农业文化在新石器时代已存在互相渗透的现象。

粟在磁山、裴李岗遗址中已有遗存，距今约8000年；稻在河姆渡遗址中也有发现，距今7000年。这些都是目前所知经过种植的作物品种全世界最早的标本，其作为农业起源的代表与西亚以小麦、大麦为代表，新大陆以玉米为代表形成鲜明对照。尤其值得注意的是，中华农业南北各有特点，又都偏重在中国的东部与南部。其干旱的西部与北部则主要是牧区，间有小块农区。这种南北呈现水田、旱地农耕与游牧三个发展带，而又区分为干旱的西北部和湿润的东南部相互平行发展而又相互依存的特点，在中华民族的起源阶段即已萌芽。

此外，制陶、纺织的发明及其鲜明特点，也是中华新石器文化引人注目的成就。和农业发展相联系，建筑与聚落南北也各具特点。北方由穴居发展到最初的半地穴式房子，进而发展为土木结构的地面建筑。南方由巢居发展为干栏式建筑。

新石器时代农业和畜牧业的出现与发展，社会生产力有一个突变，促进了母系氏族社会向父系氏族社会发展，原始社会由繁荣走向衰落。在新石器晚期，显然已出现了财产分化与集中，并产生了超越氏族社会之上的权力，在原始社会行将崩溃的进程中透射出文明的曙光。

这种演化，在聚落布局和墓葬制度等方面遗下很深的痕迹。仰韶文化时期，如陕西宝鸡北首岭、西安半坡、临潼姜寨、河南洛阳王湾等聚落遗址，居民区的建设已有明确区分，一般是分为居住区、陶窑生产区和墓地三部分。半坡遗址，东西宽处近200米，南北最长为300余米，总面积约5万平方米，其中居住区约占3万平方米，这是一处距今6800—6300年的母系社会聚落遗址。居住区分为两片，每片里有一座大房子，是氏族成员聚会场所。半坡类型墓葬已发现174座，埋葬集中，排列有序，反映了氏族制度下血缘纽带的支配作用。两座合葬墓，分别为两个男子、4个女子同性合葬。在大汶口文化早期的遗址中，也有这类同性合葬的墓，或多人一次合葬，或多人两次合葬。前者一墓为两人、3人、5人不等，后者有的多达20余人。一般认为，这种同性合葬是母系氏族社会的葬俗。在半坡遗址，儿童一般为瓮棺葬，在居住址范围内也例外发现3座幼儿土葬，其中一座女孩厚葬墓，不仅随葬品丰富精致，而且是半坡遗址中发现的唯一有木板葬具的墓，可能在宗教仪式上有其特殊的意义。半坡遗址，因其为复原中国母系氏族公社的社会生活提供了丰富的资料，1957年在此建成了遗址博物馆，1961年国务院公布为全国重点文物保护单位。其他如姜寨、北首岭等遗址，其面积都是5万—6万平方米，居住区为两万平方米，也都在每组小住房环境中有一座大房子。住房围绕中心广场布置，大房子面临广场，或在小型住房的中央。这几乎是我国新石器遗址所反映出的母系氏族公社居住区的一种典型布局。

龙山文化时期的聚落布局有了明显变化。此时已没有仰韶文化时期聚落那种居住址与窑址的明确区分，陶窑多分布在居住区内。此种布局大概是以父系家庭为单位的生产方式的一种反映。在陕西龙山文化的一些遗址中，还发现大量口小底大的窖穴，意味着父系家庭已有需要贮藏与保护的私有财产，而仰韶文化时期那种居住区的中心广场已不见了。

在龙山文化时期，氏族成员死后仍葬于公共墓地。如果仰韶文化与大汶口文化早期那样的同性合葬，可以推断为兄弟或姊妹型合葬；大汶口文化晚期、龙山文化、齐家文化时期的合葬墓，所葬多为两个成年男女，显然说明已有了较稳定的婚姻，而齐家文化皇娘台成年一男二女合葬，男性居中，二女屈附左右两旁的情况，可能还表明已有些氏族成员过着多妻的生活。

在裴李岗文化时期，墓葬之间随葬品种类和数量已有所不同，少数墓葬甚至不见任何随葬品，仰韶文化早期也有类似情况。这些，可能是在母系氏族成员中有特殊宗教上的影响，不一定是财富分化的表现。大汶口文化晚期、良渚文化、马家窑文化厚葬风气流行，随葬品多寡也较为悬殊，显然是贫富分化、财产集中的一种表现。

大汶口文化早期，随葬品数量、质量相差无几，至中、晚期，在墓的规模、葬具、随葬品方面，差别越来越大。有的墓简陋狭小，随葬品很少或空无一物，而有的墓却十分宽大，如大汶口10号墓，有结构复杂的葬具，死者佩戴精制的玉石饰物，并随葬有玉铲、象牙器和近百件精美的陶器，还有兽骨、猪头和残留的成堆鳄鱼鳞板，贫富形成了强烈的对照。

良渚文化各遗址，共发现墓葬数十座，其中小墓居多，随葬陶器远逊于实用品，个别也有大型玉璧随葬。大墓不仅规模较大，随葬品量多质高，如草鞋山198号墓，东西长17米、南北宽4米，有60多件随葬品。其中玉琮5件，玉璧2件及镯、管、珠、锥形装饰、穿孔斧等共30多种玉器。福泉山发现7座大墓，都有随葬精致的玉器、陶器等，埋在人工筑的高台上，被称为"土筑金字塔"。其中6号墓虽已遭破坏，仍遗存玉、石、牙、陶器119件，当中有玉琮5件、玉璧4件。寺墩3号墓，墓主为青年男子，随葬玉琮、玉璧达57件。张陵山遗址的一座墓中，也随葬陶、玉、石器共40多件，其中以兽面纹的玉琮、玉瑗、玉蝉等较为突出。在墓主脚下与随葬陶器一起发现了3个人头骨，有人推论其身份为奴隶。

玉器是中国古代文明的一项重要内容，它的发源显然在新石器时代。目前发现的最早的玉器距今已7000年左右，到新石器中、晚期，制玉业可能已发展为独立的手工业部门。在河姆渡文化、大汶口文化、良渚文化、红山文化、龙山文化的遗址中，均出土有精美的玉器。其中如玉斧、玉铲、玉兵器等，当有一定的实用价值。东汉人袁康所撰《越绝书》，将人类使用的工具分为石、玉、铜、铁四类，可能在一定程度上反映了实际发展顺序。当前，已有人根据红山文化遗址中的玉器发现，提出了"玉兵时代"的命题。玉簪、玉环、玉璜、玉玦一类是供装饰之用，自不待论证；惟玉龙、玉鸟等可能为图腾神物，玉琮、玉璧等属礼器，具有宗教或权力象征的意义。《周礼》有以"苍璧礼天，黄琮礼地"的记载，这种礼制当是从以往传统中继承下来的。前面所提到良渚文化诸遗址中，随葬玉璧、玉琮等礼器的墓主，应是有特殊地位的人物。表现在新石器晚期，原始氏族部落趋于解体，已产生了超越氏族成员之上的权力；在父系家庭中，也已出现了家内奴隶的征兆。

文明的曙光，还从新石器晚期小型城堡和庄严祭坛、庙堂等建筑中透射出来。

早在仰韶文化时期，如半坡、姜寨聚落遗址外围，便挖有壕沟，是一种比较简单的护围设施。至龙山文化阶段，新出现了夯土版筑或石块垒砌的围墙，形状比较规整，工程规模也比以前大有扩大。河南龙山文化的登封王城岗城址，夯土墙长90余米。淮阳平粮台城址长宽各185米，城墙残高3米多，南北墙中段各开城门一座。山东龙山文化的寿光边线王城址略呈圆角梯形，城内面积4万多平方米，夯土城墙基槽里发现有儿童、狗、猪等骨架，应是奠基的牺牲。此外，在内蒙古包头阿善、凉城、老虎山等遗址，则有石墙围绕。这些小型城堡是在氏族社会解体过程中，伴随私有财产增加、战争相应频繁而产生的防御手段。

据新华社1986年8月7日电讯报道，甘肃秦安大地湾遗址出土一座距今5000年的大型建筑遗址，总面积达420平方米。这是一组结构严谨、复杂的建筑群体，分主室、左右侧室、后室、前门附属建筑四部分。主室居中，大门向南，呈长方形，面积达130平方米，八柱九间，大门开在正中第五间，东西边各有门通向侧室，北边是后室，周围保存着用黄土夯成的断墙残壁。整个大厅地面外观极像现代水泥地面，平整光洁，用铁器叩击，发出与叩击现代混凝土地面相同的清脆声。厅中两根对称的顶梁大柱，考古人员据护柱泥壁遗痕测量，确定大柱直径57厘米，木柱圆周长1.79米。在1986年8月初，苏秉琦、安志敏等考古学专家座谈认为：它已不是原始居民的普通住房，而是氏族或部落联盟进行公共活动的场所。这座大型建筑所具有的奇数开间，正面设门，建筑呈长方形，以长的一面为正面；左右对称，前后呼应，木架承重，墙壁仅起间隔作用，体现了后世延续几千年的中国土木结构建筑的传统特点，它充分说明原始社会已产生的建筑艺术，也是后来几千年中国式殿堂建筑的一个雏形[①]。

更引人注目的是，辽宁考古工作者继1979年在辽西山区喀喇沁左翼蒙古族自治旗东山嘴村发现一座红山文化大型祭坛之后，1983—1985年又在与祭坛遗址相距50公里的建平、凌源间牛河梁发现了红山文化时期女神庙、积石冢群和小型城堡遗址。经碳-14测定和树轮校正，这些遗址距今已5000多年。出土的文物，不愧为原始社会末期的一个伟大的宝库，其中尤其珍贵的有：东山嘴祭坛发现的两件陶制无头孕妇的裸体小像，残体分别高5厘米和5.8厘米，腹部隆起，臀部肥大，左臂弯曲，左手贴于上腹，阴部有三角形记号，是个典型的孕妇形象。另外还发现两件约为真人1/2的无头陶质妇女坐像。牛河梁遗址还发现了一尊基本完整的女神头像，其大小与真人相近，是典型的蒙古人

———————————

① 参见《光明日报》1986年8月6日头版，《人民日报》1986年8月7日头版。

种，与现代华北人的脸形相似。女神的眼珠用晶莹碧绿的圆玉珠镶嵌而成，显得双目炯炯有神，神采飞扬。值得强调的是，从其他出土的塑像残块，比如那些因年龄差异而发育不同的乳房，那些圆润的肩膀，那些肉质感极强的修长手指看，牛河梁遗址应是有许多女神像的大殿堂。有人曾以为这些女神是"母系氏族社会的象征"。苏秉琦教授曾认为应从"类似古人传说的'郊''燎''禘'等祭祀活动"方面去深入考察，这是符合实际的。东山嘴祭坛南圆北方，正符合文献记载中郊祀的礼制。文献记载最早的郊祀，大概是商族远古祖先祭天求嗣，"契母简狄以玄鸟至之日祀于高禖而生契"。此后成为商周以下历代祭天求嗣的隆重祀典。东山嘴、牛河梁郊祀唯祭女神，盖即高禖最原始最典型实证。

东山嘴、牛河梁红山文化遗址的整体布局也值得注意。坛、庙、冢在约50平方公里范围内"三合一"的规制，有点类似北京的天坛、太庙和明十三陵。积石冢群都在山顶或小山包上，中心是大墓，周围是很多小墓，墓中有很少或没有随葬品，有的则随葬大型精美玉器。从中可以看出氏族成员的等级分化相当严格，已具有"礼"的雏形。所以参加考察的专家们认为，这一切足以说明"在这里活动的原始先民已脱离了自然崇拜及图腾崇拜的低级阶段，进入到高一级阶段的文明社会了。这样大规模的建筑，应属一个超越于部落之上的联盟组织"①。

据《光明日报》1987年5月18日头版报道，辽宁考古工作者继辽西女神庙后又在辽东半岛、黄海沿岸丹东地区后洼新石器遗址发掘40多件距今6000年的珍贵石雕与陶塑，尤其值得注意的是在这群人兽合一的石雕、陶塑中同样有龙、有虎、有鸟等，从图腾艺术角度来说，这些都和中华文明中的传统观念相吻合。然据此报道尚不能做更深入的推论。过去认为在东山嘴、牛河梁遗址中出土的玉龙是最早的龙的遗存，丹东后洼的雕龙实物可能更早，这是令人注意的遗存。

中华民族最早的国家组织为夏、商，都在黄河中下游。但从甘肃秦安大地湾的仰韶文化的殿堂建筑、辽西红山文化的祭坛等文化因素观察，均与商周

---

① 参见《光明日报》1986年7月25日头版报道以及孙守道、郭大顺《论辽河流域原始文明与龙的起源》，苏秉琦《辽西古文化古城古国——试论当前考古工作的重大课题》等论文。

以下中华古代制度有渊源联系，而红山文化的玉器群，也被认为与商文化玉器有渊源联系①。

　　红山文化的动物群玉雕有玦形猪、龙、鸟、龟、蝉、蚕、鱼等，均与商代玉器的主要题材相同，而与良渚文化的玉器群如玉璧、玉琮、玉璜、玉玦等，显系两个系统。但良渚文化的玉器群，同样在商周得到继承和发展，比如前面已提到玉璧与玉琮等成为商周祭天地的礼器。如果再考虑到商周甲骨文字可能在大汶口文化、仰韶文化、红山文化、马家窑文化的一些反复出现的符号和少量可能是文字的发现中找到源头，商周青铜器的器物器形与纹饰也在以黄河中下游两个文化区为主同时有多种新石器文化中找到原形。这些因素都可以说明：中华文明首先在黄河中下游发达，出现了中华最早的国家制度、青铜文化和文字制度，主要是黄河中下游两大系统新石器，同时也是其他诸多新石器文化内向汇聚熔铸的结晶。黄河中上游秦安大地湾仰韶文化后期的殿堂式建筑群和燕辽地区红山文化的祭坛与"女神庙"以及良渚文化的"土筑金字塔"式墓群，都证明了中华新石器文化的多元区域性发展如星火点点，又源源汇聚中原，成为熊熊篝火，于是使古老的中华文明放射出夺目的光辉，使中国成为世界上最古老的文明古国之一。源头如此丰沛多元，在尔后数千年中，既是多民族和文化的多彩多姿，又逐渐结合成统一的多民族国家和层次多样、内涵深蕴的伟大中华文明就不足为奇了。②

---

① 俞伟超、严文明等：《座谈东山嘴遗址》，《文物》1984年第11期。
② 本节作者陈连开：原载《北方民族》1998年第1期。

二　中华远古的各部落集团

中国史学进入 20 世纪不久，1906 年梁启超就发表了《历史上中国民族之观察》，指出"现今之中华民族自始本非一族，实由多数民族混合而成"[①]。在当时，发出如此宏论，不仅需要学识，还需要惊人的勇气。到 20 世纪 20 年代，顾颉刚提出"层累地造成的古史观"，又不啻为对中国古史系统一次空前的冲击。

冲破旧体系不易，建立新体系就更难。1927 年蒙文通撰《古史甄微》断言中国远古"民族"可分为江汉、海岱、河洛三系，其部落、姓氏、地域各不相同，其经济、文化特征各具特点。与蒙提出"三系学说"同时，傅斯年在 20 世纪 30 年代连续发表《大东小东说》与《夷夏东西说》，指出在夏、商、周及三代以前，在黄河中下游与淮河流域，各部落可归结为东西两大系。

蒙的"三系说"、傅的"夷夏东西说"，都做了建立远古河、淮、江、汉间各部落集团总体构成体系的尝试。1943 年出版了徐旭生的《中国古史的传说时代》，1957 年又出版了该书的增订本，概括中国远古大致可分为华夏、东夷、苗蛮三大集团。这三大集团先是互相斗争，后来又和平共处，终于完全同化，才渐渐形成了尔后的汉族。此书篇幅宏大，体系完整，出版以后，对中华民族，特别是汉族的起源研究，起了很大的推动作用。

上述诸家学说，都具备精湛而发聋振聩的睿智与卓识。在他们以后的近一个世纪或半个多世纪，中国学术的发展为我们提供了进一步修订与充实这些学说的条件。实际上，华夏族称确定地形成是在春秋时期。由部落或部落集团向民族过渡，大概是在由新石器时代向以金属器物与工具为标志的时代过渡的时期，即中国考古学上的龙山文化时代，也就是金石并用时代。当时各部落和部落集团，以其敬祀不同的天神和祖神相互区别。大约到距今 4000 年上下，才形

---

① 梁以"中华民族"称呼汉族，以"中国民族"概称中国各民族。

成了夏、夷、苗等族称，并以此相互区别。夏、夷、苗均属自称，夏人建立朝代最早，夷在夏之东，被称为东夷。本文所述为形成夏、夷以前各部落集团。

（一）史料问题

对于远古神话传说史料的鉴别与选择，是一个非常古老的问题。先秦诸子已经提出辩论，至司马迁作《五帝本纪》，更感叹"学者多称五帝，尚矣。然《尚书》独载尧以来；而百家言黄帝，其文不雅驯，荐（缙）绅先生难言之。"他曾西至今甘肃，北过今河北涿鹿，东至于海，南浮江淮，进行实地考察验证，又以《春秋》《国语》等对照《五帝德》《帝系姓》诸相关篇章进行辨析，才作了《五帝本纪》。司马迁以后，对于远古的历史及史料不断有学者进行鉴别、分析。到清代，崔述著《考信录》，对远古的历史与史料进行了系统的考辨，成为20世纪20—40年代关于古史一场持续多年的学术大辩论的直接渊源。①

对先秦文献的态度，蒙文通、徐旭生两位先生，与古史辨派大异其趣，他们都对疑古持批判态度。但也不是不对史料进行辩证、鉴别与选择。蒙先生通过对先秦文献的仔细对比研究，发现先秦的记载与神话系统，存在地区差别，这些差别反映着"太古民族"的不同。他说："《古史甄微》，备言太古民族显有三系之分，其分布之地域不同，其生活与文化亦异。《六经》《汲冢书》《山海经》，三者称道古事各判，其即本于三系民族传说之史固各不同耶！"②徐先生则在其鸿篇巨制的第一章，专门论证他对远古历史和反映远古历史的史料所持的态度与治学方法。傅先生是通过对历史地理的考订与辨析，发现了"夷夏东西"两系。他说："现在以考察古地理为研究古史的一个道路，似足以证明三代及近于三代之前期，大体上有东西不同的两个系统。这两个系统，因对峙而生争斗，因争斗而起混合，因混合而文化进展。夷与商属于东系，夏与周

---

① 参见《崔东壁遗书》及顾颉刚为该书所作序，上海古籍出版社1983年版；顾先生等在《古史辨》中的序及自述性论著不备列。

② 《古史甄微·自序》，收入《蒙文通文集》第一卷《古学甄微》，巴蜀书社1987年版，第21页。

属于西系。"①

本节无意对上述各家的考证及其方法进行评论，只想强调，在吸取各家研究成果时，都要注意他们对史料的鉴别与选择。无论是对古文献的记载与注释，还是对近代以来的各家考据，都应在尊重与学习中有所鉴别，有所辨析，有所吸收，有所扬弃。如此，或可收到博取众家之长而断以己意的实效。

在有文字记载以前，先民是通过世代相传的神话传说传颂远古的历史，除了天地开辟、人类起源和洪水的神话，最重要的便是关于本族所奉祀的天神（或称帝、上帝）与祖神的神话。

远古初民相信天地可通，人与自然一体。各部落或部落集团所奉祀的天帝往往与祖神同位并称，但各部落间互相不能混淆。直到春秋时期，仍认为祭祀他族的天神、祖神是非礼的，有"神不歆其非类，民不祀其非族"②的信条。

由于时代荒远，神话传说在流传中受到了部落间融合、文化互相渗透等影响，往往原属不同部落或部落集团的天帝与祖神被归纳成同一来源的谱系，放到同一神坛上祭祀。加之自先秦以来的记录带有各地区与各家学说的特点，哪些是真正反映远古历史的神话传说，就成为必须仔细鉴别的问题。今天所能见到关于远古神话的最早记录，在先秦文献中，仅有如下几类：

《诗经》及《尚书》中较可靠的夏商周三代留存的始祖传说及敬祀的神祇③；《左传》《国语》《古本竹书纪年》等先秦史书所保存的远古神话传说；先秦诸子所征引的神话传说。

以上三类，既不是三代与春秋战国所编撰系统的远古历史，也不是为保存远古神话而编纂的神话系统，而是为追述祖源或君臣应对，卿大夫之间讨论问题所征引的片段。至于诸子征引神话，为己立说，取舍不同，其中有些或为寓言。

先秦保存远古神话较为系统而流传至今的有《天问》《九歌》《山海经》，成书稍晚但仍为《史记》所依据的还有《世本》及收入《大戴礼记》中的《五

---

① 《夷夏东西说》，收入《庆祝蔡元培先生六十五岁论文集》，第1093页。
② 《左传·僖公十年》。
③ 关于《尚书》各篇的真伪，自两汉今古文之争到现在，不知有过多少论著进行考证，李民《尚书与古史研究》及刘起釪为该书所作的《序》，比较深入浅出，可备参考。该书由中州书画社1983年出版增订本。

帝德》与《帝系姓》等。

《九歌》为楚国祭祀诸神的神话诗，其中或渗入了东方海岱与中原的一些文化因素，主要还是以江汉地区为中心的长江中游的神话。《天问》虽编入《楚辞》，依据其内容与风格，成书不会晚于战国初年①。所问180余事，包括天地开辟，鲧禹治水，夏商周三族起源与兴亡的神话及史事，"是一部以夏商周三代为中心的兴亡史诗"②。《天问》最初大概形成于中原，及楚既灭由中原许多旧邦而流行于楚境，终被编入《楚辞》③。

《山海经》为中国远古神话的渊薮。其《五藏五经》，地理多于神话，然而其神话内容较《海经》古朴，地理范围大于《禹贡》，而详于晋南、豫西南及河汉之间，可能成于三晋，晚于《禹贡》，为战国末年乃至成于秦始皇时方士之手。《海经》以神话为主，兼叙地理、民俗，大概是以各国巫祝文书编次为篇，形成有早有晚，至西汉末经刘向、刘歆父子编订成书，仍保存着先秦的面貌④。

《海经》与《世本》都有将诸神和事物起源归入同一来源的倾向。《海经》以帝俊为中心，原是东方海岱地区东夷的先民所奉祀的最高天帝，与《世本》及《大戴礼记》两书中的《帝系》以黄帝为中心显然不同。然而《五帝德》《帝系》已明确归纳出以黄帝为始祖的统一谱系和以黄帝为首的五帝世次，司马迁据以作《五帝本纪》，第一次形成了华夏有同一来源的古史系统。

自清末发现殷墟甲骨文字及半个多世纪对甲骨、金文的研究与对古史的系统考证、辨析、整理，使我们得以较科学地辨别史料，以之与考古学发现相印证，从而认识到先秦古籍记录的远古神话传说，大致是黄河、长江两大河中下游地区各部落集团关于天地开辟、人类起源及各种事物起源的神话传说；关

①　顾颉刚在《古史辨》第7册中《三皇考》中说《天问》"颇有《诗经》以后，《论语》以前之风"，然而所问楚事已涉春秋末年，不及战国史事，可能成于春秋末，至迟不会晚于战国初。
②　林庚：《天问论笺》，人民出版社1983年版，第6页。
③　参见刘起釪《战国古史传说时期综考》上，《文史》第28辑，第23页；拙作《关于中华民族起源学说的由来与发展》，见《中华民族研究新探索》，中国社会科学出版社1991年版，第174页。
④　对《山海经》成书时期与地区特点，自20世纪20年代以来各家考证甚多，近有《山海经新探》由四川社会科学院出版社在1986年出版，集各家所论，颇便参考。至于顾颉刚、谭其骧、蒙文通、袁珂等各家考证，不再一一注明。

于各部落集团所奉祀的天帝与祖神的神话传说；关于各部落集团斗争、融合及前王朝期古国历史的神话传说。这些神话所反映的历史，大体都是新石器时代晚期，由父权制氏族部落向国家过渡时期的历史；而父权制以前漫长历史时代仅保存着一些重要阶段的创造神话，差可称之为那个时代的朦胧史影。

除上述各种古籍之外，涉及远古神话与历史的著述，《汉书·艺文志》所举，大多已经散佚。如《汲冢琐语》一类先秦古籍，《汉志》固不可能著录，或许还有其他未被著录者在民间口头流传。这些远古遗存的神话，从战国、秦汉延至魏晋，被各家多所采集，构成了多种"三皇五帝"系统。这些关于"三皇五帝"的古史及其理论基础"五德终始说""三统说""纬说"，均为当时政治与历史条件的产物[1]，今不足取，当然，其中所保存的一些远古神话传说，自然也具有值得重视的史料价值。至于边疆地区，新石器文化的发现，已证明那时在边疆也存在着各氏族部落或部落集团，然而其名不见载于籍，其神或许在《山海经》等古籍有所反映，已经难于辨析。对少数民族中一直流传的各种神话传说，又一时来不及加以系统的研究与整理，故于黄河长江两大河流中下游地区以外各部落集团的判别，尚有待来日。

（二）父权制以前的史影

考古学所证明的中华民族远古先民已有近200万年的历史，而现在所知的中华文明史，大体上只有五六千年。此前的遥远洪荒时代，只有若干开辟、创造的神话，反映着不同阶段的史影。这些创造神话有：燧人氏、有巢氏、神农氏，伏羲氏、女娲氏，至东汉末三国初才有盘古氏开天辟地的神话见于记载。

1. 燧人氏与有巢氏

《庄子·盗跖》叙述："古者，禽兽多而人民少，于是民皆巢居以避之，昼拾橡栗，暮栖木上，故命之曰有巢氏之民；古者，民不知衣服，夏多积薪，冬则炀之，故命之曰知生之民。"《韩非子·五蠹》已将原始巢居与取火的创造人格化，谓："上古之世，人民少而禽兽众，人民不胜禽兽虫蛇，有圣人作，构

---

① 参见《古史辨》第七册中所收顾颉刚《三皇考》《三统说的演变》《〈潜夫论〉中的五德系统》，蒙文通、缪凤林《三皇五帝》及吕思勉《三皇五帝考》诸篇论证。

木为巢，以避群害，而民说之，使王天下，号之曰有巢氏；民食果蓏蚌蛤，腥臊恶臭，而伤害腹胃，民多疾病，有圣人作，钻燧取火，以化腥臊，而民说之，使王天下，号之曰燧人氏。"这些记载，描述了农业发明以前，远古初民依靠采集渔猎生活的时代，穴居巢处与对火的重视①。考古学证明，旧石器时代已有使用火的痕迹，尤其是北京人文化证明当时已有效地保存着火和用火烧烤熟食。但钻孔技术发明后，才有摩擦取火和钻木取火的发明，这是旧石器时代晚期才有的技术。大约在旧石器时代中期以前，远古居民是利用自然火，保存火种成为最有权威最重要的事情，到旧石器时代晚期或新石器时代早期，才真正发明了取火。远古人类的发明，在民族学材料中已得到印证，直到20世纪40年代，在一些保存原始社会残余较明显的云南少数民族中，还保留着摩擦和钻木等取火方法②。

旧石器时代，人类穴居巢处，以避虫害，迄今所发现的旧石器时代人类居处，多在半山腰的洞穴或半山腰证明了这一点。也许在旧石器时代晚期已发明构木为巢，到新石器时代，中国的建筑已分为南北两大系。南方从巢居发展为干栏式建筑。已发现的最早遗存是距今7000年以前浙江余姚河姆渡遗址的干栏式建筑。其构巢方法，兼用卯榫和绑扎，技术水平已相当高；黄河流域及辽河流域都是穴居发展为半地穴式建筑，再发展为地面上的木骨泥墙构成的圆形和方形房子。后世把这种由穴居野处到构木为巢建筑居室的创造发明归结为有巢氏。古人对南北居住构成及其渊源已品味出来，《太平御览》卷87引《项峻始学编》说："上古皆穴处，有圣人教之巢居，号大巢氏。今南方人巢居，北方人穴处，古之遗俗也。"

2. 神农氏

最初发明并主宰农业生产的是妇女，到新石器时代中期支配权转移到男性手中。这一伟大发明的人格化与神格化，就是神农氏。

在先秦，神农与炎帝原是传说中不同的人或神，秦汉间或许已有炎帝神

---

① 此外，《管子·轻重戊》《礼记·礼运》等篇也有关于燧人氏取火以前，人类食草木、茹毛饮血，而燧人氏取火使民无肠胃疾病的记载。

② 参见汪宁生《云南少数民族的取火方法——兼谈中国古代取火》，收入其《民族考古学论文集》，文物出版社1989年版。

农氏的说法,《史记》仍按不同的神话人物叙述,《世纪》与《汉书·古今人表》才明确将炎帝与神农合为一位。此即按"五德相生终始"的理论所作合并。

《庄子·盗跖》说:"神农之世,卧则居居,起则于于。①民知其母,不知其父;与麋鹿共处,耕而食,织而衣,无有相害之心,此至德之隆也。"完全是一幅母权时代原始社会的理想化图景。而《易·系辞》下描述:"神农氏作,断木为耜,揉木为耒,耒耨之利,以教天下,盖取诸益;日中为市,致天下之民,聚天下之货,交易而退,盖取诸噬嗑。"耒耜一类农具的发明,在新石器时代中晚期;以物易物,日中为市,也是新石器晚期才有的事物。《易》所描述的神农氏时的社会,所代表的是原始社会行将崩溃的父权制阶段农业发展的情况,是这一阶段农业发展的人格化。

农业和土地分不开。中国的农业起源,在新石器时代已是南北两大系,应有不同的与神农相关的神话人物。北方农业以稷(粟)为代表,神农与后土的神话,主要反映北方农业的起源,也各有地区特点。

《国语·鲁语》上说:"昔烈山氏之有天下也,其子曰柱,能植百谷百蔬;夏之兴也,周弃继之,故祀为稷。共工氏之伯九有也,其子曰后土,能平九土,故祀为社。"《左传》昭公二十九年记叙:"共工氏有子曰勾龙,为后土,后土为社;稷田正也,有烈山氏之子曰柱,为稷,自夏以上祀之;周弃为稷,自商以来祀之。"《淮南子·氾论训》说:"禹劳天下而死为社,后稷作稼穑而死为稷。"

烈山,又以音义均近写作厉山,南北朝和隋唐的记载,都认为烈(厉)山在随州,即今湖北随县境。实则,烈山氏为远古烧山开土以种农作物的人格化。直到宋代,今湖北、湖南地区仍盛行畲耕,即烈山播种的耕作方式。

夏商周以禹或勾龙为社,以周人始祖后稷为神农,社稷并举,代表国家。这也许是以周人的崇拜概述三代。东方海岱地区另有神农的祭祀对象,比如伊耆氏②等;南方水田农耕起源与北方旱地农耕起源年代相仿,必自有神农的传说,而文献失载。《帝王世纪》说:"神农氏崩,葬长沙。"③而《路史》具体指为

---

① "居居""于于"均形容人们生活完全自然不受礼法约束的面貌。
② 参见《吕思勉读史札记》(上),上海古籍出版社1983年版,第39—40页。
③ 徐宗元:《帝王世纪辑存》,中华书局1964年版,第11页。

长沙郡之茶陵，或即南方传说中的神农葬处。

秦汉全国统一，各地传说统一，"整齐故事"，神农氏被列于燧人氏与黄帝之间，为"三皇"之一，已被人格化。

3. 伏羲和女娲

伏羲，又写作包牺、庖羲、宓羲、虙戏、伏戏、伏希，同名异写。《易·系辞》下叙述他是始创八卦和结网罟发明渔猎的古帝。《世本·作篇》（茆泮林辑本）说："伏羲制以俪皮嫁娶之礼"，才开始有了婚姻嫁娶。至东汉，《白虎通·号》记载："古之时未有三纲六纪，民人知其母，不知其父"，于是伏羲"因夫妇，正五行，始定人道。"《论衡·齐世篇》也记载："宓牺之前，人民至质朴……群居聚处，知母而未识其父；至宓牺时，人民颇文，知欲诈愚，勇欲恐怯，强欲凌弱，众欲暴寡，故宓牺作八卦以治之。"把伏羲描绘成从蒙荒朴野到文明时代的象征。

先秦文献，伏羲与太昊完全是不相关的神或人，《世经》始将两者合为一位，作为始以"木德王"有天下而列于三皇之首。故后世考伏羲地理，多依太昊遗裔分布与关于太昊活动范围而推论伏羲的神话源于山东泰山以北以西今豫东鲁西北地区。

女娲，见于《天问》及《山海经·大荒西经》。到汉代所记录的神话，女娲曾抟土为人，使世界有了人类[1]，还炼石补天，战胜洪水，使百川东向流归大海[2]，是一位开天辟地、创生人类的伟大女神。《淮南子·览冥训》叙述女娲补天的伟绩，归结为"虙戏之道"，没有说明他们是什么关系。《风俗通》说明，"女娲，伏羲之妹"[3]。到晋代，《帝王世纪》记叙女娲"承包牺制度"，"一号女皇"[4]。唐代的记录却多叙两人以兄妹为夫妇。卢仝《与马异结交诗》说："女娲本是伏羲妇（原注：一作伏羲妹），恐天怒，捣炼五色石，引日月之针，五星之缕把天补。"李冗《独异志》卷下记录一则神话，说宇宙之开，天下未有人民，只有女娲兄妹两人在昆仑山，议欲为夫妻，又自羞耻，于是请求天的示

① 《太平御览》，卷七十八引《风俗通》。
② 《淮南子·览冥训》《论衡·谈天篇》。
③ 《路史·后纪》女皇条罗苹注引。
④ 皇甫谧等：《帝王世纪辑存》，中华书局1964年版，第9页。

意。恰有两股烟升向天空，兄妹相祝："天若遗我兄妹二人为夫妻，而烟悉合，若不，使烟散。"祝后，烟果然合而为一。于是兄妹结婚，世界降生了人类。

伏羲、女娲的形象，汉晋以来的记载，一般都说是人面蛇身，考古发现汉到隋石刻画像与绢画所绘图形与文献记录一致。尤其是东汉武梁祠石室画像与东汉石刻以及隋高昌故址阿斯塔娜墓室彩色绢画伏羲、女娲都是各持规、矩、人头蛇身，交尾合体的图像。①也证实汉代文献虽未说明伏羲兄妹是夫妇，在民间流传实际是夫妇。此外，四川、河南、山东等省还有多处发现两汉的伏羲女娲画像，所捧除规矩之外，还有日月或灵芝，而且一般也都是人首蛇身，交尾合体。②

关于兄妹为婚，创造人类的神话，在少数民族中至今广为流传。有的不仅传说兄妹为婚所生子女成了本民族的初祖，还是中国许多兄弟民族的共同来源。尤其是苗、瑶、壮、侗、仡佬、布依等民族关于洪水之后兄妹结婚使人类延续的神话，往往直指兄妹两人为伏羲兄妹。③

伏羲、女娲的神话，究竟起源于何处，现在众说不一。愚以为关于伏羲、女娲兄妹为婚始生人类的神话，是远古血缘公社内婚制在神话中的反映，夹杂种种得天的旨意的情节，是血缘公社内婚制已废之后，人们对于兄妹为婚以为羞耻，相信当初兄妹为婚是在万不得已的情况下受天之命繁衍人类才有的行为。其起源可能在长江中下游原始时代各部落中，理由容后详述，流传至中原，被奉为"人文初祖"；继续流传在中东南和西南少数民族中，则仍保留较原始的神话形态，反映血缘公社婚姻的特点。

4. 盘古氏

大约在东汉末，南方已流传关于盘古的神话。三国吴人徐整《三五历纪》，记录较为详细，说天地初开，"首生盘古，垂死化身：气成风云，声为雷霆，左眼为日，右眼为月，四肢五体为四极五岳，血液为河流，筋脉为地理，肌肉为田土，发髭为星辰，皮毛为草木，齿骨为金石，精髓为珠玉，汗流为雨泽，

---

① 参见闻一多《伏羲考》，收入《闻一多全集》，三联书店重印1948年版，第1卷第4—7页考证与插图。

② 参见陈履生《神画主神研究》，紫禁城出版社附录《汉代神画伏羲女娲》。

③ 参见陶立璠等编《中国少数民族神话汇编》人类起源及洪水篇，中央民族学院少数民族古籍整理出版规划领导小组办公室印。

身之诸虫，因风所感，化为黎氓"①。南朝人任昉《述异记》卷上所记与之大体相同，并记述："吴楚间说，盘古氏夫妻，阴阳之始也。今南海有盘古墓，亘三百余里，俗云后人追葬盘古之魂也。桂林有盘古氏庙，今人祝祀。南海中盘古国，今人皆以盘为姓。"所以任昉认为："盘古氏，天地万物之祖也！"关于盘古开天地创人类及万物的传说，最初流传于岭南，然后传至长江流域，与《后汉书·南蛮传》中关于槃瓠与高辛氏女为婚的神话各有渊源，不能相混。②

（三）父权制时代各部落集团

所说父权制时代各部落集团，按照远古传说即《史记·五帝本纪》所反映的时期，距今大约5000—4000年这个千年纪。考古学证明，在这个千年纪中，起源于海岱地区的文化，覆盖了黄河中游以至上游，长江中游及下游，乃至燕山以北和岭南，考古学界称之为龙山文化形成期。远古传说和新石器文化的区域性发展相印证，为我们提供了认识各部落集团客观存在的坚实科学基础。

迄今为止，在我国已发现新石器文化遗址7000余处。黄河与长江两大河的中下游分布较密。尤其黄河中游，仰韶文化遗址已发现达1000余处，年代一般自前5000至前3000年。华南则早期年代偏早而结束晚于中原地区。其他边疆地区结束都稍晚些。尽管发展不平衡，但各地区的新石器文化，各有渊源，自成系统，分布地域明确，文化内涵与面貌也不互相重合③，因而可以划分出几个较大的文化区系④。各区系之间，互相影响，互相吸收，有着多层次联系和向统一发展的倾向。

---

① 《绎史》，卷一引。
② 盘古非槃瓠，吕思勉《先秦史》《读史札记》中《盘古考》等早已加以辨析，今差可定论；其来源，或以为南方民族中固有神话，或以为来自印度，两说各有所据，各备一说。
③ 参见佟柱臣《中国新石器时代文化的多中心发展不平衡论》，收入佟著《中国东北地区和新石器时代考古论集》，文物出版社1989年出版。
④ 苏秉琦教授指出：自1979年正式提出考古文化区系型划分问题，以后十余年对区系的研究和划分，是考古学新时期的两个重要标志之一，苏先生所划分的区系为各家所宗，然而也还存在多种不同的划分。本文参考各家而断以己意，划分为：黄河上游，中游，下游；长江中游，下游；燕山南北；岭南；西南和三北等九大区域系。

各文化区系具有的共同文化特征和起源，反映着创造这些文化的人们属于有共同起源和具有共同文化特征的大部落集团；各区系中又存在不同的文化中心和诸多类型，又反映着在部落集团中拥有众多的氏族部落和小的部落集团。

1. 黄帝集团

西起陇山，东至太行山东麓，南至伏牛山以南，北达燕山——阴山——沿长城南北，在新石器时代是前仰韶文化（包括裴李岗、磁山、大地湾三种较早期的新石器文化[①]，年代约为前6000——前5400年）——仰韶文化（前5000——前3000年）——中原龙山文化[②]（前2900——前2000年）起源、发展之区。继中原龙山文化的是夏文化（豫中、豫西、晋南）、先商文化（豫北、冀南）和先周文化（关中）。这些地区，按先秦地理，都属黄河的中游与下游，因为先秦黄河下游流经现在的河北平原，在今天津市以南入渤海。今黄河下游，大体与先秦济水走向一致。故仰韶文化起源与发展之区，在先秦属整个黄河中游与下游。古今黄河之间，即先秦河济之间，包括今豫东、豫北、鲁西北及冀南是黄河与海岱两大文化区系最早接触、交汇的地区，也是传说中炎黄与太昊、少昊各集团接触最早的地区。在专叙黄帝集团以前，交代一下这种地理与文化背景，有助于使以下叙述更加明晰。

黄、炎两大集团起源之区比较接近，无论从文化还是地理的方面，这两大集团都是有共同起源和共同文化特点的亲缘集团。

《国语·晋语》四："昔少典娶于有蟜氏，生黄帝、炎帝。黄帝以姬水成，炎帝以姜水成，成而异德，故黄帝为姬，炎帝为姜。"《史记·五帝本纪》《索隐》说："少典者，诸侯国号，非人名也。"黄、炎同出少典——有蟜部落，后世成为异姓相互通婚的不同氏族与部落，在迁徙与发展中成为两大部落集团。晋代郭璞解说神话中"诸言生者，多谓其苗裔，未必是亲产"[③]，这种解释，是非常符合神话传说实际的。

---

① 参见安志敏《略论中国早期新石器文化》，收入《磁山文化论集》，河北人民出版社1989年出版。
② 近年考古学界颇以中原龙山文化概称关中、晋南、河南、冀南等地的龙山文化，这些地区龙山文化地区差异明显，但具有统一性。今从之。
③ 《山海经·大荒东经》："帝俊黑齿"注。

　　黄帝得姓的姬水不详所在，至于姜水，徐旭生对文献、传说与考古资料进行综合考察，断定"炎帝氏族的发祥在今陕西境内渭水上游一带"①。相传"黄帝生于寿丘"。《帝王世纪》认为在"鲁城东北"②，即今山东曲阜，这里是少昊集团的中心；《路史》断定在上邽③，即今甘肃天水市境，在渭水发源之区。《汉书·人表考》说"以戊己日生黄帝于天水"④。以黄炎亲缘及姜水地理推断，则黄帝起源于陇山西侧的天水地区为近是。这里正是从前仰韶文化到仰韶文化后期中国已知的最早殿堂式建筑发现比较集中的地区。⑤

　　按照《庄子·在宥》的记载，黄帝曾西至空同问道于广成子，《五帝本纪》也说黄帝"西至空同，登鸡头"。唐初李泰《括地志》原州平高县条说："笄头山，一名崆峒山，在原州平高县西百里。《禹贡》泾水所出；《舆地志》云，或即鸡头山也；郦元云，盖大陇山异名也。《庄子》云……黄帝问道于广成子，盖即此。"⑥唐平高县在今固原市境，笄头山或即六盘山，或即固原稍南隆德县境笄头山。自古这些地方都当陇西越陇而东的孔道。

　　在黄帝集团的发展中，陕北是极为重要之区。相传黄帝死葬桥山，在汉上郡阳周县境。汉阳周县，今地为陕北靖边县东南，此处距今黄陵县有数百里。北魏曾以汉泥阳县置阳周县，今地为甘肃正宁县；桥山也随阳周县名南迁而南迁了数百里，此即今黄陵县的桥山黄帝陵。⑦黄帝非具体历史人物的私名，其陵园所在，无非表明了陕北在黄帝集团迁徙发展中的重要性。

　　黄帝集团另一个最重要的活动区域在燕山地区。《五帝本纪》叙述，黄帝在战胜蚩尤以后"合符釜山，而邑于涿鹿之阿。迁徙往来无常处，以师兵为营卫。"釜山，《括地志》说在"妫州怀戎县北三里"，即今河北涿鹿县南桑干河

　　①　《中国古史的传说时代》（重印增订本版），文物出版社1985年，第42页。
　　②　徐宗元：《帝王世纪辑存》，中华书局1964年版，第18—19页。
　　③　《路史·后记》卷二黄帝条，罗苹注。
　　④　（清）梁玉绳：《汉书人表考》卷一，丛书集成初编，商务印书馆1937年版，第20页。
　　⑤　甘肃秦安大地湾一期文化属前仰韶期文化，但大地湾遗址仰韶文化各期都有发现，而大地湾所发现的距今5000年的殿堂建筑，是目前所知中国最早的殿堂式建筑，是后世的中国殿堂建筑的萌芽。
　　⑥　贺次君：《括地志辑校》，中华书局1980年版，第44页。
　　⑦　参见王北辰《桥山黄帝陵地理考》，1987年9月16日，《光明日报·史学》；《中国历史地图集》，第2册，第17—18页。

南岸；涿鹿之阿即涿鹿山较开旷处。其地处燕山山脉与太行山脉相接地带，自古扼东向燕山以南河北平原，越山向塞北辽西的要道。据《礼记·乐记》记载，周武王伐纣成功，立即封黄帝后于蓟（今北京市境），也说明直到西周初，仍相信燕山地区是黄帝最重要的故地。

黄帝集团从陕北发展向燕山地区，其迁徙路线大约是顺北洛水南下，至今大荔、朝邑或临潼一带渡河，沿中条山及太行山边逐渐东北上。①

《国语·晋语》四记述，黄帝之子25人，因母不同别为12姓：姬、酉、祁、纪（己）、滕、任、荀、僖、姞、儇、衣是也。"实所举仅11姓。通检《诗》《书》《左传》《国语》《世本》证以卜辞、金文，仅有姬、祁、任（妊）、己、姞五姓的后裔见有封国传世。今晋南晋豫接壤地区，春秋初仍多有姬姓小国，见于《左传》者有虞、虢、焦、滑、霍、杨、韩、魏、芮、荀、贾、狐、耿等国，其中除虞、虢、霍、韩等《左传》已说明为周所封，其余大多可能是周以前旧国，入周仍为诸侯。祁姓祖帝尧，有唐、杜、房等国；己姓有苏、温、顾、昆吾等国；姞姓祖伯鯈，有南燕、巢、密须等国；任姓祖奚仲，有薛、铸、畴（一作喋）等国。这些古姓小国除个别在今山东与河南南部，大多都在陕豫晋接壤区及太行山东麓。

黄帝的苗裔，春秋时仍有姬姓之戎活动于晋陕之间，太行山东麓今河北中部有祁姓的白狄鼓国，姬姓的白狄鲜虞，鲜虞之后建中山国一直延续到战国后期。《山海经·大荒西经》说："有北狄之国。黄帝之孙曰始均，始均生北狄。"非无根据的神话。

上述黄帝集团自陕北南下发展到燕山地区的路线，也得到了考古学的印证。以仰韶文化为代表的中原文化，自渭水下游越过黄河沿汾河及桑干河北上，与燕山以北红山文化在桑干河及汾河发源的河北张家口地区交汇在一起。两种文化的撞击与融合，促进了文明曙光的出现。②新石器文化这种扩散与汇聚和神话传说黄帝的活动范围是相吻合的。进而在燕山以北，今辽西与赤峰接壤地带牛河梁、东山嘴所发现的大型积石冢、女神庙和目前所知最早的高禖祭天遗址，

---

① 参见徐旭生《中国古史的传说时代》，广西师范大学出版社2003年版，第44页。
② 参见苏秉琦《文化与文明》，《辽海文物学刊》，1990年第1期。

更为我们探索黄帝集团的活动，提供了新的信息，值得进行深入研究。①

黄帝集团以崇拜龙和天兽为图腾特征。黄帝既是这个集团所共同奉祀的天帝，也是这个集团大酋长所享有的称号。其他各部落集团，如炎帝、太昊、少昊、颛顼、祝融、蚩尤等也都不是某个具体人物的私名，而是某种身份的酋长所袭用的称号。古注及今人研究多当作一个人的名号，所以面对许多古文献记载，感到矛盾百出，无法自圆其说。

黄帝，一号轩辕氏。周人自居黄帝嫡派，说："我姬氏（姓）出自天鼋"②，郭沫若考证，即是轩辕，③是一种大鳖而为龙者。今传世青铜器有"天鼋"族徽者常见，有些属先周器。与天鼋并行的还有"天熊""天虎"等类天兽族徽。④黄帝又号有熊氏，《五帝本纪》记述黄帝"教熊、罴、貔、貅、䝙、虎以与炎帝战于阪泉之野。"可见以猛兽为其族标志者在黄帝集团中颇多。《左传·昭公十七年》记载："昔者黄帝氏以云纪，故为云师而云名。"其主流姬姓，崇拜龙鱼属"天鼋"，另一些则崇拜猛兽类"天兽"，其图腾崇拜均与"天"相联系。25子族属12姓族，不一定出于同一来源，是黄帝集团在迁徙与发展中不断有新成员参加的结果。这些后来加入者虽有不同的图腾，然而均奉黄帝为共同的祖神和天帝，同时每一届大酋长，都以天帝的化身而享有黄帝的称号。相传黄帝300年⑤，非人寿所能及；又相传黄帝传十世，差可相当300年，这是袭黄帝号如有熊氏、轩辕氏等曾为黄帝集团大酋长者所传的年代。

2. 炎帝集团

炎帝又称赤帝，是炎帝部落集团共同奉祀的天帝，⑥也是该集团大酋长袭

---

① 参见郭大顺、张克举：《辽宁省喀左县东山嘴红山文化建筑群址发掘简报》，《文物》1987年11期；辽宁省文物考古研究所：《辽宁省牛河梁红山文化"女神庙"与积石冢群发掘简报》；孙守道、郭大顺：《牛河梁红山文化女神头像的发现与研究》，两文载《文物》1986年第8期；又参见《光明日报》1986年7月25日头版报道。关于红山文化祭坛为高禖祭天遗址，请参见拙作《中华新石器文化的多元区域性发展及其汇聚与辐射》相关的解释。该文收入《中华民族多元一体格局》，中央民族学院出版社1989年版。

② 《国语·周语》下。

③ 郭沫若：《两周金文辞大系图录考释》，科学出版社1957年版，第31页。

④ 据邹衡先生所辑有"天鼋"族徽传世铜器近100件、"天熊""天虎"也颇常见。参见所著《夏商周考古学论文集》，文物出版社1980年版，第339—340页。

⑤ 《大戴礼记·五帝德》。

⑥ 《白虎通·五行》"其帝炎帝者，太阳也"。

用的称号。相传前后袭炎帝号者8氏共530年，最后一位炎帝为榆罔氏。[1]

炎帝长于姜水而得姜姓。姜水，《水经·渭水注》："岐水又东，径姜氏城南，为姜水。"前已叙述，徐先生考证断定在陕西境内渭水上游一带。《帝王世纪》叙述，炎帝"姜姓也，母曰任巳，有蛴氏女，名曰女登，为少典正妃，游于华山之阳，有神龙首感女登于尚羊，生炎帝"[2]。华山古时包括秦岭。秦岭以南，概称华阳。故炎帝集团起源之区，还与秦岭以南汉水上源一带有关。这些地方从前仰韶文化到仰韶文化的遗存都比较丰富，与炎帝起源的传说相印证，有征可信。

炎帝的后裔，有姜姓诸夏及姜姓之戎，甚至包括氐羌，发展中分为共工、四岳、氐羌三大支。

共工，是炎帝集团势力颇大的一支。《国语·鲁语》上说共工曾"霸九有"。"九有"又称"九州"或"九土"，共工曾为九州之戎的共主[3]，并曾与颛顼、高辛"争为帝"[4]。据考证，共工与鲧是同一神话人物，缓读为"共工"，拼读即是"鲧"。[5]此说列举了共工与鲧神话传说相通与相同者八九例证，足可凭信。共工与鲧由一分为二，是炎帝集团发展中所生的分化。共工发展于豫东及冀南地区，徐旭生具体指为河南辉县境，[6]范围偏小。鲧以崇山（今嵩山）为中心，发展于豫晋接壤之区。《山海经·海内经》说："黄帝生骆明，骆明生马，白马是为鲧。"鲧往晋南发展，与黄帝集团关系密切。加之原来与炎黄有亲缘关系，所以鲧又被认定为黄帝集团的一支。

四岳，或写作西岳，又称太岳。《国语·周语》下记述，远古时，共工治水，壅塞百川，以害天下，所以皇天震怒，共工用灭。其后大禹治水，"共工之从孙四岳佐之"，采用疏导方法治平洪水，天下大受其利，所以"皇天嘉之，祚[禹]以天下，赐姓曰姒，氏曰有夏……祚四岳国，命以侯伯，赐姓曰

① 皇甫谧等：《帝王世纪辑存》，中华书局1964年版，第10页。
② 皇甫谧等：《帝王世纪辑存》，中华书局1964年版，第10—12页。
③ 九州之戎的由来与分布参见顾颉刚《九州之戎与戎禹》，收入《古史辨》第7册下。
④ 参见《淮南子·天文训》及《原道训》。
⑤ 参见《古史辨》第7册上，杨宽《中国上古史导论·鲧与共工》，持此说者还有顾颉刚、陈梦家、丁山等。现在古史界颇以为可定论。
⑥ 徐旭生：《中国古史的传说时代》，广西师范大学出版社2003年版，第47—48页。

姜，氏曰吕"。禹为姒姓的祖神；四岳为姜姓的祖神，其后裔在西周有申、吕、齐、许等国。齐在山东，西周封齐太公以前，传说时代已有逢伯陵在齐，为姜姓在东方之大部落①。吕原在陕西，后迁河南，与申都在今河南南阳地区。许即今许昌市境。相传炎帝都陈，今地为河南淮阳，大概四岳一支是继承炎帝的主流。

炎帝集团的崇拜，与黄帝集团大同而小异。《左传·昭公十七年》说炎帝"以火纪，故为火师而火名。"其图腾也是以虫鱼之为龙者为主流。《左传·昭公二十九年》说："共工氏有子曰勾龙，为后土。"勾龙，即呈卷曲状的蛇龙。《山海经·大荒北经》："共工之臣曰相繇，九首蛇身，自环，食于九土，"为害甚虐。"禹湮洪水，杀相繇。"②《归藏·启筮篇》说共工是"人面蛇身朱发"。前已叙述，共工与鲧是一分为二的神话人物，《说文》："鲧，鱼也。"另外，传说中共工与鲧治水失败以后，被天帝殛死，鲧化为黄熊或黄龙，共工化为赤熊③，与黄帝集团的猛兽崇拜也有相通之处。可见炎黄两大集团分布之区，不仅反映在新石器文化中有大致相同的序列与特点，只是在大同中存在不同的地方类型与文化中心；在神话传说中，也都是以对虫鱼而为龙及熊罴一类猛兽的图腾崇拜为特征。两大集团在发展迁徙中形成，一偏在北，一偏在南，而渊源相通，文化特征大同小异。

3. 太昊集团

今黄河下游，以泰山为中心，南至淮，东至海，北至无棣的海岱地区，分布着大汶口文化。其渊源与承袭序列是：青莲岗·北辛文化（前5400—前4000年）④—大汶口文化（前4300—前2500）—山东（典型）龙山文化（前2500—前2000）—岳石文化（前1900—前1500）。岳石文化填补了山东龙

① 《左传》昭公二十年"昔爽鸠氏始居此地（齐），季茹因之，逢伯陵因之，蒲姑氏因之，而太公又因之。"《山海经·海内经》"炎帝之孙伯陵。"

② 《山海经·海外北经》："共工之臣相柳氏，九首，以食于九山……"大致与相繇的传说相同，可能也是同一神话的分化。

③ 参见杨宽《中国上古史导论》相关章节的论证与征引的史料。

④ 考古学界有的主张两者为不同文化，但都与大汶口文化有渊源联系，有的主张统一命名为青莲岗文化或北辛文化。《中国大百科全书·考古卷》两名并存，叙述其分化，表示这是两种分布重合，内涵有所差异，而又都与大汶口文化有渊源联系的文化。本文凡关于年代的数据，而未特别注明出处者，均据此《考古卷》相关条目碳-14测定经树轮校正的年代数据。

山文化与商文化间的空隙。在神话传说中，海岱地区有太昊与少昊两大部落集团。太昊分布偏北，时代可能早于少昊；少昊分布与太昊集团交错重合而又稍偏南，时代也晚于太昊。两昊的后裔，一部分为诸夏，大部分为夏商及西周三代的东夷，直到春秋时，属两昊后裔的诸小国，文化虽与诸夏接近，仍被认为是东夷。

太昊，先秦及汉晋古籍又写作太皞、大皞、大暤。先秦记载，与伏羲是不同的神话人物。

太昊是东方的"帝"，①又是风姓的祖神。《左传·僖公二十一年》记述："任、宿、须句、颛臾、风姓也，实司大暤与有济氏之祀。"春秋时仍在济水流域存在的这几个风姓小国，守着太昊与有济氏的祭祀，是东夷而"服事诸夏"。据杜预注核以今地理：任在山东济宁市境；宿、须句均在山东东平县境；颛臾在山东平邑县东、费县西北。《左传·昭公十七年》又记："陈，大暤之虚。"与炎帝所都地方相同。大约炎帝东迁，在今鲁西、豫东接壤地区，与太昊集团交错分布。

太昊为风姓。在甲骨文中，风与凤同字。另一方面，《左传·昭公十七年》记述："大暤氏以龙纪，故为龙师而龙名。"说明太昊集团既有对龙的崇拜，也和东方各部落一样有以鸟为图腾崇拜的基本特征。

4. 少昊集团

少昊，在先秦及汉晋古籍中又写作少皞、小皞、小暤、小灏。在东方以鸟为图腾的各部落中，最典型的数少昊集团。其后裔，郯国的国君在鲁昭公十七年（前525年）朝于鲁。他说："我高祖少皞挚之立也，凤鸟适至，故纪于鸟，为鸟师而鸟名：凤鸟氏，历正也；玄鸟氏，司分者也；伯赵氏，司至者也；青鸟氏，司启者也；丹鸟氏，司闭者也。祝鸠氏，司徒也；鴡鸠氏，司马也；鸤鸠氏，司空也；爽鸠氏，司寇也；鹘鸠氏，司事也。五鸠鸠，民者也。五雉为工正。"②共列举了15个以鸟为氏的部落或氏族，在部落集团中各有所司。

少昊的后裔，在传说中有著名的后益（即秦祖伯翳，伯益）、皋陶（或称皋姚）、蚩尤和羿等神话人物；在春秋时还存在许多嬴姓与偃姓诸侯。

---

① 《礼纪·月令》。
② 《左传》昭公十七年。

嬴姓祖少昊，其后裔春秋时仍有徐、江、葛、黄、淮夷、费、郯、谭、锺离等国。

徐为西周东夷大国，地处今安徽泗县和江苏泗洪一带；江，今河南正阳县西南；黄，今河南潢川县西北；葛，今河南宁陵县境；费，今山东费县；郯，今山东郯城县；谭，今山东章丘县境；锺离，今安徽凤阳县境。此外，秦、赵均出自伯翳，祖蜚廉，蜚与费盖同字异形。[①]这些都是少昊嬴姓有一部分西迁在晋陕立国的苗裔。

偃姓祖皋陶，与少昊同姓。嬴，偃同字异写，[②]由于部落的分化所致。偃姓在西周春秋时尚有奄，今山东曲阜，为少昊所都；英，今安徽金寨县；六，今安徽六安县；舒鸠，今安徽舒城县。东夷群舒，均为偃姓。

在少昊的后裔中，春秋时的莒国地处今山东莒县，正是少昊集团的中心地区。《左传》隐公二年（前721年）《正义》对莒的注疏引《世本》说："莒，己姓"；又引杜预《春秋世谱》说："莒，嬴姓，少昊之后 …… 《世本》：'自纪公以下为己姓。'"己姓为黄帝12姓之一，祝融8姓之首。莒先为嬴，出自少昊，后改己姓，大概是少昊集团加入黄帝集团改从己姓的部落。《帝王世纪》甚至说："少昊帝，名挚，字青阳，姬姓也。"[③]更说明在黄帝集团取得优势以后，姬姓酋长青阳成为少昊集团的首领，而袭享少昊的称号，挚（鸷）是一种猛禽，少昊集团以鸟名官，其大首领即挚，青阳袭少昊亦名挚，从其俗，仍保持着少昊集团的图腾特征。姬姓青阳而为嬴姓之少昊，是东西两大系融合的产物。

5. 三苗集团

长江中游，以江汉平原为中心，南包洞庭湖平原，西尽三峡、川东，北达豫南与黄河中游，新石器文化相间分布，是一个自成体系的新石器文化区，其渊源与序列虽不如黄河流域东西两大区系那么清晰，然而也可大致归纳为皂市下层文化（约为前5000）— 大溪文化（前4400 — 前3300）— 屈家岭文化

---

① 《史记·秦本记》秦祖大费，嬴姓，是为伯翳。"大费生子二人：一曰大廉，实鸟俗氏；二曰若木，实费氏……子孙或在中国，或在夷狄……其玄孙曰中潏，在西戎，保西垂，生蜚廉"，即秦赵之祖。

② 《说文解字》，嬴字段玉裁注。

③ 皇甫谧等：《帝王世纪辑存》，中华书局1964年版，第26页。

（前3000—前2200）—青龙泉三期文化（又称湖北龙山文化，约为前2400）。在传说中，这个区域有三苗集团。

按照《国语·楚语》下及高诱注，三苗是九黎的后延。九黎的分布，记载不明；三苗则战国初吴起曾明确指出："昔者三苗所居，左有彭蠡之波，右有洞庭之水，文山在其南，而衡山在其北。"①吴起所说的彭蠡即今鄱阳湖，洞庭今仍名洞庭湖，文山不详所在，衡山不是指今南岳衡山，而是在江北某一座横向即东西走向的大山或山脉。②《禹贡》有"荆及衡阳惟荆州"，山南为阳，荆州在衡山以南，则《禹贡》衡山为豫荆两州的界山，与今伏牛—桐柏—大别山脉相当。可见三苗的分布，以今江汉平原为中心，南到湖南，东至江西，北达河南南部及中部。考古学证明屈家岭文化（前3000—前2000）最盛时"向北影响到丹江和汉水中游，直抵伏牛山麓，使那里的原始文化从以仰韶因素为主，转化为以屈家岭因素为主。在洞庭、鄱阳两湖间江西修水一带的南部类型，因自身序列不清，不知始于何时。但至迟到屈家岭阶段，长江中游的原始文化因素已达到那里，并同岭南的石峡文化结合在一起。在前3000纪中叶以后，这个文化系统发展到新阶段，文化面貌发生急速变化，可能进入铜石并用时期，并同黄河中、下游龙山文化阶段诸文化发生更多的接触。"③考古文化的这种发展与神话传说中三苗集团的范围与消长大势相吻合。

6. 长江下游的部落与部落集团

长江下游的新石器文化，证明这一广大地区应有相当发展的部落与部落集团存在。良渚文化晚期的许多遗存，更证明了那里有王朝前军事民主古国的存在。这些古国的礼制萌芽成为夏商周礼制文明的一个重要来源。然而，在整个三代，长江下游的文化与文明发展，都表现出中断与回归的特点，直到春秋中晚叶，才重新起步，兴起了吴越文明。远古在长江下游客观存在着的部落与部落集团，在先秦文献及汉晋以来流传的神话传说中，却看不清对他们的反

---

① 《战国策·魏策》，《史记·吴起列传》等征引略有字句变动，且两湖"左""右"位置互换，为各取地理坐标不同。

② 参见徐旭生《中国古史的传说时代》，广西师范大学出版社2003年版，第58页；又参见钱穆《古三苗疆域考》，《燕京学报》第12期。

③ 俞伟超：《先秦两汉考古学论集》，文物出版社1985年版，第234页。

映，至今对他们的认识也还是一片空白。①这不能不说是中国远古历史亟待破释的一个谜，一旦得到破释，不仅有助于对吴越文明起源有较科学的认识，更有助关于百越起源问题的解决。

（1）长江下游的新石器文化

长江下游以太湖平原为中心，南达杭州湾地区，北以南京为中心包括苏皖接壤地区，是一个自有渊源、序列较清楚的新石器文化区系：河姆渡文化早期（前5000—前4000）—马家浜·崧泽文化（前4300—前3300）②—良渚文化（前3300—前2200）。良渚文化与中原龙山文化大体平行发展，曾经被认为是龙山文化的变体，可见其受龙山文化影响之深。这个区系又形成了三个中心，即杭州湾宁绍地区、太湖周围和杭州湾北岸苏杭地区、以南京为中心的苏皖接壤地区。其文化，以稻作农业、干栏式建筑、丝织与漆器起源、舟楫发达及最早的犁耕等为标志，表明其发展水平与黄河中下游及长江中游齐头并进，各具特点，尤以大量的石钺、有段石锛、有肩石斧区别于其他文化区系，并与后来兴起的百越文明有深远的渊源联系。良渚文化中晚叶，等级礼制的萌芽，引起了国内外普遍的关注。

以太湖平原为中心，在苏南、浙北及上海地区，已发现属良渚文化的墓葬近百座，其中小墓居多，而少数大墓的规制、特点和随葬礼玉等，表明当时原始氏族部落行将崩溃而等级礼制已具雏形。③

令人惊讶的是，在距今4000年前，中原由军事民主制古国进入夏王朝编年的时期，良渚文化的发展突然中断，玉质礼器如钺、琮、璧等及礼玉上所刻的神秘威严的饕餮纹，几乎与"土筑金字塔"一块在长江下游同时消失。而在中原，上述礼玉占有重要地位，饕餮纹在商周青铜器中都是普遍的纹饰。继良渚文化以后出现在太湖地区的是马桥文化，"但两者的文化面貌完全不同，前者有大量玉器而无铜器，后者有小件铜器则几乎没有玉器，前者石器磨得很光

---

① 前所举蒙文通"三系说"、徐旭生"三集团"说都空着长江下游。
② 对马家浜文化与崧泽文化，考古学界意见尚未统一，一种认为均为马家浜文化早期和晚期；另一种认为是前后相承的两种文化。马家浜早期的年代可能与河姆渡文化晚期大致相当，不过仍认为是继河姆渡早期文化发展的一种新石器文化。
③ 详见《中华文明初曙从多元向一体的发展》，收入陈连开《中华民族研究初探》，知识出版社1994年版。

洁，后者却很粗糙；前者多灰黑陶，后者多红陶和几何印纹硬陶；前者陶器盛行圈足和贯耳，后者则盛行圜底和内凹底，不见贯耳；前者的炊器是鼎，后者既有鼎又有甗；前者的鼎为盆形或釜形，鼎足多扁形或丁字形，后者多罐形鼎，鼎足多凹弧形、舌形和锥形；前者的器物形制上承崧泽文化，后者却含有明显的二里头文化和二里岗文化因素"，而且两者虽然有文化层前后承接的叠压关系，但依据碳-14测定中间却有500年左右的空隙。[1]

长江下游新石器文化在距今4000年以前突然中断，其文化因素大量北传至黄河流域，同时也传到了岭南及长江中上游，[2]过了几个世纪才又从黄河流域、岭南及长江中游传来不同的文化因素，同时也表现出本地文化与技术传统的返璞回归。对于这种突然中断了数百年而后来回归的历史，我们只能从推论突然遭到某种毁灭性自然灾害造成居民大量迁徙中才能得到解释。

究竟是一种什么力量造成了如此惊心动魄的突变？

自然史家的研究断定前2000年左右，即大禹治水的时期，有过一次自然灾害集中爆发的异常时期。在短短一二百年间持续严寒，特大地震，洪水滔天，怀山襄陵。这种现象影响全球，而中国尤甚，[3]被称为"夏禹宇宙期"。在上引叶文宪的论文中，断定此种自然灾害集中与突发，是造成中国许多地区新石器文化发展中断、远古居民大迁徙的根本原因，也是加速中国国家形成的重要原因。此外，地质史上的全新世长江下游的海侵，据认为也是造成浙江远古居民大规模外迁的重要原因。[4]自20世纪30年代起，顾颉刚等即认为大禹治水的故事起源于南方，现在学术界更从自然史的角度研究中国远古洪水与大禹治水的真实背景。总之，长江下游新石器文化在距今4000年以前突然中断其发展，是已被考古学证明了的客观事实，至于为何造成这种断裂，为何造成远古神话长江下游地区各部落与部落集团历史的泯灭，现在已引起研究的兴趣。如

---

[1] 叶文宪：《中国国家形成之路》，《华东师范大学学报》1990年6期，良渚文化年代数据最晚4200±145年，马桥文化最早3700±15年。

[2] 良渚文化北上到中原的事实，已为考古学界多次报道与论证。董楚平《吴楚文化新探》第一章第二节对长江下游新石器文化及其他地区文化的联系有集中的搜辑与论证，可参考。另苏秉琦《石峡文化初论》，《文物》1978年7期及叶文宪《良渚文化去向蠡测》，《余杭文史资料》三辑等，可参考。

[3] 任振球：《公元前2000年左右发生的一次自然灾害异常期》，《大自然探索》1984年4期。

[4] 陈桥驿：《中国文化纵横谈》，《浙江学刊》1991年第4期。

果我们继续扩大视野，从考古学、历史学、神话学、自然史等多角度、多层次去搜寻探索，终将会得出真正的科学结论来。

（2）伏羲女娲神话起源于长江下游

伏羲女娲神话起源于东南的猜想，20世纪30年代吕思勉已经提出："《楚辞·大招》曰：'伏戏《驾辩》，楚《劳商》只'……伏戏遗声在楚，亦其本在东南之证。"[1] "女娲盖南方之神。"[2]吕先生只是提出这样的猜想，未能展开论证。闻一多《伏羲考》，不仅搜集了汉晋石刻及隋绢画的伏羲女娲图像，证以远古神话，还广泛搜寻了中国南方以至东南亚所流传关于远古洪水及兄妹为婚降生人类的神话，从考古学、神话学、民族学等多角度考证，认为夏的遗裔褒国是庖羲的后裔，夏的姒姓与巳通，亦与伏羲的风姓相通，而禹所娶涂山女即女娲。闻先生断言苗瑶中有对伏羲女娲的崇拜，大概是伏羲一支南徙的结果，而伏羲的正宗为夏，夏亡传之四方，北及匈奴，南包苗瑶。在20世纪40年代，闻先生做出如此广泛而深入的考证，影响是很深的，但其中颇多自相矛盾。

近来有些学人力倡伏羲即葫芦崇拜，与羌人起源有关，并且是中华文明之源。此虽自成一说，然驳难者也颇有据。

1987年，程德祺在《江海学刊》第5期发表《伏羲新考》，认为伏羲氏所代表的是原始的华夏族，它的根据地在东南，具体地说是太湖流域，无锡的惠山附近。同一刊物于程文发表的第二年第4期，又发表了李永先《也谈伏羲的地域关系》一文，对程的论断提出质疑，同时论证伏羲氏的地域在泰山一带，以后一部分伏羲氏部族由泰山迁向河南、江淮、甘肃、陕晋，在各地都留下了一些传说与遗迹。

从历史地理的角度，程文主要依据吴承志《山海经地理今释》卷六所说伏羲诞生的雷泽即震泽，而震泽是太湖古名；又认为伏羲之母号华胥氏，起源于华山，程推断这个华山即无锡的惠山。惠山是否即华山，大可商榷，而雷泽解释为震泽可备一说，何况《山海经·海内东经》说："雷泽中有雷神——龙身而人头，鼓其腹——在吴西。"吴郡之西有震泽，故程以今太湖当雷泽，不为无据。李先生所驳难，主要是依据汉晋以来将太昊与伏羲合并，太昊以泰山

---

[1]　吕思勉等：《古史辨》，第七册，海南出版社2005年版，第352页。
[2]　吕思勉等：《古史辨》，第七册，海南出版社2005年版，第355页。

为中心，伏羲自然也在泰山一带。然而这种合并立说基础不可取，本文前已说明，兹不赘述。

愚以为，良渚文化"土筑金字塔"的规制与玉质礼器的显贵肃穆，其人兽合刻花纹的神秘威严，都说明当时长江下游的前王朝期古国已有了宗教祭祀的中心和显赫的宗教首领。伏羲女娲也许即是这种宗教所崇祀的创造神和人类的始祖。试举证以说明此种推断。

证一：在文献中，伏羲"因夫妇，正五行"；传说中，无论汉晋石刻和至今流传的神话，都是兄妹为婚，才有了人类的始祖。伏羲女娲所代表的是血缘公社内婚制，这是人类有性行为限制的第一种婚姻形态。兄妹为婚的神话与洪水神话相联系，今主要流传在南方苗、瑶、壮、侗、仡佬、布依等兄弟民族中，有的直指兄妹两人为伏羲或伏羲兄妹两人。①可见其起源本在中国的中东南，流传至中原，成了始制婚嫁俪皮之礼的"人文初祖"。

证二：伏羲始画八卦。直到民主改革以前，在南方一些少数民族中，仍保留着八卦起源的痕迹。②在考古学上，目前所知最早的"八卦图"是安徽含山县凌家滩新石器文化墓地出土的一件精致的玉龟和一块玉版上所刻历法图。这些距今有4500—5000年的遗物，经专家研究是当时表示四时历法的原始"八卦图"。③从而为伏羲的神话起源于长江下游提供了物证。

证三：董楚平《吴越文化新探》从古今汉语声韵通转比较，认为"钺"与"斧"在上远古同义、同声，后因钺成为王权、军权的象征，又派生出斧字，以示日用器与礼器的区别。④他还征引《逸周书·王会解》："吕他命伐越戏方"，而《世俘解》仅称"越"。董断言："'越戏'是'越'的缓读，二字音近。戏古读呼，已有定论。"⑤（如古"於戏"读"乌呼"）。闻一多也说："戏，古读如

---

① 参见闻一多《伏羲考》所举诸例，载《闻一多全集》三联书店1948年重版，第9—11页。又参见中央民族学院少数民族古籍整理出版规划领导小组办公室编印《中国少数民族神话汇编》洪水篇和人类起源篇。

② 参见汪宁生《八卦起源》，收入所著《民族考古学论文集》第145—150页；又于省吾《伏羲与八卦的关系》，《纪念顾颉刚学术论文集》，巴蜀书社1990年版，第1—4页。

③ 参见《安徽含山凌家滩新石器时代墓葬发掘简报》及陈久金等《含山出土玉器图形试考》，两文均载《文物》1980年第4期。

④ 参见董楚平《吴越文化新探》，浙江人民出版社1988年版，第16—21页。

⑤ 参见董楚平《吴越文化新探》，浙江人民出版社1988年版，第33页。

乎，与瓠同音，若读包戏为匏瓠，其义为葫芦。"①然则伏戏两字与"甫""呼"音近②，或即以古之斧、钺音为敬祀之神的称呼。

　　总之，华夏与四裔，就融合一面说，华夏与东南西北各民族都有共同渊源；就各部落集团的分化而言，东南西北各部落集团又都有一部分在融入华夏的同时，另一部分仍按原有文化传统继续发展成为四裔各民族。这种融合与分化的过程，是中华民族起源时代各部落集团同一进化过程的两个侧面。③

---

① 闻一多：《闻一多全集》，三联书店 1948 年版，第 60 页。
② 董楚平：《吴越文化新探》，浙江人民出版社 1988 年版，第 37 页。
③ 本节作者陈连开：原载《中国民族史研究论集》（3），中央民族学院出版社，1993 年 8 月。

三　中华民族形成史的分期

中华民族是20世纪初出现的称谓。最初是指中华民族的主体——汉族；辛亥革命以后，出现了包括中国少数民族的用法，并且越来越得到广泛的认同；到目前，一般以中华民族作中国各民族的总称，是体现中国各民族根本利益与长远利益不可分割的实体，涵盖了中国各民族整体上的民族认同。

从中华民族形成、发展史的整体出发划分其各个历史阶段，目前学术界还没有展开讨论，因而不可能得出普遍认同的结论。有一种意见认为，既然在辛亥革命以前，连中华民族的名称都没有，那么中华民族史只能从辛亥革命开始，在辛亥革命以前去探讨中华民族的历史分期，没有科学的依据。

实际上中国众多民族的多元与一体辩证运动和演进，贯穿着中国历史的全过程。中华民族整体的自觉民族意识虽然出现在辛亥革命以后，中华民族起源、形成、发展的历史过程却非常悠久。马克思指出："对人类生活形式的思索，从而对它的科学分析，总是采取同实际发展相反的道路，这种思索是从事后开始的，就是说，是从发展过程的完成的结果开始的。"[①]马克思给我们指明了解决问题的方法与途径。我们正是从中华民族自觉认同这个客观实际出发，去追溯其起源、形成、发展的历程，从而得出如下的认识：

中华民族形成史可分为起源与孕育、中华民族的自在发展、中华民族从自发到自觉的联合三大历史阶段[②]，每个历史阶段又可以划分若干历史时期。

（一）中华民族的起源与孕育

从旧石器时代到秦统一以前的漫长的历史时代，是中华民族起源和孕育

---

① 马克思等：《马克思恩格斯全集》，中译本，第23卷，人民出版社1972年版，第92页。
② 按一般术语应称为"时代"。目前史学界习惯将社会形态的不同阶段称为"时代"，所以我们暂以"大的历史阶段"来表述中华民族形成史的不同时代。

的漫长过程。

从170万年以前（也可能是三四百万年以前）到距今10000年以前的中国旧石器时代，当然不可能有民族的区别；距今10000—5000年的新石器时代，不同的氏族、部落与部落集团在文化上已有区别，他们之间存在认同与排外的观念，但与建立在地缘结合基础上的民族认同和区别还是有质的不同。不过，考察中华民族起源与孕育这个大的历史阶段，重点还在夏、商、周至春秋、战国，其主要成果乃是华夏与华夷五方格局的形成。

关于中华民族起源，历来存在"本土"与"外来""一元"与"多元"之争。20世纪，尤其是近40年中国古人类学与旧、新石器时代考古学的发现与研究成果，为我们解决这一问题提供了科学基础。

中国古人类学已有相当有力的发现，证实中华大地是人类起源的发祥地之一，是黄种人的故乡。中华民族在形成、发展过程中虽然吸收了外来民族成分与文化，但从整体看，中华民族起源于中华大地，具有鲜明的本土特点。各种"外来说"已被证明没有科学的依据[①]。

传统的汉文文献认为中华民族起源于黄河中下游，继续在中原发展者为华夏，华夏的后延即汉族；流徙于边疆发展者为四裔各民族。然而，中国的旧、新石器时代考古学又证明，各大区系的新石器文化，一般都是从当地的旧石器文化发展衍化出来的，在进化发展中相互影响，从而表现出多元起源、多区域不平衡发展，而又不断汇聚与辐射，形成多层次的联系与相互影响。正如费孝通指出，这是中华民族"多元"与"一体"矛盾统一运动发展的起点。

远古各部落集团斗争与接近，结果产生了这些部落集团的融合与分化。这是同一演化过程的两个侧面。比如起源于黄河中上游以炎、黄为代表的部落集团东进与北上，分布到燕山南北及古黄河中下游[②]；而以泰山为中心的海岱地区以两昊（少昊、太昊）为代表的部落集团同时西进和北上。这两大集团在古黄河中下游、燕山南北、河济之间斗争与融合的结果，形成了夏、商、周三

①　参见拙作《关于中华民族起源学说的由来与发展》及《关于中华民族起源的几点思考》，两文均已收入《中华民族研究初探》，知识出版社1994年版。

②　先秦时期，黄河下游包括今河北省南部与中部。今黄河下游与先秦济河走向大体一致。因而古、今黄河的下游即先秦河济之间的广大地区。

族；又通过夏、商、西周千余年的进一步发展，三族融合形成了华夏民族的雏形；进而经过春秋、战国的大融合，并吸收了众多新的民族成分和文化因素，形成了华夏民族，即汉族的前身。

另一方面，黄河中上游以炎黄为代表的部落集团，向陇山以西及黄河上游甘青大草原发展，或在白龙江及岷江中上游从事农耕，或在甘青草原由原始农耕转向游牧，结果形成了夏、商、周及后世的氐羌各族。其中有些又从西北出发向西南迁徙，形成了藏缅语族属氐羌苗裔的各民族。以泰山为中心的两大集团中，在泰山以东至海以南至淮的各部落，形成了夏、商、周时期的东夷各族。历史记载与考古发现还证明，华夏的形成也吸收了长江流域的部落及其文化。由此可见，华夏民族是大融合的产物。正因他具有对各种民族成分与文化因素都兼容并包的特点，才具有强大的涵化力，不仅使其族体在后世发展中越来越大，并且成为中华民族凝聚结合的核心。

考古发现的材料还说明，边疆许多民族是在当地起源、形成，在其发展过程中越来越紧密地与中原发生关系。夏、商、周已与"四夷"各民族发生多层次联系，春秋、战国进一步形成了华夏居中称为"中国"，夷、蛮、戎、狄配合东、南、西、北"五方之民"构成"四海"之内统一的"天下"，并且形成了"修其教不移其俗，齐其政不易其宜"①，在统一国家中因俗而治，"五方"构成整体格局的政治理想和地理观念，表明华夷统一已成为历史的大趋势。于是中华民族从起源到孕育大一统的历史阶段已经完成。

（二）中华民族的自在发展

从秦汉到1840年的2000余年，是中华民族自在发展的历史阶段。

这个大的历史阶段，其主要成果是统一的多民族中国形成与确立；各民族共同祖国观念的形成，古典爱国主义在反抗外敌侵略的斗争中得到了发扬。

中华民族的自在发展是指在中国古代随着统一的多民族中国形成、巩固和确立，各民族的根本利益相互关联，客观上在形成和发展着中华民族的一体

---

① 《礼记·王制》。

性。这种深层次的内在联系，被历代王朝推行的民族压迫制度和民族间的纷争所掩盖，人们比较明确地注意到民族间的矛盾和隔阂，而各民族间根本利益的一致和整体不可分割的联系，未能成为自觉的民族意识。直到近现代，在中国古代实际已形成并得到了发展的中华民族整体，才在与帝国主义的斗争中得到认识，形成发展了中华民族自觉的整体认同。所以与中国古代统一多民族国家形成相对应，即从秦汉至1840年以前的2000余年间，中华民族整体已经形成而又未能出现自觉意识，是中华民族自在发展的历史阶段。

2000余年间，统一多民族中国的形成又可分为开端、发展、确立三个历史时期。

开端时期包括秦汉、三国、两晋与南北朝。在这一时期，前400余年（前221—220）是大一统时期，华夏在大一统历史条件下形成汉族，并且实现了华夷的统一，奠定了尔后统一多民族中国疆域的基础。国家元首称号已包括华夷统一的含义。郑玄在注释《礼记·曲礼》"君天下曰天子"一句时说："天下，谓外及四海也。今汉于蛮夷称天子，于王侯称皇帝。"这一含义，在《白虎通义》《独断》等东汉名著中，都有相同的阐释。地域观念方面，也已稳定地形成以郡县为主干、以民族地区为边裔的统一的地理观。从220年进入三国时期开始，后虽经西晋短暂统一，一直到581年隋朝建立以前，是中国南北分别由汉人与少数民族为统治民族，从割据混战到南北分别实现多民族统一、形成南北王朝对峙的时期①。

如果从统治民族与民族关系角度观察，则前530余年（前221—316）是以汉人为统治民族的时期；317年以后中国南部以汉人为统治民族，中国北部则以北方少数民族为统治民族。这些北方民族，从两汉以来已与汉、晋等王朝发生多层次联系，已经是中国的少数民族，并且对中国的政治、文化都已有深刻的了解。他们走上"逐鹿中原"的历史舞台，表现出如下几个特点：

第一，自居中国，并力图与南方汉人建立的王朝争夺"中华正统"；

第二，以中国分裂为变态，统一为常态，以统一中国为己任；

第三，所建立的王朝制度，以继承秦汉制度为基础，实行农牧民族"胡汉

---

① 隋于589年灭陈，南北完全统一，作为一个历史时期仍断于581年隋朝建立。以下元朝实于1279年才灭南宋，而1271年改国号，作为一个历史时期的标志较为恰当。

分治"，以汉人农业经济为立国之基，以汉文化为主导的农牧文化相结合；

第四，认同自身是炎黄裔胄。

由于以上特点，使原先仅限于汉人称"中国人"，此时"中国"已改变为各民族共有的称号，而"汉人"稳定地成为中国主体民族的专称；原先以"中国"对"四夷"的总体称谓虽继续沿用，又派生出以"蕃汉"区分汉族与少数民族的总体称谓。从"五胡"所建王朝到北朝，虽然是中国少数民族建立的王朝，却与汉人建立的王朝一样，是中国历史发展不可缺少的一环，体现了中华各民族共同创造中国历史的传统。中华民族的文化与历史并不因为少数民族成为统治民族而被割断其传统；相反，在促进农牧两大类型民族的统一与农牧文化结合的基础上，使中华民族的文化与历史的整体性，不断得到发展和巩固。由秦汉开端的统一多民族中国，在三国、两晋、南北朝时期经受了严峻的考验，并且积聚着更高度的统一。

从581至907年，隋唐两个王朝，是统一多民族中国形成史的发展时期。907至1271年，再度经历由大分裂到中国南北部分别由汉人和少数民族建立王朝对峙的严峻考验。史家或以两宋与辽金对峙称为"第二次南北朝"，或以西夏从1038年至1227年可以说基本与辽宋、金宋对峙大体同时存在，而称为中国历史的"新三国时期"。

这一历史时期，581—907年的300余年为大一统时期，907—1271年的360余年是从大分裂重新南北统一形成对峙的时期。后360余年，不仅南北王朝对峙，还有多个地区性与边疆王朝各据一方。然而统一多民族中国的历史从隋唐到元统一以前仍然得到了大幅度的发展。

首先，中国的疆域于这一时期在秦汉基础上进一步得到了发展和巩固。唐代在汉地推行州县制度，民族地区推行羁縻府州制度："即其部落，列置州县，其大者为都督府，以其首领为都督、刺史，皆得世袭。虽贡赋版籍多不上户部，然声教所暨，皆边州都督，都护所领，著于令式。"据欧阳修统计，唐代在全国各民族地区共设这类"府州八百五十六"。[①]虽然管辖制度与汉地不同，其作为唐朝疆域则相同。此外，隋唐时期中华民族一个重要的发展，是西藏的

---

① 均见《新唐书·地理志七下》。

统一与吐蕃王朝的兴起，吐蕃王朝与唐朝关系的发展，奠定了西藏成为中国疆域一部分的历史基础。

辽金与两宋对峙，南北王朝基本制度及经济、文化相同，都是10—13世纪中国历史的重要组成部分。辽金把王朝直接管辖的州县推广到整个中国东北部；在牧区推行部族节度使制度是仿唐代藩镇而又结合游牧民族经济文化特点的牧区地方行政制度，因而使中国东北和北方草原的地方行政制度得到了发展，对中国疆域的巩固做出了重要的历史贡献。其他如渤海、南诏、西夏、大理、西辽等地区性王朝或边疆王朝，虽各据一方，有鲜明的民族特点，然其政治制度，均具有鲜明的仿照隋唐或先仿隋唐后参照两宋的特点，文化方面也深受汉文化的影响。即令如黑汗王朝（喀喇汗王朝），已接受伊斯兰教，在文化与制度方面与中原王朝有很大差别，也与上述几个中原王朝或边疆王朝一样，自居是中国的一部分，与之发生关系的中亚、西亚各国，也称其汗王为"东方与中国之君"。[①]可以断言：到13—14世纪，元朝统一中国，实际上是隋唐及辽金与两宋时期由大一统到多政权并存，但同一性不断发展的必然结局。

第二，国家元首称号的进步反映出农牧民族统一、农牧民族文化结合的特点。

在西汉，匈奴单于也称"天子"[②]，与皇帝是平行的国家元首称号。呼韩邪单于归汉，汉朝赐"汉匈奴单于玺""位诸侯王上"，表明单于已成为从属于皇帝的称号。自柔然社崙可汗称可汗，可汗又成为与皇帝平行的元首称号。而唐太宗降服突厥之后，北方游牧民族众汗共拥戴唐太宗为众汗之上的"天可汗"，"是后以玺书赐西域、北荒之君长，皆称'皇帝天可汗'"[③]。唐朝皇帝享有"皇帝""天子""天可汗"三种称号，是农牧两大类中国各民族共同的国家元首。以后辽、金两代的皇帝，也都兼存农牧两大类民族国家元首的称号。这种农牧结合的元首称号，后世一直延续到元朝与清朝。中国的统一，实际上是中国农牧两大类民族的统一，中华民族文化同一性的形成，从总体上看也是农

---

① 参见拙作《中国·华夷·蕃汉·中华·中华民族》相关的考证及征引张广达先生的论文。该文已收入拙著《中华民族研究初探》。

② 匈奴单于又冠"撑离孤独"，汉译即"天子"。

③ （唐）杜佑：《通典·边防》，中华书局点校本，1988年12月，第5494页。

牧两大类民族文化的交融结合，多样性与同一性的辩证统一。这种特性在隋唐与辽金两宋时期得到了显著的发展。

第三，隋唐辽金两宋时期，是中国古代向外大开放的历史时期，也是中国古代经济、文化得到大发展的历史时期，不仅中国各民族经济文化都有相当可观的发展，中国南北与世界的联系也远比以往扩大。中华民族古代的经济、文化及对外交流的历史，这一时期都占有极重要的地位。

元明清已进入统一多民族中国的确立时期。第一，全国所有的民族地区，都置于中央直接派官的管辖之下，形成了在中央直接管辖下的行省与特别政区并存的地方行政制度。尽管古今政权性质、社会制度、政策法令有质的不同，由统一的中央政府直接管辖省与特别政区的制度从元朝形成一直延续至今。第二，蒙古帝国尽管有四大汗国，而元朝皇帝身兼蒙古大汗，但元朝皇帝直接管辖的行省与特别政区，仍限于两汉以来传统的中国疆域和西藏，《元史·地理志》所叙元朝的版图，明确限定在上述直辖范围之内，只是强调，由于元朝推行行省制度，"汉唐极盛之际，有不及焉。盖岭北、辽阳与甘肃、四川、云南、湖广之边，唐有所谓羁縻之州，往往在是，今皆赋役之，比于内地"。[1]第三，中国与邻国的边界已稳定地形成，尤其在清朝，中俄签订了《尼布楚条约》《布连斯奇条约》等，已具有主权国家间划界国际条约的水准。清代中国与一些邻国虽有宗藩关系，但中国与这些邻国的传统边界已是稳定而明确的，有些还经过勘查与划定。中国在西方列强侵入以前，不仅已有明确的疆域与稳定的边界，同时也已形成了稳定而明确的在统一中国依据不同民族、文化、历史、地理特点，以不同政策、法令行使管辖权的地方行政制度。在统一中国内以不同社会制度存在的各民族，无论是内地还是边疆、汉人还是少数民族，都是中国人，这一认同的实际情况，在皇帝的训诰、大臣的奏议、私家著述乃至词书及国际条约中等都已得到反映。第四，各民族大认同的祖国观念，不是在近代西方列强入侵之后才有实际的表现，在1840年以前早已创造了值得称颂的业绩。在明代中晚叶东南抗倭斗争中，广西壮族及湖广土家族、苗族等兄弟民族所立的战功；在明清之际郑成功驱逐荷兰殖民者收复台湾的斗争中台湾少数民

---

① 《元史·地理志·序》。

族所立的战功；清初叶黑龙江流域各民族在反抗沙俄入侵者的斗争中及雅克萨驱逐沙俄殖民者的战争中各族官兵所立的战功，都表现了在统一多民族中国确立的历史时期，中华各民族祖国观念的大认同，表现出爱本民族与爱中国、保卫祖国与保卫家园一致的爱国主义精神。这是中华民族古典的爱国主义的高度发扬，是中华民族整体民族意识萌发的具体表现。

（三）中华民族从自发到自觉的联合

从1840年到当前，是中华民族从自发到自觉联合的历史阶段，期间又可以划分为三个历史时期。

从1840年到1911年辛亥革命以前，中华民族在反帝、反封建斗争中的自发联合，一方面是粉碎帝国主义的侵略与分裂阴谋、保卫祖国的统一与疆域完整，同时也逐步深入，从不同层次上寻求将古代中国转化为现代中国的强国之道。其主要成果是在最艰难的历史条件下，共同保卫了祖国的统一与疆域的基本完整，并推翻了延续两千余年的君主专制制度，建立了共和制民国。近代中华民族的爱国主义在反帝、反封建斗争中，已较古代有显著的发展，是中华民族由自在发展向自觉发展过渡的历史时期。

1911年辛亥革命以后至1949年中华人民共和国成立以前，是中华民族在明确的政治纲领指导下联合起来，并且终于推翻了帝国主义、封建主义、官僚资本主义统治，获得了中华民族独立解放的历史时期。这个历史时期，在辛亥革命至1924年中国国民党第一次全国代表大会以前，贯彻"五族共和"原则，中国各民族粉碎了形形色色的民族分裂阴谋，维护了祖国的统一，但"五族共和"还未能真正反映中国近代民族问题的根本实质。1924年1月23日，孙中山先生在提交国民党第一次代表大会讨论的《中国国民党第一次全国代表大会宣言》中，重新解释"民族主义""有两方面之意义：一则是中国民族自求解放，一则是境内各民族一律平等"，在这个文件中还提出了"少数民族"的概念[①]。1937年抗日战争爆发，由于共产党的倡议和推动建立了抗日民族统一战

---

① 　孙中山：《孙中山选集》，人民出版社1981年10月版，第591页。

线，进一步明确了贯彻1924年孙先生新"民族主义"的道路和政策方针。于是全面阐明中国近代社会的主要矛盾是帝国主义与中华民族的矛盾，必须广泛地团结各族人民，反抗帝国主义的侵略，"对外求中华民族的彻底解放，对内求中国各民族之间的平等"①。这个纲领把中华民族根本利益的一致性和不可分割性揭示出来，阐明了中国近代民族问题主要矛盾是反抗帝国主义的侵略，以求中华民族的独立和解放，这是中华民族的民族革命；同时，必须反对国内的民族压迫制度，以求国内各民族的平等，这是中华民族反封建民主革命总任务中一个重要的组成部分。在1938年以后，又逐渐明确，在中华民族获得独立解放的过程中与获得独立解放以后，建立和完善在统一中国实行各少数民族的区域自治制度，是解决中国民族问题的具体道路。这样就从纲领、道路、政策、方针各方面把中华民族联合成整体上升到了理论和自觉意识的高度。抗日民族统一战线推动了中华民族全民族抗日，经过八年抗战，取得了抗日战争的胜利，这是中国近代中华民族第一次取得完全胜利的反侵略战争，是中华民族获得独立解放的伟大转折。

1949年10月1日到当前，是中华民族获得了民族解放和独立以后的蓬勃发展时期，根本的问题是在现代化的基础上实现中华民族的振兴和祖国的完全统一。②

---

① 毛泽东：《目前抗日统一战线中的策略问题》，收入《毛泽东选集》第2卷。

② 本节作者陈连开：原载《社会科学战线》1996年第4期。

四　中华民族的结构

　　传统的说法，世界有四大文明古国；按英国考古学家格林·丹尼尔（Glyn Daniel）教授的研究，世界独立起源的文明有六处。上述这些文明古国或独立起源的文明，延续至今而文化传统从未被割断的只有中华文明。世界古典的古代与中世纪，曾兴起为数不少的庞大帝国，但这些帝国的军事力量分裂或崩溃以后，帝国也随之土崩瓦解，再也无力恢复其往日的统一。然而被西方称为"中华帝国"的中国，数千年来由众多民族形成统一的国家，期间虽有两度大分裂演化为南北分别由汉人和北方民族建立王朝对峙，却都在大分裂与南北朝对峙之后，达到更高度的统一，终于确立为巩固的统一多民族国家。近代以来，资本帝国主义多次对中国发动武装侵略，同时使尽了各种分裂中国的阴谋，尤其在中国民族问题上阴谋层出不穷，也炮制了形形色色旨在制造中国分裂的"理论"。但中国各民族联合成为一个整体，在最艰苦的历史条件下，战胜了帝国主义，保卫了祖国的统一，获得了中华民族的解放与独立。最近20年来，世界上民族问题是最敏感的问题之一，有些非常强大和相当发达的国家因此成为分裂和战争的导火线，而中国民族团结，政局稳定，在现代化基础上争取中华民族的繁荣，正鼓舞中国各民族共同奋斗。

　　上述这些事实，都激发我们去认真探索中国民族结构的奥秘，去寻求中华民族凝聚力的源泉。费孝通教授曾对中华民族的结构做过"多元一体格局"的高层次概括，已成为研究中华民族的核心观点。作为费老的学生，本人希望以此为核心对中华民族的形成与发展做较为系统的叙述与论证，近期将出版《中华民族的形成与发展》一书。借此机会，就中华民族的结构略呈鄙见，希望专家们不吝指教。

（一）中华大地的地理结构

虽然中国历代王朝的封疆范围时有不同，但当代中国各民族及其先民创造历史与文化的生存发展空间是比较明确而稳定的，这个空间范围，我们称之为中华大地。

中华大地得天独厚、特点鲜明的地理环境，是中华民族具有特殊的结构、创造了独具特点的历史文化所依托的自然条件。

中华大地第一个地理特点是四周都有天然阻隔，内部构成体系完整的地理单元。纵观整个中国古代，人们大都相信中国四外环海，内部由中原和四夷共同构成"天下"，故天下又称为"四海之内"。虽然中西交通在陆上与海上都有一定规模的发展，对中华大地之外，秦汉以来有了不少了解，但仍基本上是在传统的"四海"范围以内多民族内向汇聚，共同创造着中华民族的历史。

中华大地地理环境的另一个特点是自西向东构成三个落差显著的阶梯。西部青藏高原，平均海拔4000米以上；其以东以北和东南，有蒙古高原、黄土高原、云贵高原及塔里木盆地、四川盆地等浩瀚高原与巨大盆地相间分布，平均海拔降到2000—1000米以下，是第二阶梯。第三阶梯，包括北起大兴安岭、中经太行山、南至巫山一线以东及云贵高原东缘以东地区，平均海拔低于500米，多为丘陵，仅少数山峰高达2000米左右；而东北平原、华北平原、江淮平原等大平原，是第三阶梯最低平的地带，尤其滨海地带，低于海拔50米。

如此落差显著的三大阶梯，像把巨大无比的大躺椅，西北背靠亚欧大陆，东南面朝太平洋，有近2万公里的海岸线。季风气候显著，加上地域辽阔，地形复杂，形成多种多样的气候。以雨量而言，东部低阶梯湿润多雨，中部第二阶梯，除云贵高原外，一般为干旱和半干旱气候，尤其西北内陆，距海数千里之遥，加之重重山岭阻隔，东南方从太平洋、西南方自印度洋吹来的湿暖夏季风鞭长莫及，是中国最干旱的地区。青藏高原则以高寒为特点，自成气候大区。

中华大地东西跨60个经度以上，内陆气候以距海远近而形成湿润、半干旱、干旱的自东南向西北的明显递变，南北跨40多个纬度，呈现出热带、亚热带、暖温带、中温带、寒温带从南向北递变。大体言之，台南、琼西及滇南河谷一线以南为热带；此线以北至秦岭、淮河及白龙江一线以南为湿润多雨的亚热带；秦岭、淮河以北至秦长城以东以南，即辽东、河套、陇西一线以南为暖温带；秦长城以北以西为中温带；黑龙江大兴安岭北端为寒温带。新石器文化遗存及古代文献记载的物候与气象记录表明，亚热带与暖温带的分界在过去几千年间有过较大的推移，比如黄河中下游在新石器时代和商周均较现代暖和得多。但总体上自北向南平均气温递增的规律并没有多大改变。

这种南北气温递减、东西雨量递减的气候，把中国明显划分为人口与经济分布均呈鲜明对比的东西两个大部，即北起黑龙江省瑷珲（黑河），沿大兴安岭南下，中经陇山，南至邛崃山，终至云南腾冲一线，以东为中国的东部，农业发达，人口集中，地域面积约占全国总面积的40%，人口占全国总数自古至今保持着高达90%以上的水平；自唐宋至明清的千余年间，东部人口占全国总数经常高达95%以上。上述一线以西为中国的西部，面积占全国面积的60%，主要是草原游牧区，穿插分布小块河谷与绿洲农业区，人口占全国总数通常在10%以下。然而，河西走廊和天山以南是连接中华大地与中亚、西亚以及南亚的咽喉和枢纽，中国西部并不因为地广人稀，降低其在中华民族历史与文化发展中的重要性。

受前面两大特点制约，中华大地地理环境的第三个特点是农业区与牧区及农耕民族与游牧民族发展带分野清楚，而又天然地互相依赖，互相补充。同时也表现出不同民族之间，甚至同一民族不同地区之间社会发展的显著不平衡。大致是：秦岭——淮河以南，是以稻作农业为代表的水田农业和南方以种植水稻为主的农业民族分布区；秦岭——淮河以北至秦长城以东以南是农业起源以粟黍为代表的旱地农业区。汉族起源与早期发展以旱地农业为主，春秋战国楚与吴、越、巴、蜀华化以及自东汉以来多次南迁，于是在黄河、长江、珠江等大河的中游、下游及淮河流域，汉人成为兼容旱地与水田农耕的农业民族。秦长城以西以北是草原游牧区和森林游猎区，是游牧民族和狩猎、渔猎民族分布发展的区域。

中国经济的多元多区域不平衡发展，全国生产种类多样而各个区域相对单一，形成了各区域各民族经济的相互依赖和相互补充。尤其是广大游牧区生产的单一性和不稳定性，既形成了农牧经济的共生互辅，又形成了游牧民族对农业民族经济上的需求和依赖大于农业民族对游牧民族的需求和依赖的局面。

机器制造工业兴起以前，农业生产是决定性的生产部门。汉族是中国农业最发达的民族，其精耕细作与农业科学技术，在现代农业科学与集约化现代化农业生产形成以前，达到了世界最高水平。中国历代封建王朝，无论其统治民族是汉人还是北方少数民族，没有一个不是建立在广大汉地个体农业的基础上的。汉地农业生产被破坏，王朝的经济基础即被削弱；汉地的统一被破坏，国家就会分裂；中原混战不息，生产凋敝，边疆就会出现众汗诸王纷起的局面。

中华民族以农业为基础立国，并非草原牧区的经济无关宏旨。中国是一个拥有广大草原的国家。

从自然地理角度观察，在欧亚大陆中部有一条带状分布的大草原，西起欧洲多瑙河下游，经东欧草原地带一直伸展到中国的东北，绵延21000多公里，称为"欧亚草原带"。中国广大的草原，位于这个草原带的最东端。其地域横亘于北纬30°—50°之间，蜿蜒万里，整个草原地带属于中国的西北部。从人文地理和民族关系角度观察，辽阔的中国草原上曾兴起过匈奴、鲜卑、柔然、突厥、回纥、契丹、蒙古等强大的民族。他们的历史舞台往往超出中国的范围，成为中国以外世界历史的一部分，然而其主要发展方向仍是中华民族结构中的内向汇聚。在中国古代，农牧民族的矛盾与对立，是中国历代王朝民族问题的主要方面，秦、汉、明三个汉人建立的强大王朝及北魏、北齐、北周三个由汉化鲜卑人与鲜卑化汉人建立的王朝，都在北方郡县沿边修筑万里长城。在封建统治者看来，万里长城是处理农牧民族问题的防御战略的实施，是利用强大中央集权国家力量修筑的防御工程。从农牧民族发展的客观实际看，它一方面是把农牧民族分隔开来，对郡县农耕区起了一定保护作用的防御工程，另一方面又在沿长城一带进行农牧产品交换与文化交流，形成了自辽东、辽西至西域沿长城分布的一系列以农牧交换为其特点的城镇，所以又是把农牧民族连接起来的宏伟漫长的纽带。这种既相反相成，又相辅相成的作用，是农牧两大类型民族及其经济、文化既相矛盾又不可分割生动而深刻的反映。世界上唯独中国有这种特点，也只有中国强大的中央集权王朝才有力量修筑这种被世界称为伟大奇观的万里长城。①

万里长城在民族关系方面无须起战略防御作用，因而也没有为民族问题而大兴土木修葺长城的大一统王朝，有汉人建立的唐朝和蒙古人建立的元朝及满族人建立的清朝。这些朝代都在一统多民族中国形成发展过程中起了极其重要的作用。契丹人建立的辽朝和女真人建立的金朝，其州县区域跨长城两边，对中国疆域的发展与农牧民族的结合也起了重要的作用。中国近代，万里长城在中华民族内部关系上的战略防御作用完全消失了，已成为中华民族反抗帝国主义侵略的不屈不挠精神与中华民族伟大创造力的象征。当前，长城内外的各民族，都在进行现代化建设，传统上那种农牧经济模式及民族分布格局已发生根本的变化，在长城南北都建立了现代化工业体系。草原牧区畜牧业的现代化，在现代中国经济体系中已构成中国大农业的一个重要组成部分，是中国最重要的畜产品和牛羊肉食基地。

中国地区广大，气候、地形多样，农业区除汉族以外，中南、西南农耕经济与长江、黄河中下游有较大区别。季风气候对中国农业生产至关重要，也往往带来水旱灾害。各个地区农业的产品也有不同程度的互辅和互相依赖，而且各地开发过程不平衡，经济文化重心随时而移。从总体上看，在现代工业和商业兴起以前，中国的东部较西部发达，尤其是黄河、淮河、长江、珠江流域农业发达区域的农业是中华民族古代发展的主要基础。唐中晚叶以前淮河流域以北较长江、珠江流域发达，晚唐以后中国的经济重心逐渐南移至长江流域和珠江流域。由于沟通南北地区交流的需要，中国从春秋时期已开始至元朝完全修通、南起杭州北达大都（今北京）的南北大运河。在南北铁路修通以前，运河一直起着北南交通大动脉的作用，沿运河形成一系列商业都会。南北大运河，是可以和万里长城相媲美的中国古代独特的人造地理景观。

现代工业和商业兴起，尤其是中华民族现代化进程开始以来，形成了沿海有利于开放的地带为东部，长江、黄河中游古代经济最重要区域为中部，其

---

① 不能把一切出于防御目的的长城与万里长城相提并论。春秋战国时诸侯间的长城的消亡，意味着华夏诸侯兼并的结束与民族的统一，与北边万里长城为农牧民族关系的产物，性质仍有所区别。罗马帝国在英格兰修筑的长城有117公里，维持了3个多世纪；是欧洲历史上与中国万里长城相似的防御工程，但由于地理、历史、经济、文化、民族迥异，这一工程随罗马帝国灭亡一同消失，与中国万里长城横亘万里贯通古今是无法相提并论的。

他省区为西部的发展新格局。

总之，中国古代的历史进程已表明，中国南北三大区域民族的交替作用，农牧两大类型经济和文化的共生与互补、矛盾与交融，和中华大地的地理环境有密切的关系，也是中华民族形成发展的内在联系客观条件之所在。在现代化进程中，东部优先发展，并推动东、中、西部协作，共同发展，各民族共同繁荣，是中华民族现代化和进一步一体化必然的发展趋势。

（二）中华民族的民族结构

中华民族起源、形成、发展的历史，其族体结构与文化发展，是以"多元起源，多区域不平衡发展，反复汇聚与辐射"的方式做"多元"与"一体"辩证运动的。[①]汇聚融合的结果，很早就形成了华夏／汉族，是中华民族结合凝聚的主干和核心。[②]

作为族称，华夏是汉族的前身，汉族是华夏的延续和发展。这种同一民族前后不同阶段的直接延续，用华夏／汉族进行表述比较清晰。她是中国远古各部落集群融合的产物，又在数千年中，不断涵化吸收其他民族成分及其文化而发展壮大，始终表现出不断汇聚、融合和涵化、吸收的特点。

除了华夏／汉族以外，中国古今都有众多的少数民族。仅据一些文献记载推论，历史上华夏／汉族以外各民族的人口与华夏／汉族比较，相差不像当代那样悬殊。但自秦汉以来，中国各民族以汉族人口最多并且构成当时全国人口的多数（在边疆民族地区各不同历史时期汉族人数量不同，在清朝前半期以前，边疆的汉族人在当地大致上是居民的少数），是符合历史实际的。在当代中国各民族中，回族是以元代东来的中亚、伊朗、阿拉伯诸信仰伊斯兰教的民族成分为主，也包括唐、宋以来久居中国的阿拉伯、伊朗等国的穆斯林商人，并且吸收涵化了汉、蒙古、党项等许多民族成分，在中国土地上形成的中国民族。他们的民族成分来源如此复杂，并且全国分散，生活在汉人中，却形成了

---

① 参见陈连开《中华文化的起源与中华民族的形成》，《中国古代文化史》（1），北京大学出版社，1989年11月第1版，第1—41页。

② 参见费孝通《中华民族的多元一体格局》，中央民族学院出版社1989年版，第6—33页。

同一个民族，共同信奉伊斯兰教起了重要的纽带作用。中国近代历史上，也有以邻国朝鲜移民于中国东北形成的中国朝鲜族；以俄罗斯移民形成的中国俄罗斯族。京族的先民，从邻国越南移居中国，他们是在16世纪初从越南涂山等地漂流到沥尾、巫头、山心三个中国的小岛（今属广西壮族自治区防城县），在中国已生活了400多年，形成了中国的京族。除以上几个少数民族以外，其他中国各民族，均起源于中华大地，是在中华大地上经过漫长历史年代繁衍生息，形成发展的民族。

中国古今各民族，依据其起源、语言系属、经济特点、文化习俗及宗教信仰、分布等因素分为若干族系。这种族系划分由于各家学术见解与对中国民族史了解的程度不同而有不同的划分方法，今以语言系属为基干，参照其他因素做个简述，希望有助于对中华民族结构的了解。

从历史上看，秦长城以北（辽东、辽西均属长城以内），是阿尔泰语系各民族起源之区和活动的广阔天地。最东北是肃慎（先秦）—挹娄（两汉魏晋）—勿吉（南北朝）—靺鞨（隋唐）—女真（辽、金、元、明）族系各部落或民族起源、发展、分布之区。部落众多，各有族姓名称，其中曾出现渤海、女真完颜部和满洲等强族，或以牡丹江流域为中心建立东北边疆王朝（渤海国），或统治中国北部（金朝），或统一全中国（清朝）。由于他们传统的生产和生活中骑射居先，在整个民族的文化与习俗中占有显著重要的地位，通常误称他们为"游牧民族"。实际上他们都是以狩猎、渔猎为主，农业也有所发展，依山结屯族居，从来不是像匈奴、突厥那样以牧为主，定期在本部落冬夏牧场上游牧的民族。他们的文化具有游牧民族骑射为上、社会组织一直保持部落形式等特点，有传统的萨满教信仰，也与中国北方游牧民族相通。其语言属阿尔泰语系满—通古斯语族。当代中国的满、赫哲、鄂伦春、鄂温克均属这一族系的苗裔。除满族的发展与汉族相同，其他三族直到20世纪50年代以前，都还处在原始社会向阶级社会过渡的阶段。

在肃慎族系以西，东北大平原中部，历史上曾经是涉貊—夫余族系分布之区。其中夫余是中国东北平原农业发展较早并在西汉以前已出现王权的一族。夫余王臣属于汉朝，享受诸侯王的礼遇。483年被其同族系的高句丽所灭，493年勿吉人逐其残部并据有其地。高句丽为涉貊—夫余族系另一强族，分布于古盐难水（今浑江）及小辽水上游（今苏子河）一带，西汉玄菟郡于其地置高句丽县。2世纪始强大，与辽东、玄菟两郡时有争战，对东汉及魏、晋王朝时叛时服。5世纪初，趁当时中国分裂，占据辽东、玄菟两郡，并于427年迁都平壤。其所踞辽东地区，于唐高宗总章元年（668）收复，唐于其地建安东都护府。

夫余以西，大兴安岭山原，是东胡族系起源兴起的地区。

东胡之名见于战国，以其居匈奴（胡）之东，中原称之为东胡。秦汉之际，匈奴单于冒顿灭东胡，并其地。至汉武帝时击败匈奴，东胡同族系的乌桓人南迁至东北五郡塞外（今河北北部沿边地区及内蒙古赤峰市、辽宁省西部一带）。东汉时鲜卑始强。包括乌桓、鲜卑在内的东胡族系，起源于大兴安岭山原，氏族、部落众多，以山原游猎为主。乌桓人南迁后，逐渐以牧为主，同时与汉人杂处，农业也有所发展，至曹操征乌桓，以其部众编为骑兵，"号为天下名骑"，随着进一步内迁大多汉化。乌桓所分布的五郡塞外，由鲜卑人南迁填补。匈奴人削弱以及后来西迁以后，鲜卑继续西迁与南迁，呈扇形广布于蒙古草原及代北、河西、陇右等地。在中国历史的"五胡十六国"时期，曾建立一系列王国。其中拓跋部曾建立北魏王朝，是由少数民族建立的第一个统一淮河以北中国的王朝。

鲜卑分布如此广大，且有慕容、宇文、拓跋等强部，与他们涵化吸收了大量匈奴留居于中国境内的部众分不开，也与他们主动积极吸收汉文化分不开。到隋唐，各部鲜卑除一部分融入羌、突厥、契丹等族以外，绝大部分已融入汉人当中。乌桓、鲜卑是隋唐时汉人的重要来源之一。

东胡族系于南北朝时期在东北地区北有室韦，南有契丹与奚；而柔然雄强于蒙古草原，势力远达西域，族属与鲜卑相近。

室韦诸部与鲜卑有直接的渊源联系。隋唐时，突厥强大，前后突厥汗国都曾在室韦地区设立吐屯，而唐朝也曾设立室韦都督府。9世纪中，回纥汗国灭亡并西迁以后，室韦诸部西迁至蒙古草原，出现了许多与室韦渊源相通的部落，其中尤为强大的有鞑靼、克烈、蒙兀等部，辽金时臣属辽金，时服时叛。13世纪初叶，以唐代蒙兀室韦西迁形成的蒙古部最强大，统一诸部，形成蒙古族，至13世纪中建立元朝，并于1279年完全统一中国。

　　契丹人分布在室韦之南以潢水（今西拉木伦河）为中心的地区，以游牧为主，唐代于其地设置松漠都督府；奚分布在契丹西南以饶乐水（今老哈河）为中心的地区，半农半牧，唐于其地设置饶乐都督府，均为羁縻府州。至10世纪初叶，契丹建立王朝，史称辽朝，曾统治中国长城以北的广大地区，与北宋对峙。契丹与奚，在辽朝的一个多世纪，已合而为一，辽亡以后，大多均汉化，元代是汉人的一部分。其中有些仍在牧区从事游牧的部落，已化入蒙古诸部之中。

　　中国北部的大草原，清代及其以前是中国游牧民族的历史大舞台。战国末叶，匈奴人已兴起于秦、赵两诸侯国之北，前209年冒顿自立为单于，建立游牧国家，先后东役属东胡，北统一丁零等部，西逐月氏、乌孙，役属西域诸城邦及游牧各部，以长城为界与西汉对峙。西汉中晚叶臣属汉朝，东汉中叶北单于西迁，而部众留居草原者化入鲜卑。匈奴进入郡县者，逐渐半农半牧，"五胡十六国"时期曾建立一系列王国，南北朝时期这一部分匈奴人汉化，是隋唐汉人的重要来源之一。匈奴人的族系，史家历来意见不一，难于定论。现通常归之于与突厥族系渊源相通。

　　突厥族系的先民为丁零（狄历），先秦已见于记载，匈奴盛时为匈奴所役属，至南北朝称为敕勒（铁勒、高车）。北朝末叶突厥取代柔然在蒙古草原的统治，延至隋及唐初均号称强大。唐中叶回纥（回鹘）兴起，建立汗国，是继突厥之后的强大游牧汗国。突厥、回纥与隋唐基本同时，并保持着密切的政治、经济、文化联系。

　　突厥族系各族语言属阿尔泰语系突厥语族。在中亚、西亚乃至东欧都有操突厥语族语言的民族。这些民族都是在不同国家不同历史条件下形成的，其先民与中国突厥语族各民族有渊源相通之处，而民族形成的历史背景各不相同。

　　当代中国民族属突厥语族的有维吾尔、哈萨克、柯尔克孜、撒拉、乌孜别克、塔塔尔、裕固，其形成均经过由多元融成同一民族的过程，历史上经历了多次大迁徙，不断涵化吸收了多种来源民族成分与文化因素。这些民族的先民有过共同信奉萨满教的历史，后来有些曾接受摩尼教、佛教、祆教、景教，现在除裕固族仍信奉萨满教又接受了藏传佛教，其他几个当代中国属突厥语族的民族均信奉伊斯兰教。

新疆古称西域（狭义），因其地是中国与中亚、南亚，进而至西亚、非、欧交通的枢纽，历来都是多民族居住和交往的地区。其当地居民最早见于记载的西汉时西域三十六国的族系，未能作为明确的判别。依据历史文献所记述古西域诸国人的某些体质特征和考古发现的当地民族古文字，专家们判断其中多属印欧人种，其语言属印欧语系伊朗语族或与之较为接近的语言。西域与青藏高原邻近和通道地带各游牧部落，多属于氐羌族系。月氏、乌孙原是分布在祁连山及河西走廊地区的游牧民族，属印欧人种。其中月氏先秦已见于中国文献记载，并且与商、周有一些联系交往。匈奴冒顿、老上单于时先后灭月氏、乌孙，杀其王，逐之西迁。月氏几经迁徙，终于定居于大夏，建立贵霜王朝；乌孙迁居到以伊犁河流域为中心的地区游牧，并与原居其地部分操印欧语系伊朗语族语言的游牧人塞种融合，发展成为天山以北势力最大的游牧强族，与汉朝结盟，在打败匈奴单于的战争中起了重要的作用。

经过很长的历史演变，其中尤其是前后突厥汗国及回鹘人西迁等重要历史进程，西域地区各族大都突厥化。今属印欧语系伊朗语族语言的中国民族只有塔吉克族，以牧为主，信奉伊斯兰教。840年回鹘人西迁，与世居西域的城邦居民及早先已分布在西域的突厥人及汉人等融合为一体，形成了维吾尔族，以绿洲农业为主，商业也较发达。乌孙人的苗裔则是哈萨克族的来源之一，至今哈萨克人以牧为主。晚唐，西突厥的一支沙陀人内迁至中原，迅速汉化，五代曾建立后唐、后晋、后汉三个王朝和北汉王国。至北宋统一，这些东来的沙陀人大部分汉化。一部分迁到塞北的沙陀人，则是辽金时汪古部的重要来源，成吉思汗统一蒙古草原诸部，汪古部成为蒙古诸部中的一部。

分布在陇山以西，今甘肃、青海、川西北一带诸部，统称氐羌，自成一族系。

氐虽与羌有密切的历史渊源，实其起源与分布在今陇南、天水地区及陕甘接壤的陇东地区和川西北嘉陵江上游与白龙江一带，是在这些地区的河谷与山间平坝以从事农耕为主，畜牧业占有较重要地位的诸部。这一地域与甘青川西北羌人相接或在氐人分布区内与羌人杂处，但与羌人以游牧为主有着显著的不同。

氐羌的起源与炎黄部落集群有密切的渊源。炎黄部落东进与黄河下游泰山以北以西的两皞集群诸部落融合，形成了夏、商、周三族的先民；其西进至黄河上游及岷山等地区诸部则是氐羌族系的先民。战国时期，羌人在甘青草原渐强，部落林立，不相统一，但也形成了一些雄强部落，西汉时成为甘青草原上的主要游牧部落集群，东汉时曾是西北主要劲敌。

陇山西侧战国时西戎氐羌诸部大多被秦兼并而华化，而秦汉时在陇东、陇南、川西北仍有诸氐分布。东汉、魏晋时，氐人、羌人都有相当多的部落内迁，至东晋在关中已形成与汉人人数相当的局面。其仍居原处游牧的诸羌人部落，东汉时称为西羌。"五胡十六国"时期，氐人建立了几个王国，其中前秦苻坚曾短时间统一黄河流域。东进的羌人也建立了后秦。这些进至郡县地区的氐羌部落，至隋唐大都已经汉化，是隋唐时汉人的重要来源之一。

东晋时，鲜卑吐谷浑部西迁，在甘青地区发展，建立吐谷浑汗国，其统治下的民众则主要是羌人。羌人强部在魏晋南北朝见于记载则有党项、白兰等部。至唐中叶，吐蕃东进，灭吐谷浑，唐迁吐谷浑、党项等部于西北郡县安置。吐谷浑人内迁不断分散，或汉化，或化入其他民族之中。党项人则经过两三个世纪在西北的积累，1038年元昊建立西夏，至1227年西夏灭于成吉思汗。西夏灭亡以后，党项人分散，分别化入不同民族之中。仍居甘、青、川西北的羌人诸部则经过与吐蕃长期融合，成为甘、青、川藏族的主要来源。

羌人的先民及羌人诸部南下，在川西及云贵高原发展的过程，新石器时代已经开始，秦汉以来不断继续，《史记》将这些部落统置于"西南夷"当中。实两汉时西南夷，大体包括氐羌族系、百越族系和属南亚语系孟—高棉语族的闽濮等族。今属汉藏语系藏缅语族的云贵川各民族，大体都是以南下诸羌为核心融合多种成分形成的民族。当代中国民族中仍有羌族，以农业为主兼事畜牧，其分布地区属古羌人分布之区。历史上的氐人分布区内也还有少部分居民保持氐人遗裔的意识，其风俗习惯也颇有古氐人遗风。

西藏高原上发现的旧石器与新石器文化，说明西藏民族起源同样具有本土与多元的特点，其文化与黄河流域尤其是黄河中上游文化有相通的渊源。在7世纪吐蕃王朝建立以前的千余年间，西藏也是部落众多，又逐渐形成了象雄（羊同）、孙波（苏毗）、博（雅隆）3大部。象雄以牧为主，农牧结合；孙波为古羌人的一部，分布在藏北高原一带，是游牧部落；博人在雅隆河谷，以农业为主，至隋唐之际兴起，统一诸部。7世纪初叶，松赞干布建立吐蕃王朝，经过几代人，在统一西藏的基础上东进，并甘、青、川诸羌，也包括少量吐谷浑人、汉人、回鹘人等，融合形成了藏族。有些著作将藏与羌合而称为羌—藏族系，是合理的划分。

在中南与东南，最大的两个族系是百越和苗瑶。另有百濮，起源于江汉地区，或已融入楚人、巴人之中而华化；或已南下，与百越、氐羌部族杂居，部众分散，分别化入不同诸族。在汉代西南夷中有哀牢所属闽濮、鸠濮等，隋唐时有濮子蛮（朴子蛮），或其中也可能融合了南下的江汉百濮苗裔。现有些论著将南亚语系的濮子蛮及其苗裔，今之佤、德昂、布朗3族列入"百濮"族系。然而先秦百濮与两汉闽濮、鸠濮及唐代濮子蛮仅族称有同音"濮"字，起源地域大不相同，很难说是属于同一族系。

苗瑶族系先民，是三苗的一部分，汉代有长沙—武陵蛮，是现在中国民族苗、瑶、畲的先民；中南地区与西南地区汉代以"蛮"为族号者还有一定数量的部别，其族系当与这一族系有一定联系，其苗裔则大多已经汉化，或成为其他少数民族的来源。

百越在长江下游及岭南、云贵乃至中南半岛广泛分布。其中在长江下游兴起吴、越，春秋晚叶曾争霸于中原，至战国已经华化。秦汉时百越分为东瓯、闽越、南越、西瓯、骆越诸部分，南北朝隋唐时又有俚、僚（佬）等泛称，中国今属汉藏语系壮侗语族各民族，是百越族系的苗裔，分布在岭南及云贵广大地区。

台湾现在也是以汉人占居民多数的多民族杂居省份，其少数民族是有不同族称、语言差别也比较大的几个部别（一般认为是9族），现在统称为高山族。他们的来源与中国东南的远古居民有密切的渊源，有些部落说南岛语系语言，可能与其他说南岛语系语言的民族有共同的历史渊源。目前，台湾学术界，其中包括高山族的学者，越来越重视对高山族历史与文化的调查研究，将会以新的研究成果充实对高山族历史的认识。

从以上中国各族系诸族的起源、分布、经济、文化及族体形成与演变等基本情况可以看出，中华民族，是以多元起源，多区域不平衡发展，反复汇聚与辐射方式做矛盾统一的运动。各兄弟民族间，农牧分区明显而又互相依存互为补充；语言族属复杂，而又在全国范围内共同使用汉语作交际工具；各有自身形成发展的历史而又共同缔造了统一的多民族中国的历史。在数千年发展中，主流是由许许多多分散的民族单位，经过接触、斗争、混杂、融合，同时也有分化和消亡，形成了一个由众多民族你来我去，此兴彼替，我中有你，你中有我，既各具个性，又具有多层次共同性的统一体。

（三）中华民族的政治结构

任何民族都是以一定的政治结构组成的，其最高形式就是国家。中华民族当代的最高政治结构，是统一的多民族的社会主义中国。1997年香港回归祖国，随后澳门回归祖国，完全消除了殖民统治的遗留问题，创造一国两制的模式并终将促成整个中国的完全统一。

统一的多民族中国，所经历的数千年形成和发展的过程，也就是中华民族由众多分散孤立的民族单位形成多元一体格局的过程。统一多民族中国在古代形成发展过程中，以秦汉为开端，三国两晋和南北朝经历了分裂和南北王朝对峙的考验，隋唐达到了重新统一和空前的繁荣。五代十国再次分裂，辽宋金再度形成南北王朝对峙，到元明清进入确立的时期。这个历史进程表明，统一多民族中国的形成确立是以统一（秦汉）— 分裂后逐步形成南北朝对峙（三国两晋南北朝）— 重新达到更高度统一与繁荣（隋唐）— 再度分裂和南北朝对峙（五代十国辽宋金）— 巩固和确立（元明清）这样的形式螺旋式发展的。

中国之所以具有如此强大的生命力、凝聚力，原因很多，其根本的原因，中国是由多民族形成的统一国家，其中华夏/汉族起了主干作用，其他各民族也做了不可磨灭的贡献。这种各民族以凝聚结合的方式缔造成功的统一多民族国家，与世界古代及中世纪的大帝国以及近代殖民地大帝国都有显著的不同。中国如此广大的疆域，是中国各民族的先民共同开拓的。这一点从中国各民族起源、分布、迁徙的事实中足以得到说明。中国的统一也是以如下的方式逐渐扩大和巩固的，即：各族局部性的统一 — 较大的地区性多民族统一 — 全国性的统一。分裂了以后，重新以上述形式凝聚结合，从而谱写了各民族共同缔造的中国历史。以下从几个方面叙述其梗概。

1. 中国历代王朝的统治民族以华夏／汉族为主，也有其他少数民族；中国的疆域和统一是各民族共同缔造的。

从夏、商、周到西晋（前21世纪 — 316）的2500年间，华夏／汉族一直是统治民族，其自身也处在从民族雏形不断发展壮大和形成的历史进程当中。

304年，匈奴人刘渊建立政权，从而揭开了少数民族逐鹿中原的序幕。自317年，正式开始了汉人在中国南部、北方少数民族在中国北部以不同王朝对峙的历史，到581年隋朝建立结束，589年南北完全统一。

隋唐是汉人为统治民族的统一时期。五代当中的后唐、后晋、后汉3个朝代是沙陀人建立的，十国中有沙陀人建立的北汉。

辽宋金夏时期，契丹人建立辽朝，女真人建立金朝，党项人建立西夏，汉人建立两宋，都是对中国历史有重要影响的王朝。

元、明、清时期，元朝是蒙古人建立的，明朝是汉人建立的，清朝是满族人建立的。元和清两朝，实现了整个中国的大一统。

在边疆，不同时期也有过许多由当地民族建立的国家，对当地的多民族统一起了很大的作用，并且是构成中国大一统的地区基础，他们的历史都是中国历史发展中的一个环节，现在中国的疆域，是对所有中原与边疆各王朝、汗国、王国疆域的继承，也是历史上所有中原与边疆各民族建立政权历史的继承和发展。无论在当时这些政权之间以何种关系同时存在，其历史发展的结局都构成了中国历史的一个组成部分。

2. 在数千年中，各民族共同缔造统一多民族中国，是中国民族关系的主流，统一是中国历史发展的主流。

中国民族众多，自然存在民族矛盾，在以剥削阶级为统治阶级的古代，也不可避免地存在民族歧视。民族矛盾激化到不可调和时就发生民族间的战争。同一民族当中，也有不同地区、不同阶级、不同利益集团之间的矛盾，并激发出起义、分裂、割据的战争。矛盾的对立，使统一中包含着分裂与割据的因素，并且实际上造成两度大分裂；根本利益的一致性和相互不可分割的联系，促进了中国的统一，并且是中国历史发展的主流，统一不断扩大和得到巩固，各民族越来越紧密地结合在统一的中国内和平相处，各自得到了发展。

现在分别从统一、大分裂、南北地区性的多民族统一与南北朝对峙三种情况，看中国历史发展的主流。

统一：先秦是统一多民族中国起源与孕育阶段，夏、商、周的王都具有诸侯共主的性质，其统一与秦汉中央集权不同，仍当归入统一时期，即前21世纪至前771年约1500年为统一时期。

秦、汉是统一多民族中国形成的肇端时期，从前221年到220年是中国历史第一次中央集权制大一统的时期。

隋、唐是统一多民族中国的发展时期，755年安禄山叛乱以后，中晚唐虽然有河北藩镇割据，总体上还是艰难地维持了唐朝的统一。隋、唐从581年到907年共326年。

元、明、清是统一多民族中国确立的时期，从1260年元世祖即位到辛亥革命结束帝制，共650年。

以上三次大一统，都有政权嬗替以及民族间、阶级间、各政治集团间的战争，总体上是中国历史上的统一时期。如果以夏代到清末4000年王朝史计算，以上统一时期共有2970年左右，约占中国古代历史年代的3/4；如果以秦始皇统一后各王朝的历史计算，2100年中，统一时期共约1370年，占2/3弱；如果加上西晋（265—316）、北宋（960—1127）的200余年，约占2/3强。

大分裂：春秋（前770—前477）、战国（前476—前222），西周灭亡，共主统一的局面分裂，前后有448年，诸侯争霸、兼并、割据混战。

三国（220—265），虽然晋灭东吴在280年，三国鼎立的局面从西晋建立起为一个历史时期已基本结束。大分裂前后半个世纪左右。实际上从黄巾起义失败以后，军阀混战，到西晋建立前有80年左右的大分裂时期。

五代十国（907—960）前后53年，这个时期从镇压黄巢起义开始军阀割据，到荆南、南汉、南唐、吴越、北汉等南北割据政权最后消灭，前后也有80年左右的分裂混战。

以上从夏代到辛亥革命以前约4000年中，完全大分裂的时期约有650年，仅占中国古代年代总数的15%左右。如果以秦始皇统一以后2100年计算，则分裂的时期共约100年，仅占5%左右；再加上汉末、唐末军阀混战与"五胡十六国"的百数十年，则也是15%左右。

南北地区性统一：东晋、"五胡十六国"之后，从420至580年的160年间，南北多民族地区性统一，形成分别由汉人和少数民族南北两王朝对峙，是中国历史上的第一次南北朝。北宋统一南北诸王国，与辽对峙，以及南宋与金对峙，从960至1234年的274年，是中国历史上第二次南北分别由汉人与少数民族建立对峙的时期。两次南北朝共有434年，约占夏到清4000余年的10%强，占秦到清2100年的20%强。

从统一的范围与各民族成为中国一部分的统一程度看，也是越来越大，越来越紧密，越来越巩固。在近现代反帝反封建的斗争中，各民族从自发向自觉大联合发展，在最艰苦严峻的历史条件下，保卫了祖国的统一和疆域基本完整，争取了中华民族的独立解放。所以，中国广大的疆域是中华民族共同开发、共同缔造、共同保卫的，统一的多民族中国是中华民族共同缔造的，这是中华民族形成发展客观的历史事实，不是任何人主观可以臆造或能够加以抹杀的。

3. 从秦汉至清代中央集权制度以汉文化为基础，同时实行农牧民族文化的交融结合；对边疆民族，实行在统一中国内"因俗而治"。

中国古代的中央集权制度，是秦汉奠定的，以后历代王朝在基本继承中有所因革省益；隋唐在中央集权君主制度发展过程中，起了承前启后的作用；明清两代发展到极端，大权集于专制君主一身。这个制度从秦汉至清代一脉相承，以汉文化为基础。同时贯穿着农牧民族文化的交融与结合。这种基本精神，在历代王朝制度体系各个层面都有一定的反映。客观地研究中国农牧民族关系发展与中国统一多民族国家的形成，不能不认定：中国统一多民族国家的整个古代的形成发展，本质上是以华夏／汉族为主体的农牧两大类型民族的统一；以华夏／汉文化为主干，农牧两大类型文化的撞击、结合与交融；以汉地耕作农业经济为基础，农牧两大类型经济的相互依赖与相互补充。没有这些客观的深层次不可分割的联系，任何单纯依靠军事力量维持的统一都不可能长久，更不可能在完全分裂以后又重新达到更高度的统一，以至于完全得到巩固与确立。

对边疆民族地区的管辖制度和政策，历代王朝有基本的继承性也有各自的特点。毫无疑问，这种制度与政策，是封建压迫制度的一个组成部分，民族压迫制度造成了民族间的歧视与隔阂，但与殖民制度和强迫同化有根本的区别。总的原则在《礼记·王制》中已提出，即"修其教不移其俗，齐其政不易其宜"，在维护国家统一的前提下，各民族保持其固有的宗教、习俗，实行"因俗而治"。各族的习俗与宗教信仰等可以兼容并存。这种制度，一方面保障了中国的统一，各民族都有中国人的认同观念和民族地区既是各民族的家园也是中国统一版图的观念，并不断得到加强；另一方面也保障了各民族传统的延续与各自有特点的发展，从而形成了在统一多民族中国的各民族中多种宗教、多样习俗兼容并存和平交往的格局。这种统一与多元兼容，是中国的统一能不断得到发展的重要原因之一。当然这种兼容并存，是建立在各民族剥削阶级占统治地位的基础上的，与当代中国所推行的各族人民当家做主，在统一的多民族中国社会主义制度下实行区域自治的制度有本质的区别。

4. 各个不同历史阶段的民族问题有历史渊源的联系，更有本质的区别，既要重视其历史渊源的联系，更要区别其本质上的不同。

中国自古是多民族国家，民族问题历来是中国社会政治生活中影响全局的重要问题之一。

中国古代，各民族社会发展不平衡，中国由多民族形成统一的国家，经历了从秦汉至清代2100余年不断发展巩固的过程。2100余年间，统一、分裂交替出现，各民族不同政权间相互的封贡、交聘、盟誓、和亲、战争，不同时期各不相同。无论这些政权之间当时以何种关系相处，互相以何种称谓交往，都是统一多民族中国形成过程中的问题，各民族各种政权的历史，都是中国历史发展的一个环节，是中国古代历史的一个组成部分。在当时可能是互为敌国，从中国历史发展的总结局看则没有超出中国历史的范畴。自1840年至1949年，虽然经历了旧民主主义与新民主主义革命的不同阶段，也无论当时是否已形成民族自觉意识，在100余年中，中国的民族问题的两个主要方面：一方面是中华民族联合成整体反抗帝国主义的侵略和压迫，以求中华民族的独立和解放，这是中华民族的民族革命，是近代中国社会的主要矛盾；一方面是中华民族的各族人民反抗国内的民族压迫制度以求各兄弟民族一律平等，这是中华民族反对和废除封建压迫制度的斗争，是中华民族民主革命总任务中的一个组成部分。中华人民共和国成立以后，各兄弟民族实现了平等、团结、共同进步，建立了新型的社会主义民族关系，民族问题的主要内容是在实现社会主义现代化过程中，各兄弟民族互相尊重、共同奋斗、相互支援、团结协作，以争取协调平衡地发展和整个中华民族的共同繁荣。在现代化基础上中华民族的振奋，不仅是中华民族历史的新发展，也是对世界和平与文明发展的伟大贡献。①

---

① 本节作者陈连开：在1996年日本国立民族学博物馆（大阪）举办的"中华民族多元一体论"国际学术讨论会上的报告，收入《国立民族学博物馆调查报告8》，日本国立民族学博物馆1998年出版。

五　中华民族的共同性（一）

（一）中华民族认同有长远的历史渊源

目前，中国境内有56个民族，每个民族都有着各自的族名，同时，56个民族又有一个共同的族名，即中华民族。在中国近代史上存在着多种矛盾，而帝国主义对中国的侵略和中国各族人民反侵略的斗争，则是各种矛盾中最主要的矛盾。为了保家卫国，为了不做亡国奴，从黑龙江流域，到蒙古草原、新疆、西藏、云南、两广、台湾以及祖国沿海各地，我国各族人民都同外国侵略者进行了英勇顽强的斗争，用鲜血染红了祖国的大地，保卫了列祖列宗遗留给我们的神圣领土。在反抗外来侵略的斗争中，中国各民族结成了同呼吸、共命运的亲密关系。中华民族这个多民族的共同名称开始出现并深入人心，对团结国内各族人民外抗强权，起到了巨大的历史作用。

在现代史上，中国共产党领导中国各族人民进行了长期的斗争，终于搬掉了压在中国各族人民头上的三座大山，建立了中华人民共和国，发展了以平等、团结、互助为特征的社会主义民族关系，形成了社会主义的民族大家庭。在这个新的历史条件下，中国各族人民抚今追昔，对各民族共同的族名——中华民族，自然怀有特别的亲切感和自豪感。

中华民族这个名称的提出，并为全国各民族所乐于接受，虽然是近代的事，但是它的渊源却是长久的。自秦汉以来，中国就是一个统一的多民族的国家，秦和汉这两个中央集权的封建国家，都是由多民族组成的。在汉朝统治下的民族就有汉、匈奴、东胡、乌桓、鲜卑、丁零、西胡、小月氏、羌、氐等族以及西南夷诸民族和百越诸民族。就我所知，"中国人民"这一名称的提出，首先见于司马迁所写的《史记·货殖列传》。《史记》成书于公元前1世纪，就是说，"中国人民"这一概念从提出到现在已有2000多年了。《货殖列传》所说的中国人民，实际上包括汉朝所设郡县内的各个民族。后来中华民族这一名称的提出，是对司马迁所提出的"中国人民"这一名称的继承和发展。

在长期历史发展的过程中，生活在中国领土上的汉族和各少数民族，都有着各自所独有的鲜明的民族特点与特长，同时又有着许多民族所共有的共同之处，即中华民族的共同性。毛泽东同志在《中国革命和中国共产党》这一著作中曾经指出："中国是一个由多数民族结合而成的拥有广大人口的国家。""中华民族不但以刻苦耐劳著称于世，同时又是酷爱自由、富于革命传统的民族。"①中华民族是以具有勤劳勇敢的美德而著称于世的，不管历史的风云如何变幻，我们这个多民族国家都经受住了严峻的考验，屹立于世界的东方。

（二）各兄弟民族之间你中有我，我中有你

中华民族共同性的形成及其发展，经历了长期的历史过程。中华民族的共同性的形成和发展，有两个最主要的原因：第一，中国是世界上的一个文明古国，中国的历史是中国境内的各民族共同缔造的，自秦汉以来的两千多年当中，中国是一个统一的多民族国家，中国境内各民族之间一直存在着政治、经济、文化上密切的联系和交流，并进而形成了互相依存、互相促进、共同发展的关系。因此，汉族与少数民族在物质文明与精神文明方面是有许多共同点的。第二，移民和民族融合促进了经济文化的交流，起到了相互学习、相互补充的作用。费孝通教授有两段话讲得很好。他说："我们不要把民族看死了，在中国这样长的历史里，民族变化多端，你变成我，我变成了你，我中有你，你中有我。而且有些合而未化，还保留了许多原来的东西。"又说："所以我们要站得高一点，要看到整个中华民族的变化。中华民族是一个不可分割的整体。中华民族这个整体又由许多相互不能分离的民族组成。组成部分之间的关系密切，有分有合，有分而未断，合而未化，情况复杂。这个变化过程正是我们要研究的民族历史。"②

上面所引的两段话，说明了中华民族现存的共同点，之所以会出现这些共同点，我认为主要是由历史上早已存在的移民与民族融合造成的。历史上大

---

① 《毛泽东选集》合订本，人民出版社1964年版，第485—486页。
② 《在国家民委民族问题五种丛书工作会议上的讲话》，《民族研究动态》1984年第2期。

规模的移民有三种情况：一种是有大量的少数民族移居汉族聚居区；一种是有大量的汉族移居少数民族聚居区；另一种是有大量的某一少数民族移居另一个少数民族聚居区。历史上的民族融合也有三种情况：一种是有许多少数民族与汉族融合；一种是有大量的汉族分别融合于许多少数民族；另一种是有大量的某一少数民族与另一个或另几个少数民族相融合。

历史上少数民族大量移居汉族聚居区的次数和人数都很多，后来大都与汉族融合。如在西汉时有大量的新疆少数民族移居于今陕西境内，在当时的上郡设有龟兹县，雍州醴泉县北有温宿岭。原游牧于河西地区的匈奴昆邪王、休屠王所部约4万人被安置于陇西、北地、上郡、朔方、云中，称为五属国。十六国和南北朝时期，匈奴、鲜卑、羯、羌、氐等族大量进入北方，分别建立过各自的政权。以后历经隋、唐、五代、宋、辽、金、西夏，特别是元、清两朝，更是有大量的少数民族移居于汉族聚居地区。历来人们在这方面的论述甚多，这里就不多叙述了。由于在长期的历史中，先后多次有为数众多的少数民族与汉族融合，所以不论在血统上或文化上，各个不同时期的汉族并不是相同的。秦汉时期的汉族，不同于南北朝时期的汉族；南北朝时期的汉族不同于隋、唐时期的汉族；隋、唐时期的汉族也不同于元、清时期的汉族。民族本身总是受变化法则支配的，汉族的发展符合这一法则。

同时，我们还应该看到，历史上也有为数众多的汉族移居到各个少数民族地区，他们当中的全部或大部分融合于各个少数民族之中了。在历史上汉族移居到各个少数民族地区的原因是多方面的：有的是军队屯垦而留下来的；有的是被掳掠去的；有的是逃难谋生去的；有的是由当时的政府组织去的移民；有的是汉族的投降官兵，等等。在汉晋时期匈奴游牧区境内的汉族多数是被掳掠去当奴隶的，少数是自愿前往谋生的贫民和投降的汉族官兵。

399年至440年，新疆吐鲁番盆地的麴氏高昌国，是一个以汉族人为主体建立的地方政权，他们的祖先原本是汉魏时屯垦的汉族士兵和晋朝时逃难到此的汉族难民。但是在这个时期这些汉族都已经融合于当地的少数民族了，他们的服装语言等都改变了，虽然还读汉文典籍，但是"虽习诵之，而皆为胡语"[1]

---

[1] 《北史·西域传·高昌传》。

了。另外，根据《大唐西域记》与《长春真人西游记》等书记述，在新疆境内，许多汉族人也都融合于当地少数民族之中了。

再就云南省来说，历代都有大量的汉族移入。首先见于记载的是在战国末期，楚国的庄蹻带领数千楚人迁到滇池附近定居。以后的许多朝代，都有许多汉族人迁居云南，特别元、明、清三朝迁入的汉族人更多。"明代以前，云南境内的汉族大都融合于少数民族之中。"①现在云南省的汉族，都是明清以后迁入的。

汉族融合于各个少数民族的情况，不仅见于大量的文献记载，而且我自己在民族地区进行社会调查时也多次亲眼看到。1946年我在甘肃南部洮河流域进行社会调查时了解到，当地的藏族家庭只留一个儿子在家里劳动，其余的儿子都被送到寺院出家当喇嘛了。这样，留在家里的人口女多于男，有些藏族姑娘与藏族男青年结婚了，有些藏族姑娘则与到藏族地区谋生的汉族青年结婚。这种情况在当时被叫作"吃兵马田"。所谓"吃兵马田"，就是指与藏族姑娘结婚的汉族青年，可以领得一份属于土司的土地耕种，同时又负担着两种义务：一是，一接到土司发出的"鸡毛文书"（征兵的文书，上贴一鸡毛表示火速的意思），就必须自带马匹、武器应征去当兵打仗；二是必须向土司交纳各种贡赋和向所属的寺院交纳雨粮（因为天下雨被认为是出于佛爷的保佑）。这样的人家所生的子女，就都成为藏族了。他们从婴儿时起就说藏语，生活也都完全遵从藏族的风俗习惯。1950年，我到天山以南的维吾尔族农村进行社会调查，一天我在疏勒县城的一个茶馆里吃茶，碰到几个维吾尔族青年正在用维吾尔语讲《三国演义》，好奇心使我与他们攀谈起来，才知道他们的祖上男方都是清朝在疏勒县的汉族士兵，祖上的女方都是维吾尔族妇女。他们热情地约我到他们的家里作客。我在他们的家里看到，房屋的建筑、庭院内花木的布置、室内的陈设、男女的服装以及他们热情好客地以奶茶、馕、瓜果等招待我的情况，都与我在其他维吾尔族农民家庭所看到的一模一样。如果说还有一点点差别的话，就是我在他们当中的一家看到了用汉文写的神主牌位。这也不过是一种历史的陈迹罢了。

---

① 《云南各族古代史略》，云南人民出版社1977年版，第12页。

民族间的移民和民族融合，不仅发生在汉族与少数民族之间，而且也发生在各个少数民族之间。根据我40多年来在少数民族地区进行社会调查的印象，这方面的情况也许是更多的。民族学家向零在1983年6月为《月亮山地区民族调查》一书所写的"序言"中有一段话，我认为写得很好。他说："民族间的互相融合不断发生，有汉变苗、水（族）变苗和侗变苗的。变化的原因，有因通婚而变，有因避难而变。有个别人变，有整村整寨变。例如计划公社加去寨的韦姓现有153户，据传说他们的祖先是水族，到此地后变成苗族的。目前，在某些生活习俗中尚遗留有水族习俗的痕迹。孔明公社汉族占该社的百分之八，现在仍在苗化，他们除在家里说汉话及仍在七月十五日祭祖外，所有习俗全部同于当地苗族 …… 月亮山区民族间的关系，他们相互吸收与融合的具体事例，对于我们认识民族和民族问题很有帮助。"

由于民族间的相互融合，在我国的历史上也产生了一些新的民族，如白族和回族就是这样产生的。关于白族的产生，在《云南各族古代史略》一书中有这样一段话："至唐、宋时期，迁到云南的汉族人民大都融合于少数民族之中，一般称为白蛮，形成今天的白族。"[①]关于回族的产生，在《中国少数民族》一书中有这样一段话："回民族是以13世纪初叶开始东来的中亚细亚各族人以及波斯人、阿拉伯人为主，并吸收汉人、蒙古人、维吾尔人成分以及别的成分，融合、发展而形成的一个民族。"[②]

在历史上民族间的相互融合，是顺乎自然地产生和发展的。它是由历史发展的必然性所决定的，而不是任何人的主观愿望所能左右的。各民族的历史都是在不断变化着的，各民族本身也是在不断变化着的。它们都是受变化的法则所支配的。旧时代的历史学家通常使用续家谱的办法撰写民族史，这是不可取的。他们总是以凝固的观点看待民族，埋头于从书本到书本，从书中出书，无视活生生的现实，忽视了在历史上各个民族的发展与变化。直到现在，还不能说这种观点已经完全不存在了。比如有的专著和论文，还说湖南省有某某民族，并说他们的祖先是在元朝由新疆迁居到湖南省的。可是这个民族早已主要融合于回族了，他们信仰伊斯兰教，通用汉语、汉文，只应称他们为回族，而

---

① 《云南各族古代史略》，云南人民出版社1977年版，第12页。
② 《中国少数民族》，人民出版社1981年版，第124页。

不宜再称他们为某某民族了。又如，有些论文中说，在湖北省和河南省还有好几万某某族，并说他们的祖先是在元朝时由蒙古草原迁居到湖北省和河南省的。可是这个民族早已与汉族融合了，其经济生活、语言、风俗习惯等与汉族基本相同，甚至完全相同，只不过在传说中还留下了一点对往事的记忆。如果仍以他们的远祖的族别来判定他们现在的族别，就未必再是适宜的了。另外，还有一种情况，把一两个历史人物或传说中的人物，说成是某一个民族或许多个民族的共同祖先的说法，到现在还有一定的市场。但是这种说法是完全错误的，它既不符合历史事实，也完全背离了作为民族学的指导思想的历史唯物主义的基本理论。十分明显的事实是，不光是那个历史人物或传说中的人物要生儿育女，和那个历史人物或传说中的人物同时代的以及先前人们也都是要生儿育女、繁衍后代的。说穿了，这种用续家谱的方法撰写的民族史，无非是英雄史观在民族学上的一种表现，混淆了民族与种族的界限。民族是历史上形成的人们共同体，种族则是一个生物学上的概念。民族在发展的过程中早已突破并且继续突破着种族的界限。

（三）各具特点和特长而又互相学习和吸收

中国境内的各个民族，都有着自己的特点和特长。在历史上是这样的，到现在仍然是这样的。社会主义时期是我国各民族共同繁荣、共同发展的时期，我国各民族的特点和特长都必将得到前所未有的发展，这是没有任何疑问的。中华人民共和国成立以来的事实已经证明了这一点，今后的发展必然会更加证实这一点。

我国各民族的特长荟萃，形成了光辉灿烂的中国文化。对于中国文化的缔造，我国各民族都做出了自己的贡献。中国各民族特点与特长的发展，与中华民族的共同性的发展，存在着相辅相成、相互促进、共同发展的关系。某个或某些民族的特长，一旦为全国各民族或许多民族所接受，就变成共同的特长，亦即中华民族的共同性了。

在今天，汉族文化中实际上包括许许多多的少数民族的文化，这是在长期历史发展的过程中逐步吸收的。这一点在下文中我们将扼要加以说明。从这个意义上讲，少数民族的文化对汉族文化的发展是起了促进作用的。由于汉族占全国总人口的93.3%，又由于汉族的聚居区自然条件如气温、雨量、地理条件等是比较优越的，汉族经济文化发展的水平是比较高的，汉族文化对各少数民族经济文化的发展，更是起了比较大的促进作用。对我国各民族间在经济文化上的相互影响，如上所述，我们是坚持两点论，反对一点论的，即既要看到少数民族文化对汉族文化的促进作用，又要看到汉族文化对少数民族文化的更大的促进作用。我们认为一点论的说法，是一种认识上的片面性，它既不符合历史事实，也不利于民族团结。

关于我国各民族的特点、特长与中华民族共同性的关系问题，下文将从语言文字、经济生活、音乐舞蹈、神话故事、民间传说、节日等方面分别加以简要的论述。

先从语言文字说起。

语言文字是交流思想的工具。在我国，有些民族共同使用着一种语言文字，有些民族主要使用本民族的语言文字；有些民族没有文字，使用本民族的语言，使用其他民族的文字，其中最主要的是使用汉文；有些民族除使用本民族语言外，还同时使用一种或几种其他民族的语言。回、满、土家等族除保留着某些特殊语汇外，均使用汉语、汉文。白、羌、畲、京、东乡、保安、撒拉等族全部或差不多全部兼用民族语言和汉语，通用汉文。布依、仡佬、侗、毛南、黎、赫哲、鄂伦春、纳西、布朗、阿昌、普米、怒、德昂等族也都使用或通用汉文。壮、蒙古、维吾尔、苗、彝、哈尼、高山、达斡尔、乌孜别克、塔塔尔、鄂伦春、鄂温克等族，除通用本民族语言外，都有不少人能说汉语。有些民族除使用本民族语言外，还使用一种或几种其他民族的语言。如：土族使用汉语和藏语；达斡尔语包括不少蒙古语成分，大部分人能使用汉语和蒙古语；瑶族中有五分之二的人分别使用苗语、水语、侗语和汉语；毛南族兼通汉语、壮语；拉祜族兼通傣语、汉语；布朗族兼通佤、傣、汉语；阿昌族兼通傣、汉语；锡伯族中有很大一部分人能使用汉语、维吾尔语、哈萨克语；锡伯族的知识分子能使用汉文的人比能使用锡伯文的人多很多。汉族也不是只讲汉语，世代杂居在东北、西北、西南少数民族地区的汉族，除讲汉语外，也还讲蒙古语、维吾尔语、哈萨克语、彝语、苗语、壮语、傣语等民族语言。

在我国各民族间，相互借用词汇的现象是很普遍的。这中间有三种情况：一种是少数民族借用汉语词汇；一种是汉族借用少数民族语词汇；另一种则是某一少数民族借用另一个或另几个少数民族语词汇。其中数量最大的是第一种情况。如维吾尔族借用的汉语词汇有：馒头、洋芋、韭菜、花椒、凉面、醋（也叫阿其克苏）、亩、斤、两、通事（翻译）……以及共产党、解放军等大量的政治词汇。新疆及西北的汉族也借用了许多维吾尔语词汇，如海纳（指甲花）、馕（维吾尔族烤饼）、皮亚孜（洋葱）等。汉族与维吾尔族以及其他少数民族之间的相互借词，是不胜枚举的。

在我国，每个民族除讲本民族的语言外，也还讲其他民族的语言，这是由生活的需要决定的，是由经济文化交流的需要决定的，尤其是由我国各少数民族小聚居、大分散这一民族分布情况所决定的，而不是任何人的主观愿望所能左右的。在这方面存在着两个特点：一个是全国性的特点，有许多少数民族中的很大一部分人能使用汉语、汉文，也有一些少数民族通用汉语、汉文；另一个是地区性的特点，如在五个自治区和甘肃、青海、云南、贵州等多民族的省内人数更少的少数民族，都分别能使用蒙古语、维吾尔语、藏语、壮语、苗语、彝语等。在我国语言使用上，既存在着多民族的特点，又存在着中华民族的共同性。

中华人民共和国成立后，我国各民族使用和发展本民族语言文字的自由，得到了前所未有的尊重，受到了宪法的保护；同时，少数民族中能够使用汉语、汉文的人数也日益增多。

说到经济生活，我国的少数民族在吃、穿、用等方面都曾做出过很大的贡献。齐思和教授曾写过《少数民族对于中国文化的伟大贡献》[①]一文，在这方面做了很好的阐述，很值得一读。我国古代主要的粮食作物为五谷。《周礼·夏官·职方氏》："其谷宜五种"（指黍、稷、菽、麦、稻），后来一些粮食作物就是由少数民族地区传到汉族地区的。汉朝以后蚕豆（胡豆）、芝麻才从西域传入了内地。高粱，又名蜀黍、蜀秫，大概是首先由我国西南少数民族种植，晋以后才在全国普遍种植。据考证九经中没有"面"字和"糕"字。用

---

① 《历史教学》1953年第7期。

麦磨面的方法，秦汉以后才由西域少数民族传入内地。当时我国北方的主要粮食为黍、稷。《汉书·食货志》中说：当时富人"食必粱肉""贫者食糟糠"。粱为精细的小米（即精黍）；糟糠为酒渣、谷皮，泛指粗粮，小麦是被列入粗粮的。麦饭被看作"野人农夫"的食物。《急就篇》谓："饼饵麦饭甘豆羹。"唐朝颜师古注："麦饭，磨麦合皮而炊之也 …… 麦饭豆羹皆野人农夫之食耳。"据《后汉书·冯异传》载，光武帝在遭受危困时也曾食麦饭。当时的麦饭，是用麦屑做的饭，与后来用精细的面粉所做的面食是不相同的。当时把西域的少数民族称为胡人，据王国维先生考证是指胡须多的人。《说文解字》中说："面，麦屑末也。"晋朝束皙的《饼赋》中说："然则虽云食麦，而未有饼。饼之作也，其来近矣 …… 或名生于里巷，或法出乎殊俗。"[1]在东汉时把烤饼称作胡饼，意即胡人的饼，把面条、包、饺、馒头等也都叫饼。后来，汉族又把制作面食的方法传给了其他少数民族。如维吾尔族把肉包子称作馒头（上海人和《水浒传》中也叫馒头），将凉拌面条仍用汉语称作凉面，等等。

通过古代新疆少数民族，西域的多种瓜果蔬菜也传入了内地，成为全国各族人民日常生活中不可缺少的副食品，如黄瓜（胡瓜）、香菜（胡荽）、洋葱（胡蒜）、胡萝卜、菠菜（波斯菜）、石榴（安石榴）、胡桃（核桃）、葡萄等。西瓜也是由少数民族地区传入内地的。葡萄酒、烈性酒（烧酒）、制糖技术也是由西域传入内地的。以前我国内地的酒，都是含酒精成分较低的酒。

由于多种粮食、油料作物由少数民族地区传入中原地区以及磨面、制作面食的技术和多种瓜果蔬菜传入内地，大大丰富了全国各族人民食物的品种，大大改善了营养条件，对中华民族的发展起到了积极的作用。

说到衣着服饰，少数民族也曾做出过很大的贡献。原来汉族衣着的原料主要依靠丝、麻和毛，用以织成各种丝织品、麻布、毛褐。在汉朝，新疆已使用棉布，到南北朝时天山以南的各个绿洲已广泛种植棉花了。种棉与织棉技术从南北两道传入内地，元朝和明朝时才在内地广泛种植。起初，内地人对棉花很不理解，由于棉花的纤维近似羊毛，误认为是种在田里的羊长出的毛，被称为"种骨羊"。这也正是元朝耶律楚材在诗中很有风趣地说的"无衣垅种羊"。

---

[1] 《太平御览》，卷八六〇。

由于种棉与织棉技术传入内地，大大改善了各族人民的衣着条件。黄道婆推广织棉技术的故事，是人们所熟知的。而黄道婆的织棉技术是从黎族人民那里学来的。

古代汉族的服装，上衣下裳，长领宽袖，行动很不方便。在平时劳动时不方便，在作战时更不方便。春秋时赵武灵王向匈奴人学习，采用"胡服骑射"，开始改革了汉族的服装。汉族所穿的旗袍、马褂是从满族人学来的。

我国古代都是席地而坐。通常有两种坐法，一种是"正襟危坐"，也就是跪坐，即膝盖着地，下腿向后，臀部坐在脚后跟上。直到现在，新疆的维吾尔、哈萨克、柯尔克孜等族仍然保持着这种坐式。一种是"箕踞"，也就是便坐，现在新疆的一些兄弟民族还仍然保持着这种坐法。西北地区的汉族在炕桌上吃饭时也还保持着这种坐法。席地而坐的座次是有讲究的，就我在哈萨克族毡房里所见，其座次顺序略如唐朝汉族"乡饮酒"的顺序。上述两种坐式以及座次顺序的规定，究竟是汉族向少数民族学来的，还是少数民族向汉族学的，我没有这方面的知识，不能妄加判断。

由席地而坐，发展到坐椅坐凳是一种进步，因为这种改进有利于健康并为日常生活提供了很多方便。汉灵帝好胡床（马札子）、胡坐，在当时还是个别的现象。《后汉书·五行志》："灵帝好胡服、胡帐、胡床、胡坐、胡饭、胡箜篌、胡笛、胡舞。京都贵戚皆竞为也。"被守旧者视为"服妖"，认为是不祥之兆。在唐朝以后，汉族中坐椅坐凳的人才逐渐多了起来，元朝以后才得到普及。直到宋朝时妇女坐椅子还要受到社会的非议。陆游在《老学庵笔记》中说："往时士大夫家妇女坐椅子、凳子，则人皆笑其无法度。"

我国各民族的音乐舞蹈，都各有自己的特点。我国少数民族都是能歌善舞的民族，也都各有其特长。但是我国各民族的音乐舞蹈也有许多共同点。仅就乐器而论，某些乐器是某一个和某几个民族所特有的，如蒙古族的马头琴，维吾尔族的热瓦甫、都塔尔、手鼓，傣族、景颇族的象脚鼓，壮族、苗族以及其他许多西南少数民族的铜鼓、芦笙，哈萨克族的冬不拉，塔吉克族的鹰骨笛，等等。有些乐器则是我国许多民族所共有的，如胡琴、唢呐、箫（尺八）、笛、管子（筚篥）、铜钹、琵琶、月琴、铜号（源于古代匈奴、羌人的"角"，高昌乐器中的铜角）等。现在只要看一下在内地经常演出的大型民乐合奏，就会看到它所包括的乐器是非常复杂的，其中：编钟、筝、七弦琴、箫等是汉族固有的乐器，笛是古代羌族人首先发明的，管子是古代龟兹（今新疆库车）人首先发明的，手鼓是维吾尔族的乐器，笙最早是我国南方壮、苗等民族的乐器（以前我曾认为原来是汉族的乐器，尚待继续研究）。至于箜篌、琵琶、铜钹、唢呐、胡琴等则是通过古代新疆各民族从国外传来的。这就看出，很早以来，汉族的音乐文化是包括了许多少数民族的音乐文化在内的。许多兄弟民族也接受了汉族乐器箫、月琴等，并通过汉族接受了由古代西域传入的多种乐器。

我国各少数民族具有能歌善舞的传统，各少数民族的音乐舞蹈有着各自的特点。在中华人民共和国成立以前，各少数民族的歌舞，只能在本民族或本地区很小的范围内演出。中华人民共和国成立后，各少数民族能歌善舞的特长得到了前所未有的发展，通过广播、电影、电视和在国内各地舞台上的演出，已经为全国各族人民所喜闻乐见。不仅全国各地的文艺团体都在演出少数民族歌舞，在首都还设立了中央民族歌舞团和东方歌舞团，也经常演出少数民族的歌舞。有些中央和地方的文艺团体还多次出国访问，演出各民族的歌舞节目，受到了各国人民的好评。许多少数民族的优秀歌曲已经家喻户晓，成为全国各民族所喜欢的歌曲了。原来只属于某个民族的歌舞，已经成为中华民族所共有的精神财富了。

在中国古代神话中，有着许多中华民族共同性的表现。如盘古开天辟地、古代洪水曾淹没大地、伏羲与女娲兄妹成婚、女娲炼石补天、后羿射日等，在我国许多民族中都广为流传。另外，对龙的崇拜，用十二属相纪生年或纪年，也在我国许多民族中广为流传。

很久以来，在汉族中就流传着盘古开天辟地以及洪水泛滥、伏羲与女娲兄妹成婚的神话，这在许多汉文古籍中都有所记载。我国南方的少数民族也有这一类的神话，主要是依靠民间世代相传的神话故事流传下来的，只有很少数见于文字记载。在汉、苗、侗、白等民族的神话中，都把盘古看作开天辟地的始祖。虽然各民族对盘古开天辟地具体情节的叙述各有不同，但是这些神话的基本内容却是一致的。布依、彝、纳西、拉祜、瑶等民族中也都有类似的传说。关于这些神话的内容，请参阅王美逢同志撰写的《汉族同西南少数民族神话传说的关系初探》。①在瑶族中长期流传着纪念盘古的传统习俗，每隔数年或数十年举行一次。在畲族中有《盘瓠王歌》（《盘古歌》长诗的抄本），全诗为七言体，长达300多行。②盘古开天辟地的神话，实质上表明了各民族的祖先在远古改造大自然、劳动创造世界这一根本内容。

在汉族中流传着洪水泛滥、伏羲与女娲兄妹成婚的神话，在我国南方少数民族中则是把洪水泛滥和兄妹成婚的神话结合在一起叙述的。马学良教授在其所写的《论少数民族民间文学与语言学、民族学的关系》一文中说："洪水故事题材，是世界上很多民族共同的远古故事题材。光是写伏羲兄妹在洪水中和雷公斗争这类题材，据闻一多在《伏羲考》一书中的统计，北至长江流域一带，南至南洋群岛，就有20多个民族流传着类似题材，《布伯》中的伏依、且咪实际是汉语伏羲姐（姐疑应为兄，恐为误排 —— 引者）妹。"③《布伯》是壮族的神话故事，布伯有一儿一女，儿名伏依，女名且咪。洪水过后，大地上只有他们兄妹两人，不得已而兄妹成婚，繁衍人类。在我国的苗、彝、布依、黎、水、纳西、拉祜、侗、瑶等民族中也都有洪水后兄妹成婚的故事。兄妹成婚的神话故事，从近代的习俗看来似乎是荒诞不经的，但是它却如实地道出了人类婚姻发展史上血族婚制阶段的真实情况，是符合人类历史发展规律的。

在我国南方的少数民族中，也广泛流传类似女娲炼石补天、后羿射日等神话故事。我国许多民族有着共同的神话传说，说明我国各民族之间长期存在亲密关系。这些神话既有许多民族的共同点 —— 基本的内容是相同的；又有各个民族的特点，即具体情节是各有特点的。

另外，在我国许多民族中，都有崇拜龙的习俗。龙是古代传说中的一种善于变化、能兴云降雨的神奇动物。在汉族中有许多关于龙的传说，过去在城市和农村里建有许多龙王庙，埋死人也要看龙脉风水来决定埋葬的地点。满、蒙古、藏、壮、彝、苗、布依、水等民族中也有关于龙的传说。在云南省有崇拜龙潭的习俗，有些地方就是以龙潭为名的，如黑龙潭、白龙潭等。在广西的少数民族中有祭龙脉的习俗。

①　参见《少数民族文艺研究》1982年第1期，中央民族学院少数民族文学艺术研究所编印。
②　蒋炳钊：《从盘古五歌探讨畲族来源和迁徙》，《民族学研究》第2辑。
③　《少数民族文艺研究》，1982年第1期，中央民族学院少数民族文学艺术研究所编印。

在我国的许多民族中，都有用十二属相纪生年的传统习俗，汉、满、蒙古、藏、哈萨克、柯尔克孜、苗、彝、水、白等民族中都有这种习俗。在信仰伊斯兰教的哈萨克、柯尔克孜等民族中，只是把属龙属猪改为属鱼属狐罢了。

在我国有些民族中，都有关于望夫山、望夫云、望夫石的传说。今湖北省安陆县有望夫山，据《舆地纪胜·江洲》载："望夫山在德安县西北一十五里，高一百丈。按《方舆记》云：夫行役未归，其妻登山而望。每登山，辄以藤箱盛土，积日累功，渐益高峻，故以名焉。"在今辽宁省锦州市境内有望夫山，相传为秦时孟姜女望夫处，上有孟姜女化成的石人。在安徽当涂县西北和山西黎城县西北，也都有望夫山，山上有石人。云南省白族民间传说中有望夫云，相传南诏国公主与一猎人相爱，遭到南诏王的反对，派法师将猎人打入洱海，变为石骡。公主望夫不归，忧郁而死，化为白云。在宁夏隆德县西南、江西分宜县西昌山峡水中、贵州贵阳市谷顶坝、广东清远县、武昌北山县等地都有望夫石，相传都是女子望夫未归痴情地化为石人。在新疆柯尔克孜族、云南彝族和广西壮族中也有关于望夫石的传说，说的都是妻子朝朝暮暮望夫归来，失望接连着失望，情思郁结，化为石人。这些石人分别屹立在新疆乌什县山中、云南省路南彝族自治县的石林中和广西桂林至阳朔漓江畔。我国唐朝诗人王建曾写过著名的诗篇《望夫石》，诗中写道："望夫处，江悠悠。化为石，不回头。山头日日风和雨，行人归来石应语。"唐朝诗人元稹有"更有恼人肠断处，选词能唱望夫歌"的诗句。李白的《长干行》也是这方面的著名诗篇。望夫山、望夫云、望夫石的传说，虽然在具体内容上有所差异，却都包含着两个根本的共同点：一点是生动地表达了历史上各民族劳动人民特别是各民族妇女所身受的共同苦难；另一点是形象地塑造并歌颂了各民族妇女对待爱情的忠诚坚贞。

说到节日，我国各民族都有各自的传统节日，这是互不相同的。但有的节日，却是我国许多民族的共同节日。比如春节，不仅汉族过春节，满、蒙古、壮、苗、布依、侗、水、仡佬、瑶、朝鲜、普米、锡伯、达斡尔、毛南、土家、畲、黎等民族也都过春节。上述许多民族中的大多数还过清明、端午、中秋等节日。苗族把过春节称作"过客家年"，说明是受到汉族的影响。

能够说明中华民族共同性的事例，当然还能够列举出很多。由于以上所列举的一些事例，我们认为已经可以说明问题，故不再继续列举了。

从前有人写过一首诗，说的是，你我两个好比泥人。将两个泥人一齐打破，仍用这堆泥再捏一个你，再捏一个我，到那时候，你泥中有我，我泥中有你，用这个来比喻我国历史上的民族关系是颇为贴切的。如上文所说，在历史发展的长河中，我国各民族之间存在着长期的大量的民族间相互融合的事实，就各个民族本身而论，是存在着"你中有我，我中有你"的客观事实的。再就各个民族的文化而论，由于长时期内各个民族之间经济文化交流不断，每一个民族的文化也都存在着"你中有我，我中有你"的客观情况。历史的经验千百次地证明了：乐于接受其他民族的特长，兼容并包，是有利于本民族经济文化的发展的；闭关自守、坐井观天、孤芳自赏，追求本民族文化的所谓纯洁性的任何幻想，都只能是一种抱残守缺、甘于落后的表现。

（四）中国民族关系的新纪元

中华人民共和国的成立，开创了中国民族关系史的新纪元。以平等、团结、互助为特征的社会主义民族关系已经建立，并在不断发展之中。我国的社会主义时期，是各民族共同繁荣和共同发展的时期。社会主义制度的优越性，为我国各个民族的繁荣和发展提供了前所未有的可靠保证。由于各个民族经济文化发展水平不平衡，目前还存在着民族间事实上的不平等，这是在长期的历史中形成的。在社会主义现代化建设的新时期，党中央英明地提出了加速发展少数民族地区经济文化的战略决策，并且已经载入了我国的新宪法之中。我们深信：在我国社会主义现代化建设的过程中，由于加速发展少数民族经济文化这一战略决策的贯彻执行，必将逐步缩短以至将来完全消除各民族间在经济文化发展水平上的差距，以达到完全消灭民族间事实上的不平等的目标。

在社会主义时期国内各民族的共同繁荣和共同发展，必然包括两个方面：一方面是各民族在经济文化上的特点和特长，将不断地得到发展；另一方面是中华民族的共同性，即各民族在经济文化上的共同点，也将不断地得到发展。这两个方面是相辅相成、互相促进的。在社会主义时期内，各民族对自己的传统文化都面临着批判地继承这样一个共同的任务，即发扬那些有利于两个文明建设的优良传统；同时扬弃那些不利于两个文明建设的落后传统。这里所说的扬弃某些落后传统，包括放弃某些旧观念、改革某些旧风俗习惯等内容，当然这都要由本民族干部和群众，在提高思想认识的基础上自愿地进行，别人无权代庖，这是我国的宪法明确规定的。这就看出，在两个文明建设的过程中，各民族的特点和特长，各民族的文化都将得到充分的发展，那种对本民族文化是否能够得到保存和发展的任何担心都是没有根据的。

人们在创造世界，但是人们却不能随心所欲地创造世界，传统的力量时刻在影响着人们的思想和行动。目前，我国各族人民都有两个传统，一个是历史上长期遗留下来的旧传统，这需要批判地继承；另一个则是在中国共产党领导下进行革命和建设所建立起来的新传统，这需要不断地发扬光大。从本质上来说，这个问题就是建设社会主义精神文明的问题。在我国社会主义精神文明建设的过程中，我国各个民族的特点与特长必然会得到不断的发扬；同时我国各个民族的共同点，即中华民族的共同性也必然会得到不断的发扬。

在旧中国，由于存在着阶级压迫和民族压迫，由于当时的统治思想是违背各族人民根本利益的统治阶级的思想，各族人民都是处于无权的地位，这对发展各民族的特点与特长是有着消极影响的，对发展中华民族的共同性也是有着消极影响的。在中华人民共和国，由于领导我们事业的核心力量是中国共产党，指导我们思想的理论基础是马克思列宁主义，各族人民已当家做主，各级人民政府都是为人民服务的，这是亘古未有的历史巨变。在这个新的历史条件下，热爱中国共产党、热爱社会主义、热爱祖国以及维护民族平等和民族团结的思想，已经成为全国各族人民的共同思想。这个国内各民族共同发展、共同繁荣的新时代，为发展各民族的特点与特长提供了前所未有的广阔天地，同时也为发展中华民族的共同性提供了前所未有的广阔天地。[①]

---

① 本节作者谷苞：原载《新疆社会科学》1985年第3期。

六 中华民族的共同性 (二)

（一）远古神话所反映的共性与个性

在中国大地上，从遥远的太古时代，即原始共产社会的发展阶段，人们就学会了使用火、石器、陶器、弓箭；学会了狩猎、捕鱼、农业和养畜业；学会了熟食；学会了建造房屋；创造了氏族、部落组织、家庭婚姻制度、音乐舞蹈等。所有这些，都是人类在长期的生产斗争中和社会生活实践中取得的伟大业绩，它们的创造和发展，是通过许多代人的实践而逐步得到改进的。但是，从很早的时候起，人们就把这些伟大业绩的取得，归功于某些神化了的人或神，于是就出现了许多神话。在我国的古籍中，成书于战国和西汉初年的《山海经》记录了丰富的古代神话。在《离骚》《庄子》等先秦著作中也有许多神话记载。为数众多的神话人物，有些是汉族先民的，也有一些是少数民族先民的。在没有文字记载以前，它们就在各民族中广泛流传着。

后来，许许多多的神话人物，在古代学者的笔下出现了分化，一部分仍然保留着神话的本来面貌；另一部分则被转化为历史人物。前者如盘古开天辟地，女娲炼石补天，夸父追日，有巢氏架木为屋，后羿射落九日，共工氏头触不周山等。后者如三皇（伏羲 —— 人皇、神农 —— 地皇、燧人 —— 天皇）①、五帝（黄帝、颛顼、帝喾、帝尧、帝舜）。三皇五帝之说首先见于《吕氏春秋·禁塞》："上称三皇、五帝之业，以愉其意。"

在司马迁所著的《史记》里，第一篇便是《五帝本纪》，将五个神话人物写成了历史人物。虽然他在写作时已经删去了一些"不雅训"，即明显的荒诞的部分，但仍然保留着许多神话的色彩，还保留着许多神。司马迁在《五帝本

---

① 《潜夫论·五德志》载："世传三皇、五帝，多以为伏羲、神农为二皇；其一者或曰燧人，或曰祝融，或曰女娲，其是与非，未可知也。"《风俗通义·皇霸》则说："燧人功重于祝融、女娲，文明象天，《大传》之义，斯近之矣。"

纪》的末段曾说："学者多称五帝，尚矣。然《尚书》独载尧以来；而百家言黄帝，其文不雅训，荐（缙）绅先生难言之……余尝西至空桐（在今甘肃省平凉市），北过涿鹿（今河北省境内），东渐于海，南浮于江淮矣，至长老皆各往往称黄帝、尧、舜之处，风教固殊焉，总之不离古文者近是……余并论次，择其言尤雅者，故著为本纪书首。"这说明《五帝本纪》的内容，采用了民间流传的神话故事。但是司马迁却没有把三皇也写成历史人物。

司马迁著《五帝本纪》，而不言三皇，大概是由于三皇的事迹更"不雅训"的缘故吧！东汉应劭在所著《风俗通义》的《皇霸》篇中则为三皇列有专章，认为燧人、伏羲、神农为三皇。东汉班固等编著的《白虎通义》的《号》篇中则认为："三皇者，何谓也？谓伏羲、神农、燧人；或曰伏羲、神农、祝融也。"

关于三皇、五帝的历史功绩，诸书所言，多不一致。《风俗通义·皇霸》引《礼记·谥号》认为三皇的功绩主要为："伏羲始作八卦，以变化天下，天下法则，咸伏贡献，故曰伏羲也。燧人钻木取火，炮生为熟，今人无复腹疾，有异于禽兽，遂天之意，故曰燧人也。神农……始作耒耜，教民耕种，美其衣食，德厚若神，故为神农也。"《易·系辞》称："古者，伏羲氏之王天下也，仰则观象于天，伏则观法于地，始作八卦，以通神明之德，以类万物之情，结绳为网罟，以田以渔。伏羲氏没，神农氏作，斲木为耜，揉木为耒，耒耨之祈，以教天下，日中为市，致天下之民。通其变，使民不倦，神而化之，使民宜之。"

关于五帝的历史功绩，《五帝本纪》中言之较详。五帝中对后世影响最大者为黄帝，故仅引黄帝的业绩如下："轩辕之时，神农氏衰。诸侯相侵伐，暴虐百姓，而神农氏弗能征。于是轩辕乃习用干戈，以征不享（朝享），诸侯咸来宾从。而蚩尤最为暴，莫能伐。炎帝欲侵凌诸侯，诸侯咸归轩辕。轩辕乃修德振（整）兵，治五气（五行之气）、艺五种（《周礼》郑玄注："黍、稷、菽、麦、稻也"）、抚万民，度（安抚）四方，教熊罴貔貅驱虎①，以与炎帝战于阪泉（今河北涿鹿县东南）之野。三战，然后得其志。蚩尤作乱，不用（从）帝命。于是黄帝乃征师诸侯，与蚩尤战于涿鹿之野，遂杀蚩尤。而诸侯咸尊轩辕

---

① "教熊罴貔貅驱虎"不可能是驱使这些野兽作战，很可能是统率以熊、罴、貔、貅、虎等为图腾的氏族作战。黄帝号有熊氏，也可作为一个旁证。

为天子，伐神农氏，是为黄帝。天下有不顺者，黄帝从而征之，平者去之，披山通道，未尝宁居。"另外，相传还有许多发明如舟车、音律、医学、算术、文字等均创始于黄帝时期，养蚕也是黄帝的妻子嫘祖发明的。

细读上面所引的三段文字，联想其他的一些记载，有许多地方发人深思。兹将个人认为最重要之点，略述如下：

第一，把原始共产社会中，千百代的人们在生产斗争和社会实践中所取得的伟大业绩，归功于三皇五帝这样一些神话中的人物，显然是一种英雄史观的表现。对此，我们并无意苛责古人，他们的历史观点显然是受了当时历史的局限的。我们现在能够有不同于古人的看法，只是由于我们有幸生活在中华人民共和国，学习了马克思列宁主义。

第二，中国的历史，在夏朝以前，还处于原始共产社会阶段，那时候还没有阶级，没有国家，更不可能有管辖广大中原地区的统一的国家。在原始社会后期，才有了部落联盟，才为国家和民族的形成创造了条件。黄帝、炎帝、蚩尤等都只可能是部落联盟的首领。既然如此，古人为什么要把三皇、五帝的时代描绘成统一的国家呢？这与其说是为了反映远古历史的情况，还不如说是为尔后出现的统一的国家提供历史的根据。把尔后在中国大地上各民族中出现的大一统思想，当作在历史上早已有之的大一统思想。关于远古时代的历史，"非有典艺之文，坚基可据"，只有靠"推当今以览太古"（《风俗通义》卷一）。在还没有历史唯物主义的条件下，"推当今以览太古"的结果，就很容易出现以今代古的现象。

第三，三皇、五帝等神话传说中的人物，在时间上应该属于中国历史上的原始共产社会时期。从夏朝以后，中国历史才进入阶级社会。夏、商和西周是中国历史上的奴隶社会时期。东周以后，中国历史进入了封建社会。在中国历史上，中央集权的统一的多民族国家的形成，始于秦汉时期。但是，在夏、商、周三朝已经开始形成了松散的统一的多民族国家的雏形。《春秋左传正义》卷五十八中说："禹合诸侯于涂山，执玉帛者万国。"万国之说极言其多，未必真的有一万个国。后来经过长时期的兼并，国数日趋减少，据《后汉书·郡国志》所载，在汤武时有三千余国，西周时有一千七百七十三国，春秋时有一千二百国，战国时仅有十余国。在战国以前的许多国中有不少国是由少数民族建立的。夏、商、周的天子是所属众多诸侯的共主。正是在这个时候，在中国才开始出现了大一统的思想。譬如，《诗经·小雅·北山》中所说的："溥（普）天之下，莫非王土；率土之滨，莫非王臣。"以及孔子所提出的修身、齐家、治国、平天下的思想，都是大一统的思想。在三皇、五帝的神话传说时代，不可能出现大一统的政治局面，也不会产生中央集权的大一统的政治思想。大一统思想的出现，是有其深厚的经济的、历史的、地理的和政治的原因的，此意我曾在《论正确阐明匈奴游牧社会的历史地位》一文中，做了初步的论述，今后将在另文中再做申述。此处就不多谈了。

第四，我国汉文古籍《山海经》等书中所记载的神话传说，有些是汉族先民的神话，有些则是少数民族先民的神话，有些则是汉族先民与少数民族先民的共同神话。盘古、伏羲为汉族、羌族和我国云南许多少数民族共有的神话。此意我已在《论中华民族的共同性》一文中讲了。炎帝（或说为神农，或说为烈山氏）为南方之神。《汉书·魏相传》载："南方之神炎帝。"蚩尤为九黎的部落酋长。关于炎帝和蚩尤的神话，最早可能是百越族与苗族的神话。伏羲、女娲的神话在我国南方诸民族中流传最广，也可能当初是南方诸民族的神话。黄帝为古代神话中五位天帝之一。《晋书·天文志上》载："黄帝坐在太微中，含枢纽之神也。"在五天帝之中，东西南北四方各有一天帝，黄帝是居于中央的天帝。但据历史学家顾颉刚先生的研究，黄帝的神话最早出现于中国的西北方。顾颉刚先生在《黄帝》一文中写道："今所见神话多萃集于《山海经》，吾人欲知黄帝传说之初相，亦唯于此求之，《西次三经》'……黄帝乃取峚山之玉，而投之钟山之阳'。峚山，《穆天子传》作密山，其地在昆仑之东，而昆仑之西有轩辕之丘，此黄帝之所以号轩辕。《经》云：'昆仑之丘，实为帝之下都。'是黄帝上则居天，下则居昆仑。《庄子·至乐》曰：'昆仑之墟，黄帝之所休。'《穆天子传》：'吉日辛酉，天子升于昆仑之丘，以观黄帝之宫。'知黄帝者居于昆仑之上帝也。以五行说绳之，黄帝必当居中央，而自神话之发祥地观之，则当在西北。故《晋语》谓其以姬水成。《庄子·在宥》谓其问道空同（今甘肃平凉），《封禅书》谓其墓在桥山（今陕西黄陵县，原注为中部县），铸鼎在荆山（今河南阌乡县），《水经注·渭水篇》谓其生于天水，无一地非西北也。"从地望看来，有关黄帝神话传说所涉及的地区，主要是羌族和汉族地聚居的地区，因此可以推断，黄帝的神话起初只是羌族和汉族所共有的神话。

（二）中国各民族远古祖先的认同与各自的特点

中国许多民族有一个共同的传统，就是把一部分神话人物变成历史人物，再把这些历史人物分别作为各自民族的祖先。也还有一些民族直接把一些神话人物作为自己的祖先。中国各民族的统治阶级也有一个共同的传统，就是把他们自己说成是某些显赫的神话人物的直系子孙，用以抬高自己的身价，用以作为有权统治本民族甚至全国的政治资本。在他们看来，他们的统治权力，乃是他们的祖先留给他们的无可争辩的政治遗产。

先就汉族的情况来说。

在五帝中，黄帝被认为是其他四帝的祖先。夏、商、周三朝也都认为自己是黄帝的后代。《五帝本纪》中说："自黄帝至舜、禹，皆同姓而异其国号，以章明德。故黄帝为有熊，帝颛顼为高阳，帝喾为高辛，帝尧为陶唐，帝舜为有虞，帝禹为夏后而别氏，姓姒氏。契为商，姓子氏。弃为周，姓姬氏。"据《五帝本纪》，帝颛顼为黄帝之孙，帝喾为黄帝之曾孙。帝尧为黄帝之玄孙。帝舜为黄帝之第八世孙。据《史记·夏本纪》，夏朝的第一代君主为禹，是"黄帝之玄孙"。据《史记·殷本纪》，殷（商）朝的第一代君主为殷契，是帝喾次妃的后裔。据《史记·周本纪》，周朝的第一代君主为后稷（弃），是帝喾元妃的后裔。

到了战国时期，七国的君主也都以黄帝的后裔相标榜。《史记·楚世家》称："楚之祖先，出自帝颛顼。"韩、燕、魏三国的君主与周为同姓，为帝喾的后裔。秦国与赵国的君主为同姓。《史记·秦本纪》称："秦之先，帝颛顼之苗裔。"《史记·赵世家》称："赵之先，与秦共祖。"齐国也是颛顼之后①。

继秦之后，统一中国的汉朝第一个皇帝刘邦，本来出身于基层政权的小

---

① 顾颉刚先生撰《颛顼》一文称："（司马）迁据《帝系》《世本》及《秦纪》，析各国之所自出……又于陈曰：'陈胡公满者，虞帝舜之后也。'于田齐曰：'陈完者，陈厉公佗之子也。'……知此八国出于虞、夏、秦，亦即出于颛顼。"见顾颉刚著《史林杂识》，中华书局1977年版，第189页。

官吏亭长，没有什么显赫的身世可供炫耀，乃自封为黑帝，用以证明他也有权统治全国。刘邦入关后，曾问其臣下说："'故秦上帝祠何帝也？'对曰：'四帝有白、青、黄、赤之祠。'高祖曰：'吾闻天有五帝，而有四，何也？'莫知其说。高祖曰：'吾知之矣，乃待我而具五也。'乃立黑帝祠，命曰北畤。"①

再就少数民族的情况来说，少数民族中的统治阶级也常把自己的家族认为是某些显赫的神话人物的直系子孙。

"匈奴，其先夏后氏之苗裔也。"这是司马迁在《匈奴列传》中开头讲的第一句话。后来匈奴人建立大夏国也是这样认为的。

西晋末年，各民族的上层分子纷纷起兵，在我国北方和巴蜀，建立了许多地区性的政权。从304年刘渊称王起，到439年北魏统一中国北方止，共135年。这一时期，被称为十六国时期（其实不止十六国）。在这个时期内，匈奴人建立的政权有3个，即汉（前赵）、夏与北凉；氐人建立的政权有4个，即成汉、前秦、后凉与仇池；羯人建立的政权有1个，即后赵；鲜卑人建立的政权有7个，即前燕、后燕、西燕、西秦、南凉、南燕与代；羌人建立的政权有1个，即后秦；另外还有3个汉族建立的政权，即前凉、冉魏和北燕。

匈奴人赫连勃勃曾建立夏政权（407—431）。"自以匈奴夏后氏之苗裔也，国称大夏。"赫连勃勃曾说："朕大禹之后 …… 今将应运而兴，复大禹之业 …… "又说："朕之皇祖，自北迁幽朔，改姓姒氏，音殊中国，故从母氏为刘 …… 今改姓曰赫连氏 …… "②赫连勃勃把他所建立的政权称之曰夏，意在继承夏禹的王统，这个意思在他于其都城外树立的长篇碑中说得甚为详细。

匈奴人刘渊曾建立汉政权（304—329）。刘渊之所以姓刘是由于"初，汉高祖以宗女为公主，以妻冒顿，约为兄弟，故其子孙遂冒姓刘氏"。刘渊称汉王后，曾下令说："昔我太祖高皇帝（汉高祖刘邦）以神武应期，廓开大业 …… 孤今猥为群公所推，绍修三祖之业。"刘渊所建立的政权曰汉，意在继承汉朝的王统。他在称汉王后，还曾"追尊刘禅（刘备之子阿斗）为孝怀皇帝，立汉高祖以下三祖五宗神主而祭之"③。

---

① 《史记·封禅书》。
② 《晋书·赫连勃勃载记》。
③ 《晋书·刘元海载记》。

　　氐人苻洪曾建立前秦政权（350—364）。苻洪为略阳临渭（今甘肃省秦安县东南）氐人。《晋书·苻洪载记》说："其先盖有扈氏之苗裔，世为西戎酋长。"《三国志·乌丸鲜卑传》引鱼豢《魏略》说："《西戎传》曰氐人有王，所从来久矣……其种类非一，称盘瓠之后，各有王侯，多受中国封拜……其俗，语不与中国（汉族）同……各自有姓，姓加中国（汉族）之姓矣……多知中国（汉族）语，由与中国（汉族）错居故也。"

　　鲜卑人慕容皝曾建立前燕政权（337—370）。《晋书·慕容廆载记》说："其先有熊氏（黄帝）之苗裔，世居北夷，邑于紫蒙之野，号曰东胡。"慕容皝为慕容廆之第三子。其后，在这一家族中，慕容垂曾建立后燕（384—407）；慕容泓曾建立西燕（384—394）；慕容德曾建立南燕（398—410）。当然，他们也都认为自己是有熊氏的后裔。《晋书·沮渠蒙逊载记》说："姚氏舜后，轩辕之苗裔也。"另外，还有鲜卑人拓跋猗卢建立的代国（312—376），自认为是神农氏的后裔。

　　鲜卑人秃发乌孤曾建立南凉政权（397—414）。《晋书·秃发乌孤载记》说："其先与后魏同出。"也就是说其远祖为黄帝。

　　386年鲜卑人拓跋珪统一中国北方，建立了北魏。北魏的皇室自认为是黄帝的后裔。《魏书·序纪第一》中是这样说的："昔黄帝有子二十五人，或内列诸华，或外分荒服，昌意少子，受封北土，国有大鲜卑山，因以为号。其后，世为君长，统幽都之北，广漠之野，畜牧迁徙，射猎为业，淳朴为俗，简易为化，不为文字，刻木纪契而已，世俗远近，人相传授，如史官之记录焉。黄帝以土德王，北俗谓土为托，谓后为跋，因以为氏（即拓跋氏）。"

　　557年鲜卑人宇文泰之子宇文觉代西魏称帝，建立了北周。宇文泰自认为炎帝之后裔。《周书·帝纪第一》中说：宇文泰"其先出自炎帝神农氏，为黄帝所灭，子孙遯居朔野"。

　　以上所说，都是汉族和我国北方少数民族中的统治阶级所建立的许多王朝，他们当中绝大部分自认为是黄帝的后裔，也有个别自认为是盘瓠、炎帝的后裔的情况。对我国南方诸民族，在汉文文献中对其先世的记载较少。但是在我国南方诸民族中却有着极为丰富的广泛流传于民间的神话传说，有些南方少数民族把盘瓠、伏羲与女娲作为自己的远祖。在我国南方少数民族中的苗、侗、白、布依、彝、纳西、拉祜、瑶等族中都流传着盘古开天辟地的神话故事。在壮、苗、彝、布依、黎、水、纳西、拉祜、侗、瑶等族流传着洪水泛滥的神话故事，其后大地上只留下了伏羲与女娲兄妹两人（两人的名字在各族中有所不同），不得已而兄妹成婚繁衍人类。如壮族的神话故事《布伯》，说的是布伯有一儿一女，儿名伏依（即伏羲），女名且咪，洪水过后，人世间仅存的兄妹两人被迫成婚，延续了人类。畲族自认为他们的先祖为盘瓠与高辛氏（帝喾）的女儿结婚后所生的子孙。畲族中广泛流传的《盘瓠王歌》，详细地叙说了这个神话故事。《后汉书·南蛮西南夷传》的开头也记载了这个神话的梗概。浙江省景宁县敕木山的畲族，在祖图的题词中是这样排列他们的祖先的："1. 盘古开山氏。2. 伏羲氏。3. 神农氏。4. 天皇氏。5. 地皇氏。6. 人皇氏。7. 高辛氏……20. 旨下三公主赐盘瓠为婚。"[1]始后生三男一女，分别姓盘、雷、蓝、钟。后来畲族均分别属于此四姓。

如何看待以上所说的流传于汉族和少数民族中的许许多多神话传说，是一个重要的问题，需要认真地加以研究。根据我个人粗浅的认识，我认为以下几点是特别重要的：

第一，上述种种汉族与少数民族所共有的神话，是汉族与少数民族共同的文化遗产，是中华民族所共同拥有的精神财富，是中华民族所具有的强大的精神上的凝聚力。汉族和诸多少数民族共同把盘古、伏羲、女娲、黄帝、炎帝等认为是自己的祖先，就是中华民族共同性的生动表现。我们是无神论者，但我们承认神和神话传说对古代各族人民的哲学思想和政治思想都有着巨大的影响，特别是广泛流传于各民族之中的神话传说被当成历史看待之后，更是成为一股无与伦比的精神力量，绝对不应低估。深入人心的大一统思想的作用，比起千军万马来则更为强大。

第二，汉族与少数民族中的统治阶级，把自己看作是一些显赫的神话人物的直系子孙，其历史的真实性虽然是很成问题的，但是这一点毕竟是比较次要的问题，重要的问题在于他们都把这些"神谱"加在了自己家族的头上，使之具有了强大的政治号召力，更能以正统自居，更有利于扩大自己的政治势力

---

① 《浙江景宁敕木山畲民调查记》，中南民族学院民族研究所编印，第50—51页。

和统治地盘。因为像盘古、伏羲、黄帝、炎帝（神农氏或烈山氏）这样一些神话人物在古代对各族人民有着强大的影响，人们对这些神话人物怀着崇敬的心情。许多神话传说中的人物，特别是黄帝、炎帝被转变为历史人物，对后世的影响极大。他们被我国许多民族看作是自己的祖先，被看作是缔造中华民族的具有丰功伟绩的最早的、最卓越的人物，被看作大一统思想的象征和旗帜。

第三，有些神话传说，初看起来似乎有一些经不起推敲和自相矛盾的地方，譬如：同是氐族，有的说是盘瓠的后裔，有的又说是黄帝的后裔；同是鲜卑族，有的自认为是黄帝的后裔（如北魏），有的又认为是炎帝的后裔（如北周）。至于汉族则把盘古、伏羲、神农（炎帝）、黄帝等统统认为是自己的祖先，而炎帝和黄帝在多数神话传说中是水火不相容的。但是，仔细一想，这些矛盾是可以统一起来的。首先，神话本身就是存在着许多矛盾的，在有的神话中就曾说炎帝原来是黄帝臣下。更重要的是，在秦汉以前，我国各民族之间相互融合的情况是早就存在着的。一个民族的人融合到另一个民族中去，这个民族的神话也往往被带到了另一个民族。汉族中融合进了许多其他民族，于是许多其他民族的神话传说和神，也就变成汉族的神话传说和神了。

（三）各民族的历史自古认同为中国历史的一部分

自秦汉以来，中国就是一个统一的多民族国家。在这两千多年当中，统一的时间约占三分之二，分裂的时间约占三分之一，所以说统一是中国历史发展的主流。历史上的分裂局面，一般都是由汉族统治阶级割据一方（如三国）或少数民族的统治阶级割据一方（如十六国）造成的。在分裂割据的时期，由于战争频繁，给各族人民造成了深重的灾难。这个历史的经验对全国各族人民来说是非常深刻的，使全国各族人民厌恶分裂，拥护统一。全国的统一是大势所趋，人心所向；它经历了严峻的历史考验，历来为各族人民所向往，所追求，是一股无比强大的历史洪流，是任何力量都无法阻挡的。

司马迁写《史记》，首先写了一篇《五帝本纪》，接着又写了夏、殷、周三篇本纪，再接着便写到了秦并吞六国，统一了中国。在司马迁的笔下，把五帝和夏、殷、周三朝都写成了大一统的政权。如说黄帝巡视的地区"东至于

海 …… 西至于空桐（在今甘肃平凉县）…… 南至于江，登熊、湘（湘山在今湖南长沙）…… 北逐獯鬻（匈奴），合符釜山（妫州怀戎县）"。并说："监于万国，万国和。"又如：帝颛顼所统辖的地区，则被写为："北至于幽陵，南至于交阯，西至于流沙，东至于蟠木。"[1]"日月所照，莫不砥属（服属）。"这里把后来秦汉的版图写成了黄帝和帝颛顼的管辖区。其实，五帝的时代还处于原始共产主义社会阶段，不可能出现大一统的政权。夏、殷、周三朝虽开始有了统一的雏形，但还不是中央集权的统一国家。司马迁把它们都写成了统一的国家，与其说是反映了历史的真实情况，倒不如说是为了宣扬大一统的政治思想。《史记》主要是一本写当时的近现代史的著作，他宣扬大一统的思想，主要是为汉朝的大一统的政治现实服务的。这一点对后来中国的政治思想影响极大。

自从秦汉以来，大一统的思想，在汉族人民和汉族统治阶级中是根深蒂固的。汉族的哲学家、历史学家、政治家、军事学家也都在他们的著作中宣扬大一统的思想。这方面的史料极多，我们就不打算列举了。在这里，我们只想就历史上少数民族的大一统思想举一些事例。

在十六国时期，匈奴人赫连勃勃建立大夏国，自认为是夏禹的后代，要恢复夏禹的统一大业。匈奴人刘渊建立的汉国，自认为是汉朝刘邦的后代，要恢复汉朝的正统。这两个王朝虽然都只存在了二十几年，所统治的也都局限于一个较小的地区，但是这两个小国的统治阶级所具有的大一统思想却是很明显的。

在十六国时期，氐人苻洪所建立的后秦，所统治的地区包括今河北、山西、山东、陕西、甘肃、河南、四川、贵州、辽宁、江苏、安徽、湖北等，占地不谓不广。但是后秦的统治阶级并不满足于割据一方，而是要统一全国。苻坚在出兵进攻东晋前，"坚引群臣会议，曰：'吾统承大业凡二十年 …… 四方略定，唯东南一隅未蒙王化。吾每思天下不一，未尝不临食辍餔，今欲起天下兵以讨之 …… '"其臣下多出面谏阻，苻坚说："非为地不广，但思混一六合（统一天下），以济苍生。"在此之前，苻坚曾决定派吕光统兵7万，进军西域，

---

① 蟠木即扶桑，见顾颉刚著《史林杂识》，中华书局1963年版，第184页。

"苻融以虚耗中国，援兵万里之外，得其人不可役，得其地不可耕，固谏以为不可。坚曰：'二汉力不能制匈奴，犹出师西域。今匈奴既平，易若摧朽，虽劳师远役，可传檄而定，化彼昆山，垂芳万载，不亦美哉！'朝臣又屡谏，皆不纳。"①苻坚的这些言论，充分表现了他的大一统思想。

鲜卑族拓跋氏统一中国北方，建立了北魏。拓跋氏自认为是黄帝的后代，怀有统一中国的愿望。拓跋珪称帝后，曾在他的诏文中说："夫刘（邦）承尧统，旷世积德……《春秋》之义，大一统之美，吴、楚僭号，久加诛绝，君子贱其伪名，比之尘垢。"可见拓跋珪是坚决主张统一、反对分裂的。魏孝文帝拓跋宏在位期间，为了巩固其统治地位，缓和民族矛盾，曾下令改变鲜卑族的风俗习惯、服装和语言，奖励鲜卑贵族与汉族的士族通婚，改鲜卑姓氏为汉姓。凡此，对促进民族融合和一些地方少数民族的封建化过程，都产生了积极的影响。

自南北朝以来，我国少数民族在边疆地区建立的政权，主要有柔然汗国、突厥汗国、回鹘汗国、吐蕃、南诏等；另外，少数民族在中原地区或主要在中原地区建立的政权有后唐、辽、金、西夏等。特别具有重大意义的是蒙古族建立的元朝和满族建立的清朝，这两个统一了全国的朝代，是能够与汉唐相媲美的朝代，对巩固和发展我们这个多民族的国家，都起到了极为重要的作用。

在历史上，我国的少数民族曾经建立过两个统一全国的王朝和许多地区性的政权。不论哪一个少数民族的统治阶级当权，中国的文化都得到了继承和发展，保持了中国历史的延续性。这一点在世界文明古国中是别无先例的，值得我们引以为自豪。在许许多多少数民族的开国君主或其继承人之中，有不少人是通晓汉文典籍的，他们也都无例外地吸收了一批汉族文人帮助治理国家，因此在这些王朝中，中华民族的哲学思想、政治思想、文物典章等均得到了继承。清圣祖玄烨（康熙皇帝）在祭祖诗中曾写道："卜世周垂历，开基汉启疆。"②这表明清朝是继承了周朝和汉朝的正统的。少数民族中杰出的历史人物，如蒙古族的成吉思汗铁木真、元世祖忽必烈，满族的努尔哈赤、玄烨，鲜卑族的魏孝文帝拓跋宏，吐蕃族的松赞干布，回鹘族的毗伽可汗等，都对祖国

---

① 以上引文均见《晋书·苻坚载记下》。
② 《康熙御制文》一集，第36卷。

的巩固和发展做出过重大的贡献。

在我国传统史学中有一个优良的传统，就是对每一个朝代的少数民族及其所建立的政权，都以传记的形式做了记载。对于某些少数民族所建立的影响较大的政权，都写了专史。在我国的二十四史中，《魏书》《周书》《北齐书》①《辽史》《金史》《元史》都是为少数民族建立的政权而写的。这些专史都是依照后朝为前朝修史的惯例修订的。另外，辛亥革命后，虽没有写成完备的清史，但已有了《清史稿》问世。上述民族传记与专史的修订，都受到历史局限，有些内容叙述得很不妥当。但是，应该肯定，在这些传记和专史中，少数民族的历史地位都得到了尊重。少数民族所建立的地区性政权和全国性政权，都被看作中国历史的一部分。

中国是统一的多民族的国家，有一个形成和发展的过程。秦汉两朝开创了我们这个统一的多民族的国家，特别是唐朝、元朝、清朝发展并巩固了统一的多民族国家。中国各民族对这个统一的多民族国家的缔造都曾做出自己的贡献。我们想，大一统所以能够成为我国历史发展的主流，原因固然很多，其中有一个很重要的原因，就是我们在上文中一再指出的，大一统思想是中国各民族共同的历史传统。

（四）在中华民族解放斗争中同呼吸共命运

在中华人民共和国成立前的一百多年当中，资本主义列强曾经从四面八方，对我国进行了猖狂的政治、军事侵略，与之相配合，还进行了阴险恶毒的文化侵略，随心所欲地歪曲中国历史，挑拨我国民族关系，作为其开拓殖民地的思想武器。由于我国国境的北、西、南三面主要是少数民族的聚居区，我国国境的东面如海南岛、台湾岛也都有少数民族聚居区，所以资本主义列强的侵略，使我国少数民族聚居区首当其冲，深受其害。为了保家乡、卫祖国，我国的少数民族人民同汉族人民一道，对沙俄、英、法、日等国的侵略者进行过英勇的斗争，做出了巨大的牺牲。为了保卫祖国的神圣领土，从黑龙江流域到天

---

① 北齐是鲜卑化的汉族人高洋所建立的王朝。

山南北，从西藏高原到云、桂边疆，从海南岛到台湾，我国各族人民的千百万优秀儿女，有几代人的鲜血洒在祖国广大的土地上。最后，抗日战争的胜利，中华人民共和国的成立，终于结束了中国各族人民一百多年来的屈辱历史。

一百多年的反帝反封建历史，使中国各族人民结成了同呼吸、共命运的亲密关系，显示了中华民族同仇敌忾的大无畏精神。在中国各族人民保卫领土、维护祖国统一的英勇斗争中，列强在中国划分势力范围的美梦破灭了；扶植傀儡政权的伎俩一个接一个地夭折了；最后日本军国主义者妄图把中国变为其殖民地的阴谋也以可耻的失败而告终了。自秦汉以来，我们伟大的祖国就是一个统一的多民族国家。在中华人民共和国成立前一百多年当中，我们这个统一的多民族的国家经受了严峻的历史考验。历史的经验证明：祖国的统一，代表了各民族的根本利益；维护祖国的统一，才能保障各民族的根本利益。大一统的思想是中国各族人民的共同传统，这个历史传统在新的历史条件下又有了新的发展、质的飞跃。在中华人民共和国，由于消灭了阶级压迫和民族压迫，由于建立起了以平等、团结、互助为特征的社会主义民族关系，巩固祖国统一和加强民族团结的思想，在我国各族人民中间已经成为共同的愿望和坚定的意志，这是以往任何时代所不能比拟的。[①]

---

① 本节作者谷苞：原载《新疆社会科学》1986年第1期。

第二章

民族称谓含义的演变及其内在联系

一 "汉人"考

中国自古以来是一个多民族的国家。不同民族间长期交往，互相吸收、融合，发展变化经数千年，终于形成现在各民族团结友爱的大家庭。现在的汉族，就是在这一历史过程中由多个民族汇合而成的。本节拟从"汉人"这一称谓含义的历史变化来考察这一汇合过程。

（一）"汉人"称谓的起源

顾名思义，汉人之称来源于汉朝，但汉朝的人并不被称为汉人，而被称为秦人。其证有四：

其一，《史记·大宛列传》：贰师与赵始成、李哆等计："闻宛城中新得秦人，知穿井，而其内食尚多。"案：《汉书·李广利传》在抄录这段文字时，只将"秦人"改为"汉人"，余如故。可见秦人与汉人相等。这里的汉人乃汉朝之人。

其二，《汉书·匈奴传》："于是卫律为单于谋，穿井筑城，治楼以藏谷，与秦人守之。"颜师古注："秦时有人亡入匈奴者，今其子孙尚号秦人。"案：有此可能性。匈奴称秦人后裔仍为秦人，连累而称汉朝之人为秦人，道理上说得通。

其三，《汉书·西域传》武帝征和四年下轮台之诏罪己，引军侯弘上书："匈奴缚马前后足，置城下，驰言'秦人，我匄若马'。"师古注："谓中国人为秦人，习故言也。"案：宋人马永卿《懒真子》卷一"中国为汉"条，据此传为说，引申曰："故今夷狄谓中国为汉，亦由是也。"胡三省注《资治通鉴》，于此年此纪事之后发挥说："据汉时匈奴谓中国人为秦人，至唐及国朝则谓中国为汉，如汉儿、汉人之类，皆习故而言。"此说与颜说、马说意思是一致的。

其四，永寿八年石刻《刘平国治□谷关颂》："龟兹左将军刘平国以七月二十六日发家，从秦人孟伯山、狄虎贲、赵当卑、万□羌、石当卑、程阿羌等六人共来作□□□谷关。"王国维考此刻石，即引上列《大宛》《匈奴》《西域》三传以证秦人即汉人①。

因为秦朝的强大和声威远震，秦朝的邻人在秦朝灭亡之后很久的时间里犹称汉朝之人为"秦人"。后来，"秦人"一称虽为"汉人"一称所代替，但它依然在国外有影响，以致很长一段时期内，印度等国称中国为"支那""脂那""至那"等，这便是现在西方人称中国为China的根源，推其本始，即起于"秦"字②。

值得注意的倒是东汉时已有"汉族"之称，其义为"汉朝之人"。《后汉书·耿恭传》称车师王国后王夫人"先世汉人"。《西域传》有汉人韩融。《南匈奴传》既有汉人郭衡，又称："永初三年夏，汉人韩琮随南单于入朝。"《乌桓鲜卑传》：汉人逋逃为鲜卑谋主，兵利马疾，过于匈奴。此蔡邕奏议之文，参《通鉴》卷五十七。同传建安十一年纪事，"幽、冀吏人奔乌桓者十万余户"。《通鉴》卷六十五乃改换此句作："乌桓乘天下大乱，略有汉民十余万户"。这许多处的"汉人"或"汉民"，均谓汉朝之人也。

（二）"汉人"族称的形成

李慈铭《桃华圣解庵日记》辛集第二集光绪四年二月二十日之下有一大段讲述"汉人"名称缘起的文字，材料比较集中，说理比较透彻，今移录如下：

> 中国人别称汉人起于魏末。北齐以高氏，虽云渤海蓨人，而欢之祖徙居怀朔镇，已同胡俗。故《北史·神武纪》云："神武既累世北边，故习其俗，遂同鲜卑。"及执魏政，其姻戚同起者，如娄昭、尉景、刘贵等，皆非中国种族，遂目中原人曰汉人。如《文宣皇后李氏传》云："帝将建中宫，高隆之、高德正言，汉妇人不可为天下母。"以李后为赵郡李希宗女也。《杨愔传》："太皇太后曰：'岂可使我母子受汉老妪斟酌？……'"

---

① 《观堂集林》，卷二十。
② 伯希和：《马可波罗游记注释》，第264—278页"Cin"字条。

以时惜等议，欲处娄后于北宫，政归李后，故娄后为此言也。《废帝纪》云："文宣每言太子得汉家性质。"以废帝李后所生也。《惜传》："废帝曰：'天子亦不敢与叔惜，岂敢惜此汉辈？……'"指惜及燕子献、宋钦道、郑子默也。《斛律金传》："神武重其古质，每戒文襄曰：'尔所使多汉，有谮此人者，勿信之。'"《北齐书·高昂传》："高祖曰：'高都督纯将汉兵，恐不济事，今当割鲜卑兵千余人，共相参杂……'"《高德政传》："显祖谓群臣曰：'高德政常言宜用汉人（按《北史》无"人"字）除鲜卑，此即合死……'"《北史·高昂传》："刘贵与昂坐，外白治河役夫多溺死，贵曰：'一钱价汉，随之死！'昂怒，拔刀斫贵。"《薛修义传》（《北齐》作"循义"）："斛律金曰：'还仰汉小儿守，收家口为质……'"此类甚多，皆分别汉人之始。《北齐书·杜弼传》："显祖尝问弼云：'治国当用何人？'对曰：'鲜卑车马客，会须用中国人。'显祖以为此言讥我。"盖高欢当日虽目尔朱为胡，而实自附其类，故所任用，如库狄干、贺拔允、万俟普万俟洛父子、可朱浑道元、破六韩常、莫多娄贷文、库狄回洛、库狄盛、斛律羌举、斛律金、侯莫陈相、叱列杀鬼、步大汗萨、薛孤延、呼延族；乞伏贵和乞伏令和兄弟、贺拔仁、尉标、尉相贵父子、尉长命、綦连猛，皆匈奴部族，非中国所有姓氏也。①

近代陈垣作《通鉴胡注表微》，复拈出司马光书中及胡三省注文之关系于汉人名称者数则，为之解说，发挥详尽，可与李氏日记相发明。高敖曹（昂）、刘贵相争一事，"一钱价汉"，《北史》原文乃"头钱价汉"，而《通鉴》改作"一钱汉"，胡注："一钱汉，言汉人之贱也。"《表微》："一钱汉，温公以意易之，言汉人不值钱也。自刘、石凭陵以来，汉人仰食于胡者众，其为人蔑视固宜。《辍耕录》八，言今人谓贱大夫曰汉子。按北齐魏恺自散骑常侍迁青州长史，固辞，文宣帝大怒曰：'何物汉子，与官不就！'此《辍耕录》引《北史·魏恺传》文也，说本《老学庵笔记》三。北齐贱视汉人史料比他史特多，其甚者至詈汉为狗汉、贼汉，见《韩凤传》。且不独詈汉人然，如和士开本西域商胡，《琅邪王俨传》：俨既杀士开，斛律光曰：'天子弟杀一汉，何所苦！'是以

---

① 《越缦堂日记》，第二十九册，五十一页下至五十二页上。

胡为汉也。源师本出鲜卑,《高阿那肱传》斥之为"汉儿",是以鲜卑为汉也。盖'汉'之一字,始以骂汉,后乃泛以骂人,不专属于汉矣。"高洋尝嫌太子得汉家性质一事,胡注:"鲜卑谓中国人为汉。"《表微》:"太子母李太后,汉人,故曰'得汉家性质。'两族通婚融洽最易,通婚而普遍,则夷夏不复能辨矣,故隋唐以后之鲜卑,悉成中国人。"李氏列举高欢所任用者22人,不过13胡姓;晚近姚薇元作《北朝胡姓考》一书,共得193胡姓。案《魏书·官氏志》所载诸胡姓,计宗族10姓,勋臣8姓,内人诸姓68,四方诸姓34;未见《魏书·官氏志》之诸胡姓,计东胡诸姓13,东夷诸姓3,匈奴诸姓13,高车诸姓9,西羌诸姓12,氐族诸姓5,宾族姓氏1,羯族诸姓6,西域诸姓13。北朝时,北方各族的皇室贵族均与汉人通婚,北魏太和年间,还诏命改北方各族之复姓为单姓,这就使得民族同化的步子大大加快。上述193胡姓本"非中国所有姓氏",随着民族同化的步子,这些胡人终于消失在汉人之中,为汉人注入了新血液。不过,胡姓改同汉姓历时甚久,有的胡姓改同汉姓时间稍早,如阿史那改史氏乌石兰称石氏,皆在唐朝;有的胡姓直到明初才被迫改同汉姓,如呼延改呼姓,乞伏改乞姓。[①]

纵观十六国、北朝270余年的历史,北方及西北少数民族大量进入黄河流域,他们与汉人杂居相处,互相交往,出现了民族间的大吸收、大融合,而其总的趋势则是化入文明程度较高的汉人。姓氏上的变化即反映了这一过程。可以说,姓氏的变化是民族同化的重要标志。总之,经十六国、北朝以后,汉人的内容复杂了,数量增多了,这个人们共同体像滚雪球那样,越滚越大。

自然,另外的一种情况则是汉人胡化,包括大量汉人流入少数民族地区,自愿地、非自愿地,渐渐地变化为少数民族。这个问题,容他日另论。

鲜卑的拓跋族由于统治中国近200年之久,也算得国力强大和声威远震,几与秦汉相埒,所以7世纪突厥碑文中便有Tabghac一称,而Theophylacte Simocatta的撰述中早已写作Taughast,唐代的中亚人普遍用这个称谓称中国人。1221年丘处机去西域,在伊犁河东的阿里马城(Alimaliq)仍听见"桃花

---

① 顾炎武:《日知录》,卷二十三"姓氏书""通谱""二字姓改一字"各条目。

石诸事皆巧。桃花石，汉人也"的赞赏①。考其来源，乃出自"拓跋"一词②。这一称呼，至晚沿用到察合台汗国时期③。

隋唐是大一统、大发展的时代，也是继十六国、北朝以后民族大杂居、继续大融合的时代。胡人汉化，汉人胡化，胡汉互化，什么情况都有。唐高祖说，隋末，"自倾离乱，亡命甚多，走胡奔越，书生不少，中国之礼，并在诸夷"④。这是汉文化传向远方。另有强迫同化之事。隋末，黄河流域人口大量减少，唐初有意迁塞外各族入居内地，使其耕种，承担田赋兵役，后来，这些人逐渐与汉人融化。《旧唐书·温彦博传》记，朝士议安置突厥降人之术，多主张"因其归命，分其种落，俘之河南，散属州县，各使耕田，变其风俗，百万胡虏，可得化而为汉。则中国有加户之利，塞北常空矣"。太宗卒从彦博之议，用汉光武置降匈奴于五原塞下，亦即置属国的办法，"既全其部落，得为捍蔽，又不离其土俗，遂处降人于朔方之地，其入居长安者且万家"。突厥人之汉化可为唐北方民族汉化的一个代表。

在这一历史时期，各民族的界限虽有，但鸿沟及隔膜似不存在。这是隋唐时期民族关系的突出特点。例如，唐太宗嫡长子常山王承乾嗜好突厥文化几乎达到疯狂的程度⑤。贵族如此，一般人可想而知了。

隋、唐皇室的血缘关系是复杂的⑥。同时，隋唐的许多政治军事活动都有胡人或汉化胡人参与。在隋建国和巩固政权的过程中，汉化鲜卑贵族的支持起到举足轻重的作用。他们以佐命功臣或功臣子弟先后进入统治集团，上自三

---

① 《长春真人西游记》，卷上。

② 伯希和：《支那名称之起源》，汉译文见冯承钧《西域南海史地考证译丛》，第41—55页。

③ 伯希和：《马可波罗游记注释》，第217页"Catai"条。

④ 《大唐创业起居注》，卷上。

⑤ 《唐书》卷八十本传称："又使户奴数十百人习音声，学胡人椎髻，翦綵为舞衣，寻橦跳剑，鼓鞞声通昼夜不绝……又好突厥言及所服，选貌类胡者，被以羊裘，辫发，五人建一落，张毡舍，造五狼头纛，分戟为阵，系幡旗，设穹庐自居，使诸部敛羊以烹，抽佩刀割肉相啖。承乾身作可汗死，使众号哭剺面，奔马环临之。忽复起曰：'使我有天下，将数万骑到金城，然后解发，委身思摩，当一设，顾不快邪？'左右私相语以为妖……"一案：椎髻与辫发为同义语。落即聚落。狼头纛，突厥可汗帐幕外竖立的旗帜，盖突厥以狼为"图腾"。剺面为突厥丧礼，以刃割面，血泪交下，凡七度而止。思摩，颉利可汗的族人，为唐所擒。设，突厥官名，职典兵。

⑥ 请参阅陈寅恪《唐代政治史述论稿》上篇"统治阶级之氏族及其升降"与同人《隋唐制度渊源略论稿》第二"礼仪篇"。

公、三师，下至刺史总管，比比皆是。其中在中枢机构出纳王命者27人，在十二卫中任大将军者13人①。唐有宰相369人，而胡人出身者计20姓36人（可疑者尚不计人），占总数的十分之一。唐的政权很大程度上靠蕃将来维系，《唐书》特为蕃将立一专传，可见其地位之重要。蕃将与唐代300年政治相始终，为其武力之中坚。安、史以蕃将之资格据河北，行胡化政策，恢复军队部落制——义儿制，安、史余党薛嵩、田承嗣等，虽是汉人，实同蕃将；其军队不论是何种族，实亦同于胡人部落。唐平安史，平淮蔡，实以胡兵为主力，至若庞勋之役及与黄巢之大会战，又无不与沙陀部落②有绝大关系③。

沙陀部落参加唐末战争的结果，发展而为五代局面的形成。五代之中的后唐、后晋、后汉三个朝廷都是由沙陀人建立的。由薛居正等人纂修的《旧五代史》其《唐庄宗纪》赞语说："庄宗以雄图而起河汾，以力战而平汴洛，家仇既雪，国祚中兴，虽少康之嗣夏配天，光武之膺图受命，亦无以加也。"这里认为沙陀人唐庄宗是中兴之主，是唐朝大业的合法继承人，由此可见沙陀人已彻底汉化了。

（三）"汉人"范围的扩大与"汉族"称谓的出现

辽朝以契丹为主体民族，它的建立得力于汉人的帮助。《五代史·四夷附录一》生动而风趣地记述了在阿保机建国过程中汉人（连同他们居住的"汉城"）所起的作用，说阿保机起家于汉人的生产和技术不为过誉。辽朝实际为兼括契丹与汉人两大民族的国家，一切典章制度都照胡汉两套办事。在这一历史阶段，一方面，我们可以看到两种生活、两种文化的冲突，如《旧五代史·张砺传》：砺始陷契丹，南归为追骑所获，契丹主怒其背叛，砺曰："砺，汉人也，衣服饮食与此不同，生不如死，请速就刃！"（《契丹国志·张砺传》本此）另一方面，也看到两个民族乃至更多民族趋向融合的迹象，如契丹人授

---

① 参见邱久荣：《鲜卑贵族在隋代统治集团中的地位》，载《中央民族学院学报》1981年第4期。

② 沙陀，原为突厥族的一个部落（朱邪氏，亦即处月部落），后被唐朝内迁至今新疆巴里坤湖以东的碛地，故称"沙陀"。沙陀人以后又迁至代北（今山西代 县北）等地。

③ 陈寅恪：《论唐代之蕃将与府兵》，载《金明馆丛稿初编》，第264—276页。

汉官者从汉仪，听与汉人婚姻，又如太宗时，"治渤海人一依汉法"①，再如迁扶余人于京西与汉人杂处，迁渤海人于京西北与汉民杂处②。辽朝汉人虽占多数，但居于被统治地位，社会地位低于契丹人，"先是，契丹及汉人相殴致死，其法轻重不均，至是一等科之"③即是其反映。但总的来看，契丹族是积极学习汉文化，并自愿地走向汉化的。这样，他们一旦失去统治民族的地位，就大踏步地加入了汉人的行列。

辽建国之时，东征西讨，至五代，辟地东西三千里，幅员万里，在北方、西北颇具武威，故"契丹"成为那里对中国的专称。自明初到明末编辑的蒙汉对译词汇，汉人曰"乞塔""乞塔惕"（复数），曰"乞炭"④。此词在伊斯兰著作家写作Hitai或Hatai，欧洲著作家及景教徒则名为Catai或Cata、Cathay，均本之于"契丹"一名而演变为对中国的称呼，以迄于今，如苏联等国家仍旧如此。

金时所谓"汉人"与北魏以来的"汉人"语义不尽相同。其所谓"汉人"者，乃故辽境内的汉人及渤海人、契丹人。于此可以见到当时渤海人、契丹人汉化的程度。"汉人"因居地在幽燕，故又被称为"燕人"。金以燕人与南人对举。考金朝立国，南据河南、山东之地以与宋为邻，故金所谓南人乃宋、辽分界处的汉人，即河南、山东之人。《金史·世宗纪下》大定二十三年，帝称："燕人自古忠直者鲜，辽兵则从辽，宋人至则从宋，本朝至则从本朝，其俗诡随，有自来矣。虽屡经迁变而未尝残破者，凡以此也。南人劲挺，敢言直谏者多，前有一人见杀，后复一人谏之，甚可尚也。"燕人即汉人，故与南人做比较而相提并论。同书《张亨传》："世宗谓宰臣：'汉人三品以上官常少得人，如张亨近令补外，颇为众议所归……'"案：亨，大兴漷阴人。漷阴在金属中都路，即燕京之区，可见汉人即燕人。又《贺扬庭传》："世宗喜其刚果，谓扬庭曰：'南人犷直敢为，汉人性奸，临事多避难。异时南人不习词赋，故中第者少，近年河南、山东人中第者多，殆胜汉人为官……'"案：扬庭，曹

---

① 《辽史·太宗纪下》会同三年十二月丙辰纪事及《刑法志上》。
② 同上，《地理志一》上京道长泰、定霸两县之下。
③ 同上，《刑法志上》。
④ 《华夷译语》《卢龙塞略·译部》等书。

州济阴人。济阴在金属南京路，旧时属宋，故世宗之言如此。需要注意的是，当论及南人而不与燕人（或汉人）对举时，其所指便不一定是河南、山东之人了。如《宗叙传》："……及与上论南边事，宗叙曰：'南人遣牒来，多得我事情……'"此处之"南边事"为宋之事，"南人"，宋人也。又，金人名宋人为南人，而宋人乃反名粤海之人为南人。罗大经《鹤林玉露》（天集卷四）：杨伯子帅番禺，将受代，有俸钱七十缗、尽以代下户输租。有诗云："两年枉了鬓霜华，照管南人没一些。七百万钱都不要，脂膏都放小民家。"此南人纯言南方之人。

宋、元多以"汉人""汉儿"入诗，如汪元量《湖州歌》："汉人歌罢楚人歌"，"汉人犹惧夏爷爷"；《幽州歌》"汉儿辫发笼毡笠"；《淮安水驿诗》以"汉儿"与"越女"相对称[①]。此"汉人"或"汉儿"，有的与一般含义的"北方人"为同义语，有的则指蒙古人。"楚人""越女"，自然谓"南人"，亦即南方的中国人。

女真人所改汉姓，见于《金史·语解》者31姓（似取材于《辍耕录》卷一），实则不止于此数；其改姓也不自金朝起始，如移剌（耶律）之改汉姓为刘，亦为王，石抹（述律）之改汉姓为萧。有的一个女真姓改一个汉姓，如古里氏汉姓吴；有的则改为几个汉姓，如金宗室完颜氏，既改为王氏（完颜即"王"的谐音），又改姓完，姓颜；乌古论氏则有商、乌、刘、李四汉姓；术虎氏汉姓董，而清初山东章丘县还有术姓三四百丁，自云金丞相术虎高琪之后[②]。1952年笔者曾答复过一封信，该信系河南南阳市仝工娥同志所写，由国家民族事务委员会转来。信中言，听家中老人讲，他们的上世是"鞑子"，请鉴定民族成分，并言现在唐河县城里还有一个规模较大的仝家祠堂。我的结论是：仝乃女真夹谷氏所改汉姓，亦作童或佟。当然，夹谷氏本胡里改人[③]，非女真人，其作为女真人，乃在金建国以后，是历史发展的结果[④]。

女真的改从汉姓出自民间，虽禁而不可止，此点与北魏尽易胡姓为汉姓

---

①　俱见《湖山类稿》。
②　顾炎武：《日知录》"二字姓改一字"条。
③　胡里改，江名，即今牡丹江中下游。金于此置路，路所在今黑龙江省依兰，元改万户府，明废。
④　参见罗继祖《枫窗脞语》，第187—188页。

乃倡导于上并带有某种强制性不同。同时，鲜卑人改胡姓为汉姓的方法主要是谐音，如达奚氏改奚氏，伊娄氏改伊氏，丘敦氏改丘氏，车焜氏改车氏；取义者不多，如拓跋氏之改元氏。而女真人改汉姓有谐音者，如温迪罕之改汉姓为温，孛术鲁之改汉姓为鲁；也有取义者，如阿典氏之改姓雷（明人编《女真译语》雷电之雷曰"阿甸"），兀颜氏之改姓朱（同书猪狗之猪曰"兀黑彦"，"猪"又改"朱"），尼庞古氏之改姓鱼（同书鱼虾之鱼曰"泥木哈"）。改汉姓一事，无论是自愿的，还是被迫的，都反映了民族之间差别的缩小以至于消灭，反映了汉化进程。

元时承袭了金的"汉人"一称的复杂含义，而其指更为丰富。《辍耕录》卷一记元代汉人有8种之多，即：契丹、高丽、女直、竹因歹、术里阔歹、竹温、竹赤歹、渤海（原注：女直同）。8种中有重复，也有遗漏。术里阔歹、竹赤歹似皆女直的异译（"歹"是语尾词，相当于汉语的"的"）。竹因歹、竹温似系一个重复，它便是《至元译语》的"札忽歹"，意为"汉儿"，而波斯的历史学家写作Jauqut，亦即辽、金、元三史中相继出现并引起人们争论不休的"乣（纠）军"，或被称为"杂人"的各种"乣（纠）"，《元朝秘史》53、247—248、266各节谓之"主亦种的人"或名"主因·亦儿坚"。"亦儿坚"，意为"人""民"或"百姓"。同书281节又有"札忽惕·亦儿坚"一词，被译作"金人每（们）百姓"，即金朝境内的汉人①，明、清两代的蒙古文书籍中写作Jaquit或Joyit，为察哈尔8部落之一部而溶解于蒙古人中。可见该部落在发展过程里分别融入汉、蒙两个民族之中。我们由《辍耕录》所述之8种汉人（或曰5种）可知，元代汉人所包括的民族内容实际是很复杂，很宽广的（其实，这里还遗漏了狭义的汉人）。其所以如此，有历史的原因，即元承袭了辽、金以来对汉人既成的"概念"；有现实的原因，即契丹、女直、高丽等尚在不断地走进汉人的行列之中。远在辽、金交替之际，已有"契丹、汉人久为一家"的说法（《金史·卢彦伦传》载临潢留守耶律赤狗儿之语）。世宗大定年间，复有"猛安人与汉户今皆一家"的说法（同书《唐括安礼传》记安礼之语）。案：猛安人即女真人，金以"猛安谋克"的机构（或形式）来组织与武

① 俱见陈寅恪《元代汉族译名考》，收在《金明馆丛稿二篇》第90—95页；邵循正：《刺失德丁集史忽必烈汗纪译释》（上），载《清华学报》十四卷一期，第79、84页。

装女真人。元时将人分为四等，曰蒙古人、色目人、汉人、南人，而女真人、契丹人、高丽人均被包括在汉人之中，与汉人为一等，如上文所述，这些民族本来就在积极地汉化，此时社会地位又与汉人相同，汉化的速度就加快了。至元二十一年八月丁未，定拟军官格例，以"女直、契丹同汉人。若女直、契丹生西北不通汉语者，同蒙古人；女直（案：此下当遗"契丹"两字）生长汉地，同汉人。"①看来，相当一部分女直、契丹，甚至高丽人同化于蒙古，而更多的女直、契丹，甚至高丽人融合于汉人。今以《元史》为例，王珣本契丹耶律氏（卷百四十九），刘国杰本女真乌古伦氏（卷百六十二），李庭本女真蒲察氏（同卷），赵良弼本女真术要甲氏（卷百五十九），张孔孙则又出于辽之乌若族（卷百七十四），在元朝，他们都被列入汉人、南人的行列。在政治待遇、法律裁判、考试铨选上，女直、契丹、高丽往往同于汉人、南人而异于蒙古人和色目人。

元朝承袭金的"南人"一称，但所指为旧日宋朝管理下的汉人。南人又称南家（语讹而为"囊加"）或蛮子，加"台"或"歹"字以表示所有格形式。钱大昕说，元代"汉人、南人之分以宋、金疆域为断"，大致不差。南人又称"宋人"或"新附人"。《元史》立传的虞集、吴当、陈孚、王艮、程钜夫、赵孟頫、王都中、贡师泰、周伯琦诸人，其籍贯皆不出江浙、江西、湖广三区，他们都是"蛮子"，虞集更以被人戏呼为"老蛮子"而留下了典故。只有河南一区，则汉、南人皆有之，是以襄、郢及东西两淮为界限的。《至元译语》称"蛮子"曰"囊家台"，剌失都丁之书的Nangias即此。而女真语称"汉人"曰"泥哈"，满语称"汉人"曰Nikan，其复数词作Nikasa，殆皆渊源于"南家"一词②。"南家"一词在蒙古文献中也有所反映，《蒙古源流》言俺答行兵中国，"中国"一词即写作Nangiat-Ulus，"国"也。至今蒙古语名"汉人"曰Kitat（盖源自契丹），又曰Nangiat（盖源于南家），更曰Irgen，即"民"，以与"旗"字相对应，因蒙古人皆隶属于旗籍（蒙古旗）之故。

---

① 《元史·世祖纪十》。

② 参见伯希和《南家》一文，冯承钧汉译本，载《西域南海史地考证译丛续篇》，第81—84页；又冯氏自作《元化的几个南家台》一文，收入遗著《西域南海史地考证论著汇辑》，第200—216页。

"汉人"在明朝有了更加宽广的内容。朱元璋鉴于元朝"悉以胡俗变易中国之制"的现实，于洪武元年二月壬子下诏，变革旧制，令衣冠如唐朝，"其辫发椎髻、胡服、胡语、胡姓一切禁止"。实际上胡服、胡语、胡俗的变革似未完成，当时"鞑妆"盛过唐服[1]，改汉姓也并不十分彻底。洪武初年翰林编修吴沈奉旨编撰《千家姓》，得姓1968，章丘县的术姓（术虎）、偶姓就未被收录。顾炎武有感于斯，说道："今代山东氏族其出于金、元之裔者多矣。"不过，明廷这种强制性的改胡俗、胡姓的政策还是大大加快了蒙古人、色目人汉化的进程。我们可以从汉人士大夫对这种情况的否定意见间接看到有明一代蒙古人、色目人迅速汉化的情况。洪武九年闰九月丙午，淮安府海州儒学正曾秉仁上疏："臣近来窃观蒙古、色目之人多改为汉姓，与华人无异，有求仕入官者，有登显要者，有为富商大贾者。古人曰，非我族类，其心必异…… 宜令复姓，绝其番语，庶得辨认，可以斟量处置。"顾氏进而发挥说："华宗上姓与毡裘之种相乱，惜乎当日之君子徒诵'用夏变夷'之言，而无类族辨物之道……"不管怎么说，改汉姓这一举动总在不同程度地加速着新的民族同化，许多蒙古人、色目人变成了汉人，汉人的外延又扩大了。

宣统二年《龙江女学文范》编纂者河南固始人祝宗梁为该书所写的自序称："余家先世系出蒙古，方有元之季，竹真公以胜国遗臣，受汉姓曰祝氏，遂家于固始，为中州士族。"案：《元史》竹真作竹贞，见《顺帝纪》八、九、十各卷及《也速传》《列女·王士明妻李氏传》。竹贞为扩廓帖木儿部将，与貊高等齐名。元亡，随顺帝入沙漠，又自沙漠降明。近读匡裕彻、任崇岳合著《河南蒙古族调查报告》[2]及《平顶山蒙古族马氏考述》[3]二文，知洛阳地区孟津、新安、渑池等县的蒙古族自认木华黎之后，"易氏为李，从'木'从'子'，志所自也"（《家谱》之语）。作家李準便是这一支的后代。平顶山蒙古族马氏为叶县一大家族（叶县最近划归平顶山市），始祖名马秃塔儿，兄弟三人侨居叶县北荆山之下（二弟西汉杰儿无子；三弟宣帖木儿，其子孙又以"宣"为姓）。南阳地

---

① 《英宗实录》正统七年十二月乙丑礼部尚书胡濙奏折曾引用山东左参政沈固之言及《河间府志》所载陈士彦之言论及此事。见黄侃《日知录校记》"胡服"一条。案：此条为刊本《日知录》所不载。

② 《民族研究动态》，1984年第3期。

③ 《中南民族学院学报》，1984年第4期。

区镇平、内乡、淅川、新野、南召、南阳六县蒙古族姓王，始祖王成"本元宦也，而逸于明"（清乾隆三十三年所立墓碑）。又据1985年5月3日《人民日报》第一版载，福建继在惠安县涂岭县发现"出"姓蒙古族后裔之后，又在南安县丰州发现一支"黄"姓蒙古族后裔，始祖名答拉真，元时来此地任职。

清朝是满族建立的。清朝的民族等级是满、蒙、汉三等，而汉人又分为隶属八旗的"汉军"与普通汉人两等。王士禛《池北偶谈》卷三"谈故"之三"汉军汉人"条：

> 本朝制，以八旗辽东人号为汉军，以直省人为汉人……

中华民国代替了清王朝，清朝的满、蒙古、汉三个民族等级之成法自然在革除之列。中华民国申明，汉、满、蒙古、回、藏是民国的五大民族，以它们为代表的"五族共和"表示了中国是一个统一的多民族国家。其实，当时的蒙古、回、藏并不限于单一的民族，蒙古中至少包括达斡尔、鄂温克等，回部中包括回族、维吾尔、哈萨克等新疆地区信仰伊斯兰教的各民族。藏族则包括了羌族以至甘、青、川境内的一些语言属汉藏语系的民族。大概也只是在"五族共和"之说倡导以后，"汉人"才正式改称"汉族"。

（四）对"汉人"称谓的演绎

由于"汉人"一称的出现，又派生了许多与"汉"这个语素有关联的词语，如"好汉""疯汉""不良汉""痴汉""汉子""大汉""男子汉""庄稼汉"等。这些词语，从词义或语义的感情色彩来看，有褒义的，有贬义的，也有中性的；总起来看，以贬义的居多。考其原因，当与"汉人"一词出现时汉人的社会政治地位有关。王鸣盛《十七史商榷》卷八十七"好汉"条云：

> 《新·张柬之传》："武后谓狄仁杰曰：'安得一奇士用之？'仁杰曰：'……荆州长史张柬之，宰相才也。'"旧入此事《仁杰传》，"奇士"作"好汉"。《能改斋漫录》第六卷《事实篇》引东坡诗云："人间一好汉，谁似张长史。"谓男子为汉，唐已有之。玄宗谓吉温为"不良汉"，见《旧书·酷吏·温传》。刘蕡为杨嗣复门生，对策时，仇士良谓嗣复曰："奈何以国家科第放此凤汉？"见《玉泉子》。郑愔骂选人为痴汉，见张鷟《朝

野金载》第四卷是也。

颜案：则天要一"好汉"，盖谓刚正英勇的男子，将委以宰相之职也。此属嘉美之意。其事亦见刘肃《大唐新语·举贤篇》。而苏诗题作《诸公子饯顾子敦，轼以病不往，复次前韵》，见《分类东坡诗》卷二十一。《旧五代史·韦说传》，说称郭崇韬为"郭汉子"，则"汉子"又有鲁莽灭裂的意思。《辍耕录》卷一"大汉"条："国朝镇殿将军募选身躯长大异常者充，凡有所请给，名曰'大汉衣粮'。年过五十，方许出官。"同书卷八"汉子"条：今人谓贱大夫曰汉子，除去引北齐魏恺故事外，又引段成式《庐陵官下记》："韦令去西蜀时，彭州刺史被县令密论诉，韦前期勘知，屈刺史诣府陈谢；及回日，诸县令悉远迎，所诉者为首，大言曰：'使君今日可谓朱研益丹矣。'刺史笑曰：'则公便自研朱汉子也。'"案：此处的"汉子"与北朝时期的"汉子"词义有所不同，已不是指汉人男子而泛化为成年男子，同时带有某种修辞色彩。又案：风汉，即疯汉、痴汉，谓愚蠢的人、笨拙的人。其名亦始于北齐。《北史·齐文宣帝纪》："曾有典御丞李集面，谏比帝有甚于桀、纣。帝令缚置流中……如此数四，集对如初。帝大笑曰：'天下有如此痴汉，方知龙逢、比干，非是俊物。'"则贬中又含有褒义。再案，元曲多言"汉子"，又简曰"汉"，均即男人之意；又有"好汉""恶汉""老汉""壮汉""男子汉""庄稼汉"等称谓，用以呼唤各种男性之人。《牡丹亭·寇问》："禀大王，拿的个南朝汉子在此。"这"南朝汉子"盖言中朝之男性汉人。沈榜《宛署杂记》卷十七《民风记》方言类，明代北京土语：主人称雇工曰"汉每"。"每"即"们"，于亲切之中略带轻视。至今在河北南部方言中犹以"汉们"称成年男子，"们"读作轻声，可指单数，也可指复数。

汉民族是全世界最大的民族。这个巨大的人们共同体系数千年来由许多民族汇合而成。它的形成本身就是一笔巨大的民族学遗产。回顾这一过程，研究这一遗产，我们可以得到许多有益的启示。例如，我们可以从纷纭复杂的民族吸收融合的现象中去探索民族同化的规律，还可以以更高的视点和更广阔的视野去看待民族关系的一些问题；不过，这些已经超出本文所论的范围了。①

①　本节作者贾敬颜：原载《中国社会科学》1985年第6期。

二 “契丹”——汉人之别名

辽金战争之际，宋人以为有机可乘，执行了联金抗辽的政策，结果唇亡齿寒，腐臣朽主自取灭亡而贻笑后世。其制定此项政策的理论之一，是汉人思汉[①]，似乎只要宋兵一到，辽朝便顷刻瓦解，不费吹灰之力，燕、云失地唾手可得。实际上，这是一个缺乏依据的幻想。对此，辽人心中自然明白。燕王耶律淳的秘书郎王介儒说得很好：

> 南朝每谓燕人思汉，殊不思自割属契丹，已近二百年，岂无君臣父子之情？

又曰：

> 燕人久属大辽，各安乡土，贵朝（案：谓宋也）以兵挠之，决皆死战，于两地生灵非便。

燕王另一使臣都员外郎王仲孙也有类似的话，甚至用谚语做了比喻：

> 谚语有之，一马不备二鞍，一女不嫁二夫，为人臣岂事二主，燕中士大夫岂不念此？[②]

说得明了一些，燕人——汉人自上而下早已安于辽的统治，而不再思念那个残弱不堪，甚至被遗忘已久的中原小朝廷了。“思汉”云云，完全出于宋人的妄想，是一厢情愿的“单相思”。对此，头脑清醒的宋朝臣僚的认识，也是一清二楚的。宋昭上书论北界利害乞守盟誓、女真决先败盟“札子”中说道：

> 或则又谓山后之民皆有思汉之心，或欲归顺，此尤妄诞之易见者。

不惟北虏为备日久，山后之民往往徙居漠北，又自唐末至今数百年间，子孙无虑已易数世，今则尽为番种，岂复九州中国旧民哉！……[③]

山后之民即燕云十六州中居于太行山后的新（后改奉圣）、妫、武、儒、

---

① 《三朝北盟会编·政宣上帙二十四》（卷二十四页二上）引许采《陷燕录》："……初燕人本无思汉心，乃和诜、侯益倡之，童贯、蔡攸辈和之，朝廷既以为然，遂遣马扩、王瑰由海道通金人，金人攻契丹，连年用兵，及败契丹，以燕山府遗我，皆童贯之始谋也……。"

② 《三朝北盟会编·政宣上帙八》，卷八，页六上、页八下，引马扩《茅斋自叙》。

③ 《三朝北盟会编·政宣上帙八》，卷八，页三。

云、应、朔、蔚8州之民，又称山后八军或山北八军。北虏，宋对辽的诬蔑之词。"番种"自系山后之民徙居漠北的结果。岂止于山后之民，试问辽上京、中京，乃至东京那些旧无新有的军州府县（包括投下军州）依次建立，又有哪一个不是汉民（包括部分渤海人）移居（不论自愿的，还是被迫的）的结果呢？所谓汉民变为"番种"，就是说，许多汉人融化在契丹之中了。"九州中国旧民"无复踪迹可寻，正是历史发展的必然趋势，何足怪焉。

汉人与契丹人同化的现象，还可以从宋政府优待由"山后汉儿"组织起来的"义胜军"以致招来官军不满一事得到证明。官军辱骂"义胜军"为"番人"，"番人"与上文的"番种"同义，即契丹人的代词。

　　初，宣抚司招燕、云之民置之内地，如义胜军等皆山后汉儿也，实勇悍可用。其在河东者约十万余人，官给钱米赡之，虽诸司不许支用者亦听支使，久之，仓廪不足，以饥而怒，出不逊语。时我军所请皆腐余，亦怨，道路相逢，我军骂辱之曰：'汝，番人也而食新；我，官军也而食陈；吾不如番人也？吾诛汝矣！'汉儿闻之惧，其心益贰，俟衅且发。①

在一般人眼里，汉儿——汉人与"番人"无异，已非自己的"族类"，因而加以歧视，那是不足为怪的。当然，首先必须是两者生活习俗的接近，甚至一致，而后才会产生这种观念。既已如此，则汉人以外的其他人，其心目中，汉人是缺少或者没有"民族气节"的，成了"墙头草，随风倒"，谁来了服从谁。当宋枢密使郑居中问马扩"守山后之道""欲用彼十豪杰使世守之"是否可行时，马扩回答：

　　山后自汉筑云中、朔、武等郡以弱匈奴，孝文时任魏尚守之，匈奴不敢犯边。今与山前、山后为表里，乃边防要害之地，倘士民有力，犹不可使之守；况自金人蹂躏之后，烧掠殆尽，富豪散亡，苟延残喘。契丹至则顺契丹，夏国至则顺夏国，金人至则顺金人，王师至则顺王师，但营免杀戮而已，安能守耶？②

前引王仲孙以"一女不嫁二夫"的谚语，说明燕人"安分"，早已习惯了

---

① 《三朝北盟会编·政宣上帙二十三》，卷二十三，页十上。
② 《三朝北盟会编·政宣上帙十五》，卷十五，页三上，引《茅斋自叙》。

辽的统治，马扩戏弄似的说道："燕人先嫁契丹，今恐复嫁女真耳。"①无非还是表明，汉人并无"气节"可言，谁统治，服从谁，未必一定忠于辽朝②。这一认识，在人们的观念中存在了很久。将近半个世纪以后，金世宗还说："燕人自古忠直者鲜，辽人至则从辽，宋人至则从宋，本朝至则从本朝。其俗诡随，有自来矣，虽屡经迁变而未尝残破者，凡以此也。"③他还对贺扬庭说："南人犭犭直敢为，汉人性奸，临事多避难。"④扬庭，曹州济阴（今山东菏泽县）人，济阴在金属南京路，故为南人。请注意，世宗"辽人至则从辽，宋人至则从宋"的话，几乎和马扩"契丹至则顺契丹，夏国至则顺夏国"的话，如出一口。从字义上讲，"诡随"是个贬词。但从发展的角度上看，它未必是坏事，而是反映了一个民族适应性的强大和生命力的坚韧。"屡经迁变而未尝残破"，岂不正说明了它的团结与巩固吗？

自唐代中、晚期经五代，到宋、辽、西夏的对立，北方地区战乱频繁，社会动荡，而又交织、穿插着民族之间的移动，他们从集中到分散，又从分散到集中，或分散集中并存，结果，能同化的同化，可融合的融合，你中有我，我中有你，独立的、固有的民族情感淡漠了，以致泯灭了，是很自然的事，是一种进步现象，从历史的角度上看，完全不该受到责难与非议。

上面谈的是汉人被称作"番种""番人"亦即契丹种、契丹人的事例及其原因。下面再谈"契丹"一名变作汉人别号的经过。

当马扩与王介儒等人辩论，企图阻止金兵南下时，他说：

> ……此谈何容易（案：指金人要宋朝割与河东、河北地土，以黄河为界，存取宋朝宗庙社稷这一无理要求），看来贵朝听狂悖之议，却把本朝做破坏契丹看待，但恐后来自被祸患不小耳。⑤

---

① 《三朝北盟会编·政宣上帙八》，卷八，页六上、页八下，引马扩《茅斋自叙》。

② 《三朝北盟会编·政宣上帙二十五》，卷二十五，页三上，引续觱撰《李翼行状》，当说到"义胜军"统领崔忠不可能与冀共同防守代州城时，谓"崔忠，汉儿，贪利苟生，岂有忠节可与共守，……"可以作为一个例证，证明"汉儿"缺少气节。又《靖康中帙四》，卷二十九页五下，引《靖康传信录》："……以金人夷狄之性，贪婪无厌，又有燕人狡狯，以为之谋，……"狡狯云者，不忠之谓也。

③ 《金史·世宗纪上》，卷八，大定二十三年六月纪事。

④ 《金史》本传，卷九十七。

⑤ 《三朝北盟会编·政宣上帙二十三》，卷二十三，页四下。

"破坏契丹"自然不是对"契丹"一词好的形容。有两种可能性：一、契丹仍是民族名，即建立辽国，如今正被金人攻击得七零八落的那个契丹人；二、契丹是汉人的代称，所谓"破坏契丹"，便是"无能的汉人""软弱的汉人"。我倾向于第二种可能性。因为后来许多事实证明，"契丹"一词已经转化为汉人的另一称呼了。有一则故事，可以帮助说明这个问题。宋人吕本中《轩渠录》云：

> 绍兴辛巳（案：即绍兴三十一年，1161）冬，女真犯顺，米忠信夜于淮南劫寨，得一箱箧，乃自燕山来者，有所附书十余封，多是虏中妻寄军中之夫，建康教授唐仲友于枢密行府从属方图仲处亲见一纸，别无他语，止诗一篇，云："垂杨传语山丹，你到江南艰难；你那里讨个南婆，我这里嫁个契丹。"[1]

燕山，燕京。虏，指女真。契丹既与南婆对称，那么，它不是指汉人是指什么呢？

《元朝秘史》（《蒙古秘史》）是现存保留古蒙古语词汇最多的一部书。乞塔和合剌乞塔（契丹与黑契丹）多次出现，虽然有时翻译"契丹"，有时翻译"金国"，总的说起来乃指中国，也指汉人。而词曲中的契丹，更无一不指汉人，或者再下一等，指北方的村俗之人。例如，关汉卿双调《新水令·步步娇》：

> 积攒下三十两通行鸦青钞，买取个大笠子粗麻罩，妆甚，腰眼落处和它契丹交。虽是下风骚不到，得着圈套。[2]

无名氏小令《满庭芳》：

> 残红万点，春归愁在，钱苦情甜。契丹家擗绰了穷双渐，两下里心绪恹恹，气绪就春雪冉冉，泪浑成暮雨纤纤。多半折裙腰掩，淹淹渐渐，病染都只为俺娘严。[3]

"擗绰"当为逼绰，意即"断绝"或"摆脱"[4]。"双渐"，出自双渐苏小卿

---

① 《说郛》，涵芬楼重排印明抄本卷七，宛委山堂木刻本卷三十四，参见陈衍《辽诗纪事》卷九，页三十九下。

② 《阳春白雪》，卷五。

③ 《乐府新声》，卷中。

④ 顾学颉、王学奇：《元曲释词》一册，中国社会科学出版社1983年版，第117—118页。

恋爱故事①，"穷双渐"犹言穷书生。

张翥《予京居廿稔，始置屋灵椿坊，老畏寒，始制青鼠袍，且久乏马，始作一车出入，皆赋诗自志三首》之二：

　　青鼠毛衣可御寒，秃衿空袖放身宽；遮头更著狐帽，好个侬家老契丹。②

许多明清人编纂的蒙汉语词汇，乞塔、乞塔惕、起炭、扰探、乞塔古温（案：古温，人也），无不谓汉人而言③。《蓟门防御考·（蒙古）译语》："叫南朝人为扰探。"南朝人即汉人④。藏文《俺答法典》称乞塔惕为仆役，又有亲信乞塔惕、都不达乞塔惕与阿达克乞塔惕之别，即上等仆役、中等仆役与下等仆役之分。而晚清出版的一部小型蒙汉对译字典更称乞塔（Kitad）为"奴才"。⑤它保留了歧视汉人的遗意。当今蒙古语中称汉人为依尔根（lrgen）即"民"则可，唤作乞塔便含有恶意。

综上所述，称汉人为"契丹"起于辽、金战争之际。其所以有此名号，首先是汉人的大量进入契丹地区，实行契丹化，其次是契丹人的大量南来汉人地区，实行汉化，久而久之，两者合而为一，汉人即"契丹"，"契丹"即是汉人。或者，有一部分契丹人直接向汉人转化；而另一部分契丹人先向女真人转化，之后再向汉人转化。不管怎样，元朝广义的"汉人"之内包括了契丹人，乃是千真万确的。大概也正是从这个时候起，契丹作为一个独立的民族"实体"，从前进的行程中失掉了，但它的"分子"——遗胤散布在广大的汉人之中，以致成了汉人的代词。"契丹"——汉人别名的出现，是汉人历史发展的胜利，也表现为中国民族关系中的一个侧面，即民族间的融合。⑥

————————

　　① 参见谭正璧等著《双渐苏卿本事新证》等文，见《曲海蠡测》，浙江人民出版社1983年版，第60—75页。

　　② 《蜕庵集》，卷五。

　　③ 无名氏：中吕《普天乐·失题二十六首之二十五》，"乞塔扑把套头儿拴，猛可里将关儿犯……"此"乞塔"疑是"契丹"的异书。

　　④ 《武备志》，卷二百二十七。

　　⑤ 《新刻校正买卖蒙古同文杂字》，第14页下，约同治、光绪年间文成堂刻本。

　　⑥ 本节作者贾敬颜：原载《中央民族学院学报》1987年第5期。

三 历史上少数民族中的"汉人成分"

民族不是氏族，不是部落，更不是种族，但它是在种族基础上，经过氏族、部落阶段发展壮大起来的人们共同体。民族是历史的产物，它从遥远的、蒙昧的原始公社生活，一步一步时而迅速，时而缓慢，时而强盛，时而微弱地转入阶级斗争社会，一直演变到现在；这期间，无数次大的、小的，见于记载、不见经传的分合聚散，东迁西移，你来我往，才逐渐形成了现在中国境内这50多个民族。

毫无疑问，汉族人口多，历史长，其发展本身便是吸收、容纳了许多非汉族成分的过程；同样，少数民族也不是一成不变，"自天而降"的完整统一体，不管这个民族多么稀少，多么后进。任何民族都无例外，自身愈是发展，愈要吸收、容纳别的民族成分，包括吸收、容纳另外一个或几个民族成分，以及大量的汉族成分在内；从数目上讲，少数民族中的汉人成分，未必低于汉人中的少数民族成分，人们往往注意前者而忽略了后者，这大概也是民族关系史研究中"大民族主义"的一种表现形式吧！

论证如此巨大又如此重要的历史课题，自然不是我这篇小文所能了结的。因为如此巨大又如此重要的课题，能给予人们的历史文献记录却是一鳞半爪，既十分之稀少，又十分之零散，此其一；其二，个人知识有限，熟于此而昧于彼，求全责备是不可能的。既然若是，只能从某些事例中略见梗概，所谓"管中窥豹，时见一斑"，如此而已。

（一）少数民族的崛兴往往得助于汉人

汉族进入少数民族地区而与之融合、同化，与少数民族进入汉族地区而与之融合、同化早到什么时候，已经无从考究。大约不同民族的人群一有接触，便会发生互相学习，互相通婚，互相融合，互相同化的现象，这在民族壁垒还不十分森严的先秦时代，尤当如此。个别人、个别家庭的移动，随时都有；大规模的移动，往往发生在社会动荡的改朝换代时期。

《后汉书·乌桓鲜卑传》言：汉末"幽、冀吏人奔乌桓者十余万户，袁绍子尚，欲凭其兵，复图中国"。拿来与《三国志·魏志·乌丸鲜卑东夷传》对读，含义更加明显。"……其后尚、熙（袁熙）又逃于蹋顿。蹋顿又骁武，边长老比之冒顿（匈奴冒顿单于），恃其阻远，敢受亡命，以雄百蛮。"所谓亡命，自然指袁氏兄弟在内的十余万户幽、冀吏人了。《后汉书》同一传记进而说："汉人逋逃为之谋主"，即表示有汉族人力、物力的帮助，乌桓（还有鲜卑）才得以壮大、强盛起来。又《三国志·魏志·梁习传》称："胡狄在并州界，张雄跋扈，吏民亡叛，入其部落。"胡狄，谓匈奴，汉人避乱入匈奴者，数量亦必甚可观也。《水经注》卷二："按耆旧言，梁晖字始娥，汉大将军梁冀后，冀诛入羌，后其祖父为羌所推，为渠帅而居金城。"亦是一例。

突厥兴起，更仰赖了汉人的势力。《隋书·突厥传》说："隋末离乱，中国人归之者无数，遂大强盛，势凌中原。薛举、窦建德、王世充、刘武周、梁师都、李轨、高开道之徒，皆北面称臣。"①北面称臣的岂止此数人，包括李渊、世民父子，都仰承突厥的鼻息，只是唐人耻于自白罢了。《新唐书·突厥传赞语》："隋季世虚内以攻外，生者罢道路，死者暴原野，天下盗贼共攻而亡之。当此时，四夷侵，中国微，而突厥最强，控弦者号百万，华人之失职不逞，皆往从之，慕之谋，导之人，故颉利自以为强大古无有也。"这正是针对此种局面的议论和写照，也说出了汉人入突厥原因。隋、唐之际的政治形势颇像秦、汉之际，或东西汉与汉、晋之际的形势，薛举等人的称臣于颉利，犹如韩王信、卢芳、袁绍与熙、尚父子之受庇护于匈奴、乌桓。统治者尚且如此，百姓间的大量流亡，自然是意想之中的事了。

突厥处罗可汗立炀帝之孙、齐王暕之子政道为隋王。于是"隋末中国人

① 参见《北史》同传，《新唐书》同传"中国人"作"华人"。

在虏廷者，悉隶于政道，行隋正朔，置百官，居于定襄城，有徒一万"①。是个地道的突厥卵翼下的傀儡政权。汉人入突厥者，自然不仅这一万人，他们也并不都在杨政道管辖下。突厥所以扶持这一势力，正表明突厥中有着大量的汉人存在。《资治通鉴·唐纪九》贞观五年纪事，尚记"隋末，中国人多没于突厥；及突厥降，上遣使以金帛赎之。五月乙丑，有司奏，凡得男女八万口"。赎回者且达八万口，其已亡故，或不愿南还者更不知其数了；杨政道属下的万人，不过其中一小部分而已。

契丹阿保机依靠汉人、汉城以建国的故事，更具有典型性，也是人们都通晓的。《五代史·四夷附录一》："……是时，刘守光暴虐，幽、涿之人多亡入契丹。"阿保机进而大量地俘虏汉人"依唐州县置城以居之"。汉人、汉城是构成辽王朝的重要力量——占人口的二分之一以上。辽有五京五道，而南京、西京两道全系汉人之区，东京、中京、上京三道的汉族人口亦相当可观。《辽史》有传记的康默记、韩延徽、韩知古等实属汉人中的代表者。而汉城即《地理志》那些以原来名称命名的州县，所以如此，恰好表明，它们是由大量移民或俘户组建的。胡峤记西楼（即上京）"宦者、翰林、伎术、教坊、角抵、秀才、僧尼道士等皆中国人，而并、汾、幽、蓟之人尤多"。寄生者阶层尚且如此，劳动者中的工匠、农民则几乎全是汉人了。又如胡峤明言，卫州即俘掠"中国卫州人筑城"。《元一统志》（辑本）大宁路废长兴县下称："辽既建中京，置长兴为赤县。蕃汉流民杂居其间，故其习俗不同。"

当然，汉人大规模的移民之进入辽西，远在西晋。《晋书·石勒载记上》称："时司、冀、并、兖州流人数万户在于辽西，迭相招引，人不安业。"前燕的冀阳、成周、唐国、营丘四郡概由冀、豫、并、青四州流人建立②。慕容氏的国家与契丹相似，是由鲜卑与汉人两大部分居民组成的；这些侨居的汉人不但为慕容燕的立国奠定了基础，也为宇文鲜卑段部及冯氏后燕的存在与强大提

----

① 此处，两《唐书·突厥传》"中国人"作"隋人"。《隋书·齐王暕传》"虏廷"作"北蕃"，"隶于政道"作"配之以为部落"。两《唐书·高昌传》亦均言：初大业之乱，中国人多投于突厥；及颉利败，或有奔高昌者。言颉利得华人赵德言，才其人，委信之，稍专国。殆亦一杨政道式的投机人物。更言隋乱，华民多没于虏，遣使者以金帛赎男女八万口，还为平民，后者即下文所引《通鉴》之事。

② 洪亮吉：《十六国疆域志》，卷四，中华书局1985年版。

供了人力、物力的资助。

蒙古国的建立似乎和汉人关系不大，但建国前决定成吉思汗一生成败关键的班术尼河之战，参加者19人（可考者16人），其中竟有汉化很深的克烈人镇海与契丹人耶律阿海及其弟秃花，实际代表了来往于蒙古草原的回族富商大贾和熟悉金朝政治军事内情并已成为名门望族的契丹人、汉人。

汉化契丹人耶律楚材受重用于成吉思汗与窝阔台，更是人人尽知的事实。

由于蒙古人的东征西讨，蒙古地区成了最大的移民和战俘集中区，移民、战俘自以汉人为最多、最可观。例如，1213年由史秉直一人一次率领"迁之漠北"的降民即达十余万家。张德辉1247年《纪行》记昌州（今内蒙古太仆寺旗西南九连城）居民"百家"。鱼儿泊（今达里泊）鲁国公主离宫东有"民匠杂居，积成聚落"。濒驴驹河（今克鲁伦河）之民"杂以蕃汉，稍有屋室"。"毕里纥都（今塔腊内河所经哈达桑西南古城），为"弓匠积养之地"。和林川"居人多事耕稼"，"悉引和林河水灌之，间亦有蔬圃"。忽兰赤斤乃忽必烈"部曲民匠种艺之所"。

元朝一代的统治，使蒙古地区与四面八方联系起来，许多非蒙古人来到蒙古地区，使原来非蒙古血统的部落、部族蒙古化了，无形中扩大了蒙古人的内容和含义，蒙古人的队伍空前膨胀了。如明、清时代蒙古有个喀喇车里克部与永谢布部，此两部，一来自金末元初辽西的地方武装黑军，一来自元朝守护察罕脑儿行宫及行营供办之事的云需总管府（云需府）①。乌珠穆沁，一望而知是种葡萄户。

明朝与蒙古对立，双方战争了若干年，也隔绝了若干年。尽管形势如此不利，蒙古西方大封建主、土默特部首领俺答在接受明朝封号——顺义王，双方结成贡市关系以前，自丰州滩以西至黄河，300余里皆"板升"所居，"板升"被注解为"夷人之佃户"②，即汉人"百姓"两字的音译。他们"开云内、丰州地万顷，连村数万"。在那里，"汉人可五万余人，其间白莲教可一万人，

　　① 周伯琦：《扈从诗后序》，至正十二年七月二十二日发上都而南，二十五日至察罕脑儿，由此转西，驾鸳鸯泊"两水之间，壤土隆阜，广袤百余里，居者三百余家，区脱相比，诸部与汉人杂处，颇类市井，因商而致富者甚多……察罕脑儿至此百余里，皆云需府境也"。此云需府有汉民之证。诸部，谓蒙古各部落。

　　② 冯瑗：《开原图说》，卷下。

夷二千人"①。夷即蒙古，已是客居超过主人数倍的地步。稍后，东部蒙古察哈尔、喀喇沁等部，也大量地招收汉人，甚至达到"房营之兵，多半系汉人"②的程度。又以"近所掠人口，筑板升居之，大酋以数千、次千计，又次数百计。皆令种田纳粮料，人马得食，无日不可图我"。汉人移居、大力发展农业。结果，是蒙古人大大改变了往日的穷馁境况③；"板升"也从汉人佃户的意义上转变为蒙古语土木建筑的房屋，今犹如此。

蒙古作为"藩属"被清朝统治了300年。300年中，社会经济有了很大的发展，主要表现在广大牧区以外又出现了成片的农业区，农区的出现对于克服牧业生产脆弱性和弥补牧业生产的不足，大有利益。现在内蒙古自治区农业、牧业、半农半牧同时存在，其基础便奠定于此时。

蒙古地区社会经济发展与汉人大量出边分不开，虽有各种禁令，汉人出边者有时一年达十多万口。热河的承德府、平泉州和滦平、丰宁、建昌、赤峰、朝阳五县，便是在这种趋势下逐渐形成的。

汉人出边有几种情况，其中投旗即由汉人转变为蒙古人，籍贯发生变化，这是一种；另一种，作为满族贵族陪嫁户（媵户），随公主、格格下嫁蒙古王、公、台吉，由满族贵族的属民变为蒙古贵族的属民，他们和他们的子孙自然而然地成了蒙古人；其他，以佃户、牧工身份为蒙古地主、牧主劳动者，一般说来，入旗为蒙古人的，也占一定比例。如今的蒙古人中，原非蒙古人，后来因各种缘故改作蒙古人者，随处有之。

（二）汉人之化入西北民族的成分

《汉书·地理志下》："定襄、云中、五原本戎狄地，颇有赵、齐、卫、楚之徒。"而武威以西，"其民或以关东下贫，或以逃怨过当。或以悖逆亡道，家属徙焉"《后汉书·郡国志五》敦煌郡下李贤注引《耆旧记》曰："华戎所交，一都会也。"汉人再向西，出玉门、阳关必先至高昌，从张轨、吕光、沮渠蒙

---

① 俱见瞿九思：《万历武功录》，卷八《俺答列传》。
② 《登坛必究》，卷三十七，杨博：《议招降之当广》。
③ 程开祜：《筹辽硕画》，卷一，熊廷弼：《按辽议，务求战守长策疏》。

逊，到阗、麴两氏，历代主管其地。《魏书·高昌传》曰："国有八城，皆华人。"因而那里的人民夷夏杂居，风俗夷夏杂用[①]。唐四镇之一的疏勒城，"城东又有汉城，亦在滩上"[②]。咀逻私城南行十余里有小孤城"三百余户，本中国人也。昔为突厥所掠，后遂鸠集同国，共保此城，于中宅居。衣服去就，遂同突厥，言辞仪范，犹存本国"[③]。汉人入西域不自此等时始，早在西汉，大宛（今费尔干）已有知"穿井"的秦人。秦人即汉人。随高仙芝西征而流落异乡的杜环，记大食（今阿拉伯）"绫绢机杼、金银匠、画匠、汉匠起作画者京兆人樊淑、刘泚，织绢者河东人乐隈、吕礼"[④]。印度等佛教国家，有的供养汉僧，起造汉寺。慧超记"有一汉僧"从中天竺来，坐化于新头故罗国那揭罗驮娜寺（Nagaradhana）。又记安西"有两所汉僧住持……大云寺主秀行善能讲说……大云寺维那名义超，善解律藏，旧是京中庄严寺僧也。大云寺上座名明辉，大有行业，亦是京中僧……龙兴寺主名法海，虽是汉儿生安西，学识人风，不殊华夏。于阗有一汉寺，知龙兴寺。有一汉僧，名□□，是彼寺主，大好住持，彼僧是河北冀州人士。佉勒亦有汉大云寺，有一汉僧住持，即是岷州人士"[⑤]。石晋时，张匡邺、高居诲使于阗，途经瓜、沙州，"二州多中国人，闻晋使来，其刺史曹元深等郊迎，问天子起居"[⑥]。宋初，僧继业入天竺求舍利子及贝多叶经，称摩羯提国（Magadha）、新王舍城（Rajagrha，今比喀尔西南之Rajgir）、伽湿弥罗（Kasmira，今克什米尔）有"汉寺"，有"支那西寺"[⑦]。稍后，王延德使高昌，经伊州（今哈密），州将陈氏，"其先，自唐开元二年领州，凡数十世，唐时诏敕尚在"。在今甘、新交界的所谓鞑靼九族中，"颇见

---

① 如《周书·高昌传》称：服饰丈夫从胡法，妇人略同华夏。文字亦用华夏，兼用胡书。习读经史书，而皆为胡语。刑法、风俗、婚姻、丧葬与华夏小异而大同。《隋书》同传也说"风俗政令与华夏略同"。尚可参考《北史》同传。显示了同而未化、融而未合，或半同化、半融合的情形。

② 《唐书·地理志七下》引贾耽《古今郡国县道四夷述》。

③ 《大唐西域记》卷一（季羡林等校注本78页）。《新唐书·西域传上》抄录此文，"中国人"作"华人"。

④ 《经行记》，王国维《古行记校注》本。

⑤ 《往五天竺国传》，藤田丰八《笺释》本，页二十七上及九十下、九十一下。

⑥ 《五代史·四夷附录三》引高氏所记行程。又见《文献通考·四夷考·于阗条》，卷三百三十七。

⑦ 范成大：《吴船录》卷上引《继业行纪》。

晋末陷虏者之子孙"。高昌"佛寺五十余区，皆唐朝所赐额。寺中有《大藏经》
《唐韵》《玉篇》《经音》等 …… 有敕书楼，藏唐太宗、明皇御札、诏敕，缄
锁甚谨"。北庭（即别失八里）有"应运大宁之寺，贞观十四年造""高敞（即
高昌）本汉土"，故有唐朝的佛寺、佛藏等遗物①。

　　河湟走廊与河西走廊呈丁字形，都是中外交通、民族混杂的地区，汉人
以外，更多的是少数民族。《宋史·外国传八·吐蕃传》言："凉州旧有郓人
二千五百为戍兵，及黄巢之乱，遂为阻绝，超（权知西凉府留后孙超）及城中
汉户百余，皆戍兵之子孙也。其城，今方幅数里，中有县令、判官、都押衙、
都知、兵马使，衣服言语略如汉人。"又："凉州郭外数十里，尚有汉民陷没者
耕作，余皆吐蕃。"又言：河西军即古凉州，旧领姑臧神乌、蕃和、昌松、嘉
麟五县，户25693，口198193，今有汉民300户。今西宁市以东、乐都县（邈
川城）以西、湟水南岸的宗哥城，其"东城惟陷羌人及陷羌人之子孙、夏国降
羌、于阗、回纥往来贾贩之人数百家"②。

　　蒙古人西征，带动了汉人以各种形式向中亚、西亚乃至欧洲的移动。常
德随旭烈兀进军西域，他看到，别失八里仍"多汉民。龙骨河（今乌伦古河）
西北亦多汉民"。其铁木忏察（铁门关），"守关者皆汉民"。其阿里麻里城（霍
城县东13公里之阿尔泰地方），"回纥与汉民杂居，其俗渐染，颇似中国"。
南侧之赤木儿城，"居民多并、汾人"。报达国（今巴格达）"其妃皆汉人"③。

　　在此稍前，丘处机奉诏进谒成吉思汗，行至田镇海八剌喝孙（即称海城，
今科布多东南），有"汉民工匠络绎来迎，悉皆欢呼归礼"。又有金章宗二妃
徒单氏与夹谷氏及汉公主母钦圣夫人袁氏，号泣相迎。在鳖思马城（即别失八
里）受到回纥王的款待，"侏儒伎乐皆中州人"。龙兴西寺石刻颂扬景龙三年杨
何为都督时的德政，寺另有佛书一藏④。邪米思干城（撒麻耳干），回纥田园
不能自主，"须附汉人及契丹、河西（即西夏）等，其官长亦必以诸色人为之"。
"汉人工匠杂处城中"⑤。毫无疑义，这许多居民、工匠，乃至尊为妃嫔的宗戚

---

① 均见《使高昌记》，王氏《古行记校录》本。
② 李远:《青塘录》，明抄本《说郛》卷三十五所收节本。
③ 《刘郁西使记》，王氏《古行记校录》本。
④ 此龙兴寺及其佛藏，或即昔日王延德所目睹者。
⑤ 引文并见《长春真人西游记》卷上。

贵人，都是（或绝大部分是）作为战利品的俘虏而被遣送到此诸地区的。无论被迫还是自愿，西来汉人，日久天长，无不同化、融合到当地居民之中，而消失自己的形迹。重返家园故土的，大概无几吧！

（三）汉人之化入西南、东南民族的成分

如果说，乌桓、鲜卑兴起构成了曹魏的后顾之忧，那么，使孙吴君臣盱食者乃是山越的强大。山越强大的因素之一与乌桓、鲜卑兴起的因素一样，属于汉人的大量流入。已故学者吕思勉分析了史文以后，得出结论：离乱之世，民依阻山谷，与越相杂，其所居者虽越地，其人固多华夏也。史载曰"习其风土"，则其本非越人审矣；曰"逋亡"，曰"宿恶"，固皆中国人也。其初流入者少，主强客弱，殆至大量涌进，主客易位，久而久之，华而越，越而华，最后合而为一，势力膨胀了①。

西晋末年农民大起义，民族大迁徙，形成了社会的大动荡。当时中原避难的人民，其能远离本土迁至他乡者，东北则托庇于慕容氏之政权，西北则归依于张轨之领域，南奔则侨寄于孙吴之故壤，不独前燕、南凉及东晋之建国中兴与此中原之流民有关，即南北朝的士族，亦承其统系。江南避难之人，有相当数量涌入少数民族地区。如《宋书·荆雍州蛮传》所说："宋民赋役严苦，贫者不复堪命，多逃亡入蛮。"②中有"亡命"司马黑石等四人且作了蛮夷领袖的"谋主"，自号"太公"与"谯王""梁王"③。同书《氐胡传》又言："关中人奔流者，多依仇池杨氏。"中有许穆之、郝惔之改姓司马，自云晋王室近支。有的人称王称侯，成了杨难当的好助手④。有的人在中原无法立足，来到民族地区建功立业，桓诞、桓叔兴父子最具代表性。《魏书·蛮传》："诞字天生，桓玄之子也。初玄西奔至枚回洲被杀，诞时年数岁，流窜大阳蛮中，遂习

---

① 《燕石札记》，第99—104页山越条。
② 参见《南史》同传。
③ 参见《南史》同传。
④ 详《魏书·氐传》。传文并言仇池利用社会动乱"招夷夏得千余家"，言杨难当"获雍州流人七千余家，还于仇池"（参阅《北史》同传）。从某种意义上讲，仇池杨氏政权乃由流民所建立，流民中有夏也有夷。

其俗；及长，多智谋，为群蛮所归。"其人拥有沔水（即汉水）以北、潕叶（今河南鲁山县沙河及南阳市白河两流域）以南大阳蛮人八万余落。延兴中，降于魏，"蛮人安堵，不为寇贼"。其子敬兴继续招慰大阳蛮归附者一万七百户，置十六郡五十县，父子皆为魏之功臣①。以个人活动而影响及于少数民族历史进程者，郑回的事迹较桓氏父子尤著名。两《唐书·南诏蛮传》详言相州人郑回陷南诏，为三世南诏王之师，推作师尊地位的清平官六人中的首席，对促进南诏发展及南诏与唐关系的改善，起了推波助澜的积极作用②。南诏有多少汉人，不得而知；只一次从四川即掠了十余万汉人。这些汉人，大部分理当溶化在现在的白族之中。

　　汉与僚住地互为进退，因而人民彼此混杂。《宋书·僚传》："……自桓温破蜀之后，力不能制，又蜀人东流，山险之地多空，獠遂挟山傍谷，与夏人杂居者颇输租赋，在深山者，仍不为编户。"又曰：尚书邢峦为梁、益二州刺史以镇僚，"近夏人者安堵乐业，在山谷者不敢入寇"③。互为进退，彼此混杂的结果，都不得不发生变化，其汉人在僚区而与僚为邻者，久而久之，又不得不变为僚人。僚有生熟之分，熟僚很大成分即汉人，亦即"夏人"。郎蔚之《隋州郡国经》（辑本）亦曰：又傍南山有僚户，富室者颇参夏人为婚，衣服、居处、言语，殆与华不别。

　　尤有甚者，《唐书·南蛮传下》："西爨自云本安邑人，七世祖晋南宁太守，中国乱，遂王蛮中。"将祖宗来源说得如此具体，似非完全伪造。学者中有人便对此深信不疑④。类似的部落是汉裳蛮。樊绰《云南志》（案：即《蛮书》）："裳人，本汉人也。部落在铁桥北，不知迁徙年月，初袭汉服，后稍参诸戎风俗，迄今但朝霞缠头，其余无异。"⑤朝霞指朝霞披言，汉人的一种头饰。贞元十年（795年）南诏异牟寻破此铁桥城，获裳人数千，悉移至云南东北各地。

---

① 参见《北史》同传。
② 参见《北史》同一传记。
③ 《北史》同一传记。又《周书》同名传记也说"太祖（周文帝）平梁、益之后令所在抚慰，其与华民杂居者，亦颁从赋役"。
④ 如朱希祖《两爨氏族考》、凌纯声《唐代云南的乌蛮与白蛮》两文，可为例证。
⑤ 《唐书·南蛮传上》称"汉裳蛮"，叙事内容同于樊书。《元史·地理志四》又简化了《唐书》的文字。

又,《通典·边裔典》卷百八十七:"松外诸蛮 …… 其西洱河从巂州西千五百里,其地有数十百部落,大者五六百户,小者二三百户。无大君长。有数十姓,以杨、李、赵、董为名家。各据山川,不相役属,自云其先本汉人。"①杜书的松外诸蛮与樊书的西洱河蛮(河蛮)内容多同,似乎存在着某种种姓上、地理上的因缘关系。也有人认为,松外蛮与西洱蛮实为两部,以松外诸蛮统称两部,可也②。

(四)汉人之化入中南民族的成分

南方汉人转化为少数民族,客观环境上比北方方便些,因而也容易些,那里没有许多关塞哨卡的限制,虽多深山茂林,却成了汉人逃往少数民族地区的最好隐藏区和自然屏障。《南齐书·州郡志下》记诸州形势,无不与民族有关,说:荆州"道带蛮蜑",巴州"山蛮冠贼",湘州"唇齿荆达",梁州"与氐胡相邻",益州"蛮夷孔道,西通芮芮、河南",宁州"蛮夷众多,齐民甚少,诸爨氏强族,持远擅命"。案:河南即吐谷浑。宋朝与东晋及南朝相似,政治经济重心在南方,半壁江山,也为民族间的往来乃至同化、融合创造了条件。南方一向"夷汉杂居""苗汉杂居""民夷杂处",你在山下,我住山上,你在山这一边,我在水那一边,甚至同居一村一寨,鸡犬相闻,田畴交错。《隋书·地理志后叙》:"南郡、夷陵、竟陵、沔阳、沅陵、清江、襄阳、春陵、汉乐、安陆、永安、义阳、九江、江夏诸郡,多杂蛮左,其与夏人杂居者,则与诸华不别;其僻处山谷,则言语不通,嗜好居处全异,颇与巴渝同俗。"这一番描述,不但使人看到了一幅民族分布图,而且呈现出一张民族融合、民族同化的进程表。辑本《梁载言十道志》卷下:"容州夷多夏少。"此夷指苗、瑶等族,而夏为汉人。宋周去非《岭外代答》卷三五民条:"钦(今广西钦州)民有五种,一曰土人,二曰北人,三曰俚人,四曰射耕人,五曰蜑人。"土人即侗族,北人为汉族,俚人为黎族,射耕人为畲族或瑶族,蜑人即

---

① 《唐书·南蛮传下》及《通鉴·唐纪十五》(卷百九十五)皆无"自云其先本汉人"一语,似乎否定了这一说法的真实性。

② 赵吕甫:《云南志校释》,第144—146页。

蜑民。而"北人语言平而杂以南音，本西北流民，自五代之乱，占籍于钦者也"。又同书同卷效用条，称广右效用（乡兵之一种）中"四万之奸民萃焉"。又曰："……凡强盗贷死，逃卒亡命，与其强武愿从之民，咸集焉。"又同书同卷寨丁条，更言环绕羁縻溪峒置寨以临瑶人，"皆吾民也，谓之寨丁，静江府（今广西桂林市）有桑江寨……"桑江寨，瑶人也。

杂居便利了不同民族间的转化，汉人变少数民族，同时少数民族也变汉人。苗族中的夭苗多姬姓，相传为周后①。宋家苗和蔡家苗自云出自春秋宋、蔡两国的遗民。田汝成《行边纪闻》（又名《炎徼纪闻》）卷上言："宋家、蔡家，盖中国之裔也，相传春秋时楚子往往蚕食宋、蔡，俘其人民，放之南徼，逐流为夷……"并指出他们身在苗区而"颇异苗俗"；有的书具体指出"翁妇不通言""居丧三月，不食米肉，惟饮稗粥，犹存古礼"这些特有风俗。《咸宾录》卷八称："清平苗阿溪者，江西人也。漂荡至其地，桀骜多智，久之，遂为寨主。"②仲家苗与补笼苗"同种"，五代时，楚王马殷率邕、管、柳州兵讨两江溪口，至黔留，其后遂流为夷，或称皆"五代戍兵之后"③。苗汉结婚所生之子，特殊地被命名为"白儿子"。其"男子多华风，女子犹循苗俗。盖因汉人入赘苗家，生子后弃去，其人有母无父，故有白儿子之称"。

土司并不都出自少数民族世袭首领，别有汉土司一类，即汉人流入少数民族地区以某种原因而为官做宦的。万历二十五年（1597）酿成播州大乱的杨应龙所生的杨保苗，假托为杨继业、杨彦昭父子之后④。广南韦土司更制造源出淮阴侯韩信的"故典"，因"韩"字半边适成"韦"字也⑤。类似事例还可举出一些，仅以《清职贡图》所载者即有：岷州（今甘肃岷县）土百户马绣自称，乃后汉马援之裔；碾伯县（今青海乐都县）土指挥李国栋自称，唐沙陀李克用之后；狄道州土指挥赵桓之始祖赵安；泰宁（今甘肃乾宁县）协后营辖大田西

---

① 罗曰褧《咸宾录》，卷八，页二十九上。
② 前引田汝成《行边纪闻》其阿溪项，亦言其为清平卫部曲。清平属都匀府，今贵州凯里西北。
③ 前引《职贡图》卷八，页三十八上及四十二上。
④ 采濂：《翰苑别集·杨氏家传》，《宋学士文集》卷三十一，首著其事。辨伪见谭其骧《播州杨保考》及其《后记》，《长水集》上册，第261—299页。
⑤ 田雯：《黔书》卷下，淮阴侯后条。

番、倮倮二土司均称马岱之后。龙安营辖白马路（今甘肃文县西北）十八寨出自宋进士王斯俭，为龙州判官，有功世袭。建昌镇属越巂（今四川越西）等营辖九枝门呆结惟各土番，其先传为江南人，明洪武间以罪安置其地者；泰宁协左营辖沈边长官司（今四川泸定南）余氏，本江西人，明初随征有功，授百户；太平府（今广西左新县）土人，其承袭土司，悉前代征蛮将士之后，盖当时以边功受赏、邑使役属其土著者。

这些说法中，有的可信，有的不可信，约略愈是豪门望族、名人之后，其传说可信程度愈低，然而又不能认定都是伪造、附会。上述事例中一些少数民族部落、部族由汉族转化而来这一事实，却不容否认。此外，《读史方舆纪要》卷一百十九引陆氏《滇纪》："干崖宣抚司（今云南德宏傣族景颇族自治州盈江县东北干崖镇）有蛮洒岗（在盈江西南），旧为同知刘氏所居。其雷弄洞（在蛮洒岗东南），则经历廖氏所居，后即其地为回龙营。又知事管氏，居猛语岗（在蛮洒岗西南）。三姓皆华人，以功授。"《明史》卷三百十六贵州土司铜仁条下："乌里苗人石全州，妄称元末明氏（明玉珍）子孙，僭称明王，纠众于北银等处作乱，邻洞多应之。又：麻城人李添保以逋赋逃入苗中，诡称唐后，聚众万余，潜称王，建元武烈。后为李震所败，潜入鬼池及绞洞诸寨，复煽诸苗劫攻中林、龙里。无论其是否伪托高门第、假称名人后裔，然而那些汉人久居苗地，早已苗化甚深了。

不但民族杂居、汉族与少数民族毗邻地区如此，包括孤悬海外的海南岛上的黎族和台湾岛上的蕃族以及与台湾隔海相望的福建、浙江两省的畲族，其内部，无不包含了汉人的成分。

黎有生熟之分，熟黎实多汉人。范成大《桂海虞衡志·志蛮》曰："熟黎贪狡，湖广、福建之奸民亡命杂焉。"①周去非《岭外代答》卷二海外黎蛮条："熟黎多湖广、福建之奸民也，狡悍祸贼……"赵汝适《诸蕃志》卷下海南条更说：去省地近者为熟黎，"咸无统属，峒自为雄长，止于王、符、张、李数姓，同姓为婚，省民之负罪者，多逋亡归之"。无名氏《原黎》一文记录尤详细："熟黎旧传本南恩、藤、梧、高化诸州人，多王、符二姓。相传其先世

① 《成宾录·南夷志八》黎人条："熟黎贪狡，两广、福建之奸人亡命，逃居其间。"即本此而言。

因从征至此，利其山水田地，窜入其间，平其险阻，创为村峒。以先入者为峒首，同入共力者为头目，父死子继，夫亡妇主。亦多闽、广亡命，杂居其中，子孙亦为黎矣。然语言仍各因其所自来，未尽变也。"又说："熟黎初皆闽商荡资，亡命为黎，亦有本省（案：指广东）诸郡人，利其土，乐其俗而为黎者。"①自宋至清，记载一致，皆可信之实录。

台湾蕃族（即高山族），在五十几个少数民族中可算是比较后进的了；尽管如此，其"南社、猫儿干二社番，其祖兴化（今福建莆田县）人，渡海遭飓风，船破，漂流到台，娶番妇为妻。今其子孙婚配，皆由父母主婚，不与别番同"②。

畲族中的蓝、雷两大姓，其来历与王审知之王闽有关。传说，海南民蓝奇雷随王审知入闽，因居罗源村中③，流为蓝、雷两姓，相为婚姻。蓝、雷两姓更将自己的祖籍推远到中州之地，蓝氏认定"郡望"在汝南与太原，雷氏认定"郡望"在冯翊与颍川④。一句话，都肯定自己出自中原的名门大族。另一说法与前者相似，即"唐光启二年（886年），盘、蓝、雷、钟有三百六十余丁口，从闽王王审知为乡导官，由海来闽"⑤。否认畲族是少数民族，显然谬误，承认畲族中容纳了一定数量的汉人，约略不错。如果将两者联系起来而认为传说与谱牒均有一定道理的话，则可以得出如是的结论，即一部分中原流人先入闽浙，再与那里的少数民族相同化、相融合，而王审知的治闽，对此恰好起了促进作用。对传说，对谱牒世系，既不能简单地加以肯定，又不好轻率地予以否定，理当如此。

---

① 载《海南岛黎族风俗图》（稿本，名称是后起的）。
② 余文仪：《台湾府志》（续修），卷十五。
③ 前引《职贡图》卷三页二十上。
④ 见景宁畲族自治县张春乡敕木山蓝玉堂藏《汝南郡蓝氏宗谱》，民国二十一年（1932年）雷如载修《冯翊雷氏宗谱》，民国三十六年（1947年）重修本《太原郡村头蓝氏宗谱》，光绪二十七年（1901年）修《霞浦县溪南乡白露坑钟氏支谱》，等等。
⑤ 《福安县江洋祠险坑村雷氏宗谱》。

（五）汉人间有迁于邻国而被涵化的成分

汉人向四方扩张，动乱时期流民蜂拥外迁的结果，竟在邻国中建立自己的政权，或者形成独立的部落。

最先由箕子率领到朝鲜的遗民的后代，其踪迹已无从寻究，无从查考。"故燕人"卫满避地朝鲜因王其国，是继箕子之后的第二次大移民。秦汉之交，"燕齐亡命"东渡者数万口。卫满之孙石渠"所诱汉人滋多"。在朝鲜半岛南部，三韩中辰韩实为汉人所建立。《后汉书·东夷传》说："耆老自言秦之亡人，避苦役，适韩国，马韩割东界地与之。"他们一直保留着秦的事物名称和语言，"故或名之为秦韩"①。正因为他们是外来户，所以"辰韩常用马韩作主，虽世世相承，而不得自立，明其流移之人，故为马韩所制也"②。在半岛北部，乐浪语属汉语系统，被扬雄列为《方言》的一种。继三韩之后是新罗、百济、高句丽。《梁书·百济传》称："其言参诸夏，亦秦韩之遗俗云。"《北史》同传："其人杂有新罗、高丽、倭等，亦有中国人。"中国人即汉人。唐高祖武德五年（622年），与高丽互换逃亡人口，"其王建武悉搜华人以礼宾送，前后至者万数"③。太宗派陈大德使高丽，"见华人之流客者，为道亲戚存亡，人人垂涕，故所至士女夹道观"④。能见到唐使并问候故里情况者，毕竟是少数中的少数。

在东南亚，与林邑（占婆，即柬埔寨）邻近的西屠夷，自认为马援南征的寄居户。《唐书·南蛮传下》环王传："又有西屠夷，盖援还，留不去，才十户。

---

① 参见《三国志·魏志·东夷传》。《三国志》注引《魏略》记汉人户来，伐木为韩所得的事，亦可旁证。
② 《宋书·蛮夷传》。《南齐书·东夷传》仍称辰韩为秦韩。
③ 《唐书·高丽传》。
④ 《唐书·高丽传》。

隋末孳衍至三百，皆姓马，俗以其寓，故号马留人，与林邑分唐南境。"①田汝成《行边纪闻》称此种人为马人，曰："马人本林邑蛮，相传随马援北还，散处南海。"西屠夷再向南，有屈都乾国，《交州以南外国传》："地有人民可千余家，皆朱吾县民叛居其中。"②汉人不但变作少数民族，而且变作外国人，不论古今均发生这种变化，时代愈靠近，变化愈多，这是历史的趋势。

（六）民族间相互涵化是促进发展的因素

汉人是以华夏民族为主体，不断吸收、容纳其他少数民族逐渐形成、发展起来的，而华夏族本身，又是由各个少数民族互相同化、互相融合而形成的。事物都在变化，包括民族成分的变化，所以少数民族可以变汉族，汉族也可以变少数民族，甚至做了少数民族的首领，前文所言箕子去朝鲜便是例子。还有太伯、仲雍"奔荆蛮，文身断发"；南越王赵佗，真定人，"徙民与越杂处"；闽越王无诸及越东海王摇，"其先皆越王勾践之后"；庄蹻"变服，从其俗"而为西南夷；秦的祖先费昌"子孙或在中国，或在夷狄"。甚而至于周的始祖后稷之子不窋，"奔戎狄之间"；不窋之孙公刘，"在戎狄之间"；公刘之子古公亶父"去豳，止于岐下，乃贬戎狄之俗，而营筑城郭室屋"。这些记述与传说，并不都是历史的谎言，它反映了很早的时候，不同民族间频繁的交往与混杂，而且时间愈久远，这种交往与混杂愈甚，彼疆此界乃是日后人为地逐步形成、筑造的。

大约汉人向外发展，靠的是坚刃利兵与政治上的优势，其次随之而来的

---

①　《通典·边防典》西屠夷下注："马援北还，留十余户于铜柱处。至隋有三百余户，悉姓马，土人以为流寓，号曰马留人。铜柱寻没，马留常识其处。"殆为《唐书》所本。范成大怀疑西屠夷乃来人所说的汉蛮。《桂海虞衡志》曰：乾道间（1165—1173）汉蛮附大理马商到广西横山寨，此蛮"衣服与中国略同，能通华言，自云本诸葛武侯戍兵，闻其种人绝少。按：……《唐史》有西屠蕃夷，疑汉蛮即此类"。考环王传之文，乃本之吴勃《吴录》，曰："有铜柱表为汉之南极界，左右十余国悉属西屠，有夷民所在三千余家。""象林海中有小洲，生柔金，自北南行三十里有西属国，人自称汉子孙。有铜柱，云汉之疆场之表。"《交州以南外国传》（《太平御览》七白九十引）仍作西屠。

②　王隐《晋书地道记》亦曰：朱吾县属日南郡，去郡二百里。此县民不堪二千石长吏调（诛）求，引（到？）屈都乾为国。《林邑记》曰屈都夸也。案：屈都乾即都昆（Dungan）。一说为今之马来半岛。朱吾县为今越南之横山县。

是雄厚的经济实力和先进的技艺、文化，首先打出一条通道（所谓开某某道即是），这条通道，往往顺沿河渠或在山间峡谷中，然后修建一座或几座城堡，于是便以此点面为根据地向四周开展、拓殖，去联络或征服当地的民族、部落，这就是秦、汉两朝在边区所开的郡与县；一旦力量衰落了，鞭长莫及，那些交通线和城堡便归于废弃。待力量恢复后，再行重建，这又是那些郡县旋兴旋废的缘故。交通线和城堡之外，大片的山林渊薮，仍归原地的民族、部落居住，汉人愈向四周发展，一方面使少数民族汉化，另一方面也为汉人的少数民族化提供了便利。太伯、庄蹻等人不可能单枪匹马式地行动，他们之所以能在少数民族地区称王称霸，为领袖，必定要有相当数量的汉人作后盾，作基础，否则那才是不可思议的怪事。

汉族乃由各兄弟民族互相吸收、互相结合而成，时间很早；兄弟民族不断地吸收汉族，结合汉族，也是较早的。无论哪个民族，都在发展，都在进步，都在变化。停滞的观点，一成不变的观点，都是错误的，都不利于民族的团结和进步。而要想进步，就必须有民族的团结作前提，这就为我们指出了学习马列主义民族理论的重要性和克服大民族主义与地方狭隘民族主义的紧迫性。我之所以研究汉族的形成，撰写关于历史上少数民族中的汉人成分的文章，目的在于为加强民族之间的团结尽一点微薄之力①。

---

① 本节作者贾敬颜：1988年12月，为《中华民族多元一体格局》而作。

四　中国·华夷·蕃汉·中华·中华民族

近百年来，对"中国""中华""汉人"等称谓，梁启超、章太炎以及许多名家都曾进行诠释。自20世纪50年代以来，海峡两岸学人又屡次分别进行探讨，可惜彼岸同好的大作，仅能偶从征引得窥其一斑。近几年，顾颉刚、于省吾等老一辈专家，仍亲自撰文，其他学者也先后发表专论，共同进行讨论。学术上此种情形，是由于中国这个由许多民族形成的统一的国家，经历了数以千年计的漫长历史，上述称谓的含义随着统一多民族中国的发展而发展变化。然而，往往新的名称与新的含义已经出现，旧称仍习惯沿用，造成同一称谓所含内容诸多抵牾；而对中国各民族内在联系的发展，研究者各自认识也不尽相同。因此，各民族互相称谓方面的演化，需要反复讨论，才能得到符合历史实际的阐明。

笔者自20世纪60年代以来，在不同的论文与小册子中，也对上述诸称谓的起源与演变进行过一些论释，其中间有创获，亦集众家之长以启己说。鉴于分散多处，今辑为一篇，庶使鄙见在系统化过程中得到进一步阐发并希望有助于参考。

（一）中国名称的起源

据于省吾教授考订："商代甲骨文没有或、國二字"。至周初，金文才出现"或"字，与"國"相通，是指城邑①。"中国"的名称出现于西周初期，笔者于1978年已著文指出。本节对"中国"一词为何在西周初年出现以及它最初的含义，做一些补充说明。

中华人民共和国考古发现证明，中华民族起源于中国大地。中华文化就

---

① 《释中国》，载1981年中华书局70周年纪念《中华学术论集》，引文见第5页。

其起源而言，并非来自现在中国域外任何一方，也不是从黄河中下游单源扩散至四方，而是呈多元区域性不平衡发展，又互相渗透。中华文明首先在黄河中游发达，是以黄河中下游两大区域新石器文化汇聚为核心，同时吸收了四方多元优秀文化交融的结果。夏、商、周三族来源不同，但都在黄河中下游东西两大氏族部落集团经过长期交往、斗争而至于融合的基础上建立的王朝。1934年，著名的古史专家傅斯年教授撰《夷夏东西说》，指出："现代以考察古地理为研究古史的这一道路，似足以证明三代及近于三代之前期，大体上有东西不同的两个体系。这两个体系，因对峙而生争斗，因争斗而起混合，因混合而文化进展。夷与商属于东系，夏与周属于西系。"①

夏的来源，《史记·六国年表》说："禹兴于西羌。"《集解》引《帝王世纪》："皇甫谧曰，孟子称大禹生石纽，西夷人也。"孟子征引的这一远古传说，为古今学者多所宗信。而目前讨论夏的起源与夏文化，异说纷纭，较为通行的一说，认为夏兴于以嵩山为中心的颖水上游及伊洛平原，发展于晋南汾水、涑水平原；或者认为相反，夏起源于晋南，兴盛于伊洛。两说不论孰是，夏朝及夏文化以伊洛及汾涑平原为中心，盖可肯定，年代相当于前21世纪到前17世纪。按夏的区域与商、周两族兴起的地区而言，夏居于两者中间；孟子所称"西夷"，大概是商人的观念流传至战国。

商的来源，据《诗经·商颂·玄鸟》："天命玄鸟，降而生商。"《商颂·长发》："有娀方将，帝立子生商。"这种以鸟为图腾的颂诗，已为甲骨文献所证实。②说明商原是属于东夷部落集团中的一支。商族起源的地区，一般认为在鲁西豫东北，在其发展中活动到今河北易县一带。上引傅先生论文及其所撰《东北史纲》主商起源于河北东北部之说。此说由于红山文化一系列重要发现可得到进一步证明，干志耿、李殿福与笔者合撰《商先起源于幽燕说》及《商先起源于幽燕说再考察》③加以引申，论证商起源于幽燕地区，至上甲微以后，南下发展于河济泰山之间，即今冀、鲁、豫接壤地区及泰山以西一带。在南下

---

① 此文初载《庆祝蔡元培先生六十五岁论文集》，1935年，引文见第1093页。

② 胡厚宣：《从甲骨文看商族鸟图腾的遗迹》，载《历史研究》第一辑，中华书局1964年版；《甲骨文所见商族鸟图腾的新证据》，载《文物》1977年第2期。

③ 前者载《历史研究》1985年第3期，后者载《民族研究》1987年第1期。近年来金景芳、张博泉两教授主商起源于北方说，不及多叙。

与建立商朝以前，也许对夏朝有过某种封贡关系，但商人往往以"西邑夏"称夏朝，是东西相对峙的两大势力。商灭夏，两族文化上进一步融合，使商代文化有了更大的发展。

周人自认为是从晋南西迁的一支夏人，兴起于戎狄之间。《国语·周语上》载："昔我先王世后稷，以服事虞、夏。及夏之衰也，弃稷弗务，我先王不窋用失其官，而自窜于戎狄之间。"但按照《诗经·大雅》中《绵》《大明》《思齐》，《皇矣》《文王有声》《生民》及《周颂》中《天作》等篇记述，周族始祖母叫姜嫄。"姜""羌"相通转已成定说，周人的祖先大概是从羌人中分化出来的一支。其第一位父系祖先名弃，称为后稷，活动于泾渭上游。他的后世在与戎狄斗争中经过多次迁徙，才定居于渭水中下游岐山周原一带①，商末成为商朝诸侯，文王甚至称为"西伯"，是西方诸侯之长，作丰邑，奠定了灭商的基础。到武王时，联合西土庸、蜀、羌、髳、微、卢、彭、濮等族及其他众诸侯一举灭商，建立西周。于是黄河中游及下游两大系统一于周。

现在有的学者主张夏、商、周三族是三个不同的民族。然而，三族祖先来源不同，最先发祥的地区各异，但三代文化、制度，差异性小而共同性大，至西周便统称"中国"，同为"夏"人，标志着华夏民族的雏形已经形成。说华夏有夏、商、周三支主要来源，是科学的，但这三支来源，不是三个不同的民族。其理由：

第一，夏兴起与发展的豫西、晋南，周兴起的渭水流域关中一带，是由仰韶文化东西两大类型发展为河南、陕西龙山文化的区域；先商活动的河济泰山一带，更是典型龙山文化发达的地区。由此可见，夏商周兴起与发展的地区，都是龙山文化得到发展的地区，其文化都是在龙山文化统一黄河中下游的基础上发展起来的，而夏商周先世在这里活动时，这里的早期青铜文化共同性已大于地区差异性，以至目前很难区分夏文化和先商、早商文化。

第二，按照前所征引远古传说，夏商周三族始祖与祖先崇拜各异，却都是在黄帝建立的大部落联盟中发展起来的，他们已初步把不同来源的祖先汇聚成以黄帝为始祖的大系统。《国语·鲁语上》记载鲁国名人展禽（柳下惠）关

---

① 谭介甫：《先周族与周族的迁徙及其社会发展》，载《文史》第6辑。

于祀典的一段名言，归结说："有虞氏禘黄帝而祖颛顼，郊尧而宗舜；夏后氏禘黄帝而祖颛顼，郊鲧而宗禹；商人禘喾而祖契，郊冥而宗汤；周人禘喾而祖稷，郊文王而宗武王"。《礼记·祭法》有与此基本相同的记载。禘、郊、祖、宗都是祭典的名称。据《国语·晋语四》记载，炎帝姜姓，黄帝姬姓，同出于少典氏。现代学者颇以为炎黄起源于泾渭，可能与周人有更密切的渊源关系；与商族显然并非同一来源。但商人已承认自己是黄帝后裔，当是他们的祖先已并入以黄帝为缔造者的大部落联盟的一种反映。可见，在西周初华夏雏形形成时，夏、商、周三支主要来源并非都是炎黄部落集团的后裔；之所以不同来源的各支系均奉黄帝为共同祖先，无非是将大部落联盟的缔造者奉为共同象征，表明三支不同来源的人们已具有共同的民族意识。直到今日，中华民族，特别是海外华侨与华裔，都以自己是炎黄子孙而自豪，也是把炎黄作中华民族始兴与统一的象征，来作为联系中华民族共同民族感情的纽带，并不抹杀中华民族有不同祖先来源的事实。

第三，夏语盖即周人所尊"雅"言，但迄今没有发现可以确认的夏代文字。商周甲骨文字则属同一个体系，其语言差别也应是大同而小异的。

第四，《礼记·乐记》称："武王克殷反商，未及下车而封黄帝之后于蓟，帝尧之后于祝，帝舜之后于陈"，下车以后封夏、商之后。这种区分，无非是战国、秦汉时人在追述远古传说时，强调周封黄帝、尧、舜后裔的迫切性与尊崇。历史事实却说明，西周分封的基本格局，至少经历了武、成、昭、康四王才形成。按《史记·陈杞世家》记载："周武王克殷纣，乃复求舜后，得妫满，封之于陈，以奉帝舜祀"；"求禹之后，得东楼公，封之于杞，以奉夏后祀。"此外，周武王还封纣子武庚以奉商祀。周公东征，灭武庚，复封微子于宋以奉商祀。① 如此，西周所封诸侯，大多为周宗姬姓诸侯，一部分为申、吕、齐、许等姜姓舅氏诸侯，还有一小部分为黄帝、尧、舜、夏、商之后。其封域以镐京（今陕西西安北丰镐村附近）、雒邑（今河南洛阳东北）为中心，西至陇山以东，泾渭上游；北至蓟；东至齐鲁；南至江汉：同称"夏"，且以洛阳以东，以前商朝中心地区称为"东夏"②。这里，"夏"既是地域名，也具有族称的含义。

---

① 《史记·宋微子世家》。
② 《尚书·微子之命》，成王命微子："庸建尔于上公，尹兹东夏。"

第五，孔子指出："殷因于夏礼，所损益可知也；周因于殷礼，所损益可知也。"①三代基本制度大同而有所损益因革，已为近世考古与古史研究成果所证实。

由上述五项，可证夏、商、周不是三个民族，而是在形成中的华夏雏形的三支主要来源；他们的起源与远祖分属东西两大部落集团，但夏、商、周都已是从东西两大氏族部落集团中异化出来而又同化为同一族类的各个主要组成部分。在西周，这三个部分已成为同一个民族共同体的雏形，并且以"夏"为族称。就地区而言，夏发达最早，又居商、周中间，宜其被周人称为"中国"。《说文》称："夏，中国之人也。"这是颇得"中国"名称起源阶段族称含义真谛的。

商代虽然没有出现"中国"的名称，却已形成了以"中商""大邑商"居于中，称"土中"或"中土"，四方诸侯称东、南、西、北"土"的制度与地理划分；对周围各族称之为"方"。见于文献的商代各族如羌、鬼方、昆夷、狄、獯鬻、东夷等，其中东夷、羌各有所指，或亦含有泛称的意思。但在商代西方可以称夷，东方也可称戎，方位并不固定。至于见于甲骨的族称以百计，其中对羌方、人（夷）方长期进行征伐与掠夺，俘获奴隶，甚至用为人牲，记录触目惊心。《诗经·商颂·殷武》："挞彼殷武，奋伐荆楚……维女（汝）荆楚，居国南乡。昔有成汤，自彼氐羌，莫敢不来享，莫敢不来王，曰商是常。"对"来享""来王"的各族，商或用为官员，或封为诸侯。周就是商曾视为西夷并加以征伐的对象，鬼方也对商朝叛服不常。但商朝晚年，周侯、鬼侯并列三公之一。

文献记载西周武王、成王时出现了"中国"一词，确证则见于1963年在陕西宝鸡贾村出土的何尊。此尊上的铭文称："唯王初迁（迁）宅于成周，复稟武王礼，福自天。在四月丙戌，王诰宗小子京室曰：'……惟武王既克大邑商，则廷告于天曰，余其宅兹中国，自之辟民……'"②《尚书·梓材》也有成王追述"皇天既付中国民越厥疆土于先王"的记载，即指皇天将"中国"的土地与人民付与周武王治理。这便可与上述铭文互相印证，"中国"显然是指以

① 《论语·为政》。
② 参见上引于省吾《释中国》。

洛阳为中心的地区。此即夏代的中心区域。《汉书·地理志》谓："昔周公营雒邑，以为在于土中，诸侯蕃屏四方，故立京师。"此处"土中"与今汉语成倒装，意思是"中土"。《诗经·大雅·民劳》："惠此中国，以绥四方。"又说："惠此京师，以绥四国。"以"中国"与"京师"对"四方"与"四国"。郑玄《笺》："中国，京师也。"在这里，"国"与"邑""都"，是同义词，均指城而言，"中国"即天子所居之城，称为"京师"，以与四方诸侯对举；因此，与"中商"对"四土"的含义相通。

《诗经·大雅·荡》："文王曰咨，咨女殷商，女炰烋于中国，敛怨以为德。"又说："内奰于中国，覃及鬼方。"毛苌《传》："奰，怒也。""鬼方，远方也。"郑《笺》："此言时人忧于恶，虽有不醉犹怒也。"这是西周末诗人引述周文王以殷商嗜酒失德，使"中国"怨怒，以至远方各族也怨怒的告诫，来警刺周厉王。《大雅·桑柔》："天降丧乱，灭我立王。降此蟊贼，稼穑卒痒。哀恫中国，具赘卒荒。"郑《笺》："恫，痛也。哀痛中国之人也。"这些诗句，又是以商周之封域为"中国"以与"远方"对举了，因而又与商代以"中商"与四"方"各族对举的含义相同。西周时，与周围各族的交往较商代已有所扩大，如淮夷、徐夷、肃慎、荆蛮、犬戎、獯狁等，上举诗句以"鬼方"代指各族。不过，西周时"夏""中国"与远方各族，限域并不很严，比如周人时而尊商为"大邑商"，时而又称之为"戎殷"[①]。

综上，在西周初期出现的"中国"，有如下几种含义：（一）天子所居之城，即京师，以与四方诸侯相对举。此义源于商代以"中商""中土"对东、南、西、北"土"的制度与地理划分。（二）周灭商以前，以丰镐为中心的周人区域为"区夏"，即"夏区"，[②]克殷以后，以洛阳居"天下之中"，称"中国"或"土中"（即中土），是指夏代中心地区；又以商代的中心地区为"东夏"。于是"中国"包括丰镐、雒邑为中心的黄河中下游，即后世称为"中原"的地区。以此地域与远方各族对称，则与商代以"大邑商"与各"方"相对而称的含义

---

① 《尚书·康诰》："殪戎殷"，伪古文《尚书·武成》作"一戎衣"，"衣"与"殷"通，亦与"夷"相通假，是周人贱称商为"戎夷"。

② 参见顾颉刚、王树民《"夏"和"中国"——祖国古代的称号》，载《中国历史地理论丛》第1辑，陕西人民出版社1981年版。

相通。（三）指夏、商、周三族融为一体的民族，以夏为族称，也包括夏人的文化。至于周的疆域观念，则不限封域以内，还包括"王会"各族地区。《左传·昭公九年》载周景王使詹桓析对晋国说的一段话有代表性，他说："及武王克商，蒲姑、商、奄，吾东土也；巴、濮、楚、邓，吾南土也；肃慎、燕亳，吾北土也。"可见，周朝疆域观念，包括南北各族在内。

（二）春秋战国时期中国与华夷的含义

西周晚期，各族内徙，尤其是北方与西北各族，纷纷迁入黄河中下游，以至两周之际与春秋时期，在中原造成了各族交侵错处的局面。而周室东迁，天子地位一落千丈，"礼崩乐坏"。齐桓、管仲首倡"尊王攘夷"以成霸业。其后晋、楚相继，维持争霸政治。及至末叶，吴、越兴起，先后争霸。战国七雄兼并，中国已出现统一的趋势。然而上述参与争霸和互相兼并的诸侯，有些在春秋时还是"夷狄"，到战国同称为诸夏，不仅说明华夏已经稳定地形成为民族，而且也造就了华夷统一的历史条件。从中华民族发展史的角度来概括，春秋战国是中华民族的孕育时期。当时一方面是"中国"与"夷狄"的尊卑贵贱观念强烈，"夏夷之防"限域较严；另一方面，又是在斗争与交往中发展共同性，文化与血统方面都相互渗透，逐渐形成华夷一统，"五方"配合，共为"天下"的整体观念，"中国"的含义与范围都有了明显的发展。

首先，在《春秋》《左传》《国语》等书中，春秋时期齐、鲁、晋、郑、陈、蔡等中原诸侯称为"中国""华夏""诸华"或"华夏"；秦、楚等仍是"夷狄"。至战国，七雄并称"诸夏"，同列"中国"。

秦国公族源出东夷，其远祖西迁陇山地区，在戎狄中成长。周平王东迁，以镐京地区封秦为诸侯。春秋时期，晋遏其向中原发展之势，秦往西征伐诸戎，"遂霸西戎"。虽然其势足与晋、楚抗衡，却终春秋之世，"不与中国诸侯之会盟，夷翟（狄）遇之"[①]。楚，于西周初受封于荆蛮地区，西周晚期兴起，熊渠宣称，"我蛮夷也，不与中国之号谥"，率先自称王；至楚武王仍公开

---

① 《史记·秦本纪》。

宣称"我蛮夷也"①，中原诸侯更以荆蛮相称。《春秋公羊传》记鲁僖公四年（前656）齐桓公与楚屈完盟于召陵以服楚，评论说："夷狄也亟病中国南夷与北狄交，中国不绝若线。桓公救中国而攘夷狄，卒怗楚。以此为王者之事也"。所谓"亟病中国"的"南夷"指楚已灭邓、穀，复伐蔡、郑；"北狄"则指灭邢、卫，至于温的狄人。齐桓公北伐狄，存邢、卫，南伐楚，救蔡、郑，所谓"救中国"即指此而言。《公羊传》说齐桓公之功同"王者"，孔子也极称管仲为"仁"，感叹："微管仲，吾其被发左衽矣！"②

不仅秦楚在春秋时被称为夷狄，甚至作为周同姓诸侯，如召公之后的燕侯，也因其处戎狄间与戎狄相差不远而自卑。齐思和教授在评论战国七雄时指出："秦、楚、燕三国，皆边疆民族，春秋时之夷狄。"③更不用说吴、越，春秋末叶北上争霸，中原仍称之为夷狄，即使与中原诸侯联盟共败强楚，也不过是"夷狄也而忧中国"④。司马迁评论说："秦、楚、吴、越，夷狄也，为强伯（霸）。"⑤到了战国，秦、楚、燕与三晋及齐国并列，"其后，秦遂以兵灭六王，并中国，外攘四夷"⑥。郡县范围自陇山以西东至于海，东北至辽东，南至珠江流域及巴、蜀、黔中，"中国"的范围扩大了，而"四夷"指郡县以外的边疆民族地区了。

其次，"中国"与"诸夏""华夏"同义，以与"四夷""夷狄"相对而称。然而春秋强调"夏夷之防"，至战国已形成"中国"与"四夷"五方之民共为"天下"，同居"四海"的整体观念。

各族内迁，诸夏感到威胁，认同攘夷的思想得到迅速发展。《左传》记鲁闵公元年（前661）"狄人伐邢"，管仲对齐桓公说："戎狄豺狼，不可厌也，诸夏亲暱，不可弃也。"又记鲁僖公十五年（前645）："楚人伐徐。徐即事诸夏故也。"于是齐桓公与诸夏"盟于牡丘，寻葵丘之盟，且救徐也"。徐当时仍是东夷之大国，因"即事诸夏"，楚伐之而诸夏救之。须句是风姓之国，孔子

① 《史记·楚世家》。
② 《论语·宪问》。
③ 《战国制度考》，引文见《中国史探研》，中华书局1981年版，第115页。
④ 《春秋公羊传·定公四年》。
⑤ 《史记·天官书·太史公曰》。
⑥ 《史记·天官书·太史公曰》。

称之为"远人"，也还是东夷中的一个小国，但"服事诸夏"。《左传》记鲁僖公二十一年（前639）邾国灭须句，成风对鲁僖公说："蛮夷猾夏，周祸也。"要求鲁僖公收容来奔的须句国君而存其祀。可见，不仅诸夏认同，与诸夏利益休戚与共的"夷狄"，也被诸夏特殊对待。

在这种历史条件下，明显地形成了夏夷限域和尊卑地位的民族观念。在当时，固然是民族矛盾的产物；于后世，却成为封建统治者推行民族压迫制度的理论根据。

《左传》记述鲁定公十年（前500），齐与鲁和，两君会于夹谷。齐谋以东夷莱人劫鲁侯，孔子相鲁，责备齐侯说："两君合好，而以裔夷之俘以兵乱之……裔不谋夏，夷不乱华。"使齐侯自认失"礼"。孔颖达《疏》称："中国有礼义之大，故称夏；有服章之美，故谓之华。"这是贱视他族为不知"礼义"的"野人"，华夷贵贱尊卑的思想非常明显。

《左传》记鲁襄公四年（前569）晋国魏绛请和戎，"晋侯曰：'戎狄无亲而贪，不如伐之。'魏绛曰：'诸侯亲服，陈新来和……劳师于戎，而楚伐陈必弗能救，是弃陈也，诸华必叛。戎，禽兽也。获戎失华，无乃不可乎！'"至鲁襄公十一年（前562年）魏绛和戎之策使晋重振霸业，晋侯要赏女乐给魏绛，说："'子教寡人和诸戎狄以正诸华，八年之中，九合诸侯，如乐之和，无所不谐，请与子乐。'辞曰：'夫和戎狄，国之福也……臣愿君安其乐而思其终也。'"应该说，魏绛在春秋时是有远见的，但仍不免诬其狄为"禽兽"，可见一般人歧视之深。

对于处理夏夷关系，《诗经·鲁颂·閟宫》提出："戎狄是膺，荆舒是惩，则莫我敢承。"按郑《笺》，此诗是通过歌颂鲁僖公与齐桓公等北伐狄南征楚及群舒，说明"诸夏亲暱"则"天下无敢御也"。《左传》记鲁僖公二十五年（前635）周襄王责晋文公"请隧"，即企图用"天子之礼"，是僭越非"礼"，但又不得已而赏给晋文公周郊甸阳樊这个地方，结果"阳樊不服，围之，苍葛呼曰：'德以柔中国，刑以威四夷，宜吾不敢服也……'"晋文公只好出其民而取其土。

上述夏夷限域，到了战国即因各民族大融合的趋势已成而淡化，七雄也早已用兼并实际代替了"尊王"的口号，"夏夷之防"的观念已不再被强调了。

正如顾颉刚、王树民两位先生所指出："'诸夏''华夏'等名号多用于春秋时期。到战国时，由于民族融合，原先'诸夏'和'夷狄'的对立逐渐消失，因而'诸夏''华夏'等名号就很少再用。偶尔也作为地理名词用一下。"①此时，华夷一统的观念在酝酿形成中。

在战国以前，夷、蛮、戎、狄并没有严格配成东、南、西、北四个方位，南方可以称夷，北方也可称蛮，羌似稳定居于西方，戎却可以称于东方。春秋时已明确出现"四夷"的名称，大概是泛指四方之夷。在战国，随着统一条件的成熟，从意识形态到地理划分，都已打破诸侯间此疆彼界，形成包括少数民族在内的大一统观念。《禹贡》打破各诸侯界限，统一划分为"九州"，又根据各地民族远近及社会特点分为"五服"，从而创立了根据各地土壤高下与物产不同确定赋税等级，根据民族特点确定管辖政策，使"声教讫于四海"这样一种地理学说与政治理想②。《周礼》虽根据商、周以来官名及其执掌的历史资料立说，然而成为后世中国封建王朝所推崇的统一的政治理论，却完成于战国。其《职方氏》条说："职方氏掌天下之图，以掌天下之地，辨其邦国、都、鄙、四夷、八蛮、七闽、九貉、五戎、六狄之人民。"也是包括边疆民族在内的统一的政治学说。所谓四、八、七、九、五、六，均言其多数，不是夷有四种，蛮分八部之类。《礼记·王制》谓："中国夷狄，五方之民，皆有性也，不可推移。东方曰夷，被发文身，有不火食者矣；南方曰蛮，雕题交趾，有不火食者矣；西方曰戎，被发衣皮，有不粒食者矣；北方曰狄，衣羽毛穴居，有不粒食者矣。中国、夷、蛮、戎、狄，皆有安居、和味、宜服、利用、备器。五方之民，语言不通，嗜欲不同……"于是"五方"整齐，称为"天下"与"四海"的统一格局形成了。《尔雅》成书年代尚难确定，断为战国至西汉初经过较长时期众人撰辑而成的中国第一部辞书，大致不误。《尔雅·释地》对"四海"的解释说："九夷、八狄、七戎、六蛮谓之四海。"这里的九、八、七、六同样是言其多，并非夷蛮有多少部的具体数据。当然，战国时还有邹衍的"大四海"说，认为中国称"神州赤县"，仅是"大四海"与"大九州"的1/81。

---

① 史念海：《中国历史地理论丛》第1辑，陕西人民出版社1981年版，第13页。
② 《禹贡》是成书于战国的地理学著作，托名夏禹，实是战国时人全国统一和地理划分的一种反映。这种判断，在学术界已成定说。

但中国古代传统的地理观念是以"中国"和"夷蛮戎狄""五方之民"共为"天下"，同居"四海"，是中国天子所能驾驭的华夷统一的地理范围。这种"五方之民"统一与配合的模式是从春秋开始萌芽到战国才发展完成的①。

再次，"中国"又是文化的概念。《春秋》明"华夷之辨"，族类与文化并重，而把文化标准放在首位。

春秋时期，族类区分的基本要素，是语言、习俗和礼仪；经济方面的差异，当然也是区分族类的重要条件。《左传》所叙鲁襄公十四年（前559）戎子驹支在晋国进行辩难的一段话说："我诸戎饮食衣服不与华同，贽币不通，语言不达。"包括了衣食习俗、语言、经济等方面的区别。前已举述的魏绛，他在列举"和戎五利"时说："戎狄荐居，贵货贱土，土可贾焉。"服虔解释说："荐，草也。言狄人逐水草而居徙无常。"也是提到了经济生活与观念的区别。

族类的区别在《春秋》明"华夷之辨"方面是被重视的，然而其言论、行动是否合于"礼"，即文化礼仪方面的标准，仍是高于族类区别的首要标准，"华""夷"可以在不同场合下互相易位而称。罗泌在《路史·国名纪》中总括说："《春秋》用夏变（于）夷者夷之，夷而进于中国则中国之。"

秦、楚与晋、郑、齐、鲁等诸侯交涉，没有语言障碍，文字虽有地方差异，也是同一种文字的地方变体，经济虽有南北不同，却都是以农业为主，其族类与中原诸侯其实大同而小异。因为他们违背了"尊王"与"诸夏亲暱"的原则，所以被斥为"蛮夷"。另一方面，同是楚国，楚武王（前740—前690）不讳自称"蛮夷"，到楚庄王（前612—前591）已称霸中原。他曾问鼎于国室，视为"非礼"；而鲁宣公十二年（前597）晋楚邲之战，楚大败晋国，孔子在《春秋》中却以楚为"礼"而贬晋。董仲舒在《春秋繁露·竹林篇》中评论说："《春秋》之常辞也，不与彝狄而与中国为礼，至邲之战，偏然反之，何也？《春秋》无通辞，从变而移。今晋变而为彝狄，楚变而为君子，故移其言而从事。"

杞，夏后，族类应是正宗夏人。然而鲁僖公二十三年（前637年）杞成公

_____

① 　清人崔述已辨《戎狄与蛮夷之不同》，收入《崔东壁遗书》，上海古籍出版社1983年版；当代学者童书业撰《夷蛮戎狄与东南西北》，辨五方格局的形成，其说甚详，收入《中国古代地理考证论文集》，中华书局1962年版。

死,《春秋》书曰:"杞子卒。"杜预《注》:"杞入春秋称侯,庄公二十七年绌称伯,至此用夷礼,贬称子。"《左传》称:"书曰子,杞,夷也。"杜《注》:"成公始行夷礼,以终其身,故于卒贬之。"鲁僖公二十七年(前632)杞桓公朝于鲁,《春秋》书曰:"杞子来朝",《左传》评论说:"用夷礼,故曰子"。杜《注》:"杞,先代之后而迫于东夷,风俗杂坏,语言衣服有时而夷"。杞国这种变俗,受到鲁国的讨伐,《左传》记载就在杞桓公朝鲁当年"秋,入杞,责无礼也。"到了鲁文公十二年(前615),同是杞桓公来朝鲁,《春秋》书曰:"杞伯来朝。"《注》:"复称伯,舍夷礼。"虽已舍夷礼,仍不称其侯爵而"绌称伯"。

邾,曹姓国,据记载是周武王弟振铎之后,前已征引鲁僖公二十一年邾灭须句,成风说是"蛮夷猾夏,周祸也"。须句是"服事诸夏"的东夷小国,邾出于周之宗室之后,应属于"夏",但在这里夏夷的位置完全颠倒过来了。杜预在注解此事时说:"此邾灭须句而曰蛮夷,昭公二十三年叔孙豹曰邾又夷也,然则邾虽曹姓之国,迫近诸戎,杂用夷礼,故极言之猾夏——乱诸夏。"

其他类似事例不一一列举了。《春秋公羊传》记述鲁昭公二十三年(前519)七月"戊辰,吴败顿、胡、沈、蔡、陈、许之师于鸡父",并评论为何这样记载:"不与夷狄之主中国也。然则曷为不使中国主之?中国亦新夷狄也。"吴虽是周之同姓,吴太伯的后裔,因其称王,且如越人断发文身,所以称为"夷狄";蔡、陈、许等国虽是"中国",也因其所行"非礼",故称之为"新夷狄"。可见,"礼"是区别华夷的最高准则。"中国"在这里,又是一种文化的名称。

那么,"内诸夏而外夷狄"做何解释?《春秋公羊传》阐明,这是孔子"笔削"关于详略与亲疏的原则。即详周天子与鲁而略诸夏,详诸夏而略夷狄;亲尊周天子与鲁,次及诸夏而贬疏夷狄。其要旨:"《春秋》内其国而外诸夏,内诸夏而外夷狄。王者欲一乎天下,曷为以内外之辞言之?言自近者始也。"[1]

在诸子百家中,儒家的夏夷限域最明显。但儒家又有主张兼容和主张各民族亲近的一面。孔子一方面说"夷狄之有君,不如诸夏之亡(无)也"[2],另

---

[1] 《春秋公羊传·鲁成公十五年》。
[2] 《论语·八佾》。

一方面又表示"欲居九夷"①，主张"远人不服，则修文德以来之，既来之，则安之"②。他从事教学，"有教无类"，其弟子也包括了出身于夷狄的子弟，是不分族类的。孔门高足子夏说："与人恭而有礼，四海之内皆兄弟也。"③

还有一点是值得重视的，即经历春秋战国五个多世纪的斗争、融合，华夏形成了稳定的民族共同体，中原出现了统一的大趋势。在边疆，各民族也发展较快，北方游牧民族在战国末年已出现东胡、匈奴、月氏兼并一方，而又互相角逐的局面；西南夷以百数，以滇与夜郎号为强大；百越分散，与诸夏在文化上逐渐接近。中华民族在古代第一次的大融合，不仅为诸夏统一创造了历史的前提，也为秦汉开始形成统一的多民族国家，奠定了坚实的基础。

（三）秦以后中国含义的发展演变与确立

从秦始皇统一中国到清代，是中国形成统一的多民族国家的古代发展过程。其间，可分为三个主要阶段：秦汉魏晋南北朝为统一多民族中国形成过程的发端阶段及中华民族史上第二次民族大迁徙大融合；隋唐辽宋金西夏为发展阶段及中华民族史上第三次大迁徙大融合；元明清为确立阶段，也是当代中国各民族均已形成的阶段。在这个长达2100余年的历史进程中，"中国"和反映各民族总体关系的称谓，都随着统一的多民族国家的形成与发展而发生了深刻的变化。在论释这些变化之前，有必要对一些根本性的认识问题，做如下简短的说明。

世界上没有任何一个国家像中国这样古老而又从未割断其文化传统；也没有一个国家像中国这样在统一帝国分裂以后经过一段南北王朝对峙与诸王、诸汗分庭抗礼以后重新走向更高度的统一。如此反复两三次，终于确立为不可分割的统一多民族国家。这种独特的历史，要从中国众多民族内在联系不断发展当中才能得到科学的解释。笔者曾在《我国少数民族对祖国历史的贡献》④和

---

① 《论语·子罕》。
② 《论语·季氏》。
③ 《论语·颜渊》。
④ 书目文献出版社1983年出版。

其他一些论文中，进行过解释。

　　第一，中华民族所处的地理环境，自然使中国的民族与经济区域分为南北三个发展带和东西两大部。即秦岭—淮河以南是水田农耕民族和水田农业发展带；此线以北到秦长城以内（包括辽东、辽西）为旱地农耕民族与旱地农业发展带；秦长城以外为游牧民族与狩猎民族发展带。这三带天然划分又天然互相依赖互相补充。因此，世界上没有任何一个国家和地区，曾开凿过中国南北大运河这样的运河，也不曾像中国这样在古代发展农牧及农业各个区域之间的商品交换。这种互相依赖互相补充的内在联系，应是中国众多民族越来越巩固地发展为统一国家的重要根源之一。中国的大一统，实际上就是这南北三带民族、民族关系发展的伟大结果。从东西方向看，以天水为中心，北至大兴安岭北端以西，南至云南腾冲，把中国划分为东西两大部，东部湿润而适合于农耕，其东南自古是中国经济发达、人口集中的区域。从有记录可查的历史时期以来，西部干旱高寒的游牧和小块农业区，面积虽然超过全国总面积的一半，人口却从未超过全国总数的10%。但其西北地处东亚、南亚、西亚三个最古老的文明发达区域的交接地带，一直占中西交通的重要地位，尤其在唐以前，可以说是中西交通的主要枢纽。因而，中国西部并不因为其人口稀少而在中国文化史上无足轻重。恰恰相反，这里蕴藏着中国各民族和中西文化汇聚交融而形成的珍贵宝藏，在中华民族多姿多彩的文化史上，占据特殊重要的地位。

　　第二，中国的统一，是由许多局部的统一创造了前提，才得以完成的。和秦、楚等战国七雄各自统一一方为中国的统一准备了条件一样，匈奴第一次统一中国北部游牧区，吐蕃王朝第一次统一西藏高原，也都是中国的大一统不可缺少的历史前提。在中国的分裂时期，边疆由当地民族建立的王朝、汗国，均为各自区域的统一、发展做过重要的贡献。正是所有上述各王朝、汗国的疆域发展才形成了中国的辽阔疆域；正是各民族的历史总汇起来，才缔造了中华民族独特而又光芒四射的历史。在历史上，上述王朝、汗国可能是藩属、敌国或与国，但从发展的结局看，他们都是中国历史链条中不可缺少的一环。当代中国的历史与疆域，是所有中国历史上各民族建立的王朝、边疆王朝、汗国的继承与发展。因而，不仅是中国各民族及其祖先共同开发了中国的疆域，也是他们共同缔造了中国的疆域和历史，他们自然都应该是中国历史的创造者和中国历史的主人翁。

第三，中华民族的经济与文化，在古代始终是呈现多元区域不平衡发展，而又反复汇聚于中原，形成一个一个的发展高峰；同时，又以高度发达的中原经济、文化，向边疆地区辐射与扩散，促进边疆既同步又不平衡的发展。众多民族各有其发展历史，又互相影响，越来越紧密地结成统一的国家，在世界上创造了中华民族多元一体的伟大奇观。

第四，要明确划分中国不同历史时代不同性质民族问题的界限。这是正确阐明中国民族关系发展规律的基本关键所在。即自秦汉至清代，中国历史上的民族矛盾、民族战争、民族压迫与民族间的仇视、隔阂，是统一多民族的中国发展形成过程中的民族问题，没有超出中国历史的范围，从中国历史发展的总格局观察，属于国内矛盾的性质。1840年列强侵略中国以后的百余年，中国的民族问题，主要方面是中华民族反抗外国的侵略与瓜分，以保证祖国的统一与领土完整，以求得中华民族的解放与独立。这是中华民族的民族革命，是世界殖民地民族问题中一个重要的组成部分。另一方面，是反对国内的民族压迫制度，以求得国内各民族的平等。这是中华民族民主革命总任务中一个重要的组成部分，是国内民族问题。中华人民共和国成立以后，在中华民族已实现民族独立与解放，国内民族压迫制度已废除，各民族平等、团结已经实现的历史条件下，主要是各民族互相支援，共同发展，以求实现现代化发展的问题。三个时代不同性质的民族问题，互相有一定联系，但明确加以区分，才能对中国民族关系的发展，得到科学的认识。

上述几点不成熟的看法，是笔者在近年来研究与阐述中国民族关系史的尝试中一些肤浅的体验和概括。笔者也是应用这些基本观点，在研究"中国"及反映中国民族关系总体的称谓变化等方面，既注意到传统观念的不断沿用，更注意到新称谓与旧称谓所获得新含义的出现。用固定的观点理解在发展变化的新称谓、新含义，很难理解中华民族内在联系发展的深刻内涵。

在上两节已叙述，"中国"名称最初的基本含义之一是指京师。直到清朝，此义一直在沿用。即使春秋、战国，各诸侯国同样以其国都称"中国"。

《国语·吴语》记载，越国在分析吴王夫差必败时说："吴之边鄙远者，罢而未至，吴王将耻不战，必不须至之会也，而以中国之师与我战。"韦昭

《注》："中国，国都。"大意是说，吴国边鄙远者已疲劳不堪不能赶来，吴王将耻于不与越作战，必定不待各地会齐，而以国都中的兵力与越国战。《孟子·公孙丑下》记齐宣王说："我欲中国而授孟子室，养弟子以万钟。"这是准备在齐国国都城中给孟子提供教学场所与供养。可见，春秋、战国的诸侯同样以其王所居城为"中国"，以与边鄙相对称。秦汉等统一王朝，以"中国"指京师而与郡国对称"中外"自不待举例说明；东晋十六国时期，北方少数民族首领称王称帝，仍以据有"两京"（长安、洛阳）自居"中国皇帝"，而斥东晋为"吴人"与"司马家儿"；北魏同样以建都于"中土"（洛阳），指南朝为"南伪"与"岛夷"。这些都是沿用以"京师"为"中国"的含义。直到清朝，在某些场合下使用"中外"，也是指朝廷、中央与地方、边疆相对而称。比如康熙六十年（1721）御制碑文中说：爰纪斯文，立石西藏，俾中外知达赖喇嘛等三朝恭顺之诚，诸部落累世崇奉法教之意。"①宣统二年（1910）四月二十八日，邢桐等复川督赵尔巽书中说："藏本中朝土地，藏番皆吾赤子。"②在这里，"中朝""中国""中外"都是以朝廷为"中"，地方与边疆为"外"相对举。即使在晚清，"中外"往往明确指中国与外国的情况下，从皇帝"上谕"，到大臣奏疏，仍沿传统使用"宣示中外""中外臣工"的称谓，是指中央、朝廷与地方、边疆。稍有不察，就可能误解成指中国与外国。

作为地理名称，在统一时期，"中国"包括所有由朝廷直接管辖的地方，对周边各民族地区总称"裔"或"四夷"；分裂时期，则仍沿袭"两京"所在的中原地区称"中国"的传统，建都于黄河中下游的王朝辖区，得称为"中国"。

秦皇统一，军锋所及一律为郡县。两汉时"凡县主蛮夷曰道"。"汉承秦制"，有些"道"秦已有之，大概民族地区的县称"道"这种制度，也不是汉朝的新创。但汉朝确对统一多民族国家的制度有重大发展，汉朝对南北民族地区，各因其宜，制订了不同的管辖政策与制度，对后世的影响极深。汉武帝在全国划分十三州刺史部，对"内属"各族设属国都尉"主蛮夷降者"，到东汉

---

① 《西藏地方是中国不可分割的一部分》（史料选辑），西藏人民出版社1986年版，第188页。
② 《西藏地方是中国不可分割的一部分》（史料选辑），西藏人民出版社1986年版，第308页。

因民族杂居的发展，属国都尉除原有职掌以外，又"比郡治民"①。凡上述郡县及诸侯王辖区都称为"中国"，边疆民族地区称为"裔"。扬雄《方言》说："裔，彝狄之总名。"郭璞《注》："边地为裔，亦四夷通以为号也。"②是以郡国范围为主干，民族地区为边疆的统一地理概念。在这里，"中国"与后世所称"内地"相通。然而，在汉代也产生了包括边疆民族地区均称为"中国"的观念，如王充《论衡·宣汉篇》说，汉代不仅郡国统一，且胡、越臣服，"古之戎狄，今为中国"。在国家制度方面，《礼记·曲礼》说："君天下为天子"。郑玄《注》："天下，谓外及四海也。今汉于蛮夷称天子，于王侯称皇帝。"反映了统一的多民族国家处在发端时期已确定了内地与边疆统一的国家元首称号，其内涵既有区别又相统一。先秦已产生以"区夏""禹域"《禹贡》九州"概称中国的地理名称，汉以后又以"十三州"作为全中国的代称，分裂时期往往以恢复"十三州"作为统一的目标。直到清朝，康熙皇帝在沈阳祭祖时承认清朝"开基汉启疆"③，是说清朝的疆域继承了汉唐以来中国的传统疆域。另一方面，清朝至乾隆末年，已完全将中国所有地方都置于朝廷直接派员的管辖之下，虽各地管辖制度具有不同特点，但都由朝廷派员进行管辖，标志中国统一的多民族国家完全确立，并已完成古代的发展过程。所以在列强侵入中国以前，"中国"作为地理概念，已包括全中国所有民族地区，这是"中国"含义一个极明确而深刻的发展。

在分裂时期，作为地理概念，以黄河中下游称"中国"。譬如，刘备虽尊称汉家皇叔，而曹魏负"篡汉"罪名，然而魏称"中国"，蜀、吴均为边鄙、偏霸。五代十国，其实都是强藩割据的产物，且后唐、后晋、后汉帝室都是沙陀人。然而五代在黄河中下游称帝立都，俱称"中国"，其余十国，均列割据一方。此种观念，无论在当时或后世评论，都无须举例，历史文献中比比皆是。

"中国"当然也是国家的名称。晚明以前，历代中原王朝或南北对峙的王朝，都各有其朝代国号，而又都以"中国"为其通称。边疆民族地区由当地民

---

① 《后汉书·百官志五》。
② 《方言笺疏》卷十二。
③ 《康熙御制文》一集，卷三十六。

族建立的边疆王朝，也往往在其国号、王号上冠上"中国"的名称。比如喀喇汗王朝（或译作黑汗王朝）与同时存在的辽、宋虽有一定的政治、经济关系，却未见明确具有臣属宗藩关系的记录。然而现在遗留下来的史料与历史文书，却"不仅表明黑汗诸汗当时在自认为是'中国之君'"，"而且远在巴格达的哈里发在颁赐封号时，也认为黑汗是'东方与中国之君'"。可见当时喀喇汗王朝虽在宗教方面皈依了伊斯兰，但他们作为中国一部分不变。[①]该汗国学者马合木·喀什噶里编纂了《突厥语大词典》，他在"桃花石"条释义中，把中国分为三部分：上秦为中国东部，即宋朝；中秦为契丹；下秦为中国西部，即喀喇汗王朝统治下的喀什噶尔。尤其值得注意的是："参照其他穆斯林文献，我们还可以看到，马合木·喀什噶里关于整个中国的概念，实际上也反映了当时中亚地区人们的普遍认识。"[②]金末元初的女真人蒲鲜万奴在东北牡丹江和绥芬河地区立国，最初国号"大真"，是以"大女真"为国名，以后更名"东夏"，即明确表明是"中国东部之王"。

外国人对中国的称呼，与中西交通的历史相联系，大致分为南北两大系统。唐以前主要是陆上交通，因此外部世界对中国的称呼都与北方和西北陆上交通相关。在中古梵文中有 Cina 一词，古佛经有支那、至那、脂那等汉译。现在波斯、阿拉伯、英、法、德、意等多种文字对中国的称呼，多自梵文 Cina 衍发出来。一般认为此称起源于 Cin，即"秦"，不只是指秦王朝，还指称霸西戎以及雄视山东六国的诸侯国秦。差不多和 Cina 一样古老，在古希腊、罗马著作中还有 Serice 一称，意思是"丝国"，称中国人为 Seres，汉译为"赛里斯"。有的学者解释，秦是对中国内地而言，赛里斯是指中国的新疆地区，还有的明确指出赛里斯是疏勒的译名[③]。中世纪东罗马史家把中国称作 Taugas，此称起源，各家考订说法不一，最早的汉译见《长春真人西游记》，译作"桃花石"，是指中国内地和汉人。一般认为此称起源于古突厥人称北魏王朝为拓跋

---

① 张广达：《关于马合木·喀什噶里的〈突厥语词汇〉与见于此书的圆形地图》见《中央民族学院学报》，1978年第2期，第42页。

② 张广达：《关于马合木·喀什噶里的〈突厥语词汇〉与见于此书的圆形地图》见《中央民族学院学报》，1978年第2期，第41页。

③ 张星烺：《支那名号考》，载《中西交通史料汇编》第一册，中华书局1977年重版；钱伯泉：《Seres考》，载《西域史论丛》第1辑，新疆人民出版社1985年版；以及其他有关译文与论文。

氏，以后衍为对中国王朝、内地与汉人的称呼①。蒙古与西北一些民族，又因契丹（辽）统治中国北部，进而将中国北部汉人称为"契丹"，传至中亚与欧洲，有些国家即以"契丹"称呼中国，至今俄语将中国称为Китай，盖源于此。唐代文明昌盛，超迈前古，对周围各国以至阿拉伯都发生过重大的影响，而此时南方海上交通渐已取代陆上交通而居于优势地位，因之国外又称中国为"唐"，称中国人为"唐人"。此种情由见于宋人记载，并且流传至今。

元、明以来，继承唐宋，海上交通日益发达。元、明、清各朝，与邻国及东南亚、阿拉伯交往，自称中国。晚明清初之时西方各国正在形成统一的资产阶级民族国家的过程中，有一批耶稣会士从西方来到中国，与中国士大夫以至皇帝有所接触，中国文献往往自称中国，称西方各国为"泰西""西国"，或称其具体国名。自此，以国家区分"中、外"的观念逐渐萌发并日益明确起来。西方耶稣会士来到中国以后，也对中国的历史、地理、民族、文化等各方面进行了初步研究，撰述了一些作品向西方报道。他们称中国为"中华帝国"。比如著名的利玛窦（Mathew Ricci）于万历二十八年十二月二十日（1601.1.23）给明神宗上疏，自称"大西洋陪臣"，来到中国以后，"颇知中国先圣之学"，又发现西方历算"并与中国古法吻合"②。《利玛窦中国札记》中说："今天我们通常称呼这个国家为中国（Ciumquo）或中华（Ciumhoa）。"③他经过考证，认定西方古时所称为"丝国"的正是他已到达的中国；而马可波罗以来，欧洲人所称东方大国契丹，也只是中国的别名。他不仅从一些住在北京的穆斯林商人口中得知契丹与中国是同一个国家，还从他的耶稣会兄弟鄂本笃（Bento de Goas）所率领到达北京的商队那里验证："契丹与中国被证明是同一个国家。"④当时中国士大夫仍死守中国即"四海"与"天下"的传统观念，利玛窦绘制了《世界地图》，使明朝的士大夫得知中国只是世界的一部分。《明史·外国传七》记载："意大利亚，居大西洋中，自古不通中国。万历时，其国人利玛窦至京师，为《万国全图》，言天下有五大洲，第一曰亚细亚洲，中凡百余国，而中

① 《冯家昇论著辑粹》，中华书局1978年版，第377—384页；白鸟库吉撰、方壮猷译《东胡民族考》上编，商务印书馆1934年版，第130—132页。
② 《增订徐文定公集》卷首下附《利子奏疏》。
③ 何高济、李申译《利玛窦中国札记》，中华书局1983年版，第6页。
④ 何高济、李申译《利玛窦中国札记》，中华书局1983年版，第549—558页。

国居其一。"

差不多与耶稣会士东来同时，西方殖民主义者也闯进了中国的边疆。他们所到之处，都遭到了中国各族人民的抵抗，郑成功收复台湾，清初叶驱逐沙俄殖民者的雅克萨战争，就是很好的例证。在这些自卫反击战争中，显示了中国是一个拥有明确疆域的主权国家。康熙二十八年（1689）订立的中俄《尼布楚条约》，是中国与外国确定边界的第一个具有国际法律水准的条约。这个条约的中国政府是清廷，但使用的国名称中国。中方首席代表索额图的全衔是"中国大圣皇帝钦差分界大臣、议政大臣、领侍卫内大臣"，表明索额图是中国皇帝的钦差，行使的是中国的主权。《尼布楚条约》的满文本与拉丁文本，都是中国钦差提供的合法文本，经中、俄双方验证是完全一致的。其关于划界的内容如下：

> 将由北流入黑龙江之绰尔纳，即乌鲁木河附近之格尔必齐河为界，沿此河源之石大兴安岭至海：凡岭阳流入黑龙江之河溪尽属中国；其岭阴河溪悉属俄罗斯。（按：以下关于马第河两属略）
>
> 将流入黑龙江之额尔古纳河为界：南岸属中国，北岸属俄。其南岸墨里勒克河口现有俄罗斯庐舍，着徙于北岸。
>
> 除以前一切旧事不议外，中国现有之俄罗斯人及俄罗斯国现有中国之人免其互相索还，着即存留。①

以上条文显然说明了清廷以中国为国名，表明清廷是主权中国的朝廷，而条约中规定免予索还的中国人，大概都是黑龙江当地的少数民族居民，其中有名可考的是索伦人根特木尔。最初清廷坚决要求引渡他回国，订约谈判中放弃了这个要求。该约的俄文本与满文本有些字句略有差别，但基本内容完全一致。比如条约规定应属中国的领土，俄文本作"均属大清国"使用中国朝廷的国号，但俄文本索额图的职衔仍是"中国大圣皇帝钦差分界大臣"，而俄文本第四条与满文本一样使用中国的名称，该条是："两国订立本约以前逃往中国之俄罗斯人及逃往俄罗斯国之中国人，双方不要索还。"同样肯定黑龙江沿岸各民族人民是中国人。可见俄文本《尼布楚条约》中国的国家名称也只能解释

---

① 此为满文本，汉译见西清《黑龙江外纪》卷一。

为中国。

晚清中国逐渐沦为半殖民地，帝国主义与清廷订立了一系列不平等条约，中国的名称也是使用作为主权国家的名称——中国，这些不平等条约所侵犯的主权属于中国。

综上所述，中国作为国家名称，在西方国家未来以前，是历代中国王朝的通称，各朝代另有表明其一家一姓"社稷""天下"的朝代国号；西方国家侵入中国以后，中国的主权受到了侵犯，无论是在平等地位上或不平等地位上与西方打交道的主权国家名称，"中国"都已是主权中国的名称。这是中国作为国家名称的含义方面一个重要的发展。

作为民族与文化名称的含义，魏晋以前，"中国人"与"夏人"等称同义；东晋十六国至南北朝，又派生出"中华"与"汉人"作为民族名称的新称谓，而中国成为各民族共有的名称。原来"中国"与"四夷"对称，此时又派生出"蕃汉"的新对称。这些称谓的起源与发展，将在下节做专题讨论。

（四）汉人与蕃汉对举的内涵及外延

关于"汉人"作为族称的起源与演变，陈述、贾敬颜两教授曾搜集资料，发覆识微，并同时将研究成果公之于世①。笔者在前几年也曾专事钩稽，其中两先生已阐述者，于此不赘，对"汉人"族称的渊源与出现此称的原因，略陈管见，稍加补充。

两汉时期，匈奴与西域各族，往往称汉朝百姓为"秦人"，汉朝人自称"中国人"，诸侯王沿先秦之旧称"诸夏"或"华夏"与"中国诸侯"。当时边疆各民族又往往称郡县之民为"汉人"，是指汉朝人。然而"胡汉""越汉""夷汉"并称，即已初具族称含义。及至汉家天下星移斗转，曹氏、司马氏相继建立魏、晋，郡县之民虽自称为"中国人""晋人"，边疆各民族往往沿称之为"汉人"。朝代已废，"汉人"的族称含义较前有了进一步发展。据现有资料，"汉人"确定无疑是民族名称，大概是在北魏孝文帝改革的时候。《南

---

① 陈述：《汉儿、汉子说》，载《社会科学战线》1986年第1期；贾敬颜：《"汉人"考》，见本书。

齐书·王融传》载王融在南齐世祖武皇帝时上疏称："虏前后奉使，不专汉人，必介匈奴，备诸觇获。"《南齐书·魏虏传》说北魏"诸曹府有仓库，悉置比官，皆通虏汉语，以为传译"。王融出身高门，是有名的文学家，南齐武帝末年，意欲北伐，王融上书当在此时，正是魏孝文帝推行汉化改革，迁都洛阳之际。与王融基本同时的北魏地理学家郦道元，在其《水经·河水注》中注释河水"又南过土军县西"一句时说："吐京郡故城，即土军县之故城也。胡汉译言，音为讹变矣。"此类以"汉人"与"匈奴"对称，以"汉语"与"胡语""虏语"并举，当然是民族称谓了。可见在南北朝中期，汉人、汉语等称谓，已被人们所习用，连王融这样出身望族的达官贵人兼文学家，也不避"汉人"的族称。

为什么会从"中国人"这个称谓中派生出"汉人"的族称来呢？笔者认为这是边疆民族要求共有"中国"称号的结果。

自两汉以来，郡县之内，已有不少地方民族杂处，边疆地区也往往"夷汉相错而居"。内徙各族，在经济、文化等方面，都与当地汉人差别日益缩小，而少数领袖人物更游步于士大夫、王公贵人之间，著名于当时。如匈奴刘渊，"幼而好学，不舍昼夜。师事上党崔游，习《毛诗》《京氏易》《马氏尚书》，尤好《春秋左氏传》，孙、吴《兵法》，略皆诵之，《史》《汉》《诸子》，无不综览。尝谓同门生朱纪、范隆曰：'吾每观书传，尝鄙随、陆之无武，绛、灌之无文。'"他在魏晋之际，号为"文学武事，并皆工绝"的全才。司马炎称帝以后召见刘渊，感叹："虽由余、日磾无以加也！"于是有心委他领军平吴，只因孔恂等以"非我族类，其心必异"为理由，阻止了晋武帝委以重任。刘宣也师事当时享大名的学者孙炎，"炎每叹曰：'宣若遇汉武，当踰于金日磾也！'"①其他刘聪、刘曜，颇多类似。氐、羌、鲜卑、羯等各族，有些虽不如匈奴人物之盛，大体也与当地汉人水平接近。即便在边疆，也产生了一些为各民族共同拥戴的首领，如"孟获者，为夷汉所并服"②。

晋朝短暂统一，最高统治集团荒淫无度，穷奢极欲，而世风糜烂腐朽，终至演成八王之乱。西北匈奴、氐、羌与汉人联合起义反晋，发展到共推氐帅

---

① 《晋书·载记》本传及《十六国春秋辑补·前赵录》。由余，春秋时西戎人，佐秦穆公霸西戎；日磾，即汉武帝时深得信任的大臣金日磾，与霍光等同是武帝托孤大臣。

② 《三国志·蜀志·诸葛亮传》裴《注》引《汉晋春秋》。

齐万年称帝。起义虽被晋朝镇压下去了，到晋惠帝永安元年（304）刘渊趁"司马氏骨肉相残，四海鼎沸"之机称王，建国号曰汉；氐人李雄也称王于成都，建立成（汉）。不到几年，西晋土崩瓦解，北方各族蜂起，走上逐鹿中原的历史舞台。其中，石勒、苻坚都曾统一北部中国，并以据有"两京"，称为"中国皇帝"，继之为帝于两京者，当然也都以"中国皇帝"自居。有的虽偏据一方，也往往以统一全国为己任。延至北魏，拓跋珪称帝不久，天兴三年（400）即下诏称："《春秋》之大义，大一统之美，吴、楚僭号，久加诛绝。"①是指东晋为非法而提出了统一全中国的目标。

匈奴、鲜卑、羯、氐、羌等民族，既久居郡县与汉人杂处，成为统治民族以后，统治者称为"中国皇帝"，当然必须共享"中国"的称号，他们在制度与文化等方面，均力求继承固有传统。另一方面，就民族称谓而论，按旧有习惯，他们不得居于"中国人"行列。此种矛盾状况，使五胡的统治者大伤脑筋。他们起初称统治民族为"国人"，编户齐民为"赵人"（石勒），经过不断演化，终于逐渐明确，把原来称为"中国人"的人们称为"汉人"，他们的语言称为"汉语"。于是"中国"的称号为各民族所共有；与之相适应，各少数民族逐渐地也总称为"蕃"，反映各民族总体关系的新称谓——"蕃汉"，也就应时而生了。

不难看出，这些新的民族称谓，是自汉代以来民族关系演进的结果，也是中国由许多民族形成统一国家的制度有了进一步发展的产物。十六国时期，那些从少数民族中走上了"中国皇帝"宝座的人物，不仅继承传统称皇帝与天子，还实行农耕与游牧民族"胡汉分治"同时又统由皇帝辖治的制度。最初，皇帝除了又称天子，还兼领大单于称号，后来大单于称号一般由太子兼领。这种制度，把胡汉两个系统的国家元首称号集中到了同一个王朝。隋唐在中央集权制度的发展方面，承上启下，到唐太宗，受北方与西北各民族拥戴，立为天可汗。于是太宗以下唐代各帝，不仅是皇帝与天子，又是游牧民族众汗之汗的天可汗。从而农牧两个系统的国家元首称号集中于一身，反映出统一多民族国家制度的发展。

---

①　《魏书·太祖纪》。

对边疆民族地区，唐朝除设立都护府、都督府于边镇以行使朝廷的控制之外，还在各民族中"即其部落，列置州县，其大者为都督府，以其首领为都督、刺史，皆得世袭。虽贡赋版籍多不上户部，然声教所暨，皆边州都督、都护所领，著于令式"。就是说，在民族地区也和内地一样设置府、州、县的地方行政建置名称，所不同的是民族地区的府、州、县由各民族首领世袭，不变旧俗，因俗而治，称为"羁縻府州"。唐代在全国各民族地区共设这类"府州八百五十六"①，它们虽与内地州县的法律系统与管辖办法都不同，其作为唐朝疆域则相同。

在文化方面，隋唐实际上是进一步发展和消化了魏晋南北朝以来的民族大融合，并且不断汇聚吸收各民族新的优秀文化，从而创造了独特的东方文明，使中华文明推进到一个繁荣昌盛的新高峰。但隋唐都在礼乐制度方面标榜"复汉魏之旧""正礼乐""易服色"，自居"中国"，对郡县之民称"华"、曰"夏"。由于是统一的多民族国家，朝廷有共事的"蕃汉官"，军队有兼领的"蕃汉"兵、将，地方有交错分布的"蕃汉"民众。朝廷内外均不能废蕃并举的称呼。边疆各民族则普遍称内地为"汉地"，也不讳自称为"蕃"。即使是与唐朝平起平坐的吐蕃王朝，也与其他民族一样使用这些称呼。所以，"蕃汉"对举，在唐朝已普遍使用，既见于诏谕，也见于奏对表章，还见于盟誓、碑铭。今择其尤为说明问题者，列举如下。

《新唐书·郭虔瓘传》记述开元年间，安西副都护郭虔瓘与安抚招慰十姓可汗使阿史那献由于对是否募兵扩军问题意见相左，"交诉于朝。玄宗遣左中郎将王惠赏诏书谕解曰：'朕闻师克在和不在众……自开西镇，列诸军，军有常额，卿等所统，蕃汉杂之，在乎善用，何必力募！'"

《册府元龟·外臣部·盟誓》条载开元六年（718）十一月吐蕃赞普弃隶缩赞请与唐修好的文书，回顾以往"汉宰相等官入誓者：仆射豆卢钦望、魏元忠，中书令李峤，侍中纪处讷、萧至忠……等十一人。吐蕃宰相等，亦同盟誓讫，遂迎（金城）公主入蕃，彼此安稳"，并要求"当令重立盟誓，舅甥各亲署盟书，宰相依旧作誓，彼此相信，亦长安稳"。还说，为了重新盟誓，"此

---

① 《新唐书·地理志七下》。

处使人论乞力徐、尚奔时、宋俄等，前后七回入汉"。

《册府元龟·奉使部·称旨》条，记载开元二十一年（733）正月，玄宗遣李暠为使，"制曰：'……工部尚书李暠，体含柔嘉，诚致明允，为公族之领袖，是朝廷之羽仪。金城公主既在蕃中，汉庭公卿，非无专对，有怀于远，夫岂能忘，宜持节充入吐蕃使……'及还，金城公主上言，请以今年九月一日树碑于赤岭，定蕃汉界"①。

《旧唐书·吐蕃传下》记载建中四年（783）唐使张镒与尚结赞会盟于清水，"初约：汉以牛，蕃以马。镒耻与之盟，将杀其礼，乃谓结赞曰：'汉非牛不田，蕃非马不行，今请以羊、豕、犬三物代之。'结赞许诺"。于是结盟并划定"蕃汉界"。

著名的《甥舅会盟碑》记载："舅甥二主，商议社稷如一，结立大和盟约，永无沦替"。其内容除重申"蕃汉两国"分界，还规定了使臣驿传供应及人民安居乐业等事项，"使蕃于蕃中受安，汉亦汉国受乐"②。

唐与吐蕃往来关系中所称"蕃"固然也是国名，上引各条，与"汉"对称，与其他民族地区用法相同，也是作为民族通称使用。唐代云南的边疆王朝南诏，在大历元年（766）立《德化碑》，向唐朝陈述其在天宝时先受云南郡太守张虔陀辱逼，后为节度使鲜于仲通所不容而不得已背唐的苦衷。据道光《云南通志》著录，此碑列数了张虔陀的罪状，其第一项称"吐蕃是汉积仇，（虔陀）遂与阴谋，拟共灭我"。又叙"仲通大军已至曲静（靖），（南诏）又差首领杨子芬与云南录事参军姜如之赍状披雪：'往因张卿谗构，遂令蕃汉生猜……'仲通殊不招承，径至江口……于是具牲宰，设坛单，叩首流血曰：'我自古及今，为汉不侵不叛之臣。今节度背好贪功，欲致无上无君之讨，敢昭告于皇天后土。'"

北方契丹等族称唐为汉，称内地人民为汉人，史文屡见不鲜，毋烦例举。唐朝宰相、将领中少数民族人物之盛，尤其是蕃兵、蕃将的比重，贾敬颜先生

---

① 《西藏地方是中国不可分割的一部分》（史料选辑）第16页，于此条史料下附注《吐蕃文献选集》录入："岁在鸡年（癸酉，733），赞普驻于那准宫，谬使李尚书（暠）及蛮使逻阁等来吐蕃朝贡。"

② 《西藏地方是中国不可分割的一部分》（史料选集）第21—22页。

《"汉人"考》已做论证,今从略。

五代继唐,依旧有"蕃汉官""蕃汉兵"。宋朝对"蕃兵""蕃官"的组织、叙用、提升、降黜,都有一定的法规。至于辽金有"蕃汉"官、兵之称,兼备"蕃汉"礼仪,已为众所周知,不胜枚举。西夏不仅有"蕃汉"官兵、"蕃汉礼",还有"蕃汉文""蕃汉学"。宋朝名臣范仲淹在答复西夏元昊来书中说:"有生之民,皆吾赤子,何番汉之限哉!"①表示宋朝视蕃汉如一的态度。西夏文与汉文对照的辞典《番汉合时掌中珠》其原《序》说:"今时人者,蕃汉语言,可以俱备。不学蕃言,则岂和蕃人之众;不会汉语,则岂入汉人之数!蕃有智者,汉人不敬;汉有贤士,蕃人不崇。若此者,由语言之不通故也。"元朝大一统,有汉人之称,"中国"无论作地域名、国名,都包括中国边疆在内。至明代,再次强调"华夷之辨",边疆仍称内地为"汉",称内地人民为汉人。明朝君臣在讨论民族问题时,也使用"汉人"的称呼,"蕃汉"对称,并未废弃。

《明经世文编》收入徐阶《会议北虏求贡》的奏折,说俺答汗求贡,但"信使不入,表文不具,且其文书,系是汉字,真伪亦未可知……若果悔罪求贡,即宜领兵出境,另具番字表文"②。又载胡宗宪《题为黜虏近边甘言求贡事》的奏疏说,嘉靖二十九年(1550)十一月三十日沿边瞭望哨所听见一鞑靼人"汉语叫说:'我是俺答差来通事,下此文书,与你大那颜,要求进贡。'"③在西南,也有类似用法,如杨一清《条处云南土夷疏》中说,云南应借重土司,"汉兵不过壮声势以固根本焉耳"④。

至于清代,满汉、蒙汉、回汉等对称,毋庸赘举。此时,统一多民族中国的古代发展过程已经完成,"中国"无论作为地域名称、国家名称都包括中国的边疆民族地区在内,所以"中国人"也包括所有中国各民族。清人段玉裁撰《说文解字注》,他在注解"夏,中国之人也"一句时说:"以别于北方狄,东方貉,南方蛮闽,西方羌,西南焦侥,东方夷也。"这是依据先秦以来古义,以"中国"与"四夷"对称作注。另一位清代学者王绍兰指出,上述段《注》

---

① 《范文正公集·答元昊》。
② 《明经世文编》,第2562页。
③ 《明经世文编》,第2808页。
④ 《明经世文编》,第1140页。

未能反映中国含义的发展。在他所撰《说文段注订补》中对此条加以纠正说："案，京师为首，诸侯为手，四裔为足，所以为中国之人也。"阐明"中国人"应是各民族一体，包括中国各民族在内。这是中国多民族国家得到了确立在人们观念上的反映与词义的规范化。至此，"汉人"是与少数民族相区别而称；"华人""中国人"，都已成为中国人与外国人相区别的称呼。

传统的影响还是很深的。当西方的外国人来到中国，"天朝威仪"的观念，仍使中国的皇帝与臣工视外国人为"夷狄"，而外国人也不能接受把他们视同中国边疆民族的称呼，于是又有了"夷""洋"之辨。最早提出这个区别的是英国人礼士（HughHamlttion Lindasy）。他是东印度公司职员，通汉文，为了便于在中国活动，取了类似中国人的名字，叫夏米胡，于19世纪20—30年代来往于中国的澳门与广东一带。1832年春他从广州出发，6月到达吴淞口，要求递禀上宪，准其贸易。苏松太道吴其泰批复："查该夷船向无在上海贸易之例，未便违例据情上报"，将夏米胡原禀退回。夏米胡认为称"夷"是对英国的凌辱，上书抗议，说："大英终不是夷国，乃系外国。"在以后的中外关系发展中，逐渐形成称外国人为"洋人"，与对中国边疆民族泛称"夷"相区别①。当然，称"洋"、称"夷"都是民族自大与封建大民族主义的表现，这是应该摒弃的。而"夷""洋"明确区分中国与外国，则是近代中国与外国关系发展而明确的中外区别，说明中华虽有许多民族，对外国而言，则同是中国。

（五）中华与中华民族含义的演变和发展

"中华"一词，据王树民先生研究，起源于魏晋。最初用于天文方面，是从"中国"与"华夏"两个名称各取一字复合而成②。古人宗信"天人相与"，天文分野，取与地理区域相配合，魏晋之际在天文星野已有"中华"的名称，大概当时于地理与人文，早已有此观念。

鄙意以为，东汉以来，经术学问，演成私家世业。及至魏晋，成为仕家大姓，掌握传统文化学术，又进而垄断"九品中正"，品评人物，官居上品，

---

① 陈旭麓《辨"夷""洋"》，载1982年12月15日《光明日报》史学版。
② 《中华名号溯源》，载《中国历史地理论丛》第2辑。

位清势隆，自诩"衣冠华族"，不仅傲视于"四夷"，也傲视于寒门"浊流"。魏晋朝廷固然对这些高门望姓尊礼备至，即使少数民族出身的皇帝，也往往给予高位殊礼，如石勒那样受过"两胡一枷"卖为奴隶的人，称王以后"重其法禁，不得侮易衣冠华族"①，其余可想而知。"中华"一词，最初也许与这些"衣冠华族"相关，逐渐地扩及于指传统文化和具有这种文化的人民。

作为地域名称，"中华"与"中国"相同。

《晋书·刘乔传》记载，当晋惠帝永兴二年（305）东海王越命刘弘会同刘乔去进攻范阳王虓和刘舆、刘琨兄弟。刘弘曾修书给刘乔劝其"解怨释兵，同奖王室"。未被采纳，乃上表给惠帝。表文中有"今边陲无备豫之储，中华有杼轴之困"一句，以"中华"对"边陲"，是指内地郡县而言。

《晋书·陈頵传》，载頵于东晋初上书王导，说："中华所以倾弊，四海所以土崩者，正所以取材失所。"《晋书·桓温传》载温上疏称："自强胡凌暴，中华荡覆，狼狈失据，权幸扬越。"这些都是以"中华"指郡县地区与中原。

至南北朝，裴松之在《三国志·蜀志·诸葛亮传》后评论说："若使（亮）游步中华，骋其龙文"，必不出曹操诸谋士之下。此处，"中华"显然是指中原地区。

所以，"中华"作为地理名称，大抵也是指郡县地区，以与边陲相对。统一时指全国，分裂时指中原。不过，在古代，中华主要还是作为文化与民族称谓。

《资治通鉴》卷一百载，晋穆帝升平二年（358）冬，晋将荀羡攻前燕泰山太守贾坚。坚以兵少死守，城破被俘而以死报燕。"羡谓坚曰：'君父、祖世为晋臣，奈何背本不降？'坚曰：'晋自弃中华，非吾叛也。民既无主，强则托命，既已事人，安可改节？'"

贾坚责"晋自弃中华"，既有地理含义，更多的是指中原的"衣冠"。

《资治通鉴》卷一百四载，晋孝武帝太元二年（382）苻坚执意攻晋，独宗室重臣苻融苦谏不止，最后苻融说："国家本戎狄，正朔会不与人；江东虽微弱仅存，然中华正统，天意必不绝之！"这里自然是民族称谓了。

---

① 《晋书·载记》本传及《十六国春秋辑补·后赵录》。

《资治通鉴》卷一百一十五载，晋安帝义熙五年（409）南燕主慕容超当东晋刘裕统军北伐，既不敢战，又不肯走。南燕桂林王慕容镇"谓韩淖曰：'……今年国灭，吾必死之。卿中华之士，复为文身矣。'"认定中原汉人才是"中华"，东晋反而被称之为吴越"断发文身"之族，所以是指传统文化而言。

《宋书·张畅传》载，当北魏太武帝已围刘宋彭城，张畅受命至魏营，魏尚书李孝伯传太武帝对彭城守将刘宋宗室诸王刘义恭等的话称"诏"，张畅反驳说："君之此称，尚不可闻于中华，况在诸王之贵！"又是以"中华"称南朝"衣冠"，也是指传统文化与具有这种文化的人民。

《资治通鉴》卷一百二十四载，刘宋文帝元嘉二十三年（446）秋任命杜坦为青州刺史。追述在此以前，宋文帝曾对杜坦感叹如今没有金日䃅这样的人，"坦曰：'日䃅假生今世，养马不暇，岂办见知！上变色曰：'卿何量朝廷之薄也！'坦曰：'请以臣言之：臣本中华高族，晋氏丧乱，播迻凉土，世业相承，不殒其旧；直以南渡不早，便以荒伧赐隔。日䃅，胡人，身在牧圉，乃超登内侍，齿列名贤，坚朝虽复拔才，臣恐未必能也'。"杜坦，为西晋名将兼名学者杜预之后，所以自居"中华高族"，与胡人日䃅比较，应是族称与文化称谓。

另一方面，北魏强调鲜卑是"黄帝少子昌意之后"，又居中土，发扬传统文化，以中华正统自居。北魏太武帝拓跋焘《灭佛诏》，倡言佛是"胡神"，佛法非九州固有，所以要宣布为非法，加以禁绝。至孝文帝推行汉化，更显示其居于中华正统的文化特点。《魏书·韩显宗传》载，韩显宗上书给孝文帝，称："自南伪相承，窃有淮北，欲擅中华正统。"是以北魏为传统文化的继承者，且在法统上，以其立都洛阳，居于"土中"（中土），也是"中华"，反斥南朝为"南伪"！

值得注意的是，南朝对于北魏文化上的发展颇为首肯。萧梁名将陈庆之，于北魏末年曾护送降梁的魏北海王颢回北魏，称帝，一度攻入洛阳。《洛阳伽蓝记》卷二记陈庆之在失败以后仍回梁朝，颇景羡北方文物之盛，说："北海寻伏诛，其庆之还奔萧衍，衍用其为司州刺史。钦重北人，特异于常。朱异怪复问之，曰：'自晋宋以来，号洛阳为荒土，此中谓长江以北尽是夷狄。昨至洛阳，始知衣冠士族并在中原，礼仪之盛，人物殷阜，目所不识，口不能传。所谓帝京翼翼，四方之则，如登泰山者卑培塿，涉江海者小湘沅，北人安可不重！'庆之因此羽仪服式悉如魏法，江表士庶竞相模楷，褒衣博带，被及稜陵。"

《资治通鉴》卷一百九十八载，贞观二十一年（647）五月，唐太宗在总结其成功要领"五事"之一："自古皆贵中华，贱夷狄，朕独爱之如一，故其种落皆依朕如父母。"确如此言，唐太宗较开明的民族政策，是使唐代中国得以繁荣昌盛的基本原因之一。

杜佑《通典·边防典序》说："缅惟古之中华，多类今之夷狄，有居处巢穴焉。"

综上，"中华"用于人事、文化、民族，最初大概因"衣冠华族"而发生，扩而大之，指"礼乐冠带"这种中原传统文化和具备传统文化的人。如北魏鲜卑，不仅自居"中华"，甚至被南朝士庶所景慕。北朝末年所称"中华朝士"，包括一些鲜卑，乃至来自乌桓、匈奴等族的人物。他们都是久居中土且掌握传统文化或专门学术的士大夫。若专作民族名称，则指"汉人"。

"中华"用之于法律，最早应是《唐律疏议》。其卷三《名例》有一条规定："其妇女流者，亦留住。"长孙无忌等《疏议》："妇人之法，例不独流。故犯流不配，留住、决杖、居作。造畜蛊毒，所在不容，摈之荒服，绝其根本，故虽妇人，亦须投窜。纵令嫁向中华，事发还从配遣，并依流配之法，三流俱役一年，纵使遇恩，不合原免。"就是说：妇女若犯罪当流者，一般不发配，留在原处决杖做苦役。但"造畜蛊毒"即以妖术害人的，必须发配，即使嫁到中原内地，也必须投窜边荒。假如遇到开恩大赦，也不在赦免之例。其卷六《名例》还有一条规定："诸化外人，同类自相犯者，各依本俗法，异类相犯者，以法律论。"这就是说：不在州县管辖之内的"诸蕃"，本族人相犯，即依他们固有习惯法处理，若不同民族或蕃国之间相犯，就按《唐律》处理。其卷八《禁卫·疏议》对边禁解释说："缘边关塞，以隔华夷"，不许随便出入。"又准别格：'诸蕃所娶得汉妇为妻妾，并不得将还蕃内。'"这里"华"与"汉"同义，是指汉人。《唐律》及其《疏议》，在唐代均享有同等法律地位，而"中华"既指州郡管辖地区，也指中原文化和汉人。这是在统一的多民族国家中，不同民族，按不同法律治理。南宋贾冶子作《唐律释文》与《宋刑统》相辅，他在解释《唐律疏议》卷三《名例》里"中华"的含义时说："中华者，中国也。亲被王教，自属中国，衣冠威仪，习俗孝悌，居身礼义，故谓中华。非同夷狄之俗，被发左衽，雕体文身之俗也。"也是指郡县之民及中原文化与汉人。

唐代这种不同民族按不同法律治理的精神，在辽代即形成二元法律体制，即以契丹固有的习惯法治理以契丹为代表的游牧民族，以《唐律》治理以汉人为代表的农业民族①。到辽代中后期又多仿宋代制度和法律，而且契丹人等游牧民族也渐取与汉人相同法律治理。洪皓《松漠纪闻》记述辽道宗听人讲《论语》的故事，说："大辽道宗朝，有汉人讲《论语》，至'北辰居（其）所而众星拱之'，道宗曰：'吾闻北极之下为中国，此岂其地邪？'至'夷狄之有君'，疾读不敢讲，则又曰：'上世獯鬻、猃狁，荡无礼法，故谓之夷。吾修文物彬彬，不异中华，何嫌之有！'卒令讲之！"②是辽道宗也认为辽朝已具备传统的中原文化，与前古北方游牧民族不同，无愧于居"中国"与"中华"称号了。辽代的二元法律制度又以中原传统"礼乐"文化为正统，耶律楚材在《怀古一百韵寄张敏之》诗中歌颂："辽家遵汉制，孔教祖宣尼。"③这种农牧两大系统文化与制度相交融结合，在中国统一多民族国家多元一体的发展中，上承唐朝，下启金元和清朝，影响深远，然而过去史界对于辽代制度的研究多被忽视。

"中华"用于政治行动，在古代大概功效最明显的要推明太祖朱元璋。他在吴元年（1367）十月命徐达等北伐后发布告谕中原人民的檄文中，提出了"驱逐胡虏，恢复中华"的口号，并且说："归我者永安于中华，背我者自窜于塞外。"④以"中华"对"胡虏"自然是族称，又以之对"塞外"，则是指中原地区。洪武元年（1368）二月，又"诏复衣冠如唐制"⑤，当然是属于文化与礼俗了。但一般著作仅征引檄文中上述内容，而忽视了朱元璋还说道："自宋祚倾移，元以北狄入主中国，四海内外，罔不臣服，此岂人力，实乃天授。"承认元统治中国是符合"天命"，因而也就承认其为合法了。此外，他还特别强调蒙古、色目虽然不是"华夏族类"，但"能知礼义愿为臣民者，与中夏之人

① 《辽史·刑法志上》。
② 《长白丛书》本，第22页。
③ 《湛然居士集》，卷十二。
④ 《明太祖实录》卷二六，吴元年十月丙子条。
⑤ 《明太祖实录》卷三〇，洪武二年二月壬子条。

抚养无异"。当徐达攻克汴梁以后，朱元璋也随即到达，在他南归时，徐达等到陈桥送行，明太祖诚谕诸将说："昔元起沙漠，其祖宗有德，天命入主中国，将及百年。今子孙荒台，罔恤民艰，天厌弃之。君则有罪，民复何辜？"因而命诸将所到之处："必使市不易肆，民安其居，凡元之宗戚，皆善待之。"①甚至在元大都已平，顺帝北走之后，明太祖仍在宣布各项事宜的诏书中，头一条即指出："元主父子，远遁沙漠……果能审识天命，衔璧来降，待以殊礼，作宾吾家。"对"朔方百姓及蒙古、色目诸人，向因兵事连年供给，久困弊政，自归附之后，各安其生理，趁时耕作，所有牛羊孳畜从便牧养，有司常加存恤"②。这些都说明朱元璋推翻元朝，在他看来和以往朝代革替一样，都是"天命"归弃的表现。他用"驱逐胡虏，恢复中华"动员了当时苦于元朝压迫的各民族，尤其是"汉人"和"南人"，但并没有渲染民族仇恨。相反，对蒙古、色目以至元朝宗戚、顺帝父子都采取宽容政策。这一方面说明了明太祖的政治远见，也是中国已经有了多民族共处的悠久历史传统所致。

"中华"再次成为政治口号，当以清末孙中山先生为代表。他在同盟会纲领的"民族主义"中，借用了"驱除鞑虏，恢复中华"的口号。但是，20世纪的中国，主要矛盾是中华民族与帝国主义的矛盾，当时国内的主要任务乃是推翻帝制，缔造共和。孙先生在革命实践中认识到，必须把中国各民族结成一体，为推翻专制帝制，创立中华共和国而奋斗。在建立同盟会时，有人主张用"对满同盟会"的名称，孙先生认为："不必也。满洲腐败，我辈所以革命，即令满人同情于我，亦可许其入党。"③他又指出："革命宗旨，不专在排满，当与废除专制，创造共和并行不悖。"④孙先生这些主张，与单纯以反满排满为目标，标榜"种族革命"的政治派别划清了界限，因而得到了各族人民的支持。甚至列宁也在《中国的民主主义和民粹主义》一文中盛赞："孙中山纲领的每一行都渗透了战斗的、真诚的民主主义，它充分认识到'种族'革命的不足。"⑤

---

① 《明太祖实录》卷三二，洪武元年七月辛卯条。
② 《明太祖实录》卷三五，洪武元年九月戊寅条。
③ 田桐：《同盟会成立记》，载《太平杂志》第1卷第1期。
④ 冯自由：《中华民国前革命史》中卷，第2页。
⑤ 《列宁选集》4卷本，第2卷，第424页。

　　"民族"一词，在古代汉语里没有构成，而用"人""种人""族类""部落""种落"等词表示。用"民族"表示稳定的民族共同体，则是19世纪与20世纪之交，从日文中引进。当时用法极混杂，在很多场合下与体质特征不同的"种族"一词混用。直到目前，各家在使用这个词的时候，含义也不尽相同，一般则是指从古到今所有处在各种不同社会发展水平上拥有较稳定族称的民族共同体①。在"民族"一词引进后，不久就复合出"中华民族"一词，最初一般是指中国的主体民族，即汉族。

　　辛亥革命前后，著名革命家兼学者章太炎在《中华民国解》中解释说："中国云者，以中外分地域之远近也；中华云者，以华夷别文化之高下也。"②这种解释仍未脱离古代传统观念的窠臼。到了1922年，梁启超撰《历史上中国民族之研究》，他一方面指出"中华民族"通常是指汉族，同时又指出，"中华民族"包括中国各民族认同的一体特征。他说："凡遇一他族而立刻有'我中国人'之一观念浮于其脑际者，此人即中华民族一员也。"并具体指出："故凡满洲人今皆中华民族之一员"③。

　　客观上，中国在古代已有了长达2000余年形成统一多民族国家的历史，其内在联系不断得到发展，一体性不断得到加强。只是由于当时没有一个真正足以威胁各民族共同利益的外部世界的力量，中华各民族尚不能自觉认识这种内在联系与一体性。当帝国主义阴谋瓜分中国的边疆时，中华民族利益的整体不可分割性，就在帝国主义侵略这种外部世界威胁面前逐渐被中华民族自觉地认清了。

　　当然，这种内在联系被自觉认识的程度，是随中国近代民族民主革命而渐渐深刻明确的。在清朝晚年，当英帝国主义企图蚕食中国西南边疆时，云南各族人民掀起了保界运动，以明清两代在那里行使管辖的实证与英帝入侵者抗争，保卫了祖国的西南边疆。当法帝国主义武装侵入与越南接邻的中国境内时，当地苗族爱国者项从周率领苗族及当地各族人民奋起反击，前后坚持30余年，终于挫败法帝侵略者侵蚀我国边疆的阴谋。西藏1904年对英帝入侵者

---

　　① 《中国大百科全书·民族卷》"民族"条释文。
　　② 《章太炎文录初编·别录》卷一。
　　③ 《饮冰室合集》之四十一及1923年商务版《梁任公近著》第1辑。

的抗战，也充分体现了藏族人民为维护中华民族主权，同仇敌忾，不怕牺牲的爱国主义精神。其他毋烦一一列举。应该特别提到的是，在辛亥革命以后，帝俄策动当时外蒙古哲布尊丹巴等宣布"独立"。1912年10月和1913年10月，哲里木盟（今通辽市）10旗王公在长春两次举行东蒙古王公会议，讨论赞助五族共和，拥护民国，反对外蒙古"独立"①。1913年初，在归绥（今呼和浩特）又召开了西蒙古王公会议。内蒙古西部22部34旗王公一致决议"联合东蒙反对库伦"并通电声明："数百年来，汉蒙久成一家"，"我蒙同系中华民族，自宜一体出力，维持民国"②。据我之寡闻，这是第一次在政治文告中，由少数民族代表人物共同决议宣告中国少数民族同属中华民族一部分！

随着中国各民族在反帝反封建斗争中日益自觉地结成整体，中华民族实际上包括中国各民族的内在联系，越来越被揭示出来。孙中山先生在辛亥革命以后，创建中华民国，实行"五族共和"，再不用以往中国封建王朝一家一姓"天下社稷"的朝代国号，表明中国的主权属于中国各民族。他在1912年元旦就任大总统，发布《中华民国临时大总统宣言书》曾明确指出："国家之本，在于人民。合汉、满、蒙古、回、藏诸地为一国，合汉、满、蒙古、回、藏诸族为一人——是曰民族之统一。"③1924年1月23日，孙先生在提交国民党第一次代表大会讨论的《中国国民党第一次全国代表大会宣言》中，重新解释"民族主义"："有两方面之意义：一则是中国民族自求解放，二则是境内各民族一律平等。"在这个文件中还提出了"少数民族"的概念④。在此后的革命实践中，中国共产党将马克思列宁主义与中国革命实践相结合，找到了正确解决中国民族问题的道路，阐明了中国近代社会的主要矛盾是帝国主义与中华民族的矛盾，必须最广泛地团结各族人民，反抗帝国主义侵略，"对外求中华民族的彻底解放，对内求中国各民族之间的平等"⑤。这样就把中华各民族的根本利益的一致性和不可分割性，完全揭示出来了，并且把中华民族的大联合的必要性升华到了理论和革命纲领的高度。因而，中国共产党成为中华民族大联合

---

① 《东方杂志》第9卷第6号，1912年12月。
② 西盟王公会议招待所编《西盟会议始末记》，第41—45页。
③ 《孙中山选集》，人民出版社1981年10月版，第90页。
④ 《孙中山选集》，人民出版社1981年10月版，第591页。
⑤ 毛泽东：《目前抗日统一战线中的策略问题》，《毛泽东选集》第2卷。

的领导与核心力量，使中华民族在自觉联合的基础上，共同打败了帝国主义，实现了中华民族的独立解放，并缔造了中华民族的伟大社会主义国家 —— 中华人民共和国。中华人民共和国成立以后，彻底废除了历史遗留下来的民族压迫制度，并且实行民族区域自治，完美地体现了中华民族的多元一体格局，使中华人民共和国成为56个民族平等、团结、互助友爱、互相支援、共同发展的民族大家庭。

　　总括以上所述，中华民族的全部含义可以做如下归纳，即：中华民族，是中国古今各民族的总称；是由众多民族在形成统一国家的长期历史发展中逐渐形成的民族集合体。众多民族各有其发展的历史与文化，是中华民族的多元性；有着长期在统一国家中共处并发展其统一不可分割的联系，最终自觉地联合成不可分割的整体，是中华民族的一体性。所以，中华民族的多元性与一体性的辩证统一，已有2000年的发展过程，只是在近代反帝、反封建斗争中，这种极深刻的内在联系才被认识，从而上升为中华民族的自觉意识和民族觉悟。像爱护自己的生命那样爱护祖国的统一与中华民族的大团结，已成为中国各族人民爱国主义的集中表现。这种伟大的爱国主义精神，过去曾鼓舞中华民族打败帝国主义侵略，在最困难的历史条件下，捍卫了祖国的统一与领土完整；今后同样会鼓舞中华民族，在为实现社会主义现代化的奋斗中，重振中华民族雄风并实现各民族的共同发展！①

---

　　① 本节作者陈连开：1988年12月，为《中华民族多元一体格局》而作。

第四章

中国历史上游牧民族的地位

一 匈奴游牧社会的历史地位

（一）匈奴统一中国北方游牧区的历史意义

秦始皇吞并六国，结束了七国称雄的战国时代，统一了长城以内的农业区，在中国历史上是一个具有进步意义的伟大事件。秦末汉初，匈奴冒顿单于统一长城以外的游牧区，结束了诸游牧部落、部落联盟并立、纷争的局面，在中国历史上同样是一个具有进步意义的伟大事件。长城内外两个统一政权的先后出现，为尔后长城内外的大一统创造了前提条件。这是中国历史发展进程中的客观事实，必须予以充分肯定。但是，长期以来在中国古代史研究上流行着一种偏见：只承认秦朝统一长城以内农业区的进步意义，而不承认匈奴单于统一长城以外游牧区的进步意义，甚至有的把匈奴诬为中国历史上的消极因素。同样是在中国大地上出现的两个统一政权，一褒一贬，显然很不公平、很不合理。

秦并六国后，在秦、赵、燕三国所修长城的基础上，连接和延伸了东起辽东、西至临洮（今甘肃省岷县）的长城。大体说来，燕、赵两国的长城的走向，是自东向西的一字形，秦长城的走向由东北斜向西南。当时长城以北是匈奴、东胡的游牧区，长城以西是月氏、乌孙和羌人的游牧区。

继秦朝之后，西汉统一了长城以内的农业区。匈奴单于统一了长城以外的游牧区，包括汉长城以西和天山以北的游牧区，天山以南的农业区也受匈奴单于的控制。原来游牧于长城以西即河西地区的月氏人和乌孙人都相继被迫西迁。西迁的月氏人被称为大月氏，仍留在河西及邻近地区游牧的一小部分月氏人被称为小月氏。这个时期，在中国大地上出现了两个统一的国家，长城以外的游牧区是匈奴单于建立的奴隶制国家；长城以内的农业区是汉朝建立的封建制国家。对这个当时的历史事实，汉朝与匈奴的最高统治者都是相互承认的。汉文帝曾给匈奴单于写信说："先帝制，长城以北引弓之国受令单于，长城以内冠带之室朕亦制之。"①匈奴单于在写给汉武帝的信中也说："南有大汉，北有强胡。"②顺应历史潮流的统一，总是有利于各族人民经济文化的发展。中央集权的君主制反对地方割据，在历史上是一种进步现象。斯大林在莫斯科建城八百周年的《贺词》中说："如果不能摆脱封建的分散状态和诸侯的混乱，世界上任何国家都不要想保持自己的独立和真正的经济和文化的高涨。只有联合为统一集中的国家，才能指望有真正的文化经济高涨的可能性，确立自己独立的可能性。"③

西汉初年，汉朝与匈奴的管辖区是以长城为界的，到了汉武帝时情况发生了很大的变化。西汉初年，汉朝对匈奴采取消极防御的政策，至汉武帝时采取主动出击的策略，经过几次战争，西汉"收河南地，置朔方（今内蒙古杭锦旗北——引者）、五原郡（治所在今包头市西北——引者）"，"募民徙朔方十万口"④。前121年，游牧于河西地区的匈奴昆邪王和休屠王降汉，汉将其所部四万余人安置在陇西、北地、上郡、朔方与云中，被称为五属国。随后，汉朝在昆邪王和休屠王原来的游牧地区，设置了河西四郡，即酒泉、武威、敦煌、张掖。

河西四郡的设置，使河西地区逐步由游牧区变成了农业区，这对以后的中国历史的发展，乃至世界历史的发展，都产生了深远的影响。首先，由于河西地区由游牧区变为农业区，分隔开了匈奴与羌族的联系；同时，汉朝与天山以南的农业诸国，以及天山以北、巴尔喀什湖一带游牧的乌孙结成了抗击匈奴的联盟，后来天山以南的诸农业国归服汉朝，进入了汉朝的版图，这就加强了汉朝的实力，进一步削弱了匈奴的势力。

特别重要的是，以新兴的河西农业区为纽带，中原农业区与天山以南的农业区连接起来，并且越过帕米尔高原，又与中亚、南亚、西亚的农业区连接起来了。这就为东方与西方之间丝绸之路的畅通，提供了便利的条件，对加强东方与西方的经济文化交流，起了巨大的作用。

① 《汉书》匈奴传，中华书局标点本，第3762页。
② 《汉书》匈奴传，中华书局标点本，第3780页。
③ 《一九四七年苏联对外政策》，第27页，苏联国家政治书籍出版局1952年版。
④ 《汉书》武帝纪，中华书局标点本，第171页。

（二）长城内外广大农业区与游牧区的形成

长城以外游牧区的形成经历了长久的历史，长城以南农业区的形成更是经历了长久的历史。在我国历史上农业区的出现早于游牧区，农业生产早于牧业生产。对此，我国古代文献有大量记载，近年来许多考古发现又雄辩地证实了这一史实。在马克思和恩格斯生活的年代里，学术界曾经认为牧业生产的发生是早于农业生产的。"那时候的科学界认为畜牧业先于农业出现，并把印欧牧人视作'文明'的起源。"①

在我国，最古老的历史传说和为数众多的新石器时代考古遗址的发现，都说明农业生产在我国很早就出现了。在我国古代传说中，最早的传说人物为炎帝，号神农氏，炎帝的氏族部落是从事农业生产的。"传说中的炎帝后裔有四支，可能是属于古羌人的四个氏族部落。一支是烈山氏，其子名柱，会种谷物和蔬菜，从夏代以上被奉为稷神 …… 烈山氏就是烧山种田的意思。"②

关于我国农业生产的历史，古代传说和新石器时代考古遗址的发现是一致的。在西安半坡、宝鸡北首岭、华县泉护村等遗址中，都发现了粟的皮壳。在半坡遗址中还发现了白菜和芥菜的籽种。在长江中下游，青莲岗、屈家岭、良渚等地的氏族部落已普遍栽种水稻，拥有石斧、石铲、石锄、石刀、石镰等多种农具。在锄耕农业的基础上，畜牧业也有了发展，马、牛、羊、鸡、犬、豕的遗骨，分别在许多遗址中被发现。

奴隶制社会的商朝，以农业生产为主。商朝的王都曾多次迁徙，到了盘庚迁殷（今河南安阳西北）以后，才不再迁徙。这种频繁的迁都，是由于当时在一个地方进行农业生产若干年之后，耗尽了地力，不得不迁到另一个地方。这种抛弃已开垦农田，另行开荒造田的现象，实质上含有游耕的性质。

从夏、商到西周，在后来长城以南的地区，华夏族是与戎、狄、蛮、夷等族杂居的。大体说来，华夏族是以农业生产为主的，戎、狄等族则是以游牧业生产为主的。周和秦的先世，也都曾经营过游牧业，但从根本上来说，周和

① P. 蓬特:《游牧社会》,《民族译丛》1979 年第 2 期。
② 郭沫若主编:《中国史稿》第 1 册, 人民出版社 1976 年版, 第 109 页。

秦的先世都是以农业立国的。周在立国前的一些名人，如后稷、公刘、古公亶父都是以倡导农业生产有功而被载入史册的。《史记·周本纪》亦载："弃（即后稷——引者）为儿时，屹如巨人之志。其游戏，好种树麻、菽，麻、菽美。及为成人，遂好耕农，相地之宜，宜谷者稼穑焉，民皆法则之。""古公亶父复修后稷、公刘之业，积德行义，国人皆戴之……于是古公乃贬戎狄之俗，而营筑城郭室屋，而邑别（村落——引者）居之。作五官有司。民皆歌乐之，颂其德。"

春秋时期，在后来长城以南的地区，华夏族与戎、狄等族还是杂居的，华夏族的农业区与戎、狄等族的游牧区还是犬牙交错的。"东周天子的都城洛阳，附近就有陆浑之戎、伊雒之戎。卫国城墙上可以望见戎州。在春秋时期，华夏族与非华夏族斗争非常激烈，到战国时期，这些民族大体上都与华夏族融合了，形成一个华夏族。"①在战国时期，燕、赵、秦三国分段修筑了长城，人为地造成了一条中原农业区与北狄、西戎游牧区之间的界限。同时中原地区的戎、狄等族融合于华夏族的一个主要标志是，他们放弃了游牧生活而从事定居的农业生产。因此应该认为，在中原地区的农业生产虽有极其久远的历史，但是中原地区形成统一的农业区，则是到战国时期才最终完成的。

那么，长城以北、以西的游牧区，又是在何时形成的呢?《史记》《汉书》的匈奴传中都说："自淳维以至头曼千有余岁，时大时小，别散分离，尚矣，其世传不可得而次。然至冒顿，而匈奴最强大，尽服从北夷，而南与诸夏为敌国，其世姓官号可得而记云。"②这一段话里有两点是很重要的：第一，在长城以北的游牧区建立统一的政权始于秦末汉初；第二，北方游牧区的出现约在西汉以前一千多年。前一点确凿无疑；后一点则约略地透露了游牧业的出现晚于定居的农业生产。可以认为，这是很有道理的。

恩格斯在《家庭、私有制和国家的起源》中写道："畜群的形成，在适于畜牧的地方导致了游牧生活：……动物的驯养，最初大概是在这种牧区的边缘上实行的。因此，后人便以为游牧民族是起源于这样一些地方，这种地方在

① 范文澜：《中国历史上的民族斗争和融合》，载《中国民族关系史论文集》，民族出版社1982年版，第142—143页。
② 《汉书》匈奴传，中华书局标点本，第3751页。

实际上不仅根本不能成为人类的摇篮，而且相反地，对于蒙昧时代的人类祖先，甚至对于处于野蛮时代低级阶段的人们，都几乎是不适于居住的。"①我国北方游牧区属于干旱地区，年降水量偏少，冬夏气温变化很大。冬季气候严寒，不时出现风雪交加的恶劣天气。夏天在荒漠或半荒漠的草原上，日照强烈，气候炎热。在这样的自然条件下，在牧民们的生产技术发展水平还不足以有效地抗御这些不利的自然条件时，是不能在游牧区进行生产和生活的。

如上所述，在我国历史上农业区的出现早于游牧区，这符合世界历史上的通例。在我国历史上农业区统一政权的出现也早于游牧区统一政权的出现。秦始皇吞并六国，在我国的农业区出现了统一的政权；匈奴冒顿单于统一北方游牧区的各个游牧部落和部落联盟，在我国的游牧区出现了统一政权。这两个历史传统都被以后的历史继承下来了：三国、晋、宋、明继承了农业区统一的传统；鲜卑、柔然、突厥、回鹘、契丹等继承了游牧区统一的传统。

中国历史长期存在过的两个统一——农业区的统一和游牧区的统一，终将形成混同南北的一个大一统，这是由中国历史发展的必然性所决定的。中国历史上的汉、唐两朝曾在这方面取得了富有历史意义的成就，元朝全部实现了农业区和游牧区的大一统，我国最后一个封建王朝——清朝最后完成和巩固了这个大一统。

（三）匈奴游牧社会的历史地位

匈奴是我国古代史上的一个重要民族，对中国历史的发展曾经产生过重大的影响。从1世纪开始至5世纪有一部分匈奴人西迁到中亚、西亚和欧洲，对那里的历史也曾产生过重大的影响。因此，正确地阐明和评价匈奴的历史地位，是正确地阐明中国史的一个重要组成部分，也是正确地阐明世界史的一个重要课题。深可惋惜的是，在我国古籍中对匈奴的评论是很不公平的，是历代史学家们受当时历史的局限的结果，现在的史学工作者们，当然不能再因袭古代史学传统的偏见了。

---

① 恩格斯：《家庭、私有制和国家的起源》，人民出版社1972年版，第23页。

为了正确地阐明古代匈奴游牧社会的历史地位，笔者认为必须正确地认识以下几个问题。

第一，在看到匈奴对于农业区的严重骚扰的同时，更应该看到农业区与游牧区相互依存、相互促进的关系。

匈奴的奴隶主阶级所发动的对于中原农业区和对天山以南农业区的骚扰，包括抢劫牲畜财物，杀伤农业居民，毁坏庄稼，掳掠人口为奴隶等，诚然给农业区的各族人民造成了深重的灾难。这方面的情况，历史上的记载较多，本书不准备多做论列。游牧民族对于农业区的掠夺，这是世界史上的通例，在中国是如此，在西亚、非洲、欧洲也是如此。

这里需要特别强调的是，在中国古代史上，中国的疆域大体上可以分为三大片：地跨黄河、长江、珠江的农业区是一大片；长城以北的游牧区是一大片；青藏高原及其邻近的游牧区又是一大片。这一大片农业区和两大片游牧区都有数百万平方公里的面积，并存着互不相同的生产体系。在汉朝设置西域都护以后，我国的中原农业区与天山以南的农业区连成了一片，这时我国农业区与北方游牧区的界线，从长城以北到天山以北长达数千公里。农业区与游牧区都各有自己所特有的产品，是对方所没有的或缺少的，因而也是对方在生产、生活上所迫切需要的。由于游牧区不能生产游牧民族所需要的全部生产、生活物资，游牧民族对于农业区生产的粮食和各种手工业品的需求是更为迫切的。受客观经济法则的支配，农业区与游牧区以有易无的交易便发生了，而且这种交易的规模和品种，愈来愈大，愈来愈多了。恩格斯在《家庭、私有制和国家的起源》一书中写道："在野蛮时代中级阶段，我们看到游牧民族已有牲畜作为财产，这种财产，到了成为相当数量的畜群的时候，就可以经常提供超出自身消费的若干余剩；同时，我们也看到了游牧民族和没有畜群的落后部落之间的分工，从而看到了两个并列的不同的生产阶段，也就是看到了进行经常交换的条件。"①奴隶制的匈奴游牧社会与封建制的中原农业社会，就是在这种条件下发生广泛而持久的交易的。

从中原农业区输送到游牧区的产品，主要为各种农产品和手工业产品，

---

① 恩格斯：《家庭、私有制和国家的起源》，人民出版社1972年版，第163页。

如：粮食、丝织品、麻织品、金属工具和用具、酒类等。从游牧区进入农业区的产品，主要为各种活畜——马、牛、羊、驴、驼，各种家畜和野牲的皮张、畜毛以及药材等。

农业区与游牧区之间交易的发展，不仅大大丰富和改善了各族人民的物质生活，并促进了各自经济的发展。由于大量牲畜的输入，大大改善了中原地区各族农民和手工业者的劳动条件，提高了生产力，便利了商业运输，亦有利于骑兵的建设。在汉朝初年，在内地驴与奇珍异宝并列，被视为稀有动物，到后来却成为民间常用的役畜了。

中原农业区的农产品和手工业产品大量进入游牧区，满足了游牧民族吃饭、穿衣的需要，并促进了游牧区生产力的发展。这里只列举一项考古资料作为例证："金属工具中所谓'斯基泰式'兽首柄小铜刀，只得一件，出土最多的还是汉式环首小铁刀、锥类，共得二百五十余件。显然前者为后者所代替了。一些数量可观的铁镯、铁斧、铁镞，除用于战斗外，也可能作为生产工具。像出土的两件长方薄板状铁锄，只能用于生产及其他日常活动上。本族的铁斧只得一两件。总之，金属工具的使用，推动了他们的社会发展和生活上的变化。""在这一发展和变化中，起了显著作用的则是汉族先进文化的影响与推动，墓地出土的大量汉族文物，充分说明了这一问题。可以确定为汉族文物的，有铁工具、陶器、兵器、马具、铜镜、服饰、货币等一系列出土品。"①汉朝政府是严禁"精金良铁"运出关塞的，而在一处匈奴的古墓群里，竟然发掘出如此之多的汉族的铁工具、兵器等。由此可以说明以下两个问题：其一，汉族与匈奴经济文化交流的内容是非常丰富的，其影响是非常深远的；其二，汉族与匈奴在经济上互相依存、互相促进的关系，是任何力量都阻挡不了的，汉朝政府禁止"精金良铁"运出关塞的政策，事实证明是行不通的。

综上所述，笔者认为汉、匈关系的主流是经济文化的交流，这种交流对农业区和游牧区的各族人民都是有利的。至于匈奴奴隶主阶级所发动的掠夺性战争，以及汉朝政府所进行的抗击和报复性战争，虽然史不绝书，但它们毕竟不是年年月月都发生的事。而农业区与游牧区的贸易往来却是年年月月都在进

---

① 孙守道：《"匈奴西岔沟文化"古墓群的发现》，《文物》1960年第8—9期，第27、28页。

行着的。即使在双方不和睦的情况下，这种交流也未曾中断。农业社会与游牧社会在中国历史上长期并存，它们之间经济文化发展的水平是不相同的，社会经济结构也是不相同的。但是它们之间的关系，却存在着一个最根本的共同点，这就是在经济上的相互依存和相互促进。这个根本的共同点，就是大一统思想赖以形成的经济基础。

　　第二，匈奴以游牧经济为主要的生计来源，但不是没有其他的生产部门——农业、手工业、狩猎业等。

　　《汉书·匈奴传》中说：匈奴"居于北边，随草畜牧而转移。其畜之所多则马、牛、羊，其奇畜则橐驼（骆驼）、驴、赢、駃騠、騊駼、驒騱。逐水草迁徙，无城郭常居耕田之业…… 无文书…… 自君王以下咸食畜肉，衣其皮革，被旃裘。"①上面的引文与《史记·匈奴列传》的叙述几乎完全相同。但是，仔细分析上引两书的叙述，并查阅近代以来的考古发现以及笔者多年在蒙古、藏、哈萨克族牧区的社会调查资料，认为上述引文中的一些话是失实的，过分夸大了匈奴游牧社会的落后性。实际上，在匈奴游牧区内是有城郭的，是有农业生产和手工业生产的，匈奴人并不全是肉食的，匈奴人的衣服也并不全是兽皮和毛毡做的，匈奴人虽无自己的文字却是有文书的。

　　关于匈奴人的游牧区内有城郭这一点，我国文献中早有零星记载。近代的考古发现进一步证实了在匈奴游牧区内是有一些城镇的。"虽然匈奴时代畜牧经济占统治地位，但是已经建立了具有城堡的小城镇。在这些城堡里，除了驻防军队以外，还有定居的农业劳动者。这样的遗址在蒙古人民共和国境内发现过十几处。"②在我国内蒙古地区也曾发现过一些匈奴时期的古城，"至今为止，我们所调查过的汉代古城，计有：呼和浩特市东北方的塔布托拉亥村、土默特旗二十家子村、包头市麻池村、清水河县上城湾、托县古城村、沙拉齐县东老仗营子、乌拉特前旗三顶帐篷、伊克昭盟（今鄂尔多斯市）东胜县城梁村、准格尔旗的那林镇、瓦尔吐沟和榆村壕村等地。这些古城都有城墙，地面上散

---

① 《汉书》，中华书局标点本，第3734页。
② C.B. 吉谢列夫：《南西伯利亚和外贝加尔湖地区古代城市生活的新资料》，《考古》1960年第2期，第45页。

布着汉代砖瓦和陶器残片，地下埋藏相当丰富"①。

匈奴人虽以游牧经济为主，却兼营着农业生产。《史记》《汉书》中"无城郭常居耕田之业"之说是不符合史实的。关于匈奴兼营零星农业这一史实，就是《汉书》也有不少记载，摘其要者列举如下：

匈奴"遂屠贰师以祠。会连雨雪数月，畜产死，人民疫病，谷稼不孰"②。

"其明年，匈奴怨诸国共击车师，遣左右大将各万余骑屯田右地。"③

在匈奴游牧区也是有自己的手工业的。从近代以来的考古发现中我们知道匈奴手工业的部门有：冶金、铜铁武器、工具、生活用具的制造、制车、制陶、毛纺、制革等，生产技术较低，产品还不能自给自足。

《史记·匈奴列传》和《汉书·匈奴传》中说：匈奴人"自君王以下，咸食畜肉"。这种说法不能成立。匈奴人除了吃肉外，还吃粮食，而且是不可缺少的。粮食的来源有三：一是在匈奴游牧区内自己种植；二是汉朝政府赠送；三是从内地农业区换得或抢来。匈奴游牧区内自己种植的粮食是不能自给的。汉朝政府赠给匈奴的粮食数量不少，《汉书·匈奴传》中这样记载：

汉高祖时"岁奉匈奴絮缯酒食物各有数"。

汉武帝时"故诏吏遗单于秫糵金帛锦絮它物岁有数"。

汉武帝时，匈奴单于在致汉朝的信中说："岁给遗我糵酒万石，稷米五千斛，杂缯万匹，它如故约，则边不相盗矣。"

呼韩邪单于时，"诏忠等留卫单于，助诛不服，又转谷米糒，前后三万四千斛，给赡其食。"

"元帝初继位，呼韩邪单于复上书，言民众困乏。汉诏云中、五原郡转谷二万斛以给焉。"

从上面的引文中可以看出，汉朝政府赠送给匈奴的粮食数字是相当庞大的。

至于通过民间贸易，由中原农业区输送到匈奴牧业区的粮食，由于缺乏文献记载，我们还不能说出究竟有多少，但是我们相信其数量必然远远超过汉

---

① 《几年来的内蒙文物工作》，《文物参考资料》1957年第4期，第13页。
② 《汉书》匈奴传，中华书局标点本，第3781页。
③ 《汉书》，中华书局标点本，第3788页。

朝政府赠给匈奴的粮食。

匈奴人的食物，除了肉类及粮食以外，对于一般牧民来说，畜乳及乳制品则是更为重要的食品。畜乳是常年可以挤用的，在产乳旺季畜乳还可以制成各种乳制品，如酥油、各种奶干等，可备作常年食用。一头母畜可以生产畜乳二三年至十来年，而杀掉一头牲畜吃肉，却只能吃一次。必须看到，在匈奴的奴隶制下，一般牧民占有牲畜是很少的，如果全靠吃肉，就以每人每天一斤二两计，一个月就要吃掉一只羊（而且在热天里肉类是难以贮存的）。如果每家以五口计，全年就要吃掉60只羊，这显然是不可想象的事。

说匈奴人的服装，只是"衣其皮革，被旃裘"，也不能完全令人信服。匈奴的奴隶主阶级是穿丝绸的。匈奴征服乌桓后，常向乌桓征收"皮布税"。匈奴人向乌桓人征收的布，当然是会作为衣料的。这里所说的布，绝非棉布，很可能是毛布或麻布。

《史记》《汉书》中说，匈奴人"无文书"。如果把这句话理解为匈奴人当时还没有自己的文字，当然是可以的。如果把这句话理解为匈奴人不知道使用文字，那就错了。匈奴单于和汉朝政府间是经常有书信往来的，这些书信的一部分至今还存在《汉书》中，其所使用的文字为汉文。

综上所述，笔者认为《史记》和《汉书》对匈奴人的经济文化发展水平的描述是贬低了。为了还历史以本来面目，为了正确阐明匈奴在中国历史上的地位，笔者认为对上述诸问题都有加以辨明的必要。诚然，游牧经济在匈奴人中占着统治地位，但是在匈奴的游牧社会，毕竟已经出现了城镇、农业、手工业、狩猎业等，尽管其技术水平是比较低的，生产规模是比较小的，产品也是不能满足自身需要的。

第三，不能过分低估游牧业的生产技术水平，不能过分低估游牧区的物质文化。

马克思在《资本主义生产以前的各种形式》一文中曾经写道："自然形成的部落共同体（血缘、语言、习惯等的共同性），或者也可以说群体，是人类占有他们生活的客观条件和占有再生产这种生活自身并使之物化的活动（牧人、猎人、农人等的活动）的客观条件的第一个前提。""土地是一个大实验场，是一个大武库，既提供劳动资料，又提供劳动材料，还提供共同体居住的地方，即共同体的基础。"① 出现在我国长城内外的农业区和游牧区，虽各自以农业或游牧业作为自己的主要生产，两者各不相同，但他们都把土地作为最主要的生产资料，这一点又是共同的。在农业区，是把土地当作农田使用的，农民在农田上种植粮食、油料、桑麻、果蔬等，用以满足吃穿用的需要；在游牧区，是把土地主要当作牧场使用的，牧民在牧场上放牧马、牛、驴、驼、羊等，使之不断生长繁殖，从牲畜身上取得肉、乳、皮、毛，用以满足衣、食、住、行的需要。而且，农业和游牧业的生产果实，都不是大自然的恩赐，而是农民和牧民劳动的结晶。广大各族农民和牧民所创造的物质财富，则是农业区和游牧区的政权、宗教、文化艺术等所赖以存在的基础。由此我们可以领会马克思的"土地是一个大实验场，是一个大武库"这句名言的深刻含义。

有一种传统的偏见，认为农业生产的技术是比较高的，比较复杂的，有比较多的生产工具，有一整套的生产技术；而畜牧业生产的技术则被认为是比较低级、比较简单的，把它简单地归结为"随草畜牧而转移"（《汉书》语），"逐水草迁徙"（《史记》语）。这种看法是错误的，是由于对游牧业生产缺乏了解而产生的偏见。实际上畜牧业的生产技术同样也是很复杂的，其中也有许多是在长期生产实践中积累起来的、世代相传的宝贵经验。例如，适时地转移牧场，适时地交配、育幼、保护畜群不受野兽侵害，挤奶、制作奶制品和皮毛加工等，需要有由经验积累起来的有关天文、地理、气象、物候、家畜饲养、兽病防治等多方面的知识。比起农业生产来，游牧业的生产工具虽然比较少一些，但是游牧业有一套特需的生产工具，比如需要马鞍和牛、驼的驮具用作平日乘骑和转移牧场时驮运毡房和生产、生活用具，需要弓箭刀矛等武器用以防御野兽的侵害，还需要有挤奶用具以及加工奶制品和皮毛的工具等。

农业生产有农忙和农闲之分；而游牧业是一种连续性的生产，是一天也不能中断的，即使在节日也不例外，马、牛、驼、羊不仅白天要放牧看管，夜间也需要看管，马群还要在夜间放牧。在接羔育幼的时期，对孕畜和幼畜更是需要不分昼夜地加以管护。可见，畜牧业也同样是一种劳苦、艰辛的劳动。

第四，匈奴游牧区内的农业生产由于受到各种条件的制约，未能得到应

---

① 《马克思恩格斯全集》第46卷上，人民出版社1979年版，第472页。

有的发展，但总是在发展着的。

古往今来，在全世界还不曾有过不兼营农业生产的游牧民族。前3世纪，在匈奴游牧区内就已经有了农业，就已经有秦人在游牧区从事农业生产。《汉书·匈奴传》颜师古注称："秦时有人亡入匈奴者，今其子孙尚称秦人。"西汉初年，匈奴冒顿单于统一北方游牧区后，有大量的汉人被迫或自愿地进入了匈奴游牧区。这些汉人大致是通过四条途径进入匈奴游牧区的：（1）大量的汉人被匈奴人抢掠后变成奴隶，其事例史书记载甚多，故不一一列举；（2）东汉时羌族曾把抢掠的大量汉人转卖给南匈奴为奴隶；（3）有多起汉人官兵因战败或其他原因投降匈奴；（4）边疆的贫苦农民自愿逃亡到匈奴游牧区。这四个方面的汉人总人数肯定不会很少，他们在匈奴游牧区大都从事农业和手工业生产，成为匈奴游牧经济的一个有机组成部分。

匈奴是一个奴隶制的国家，曾经统治过许多其他民族，如东胡、乌桓、丁零、小月氏、乌孙等游牧民族以及天山以南的各农业民族。在匈奴的奴隶中有匈奴人、汉人、东胡人、乌桓人、乌孙人、丁零人等。匈奴的奴隶究竟有多少人，马长寿先生起先断定为70万人，后改为50万，林干同志则假定为30万人①。据记载，其中匈奴人、丁零人就有数万之多。

在匈奴的游牧区内，有许多地方的气候、土壤、水源是适宜于农业生产的。虽然在匈奴的游牧区内前3世纪就已经出现了农业，并且在冒顿单于统一北方游牧区后，有过一定的发展，但是没有得到应有的发展。这是由于守旧的匈奴奴隶主阶级维护游牧传统，鄙视农业生产所造成的。

其产生的阶级根源是：从事农业的人们，是被压迫被剥削者，其中很多是奴隶。在阶级社会里，被损害、被奴役的人总是在社会上被瞧不起的，包括生产者本人和他们所从事的职业在内。即使同样从事生产劳动的牧民，也瞧不起农业劳动者。这是因为一个时代的统治思想，总归是该时代的统治阶级的思想，同时也与从事不同门类生产者之间的隔阂有关。

匈奴的奴隶主阶级鄙视农业（后来其他游牧民族的封建牧主也同样鄙视农业），还有其深刻的社会的、经济的原因。在游牧区，不论是处于奴隶社会

---

① 参见林干编《匈奴史论文集》，中华书局1983年版，第12页。

或封建社会，牲畜都是私有的，而牧场却总是归氏族部落公有的。在这种情况下，占有几千头或上万头牧畜的奴隶主、封建牧主和仅占有几头到几十头牲畜的牧民，牧场的公有制对他们究竟各有多少实际意义？其实质是一目了然的。游牧业不同于农业生产，是不能一家一户单独进行的，而是以血缘关系结合起来的氏族部落为单位进行。在封建制的游牧民族里，牧人们转移牧场总是以氏族为单位进行的。在"亲属互助"的名义下，牧民"帮助"牧主从事各项生产劳动和家务劳动；依附牧民可以在牧主指定的几十只母羊身上挤奶，供作食用并用以制作各种奶制品；在转移牧场时，可以借用牧主的几头大畜 —— 驼、牛、马，用以驮运毡房和其他生产、生活资料；有时牧民还能从牧主处得到一至几只幼畜的"赠予"。一般说来，奴隶制和封建制是有着许多共同点的。在封建制度下一户牧民离开他所在的氏族部落而经营农业是极其困难的，想来奴隶制下这种困难只能更大，不会更小。因此，牧民虽有经营农业之心，却无经营农业之力。

一个非常严酷的事实是：人总是要吃粮食的，牧民也毫不例外。吃粮食的需要比起鄙视农业的传统偏见，当然强大得不可比拟。这种偏见虽然能够在一定时期内干扰农业生产的发展，但是终究阻挡不了农业生产的产生和存在。

第五，在北方游牧区内形成若干农业区后，结束了中原农业区与北方游牧区南北对峙的历史。

连片的、大面积的农业区在原来游牧区的出现，虽然是后来发生的事情，但是它们却肇端于匈奴时代，先行者的历史功绩是不能抹杀的。

当年匈奴单于所辖的游牧区，包括现在我国的东北、内蒙古、宁夏及甘肃河西、新疆北部地区，在这些原来属于游牧区的地方，出现了大片农业区后，结束了中原农业区和北方游牧区南北对峙的历史。这个转变的过程，经历了漫长的岁月，直到清代才最后完成和巩固下来。

诚然，长城曾经是匈奴游牧区与中原农业区的界限，但是长城本身在汉朝就是有很大变化的。秦朝与汉朝初年的长城，是在战国时期燕、赵、秦三国长城的基础上修筑的。到了汉武帝时期，在西段把长城延伸到了阳关、玉门关，在东段于长城之北又修了两条外长城。"汉武帝时所筑的外长城，共有两条，分布在秦长城北面的荒漠草原上。这两条平行的长城，南北相距五至五十千米左右，靠南的一条起自武川县（今内蒙古 —— 作者）境内，西越固阳县、乌拉特中后旗和潮格旗，伸入蒙古人民共和国境内；靠北的那一条，东起达茂联合旗，西经乌拉特中后旗和潮格旗，伸入蒙古人民共和国境内，再转而向南，与额济纳旗境内的汉长城相连接。"①西汉政府在朔方至令居、居延屯田，就把农业区扩展到了秦长城以北的一些地区。在汉武帝设置河西四郡以后，这一大片原来的游牧区，不久就变成了农业区。对于北方游牧区和中原农业区来说，后来历史发展的总趋势是：前者是一种缩小的趋势。在西汉初年，长城还是一条农业区与游牧区的界限，到了西汉中期，长城以北的一些游牧区已经成为农业区了。

在世界史上，剽悍的游牧民族常常想把毗邻的农业区变为游牧区，把农田变为牧场，也曾有过成功的例子。例如，在11世纪中叶，阿拉伯半岛的游牧民族贝都英人侵入北非后，把那里的农田变为牧场，荒废了当地人若干世纪以来所修建的水利设施。在中国历史上，汉代的匈奴以及后来的北方其他游牧民族，何曾不想将毗邻的农业区变为游牧区，但没有出现过成功的例子。广大的中原农业区，人烟稠密，城堡林立，谁想要把农业区变为游牧区，就会遭到最顽强的抗拒。匈奴人没有力量做到这一点，鲜卑人在我国北方建立了北魏王朝，在中原农业区的汪洋大海之中，不仅未能将农业区变为游牧区，连他们自己也改营农业，最后融合于汉族之中了。元朝建立之初，一些坚持游牧传统的蒙古贵族，也曾想把中原农业区变为游牧区，他们的主张未被元朝的最高统治者所接受，因为这是行不通的。

（四）游牧社会与农业社会历史的整体联系

如上所述，游牧社会不能够形成一个自给自足的社会，如果没有与毗邻的农业区的密切联系，是不能够生存和发展的。笔者认为古代匈奴史的研究，必须与秦汉史的研究密切结合起来，即密切联系诸农业民族的农业社会，才能深入地正确地探讨诸游牧民族的游牧社会。

---

① 《内蒙古文物考古工作三十年》，见《文物考古三十年》，文物出版社1979年版，第70页。

在我国上古史上，诸游牧民族——匈奴、东胡、乌桓、丁零、乌孙、西羌等民族形成了两个大的游牧区，一个是上文已做了探讨的北方游牧区；另一个则是青藏高原及邻近地区所组成的西方游牧区。由于后者不在本文所研究的范围，在上文未曾论及。与上述两个巨大的游牧区并存的，是一个以汉族为主体的许多农业民族（西胡、百越、西南夷等）所建立的农业区，比起两个游牧区（北方游牧区与西方游牧区）来，农业区的人口占总人口的绝大多数，估计在百分之九十以上，经济文化发展的水平也是比较高的。如前所述，在我国历史上农业区与游牧区、农业民族与游牧民族之间的关系，占主导地位的是相互依存、相互促进的关系。

必须指出的是，在农业区与游牧区的相互依存、相互促进的关系中，在历史上，以汉族为主体的农业区是经常起着进步作用的，是多民族国家形成统一局面的凝聚力的核心。如果没有这个核心，就不能形成我们这个统一的多民族国家。

自秦汉以来，中国就是一个统一的多民族国家。直到辛亥革命以前，我们这个中央集权制的统一的多民族国家，有过一个漫长的历史发展过程，经历了许多次严峻的历史考验，但是，统一始终是历史发展的主流，统一始终是各族人民共同的愿望。在我国历史上，两个巨大的游牧区（北方游牧区与西方游牧区，包括原来在两个游牧区内出现的农业区）与一个更大农业区——即中原农业区之间的相互依存、相互促进的关系，是我国大一统思想所以深入人心的经济基础，也是历朝历代大一统政治局面所赖以建立的经济基础。

我们研究古代匈奴游牧社会，应该正确阐明匈奴游牧社会的历史地位，对匈奴游牧社会对祖国的贡献应该充分地予以肯定。匈奴统一北方游牧区是对历史的一大贡献，匈奴游牧经济对促进内地农业、手工业的发展也是一大贡献。

综上所述，有几个要点还需简要重申。

（1）匈奴冒顿单于统一中国北方游牧区，是一个富有进步意义的伟大历史事件，必须予以肯定。

（2）匈奴游牧区与中原农业区并存，经济上互相依存、互相促进的关系是历史的主流。匈奴对于中国的缔造曾经做出过重大的贡献。

（3）在我国古籍及一些著述中贬低匈奴经济文化发展的水平，应予澄清，恢复历史的本来面貌。

（4）我国北方游牧区与中原农业区在并存时经济上的互相依存、互相促进，以及后来北方游牧区内许多大片的农业区的出现，结束了北方游牧区与中原农业区的对立，是在中国产生大一统思想的物质基础。在汉族中有大一统的思想，在北方游牧民族中也有大一统的思想，在我国历史上汉、唐、元、清诸朝均实现过这种大一统，清朝作为中国历史上最后的一个封建王朝，巩固了这种大一统。

（5）在秦朝和西汉初年，北方游牧区与中原农业区是以长城为界的，当时匈奴单于和秦汉两朝各自的管辖区也是以长城为界的。但是到了西汉中期以后，特别是到了匈奴呼韩邪单于归服西汉以后，不仅原来长城以北的一些游牧区变成了农业区，汉朝管辖的地区也到达了长城以北。中国是一个多民族的国家，这个统一的多民族国家的形成、发展和巩固，是经历了悠久的历史的。

（6）匈奴史是中国史的一个重要组成部分，正确地阐明匈奴史，是正确地阐明中国古代史所必须解决的重大课题。①

---

① 本节作者谷苞：原载《民族学研究》第8辑。

二 西汉政府设置河西四郡的历史意义

（一）设置河西四郡的历史背景

在战国时代，秦、赵、燕三国都有各自的长城。秦并六国后，连接了原来秦、赵、燕三国的长城，东起辽东，西至临洮（今甘肃省岷县）。这时东段长城以北，主要是匈奴、丁零和东胡的游牧区，西段长城以西，主要是月氏、乌孙和羌人的游牧区。到了西汉初期，在匈奴强大的压力下，月氏的大部分和乌孙相继被迫西迁，河西地区遂成了匈奴的游牧区。当时在这个地区的游牧民族还有小月氏和西羌。小月氏是指月氏西迁时留下的一小部分月氏人。西迁的月氏人被称为大月氏。

在西汉初年，西汉政府所管辖的农业区，经常受到长城以北和长城以西的匈奴和西羌的骚扰，特别是匈奴的骚扰，杀伤边境居民，抢劫财物，破坏农业生产，并掳掠边境居民作为奴隶。到了汉武帝时，为了寻求盟友，共同抗击匈奴，曾派遣张骞、甘父（少数民族）通使西域，意欲联合大月氏。由于此时大月氏已在大夏建国，不愿再东返故里与匈奴为敌，联合大月氏的目的没有达到。到了张骞第二次通使西域以后，才逐渐实现了联合乌孙和天山以南的诸农业国共同抗击匈奴的目标。

西汉初年以来，西汉政府对匈奴一直沿袭着消极防御的政策，除在沿长城边界线驻兵防守外，还采用"和亲"和"岁奉匈奴絮缯酒食物"的办法，希图以此作为匈奴贵族不再发动骚扰的条件。汉武帝继位之初，对匈奴仍然沿袭着前代的政策。但是这个消极防御的政策，并没有换来边境的安宁。后来由于汉武帝感到，对匈奴贵族"金帛文绣赂之甚厚，侵盗不已"，才改消极防御为主动出击。汉武帝于前133年及以后几次派出大军深入匈奴游牧区进行追击。

"汉军深入穷追二十余年，匈奴孕重堕殰，罢（疲）极苦之。"①从而削弱了匈奴的势力。汉朝在长城以北建立了屯垦戍边、移民开垦的大片农业区。前121年游牧在河西地区的匈奴昆邪王和休屠王投降汉朝。汉朝封昆邪为漯阴侯，其下属四人被封为列侯。其部众4万余人被安置在陇西、北地、上郡、朔方、云中，称为五属国。据《汉书·地理志》载：前104年，西汉政府设置酒泉郡与张掖郡，前101年设武威郡，前88年设敦煌郡。据《汉书·武帝本纪》，元狩二年（前121）浑邪王降，以其地为武威、酒泉郡。元鼎六年（前111），分置张掖、敦煌郡。参证有关史料，后说比较可靠。据《汉书·地理志》的记载，河西四郡的户口数如下：

郡名	户数（户）	人口数（人）	辖县数（个）
敦煌郡	11200	38355	6
酒泉郡	18137	76726	9
武威郡	17581	76419	10
张掖郡	24352	88731	10
合计	71270	280231	35

在这7万多户、28万多人中，主要为汉族移民。前121年，"汉乃于浑邪王故地置酒泉郡，稍徙民以充实之"。前111年，"乃分武威、酒泉地置张掖、敦煌郡，徙民以实之"。前107年，"武都氐反，分徙酒泉"。前102年，"赦囚徒，发恶少年及边骑，岁余而出敦煌者六万人"。"益发戍甲卒十八万酒泉、张掖北，置居延、休屠屯兵以卫酒泉。"前91年，"其随卫太子发兵……吏士劫略者皆徙敦煌郡"。

河西四郡的设立，对尔后中国的发展产生了极其重大的影响。在下文中将分别加以论述。

---

① 《汉书·匈奴传》。

（二）河西四郡促进了汉朝对西域的统一

河西四郡的设置，促进了汉朝统一西域。

河西四郡设置之后，汉朝将秦长城从令居（今甘肃省永登县）延伸到了阳关、玉门。其烽燧深入轮台，用以防御匈奴。这条长城的南面，就是汉朝移民屯垦的农业区。河西四郡设置之后，隔断了匈奴与西羌的联系，导致与加强了汉朝与乌孙和天山以南诸农业国的联盟，这就是历史上所说的"断匈奴右臂"，从而进一步削弱了匈奴的势力。

在西汉政府设置河西四郡以前，在中国大地上，存在着一个广大的农业区和一个广大的游牧区。大体说来，在长城以南，地跨黄河、长江、珠江三大流域，是汉族和百越、西南夷等少数民族从事农业生产的农业区；在长城以北和以西，包括东北与蒙古草原、天山以北草原以及青藏高原和邻近地区，则是匈奴、东胡、乌桓、丁零、乌孙、小月氏、西羌等民族从事游牧业生产的游牧区。在西汉政府设置河西四郡以后，将河西地区由游牧区变为农业区，这就使我国原来连成一大片的游牧区，分割成了两大片游牧区，即：匈奴、东胡、乌桓、丁零、乌孙等游牧民族的北方游牧区和西羌等游牧民族的西北至西方的游牧区。新兴的河西地区农业区的出现，在所谓"隔绝羌胡"的同时，也加深了我国一大片农业区与两大片游牧区在经济文化上的联系。在历史上，农业民族与游牧民族之间的矛盾乃至战争虽然时有发生，但是由于游牧社会不能生产出自身所需要的各种生产和生活用品，需要由农业社会供应各种手工业产品——金属工具和用具、丝绸、麻布、酒类以及粮食等；农业社会也需要游牧社会供应牲畜、皮张、畜毛等，因此游牧社会与农业社会之间关系的主流始终是互相依存、互相促进的关系。农业区经济与游牧区经济的结合，才构成了我国古代封建经济统一的整体。对于匈奴史、西羌史的研究必须与秦汉史的研究密切地结合起来。此意笔者在本章"匈奴游牧社会的历史地位"一节中，已经做了较详细的阐述，这里就不再多述了。

匈奴冒顿单于在统一我国北方游牧区的过程中，使原来游牧于甘肃河西地区的乌孙族被迫西迁至巴尔喀什湖一带游牧，摆脱了原来附属于匈奴的地位，但是仍然经常受到匈奴的威胁。当时天山以北是游牧区，在这里从事游牧生产的诸"行国"，均受匈奴贵族的统治；天山以南是农业区，在这里从事定居的农业生产的诸"居国"，也受匈奴贵族的统治。《汉书·西域传》中说："匈奴西边日逐王置僮仆都尉，使领西域，常居焉耆、危须、尉犁间，赋税诸国，取富给焉。"

汉朝政府有联络乌孙与天山以南诸农业国共同抗击匈奴的需要，乌孙不愿继续附属于匈奴贵族，天山以南的农业国也有摆脱匈奴贵族奴隶统治的愿望。这就是汉朝能与西域诸国结成联盟共同抗击匈奴的政治基础。汉朝设置河西四郡后，与西域诸国在政治、经济上的联系加强了，这就为汉朝联合西域诸国共同抗击匈奴提供了有利条件。前138年，张骞与甘父第一次通使西域时，由于当时河西地区还是匈奴的游牧区，往返途中都受到匈奴贵族的阻挠，前后共费了13年的时间。前115年，张骞第二次通使西域到乌孙时，就非常便当，因为这时匈奴已经退出了河西地区。张骞从乌孙返回长安时带回了乌孙报谢的使者数十人，这些使者目睹汉朝的强大，为随后汉朝与乌孙结成联盟创造了条件。同时，张骞分遣副使到大宛、康居、大月氏、大夏、安息、身毒及诸旁国，扩大了汉朝对西域"三十六国"及其邻近诸国的影响。

在汉朝与匈奴争夺西域的斗争中，汉朝以河西四郡为依托，处于比较有利的地位；乌孙与天山以南诸农业国站在了汉朝一边，这就大大加强了汉朝的力量。在西域，汉朝与匈奴的战争中，乌孙与天山以南诸农业国常是与汉朝军队协同作战的。如：前90年（《汉书·西域传》作前99年）汉武帝以匈奴降者介和王为开陵侯，率楼兰国兵攻车师。前89年，汉武帝遣重合侯马通率四万骑兵攻匈奴，复遣开陵侯率楼兰、尉犁、危须六国兵攻车师，防备车师兵阻截马通的骑兵。又如：前91年，汉宣帝初继位，解忧公主及乌孙王再次上书称："匈奴复连发大兵侵击乌孙，取车延、恶师地，收人民去 …… 昆弥愿发国半精兵，自给人马五万骑，尽力击匈奴，唯天子出兵以救公主、昆弥。"[①]汉宣帝发骑兵15万，由五将军分五路出击。乌孙兵获得大胜，俘虏匈奴人4万、牲畜70多万头。其后，西域都护甘延寿与陈汤出兵康居，消灭匈奴郅支单于所属部众，也主要是依靠西域诸国的兵力。

---

① 《汉书·西域传》。

在汉朝联合乌孙和天山以南诸农业国共同抗击匈奴的过程中，"西域思汉威德，咸乐内属"，这是由于匈奴在西域设立僮仆都尉，征收"马畜毡罽""赋税诸国"，而汉朝对于西域诸国"无取于彼"①。比起奴隶制的匈奴来，封建制汉朝的经济文化发展水平是高出很多的，汉朝加之于西域各国的负担也是比较轻的。两相比较，乌孙与天山以南诸农业国是乐意亲近汉朝的。

天山以南的诸农业国依靠自身的力量，不能抗御匈奴贵族的奴隶制统治与掠夺。这些农业国都属于小国寡民，其大者如龟兹国仅8万余人，于阗国与疏勒国均不足2万人；其小者如且末国、小宛国等仅1000多人。而且这些农业小国各自孤处于一个或大或小的绿洲，也难于形成一个联合的力量。他们为了自身的利益，是愿意归服汉朝的。这个伟大的抉择，历史的经验反复证明，是符合西域各族人民的根本利益的。西汉末年，由于王莽对匈奴和西域采取了一系列荒谬的措施，导致匈奴贵族再次统治天山以南诸国。"匈奴敛税重刻（苛），诸国不堪命，建武中，皆遣使求内服，愿请都护。"②其后，东汉政府设置了西域都护。

为了发展同西域各国的交往，为了满足与西域各国共同抗击匈奴的需要，前101年，汉武帝设置使者校尉，开始在轮台、渠犁屯田。前64年，汉宣帝任命卫司马郑吉使护鄯善以西诸国。前60年，汉宣帝任命郑吉为西域都护。西域都护的设置，使西域正式进入了汉朝版图。这是一个具有重大历史意义的事件，是符合西域各族人民和全国各族人民的共同利益的。因为把西域"三十六国"合并到当时世界上经济文化最先进的汉朝，为抵抗匈奴贵族的骚扰，制约诸小国间的纷争，保障社会安定、发展经济文化提供了保证。

"西域"一词，有广狭两义，狭义的西域仅指西域都护管辖下的诸小国，而广义的西域则包括了西域各国在内。这一点在《汉书·西域传》中是交代得很清楚的："最凡五十国。自驿长、城长、君、监、吏、大禄、百长、千长、都尉、且渠、当户、将、相至侯、王，皆佩汉印绶，凡三百七十六人，而康居、大月氏、安息、罽宾、乌弋之属，皆以绝远不在数中，其来贡献则相与报，不督录总领也。"我认为那种把葱岭以东说成是狭义西域，把包括葱岭以

---

① 《汉书·西域传》。
② 《后汉书·西域传》。

东和以西说成是广义西域的说法，是不准确的。其明显的缺点是，只着眼于自然地理的方位，完全忽视了政治地理上中国与外国的界限。西域的国内部分，即狭义的西域，在历史上是有变化的，即以汉、唐、元、清四朝而论就是有变化的，清朝的前期与后期也是有变化的，因为在清朝后期，有大片的领土根据不平等条约被沙俄割占去了。在前后《汉书》等古籍的《西域传》中，对中央王朝统治下的各地方政权，均称之为国，这些国均是受中央王朝分封的国中之国，即地方政权，并不是现代意义上的国家。有些外国的学者，囿于历史成见，把我国历史古籍《西域传》中所列的国，统统说成独立于中国之外的外国，这是对历史的歪曲。为了行文上的方便，我们把狭义的西域在下文均称为新疆。

（三）河西四郡促进了中西交通的发展

河西四郡的设置，便利了中国与西方各国经济文化的交流，促进了有关国家经济文化的发展。

中国与西方各国经济文化的交流，远在张骞、甘父通使西域之前就开始了。在这之后，由于汉朝与西域各国建立了政治关系，促进了官方和民间商业贸易的发展。关于东西双方经济文化交流的路线，有些国外的学者曾提出过森林道与草原道的说法，最重要的通道毕竟还是经过农业区的通道，即由长安出发，经过河西四郡，到达新疆，再继续西行，前往印度、波斯、希腊、罗马等国。因为通过农业区的道路比较安全，食宿问题比较容易解决，在旅途中所需用品的补充也较方便；而且在农业区人口密集，有较多较大的城镇，沿途还可以进行贸易。

河西四郡设置后，这个新兴的农业区的出现，使两个古老的农业区，即中原农业区与天山以南的农业区连接起来了，更进而与葱岭以西的古老农业区联系起来了。大片的农业区连接起来，就为东方与西方经济文化的交流，提供了安全可靠的通道。

优秀的文化，包括物质文化和精神文化，从来都是人类共同的财富。各国、各民族间经济文化的交流从远古就存在，因为它对于各国、各民族人民都是有利的，从来都是势不可当的。自汉朝设置河西四郡和统一新疆之后，中国与西方各国的经济文化交流加强了，中国的丝绸、先进的冶金技术、造纸、指南针、印刷术、火药、茶叶、瓷器、漆器以及大黄等药材、排箫、觱篥等乐器传到了西方各国，从新疆或通过新疆，西方的良种马（天马）以及棉花、胡桃（核桃）、胡葱（洋葱）、胡荽（香菜）、菠菜（波斯菜）、葡萄等多种农业植物传到了我国内地，西方的音乐、舞蹈、杂技以及箜篌、四弦曲颈琵琶等多种乐器传入了内地。西方的宗教——佛教、景教（基督教的一支，属聂斯脱里派）、祆教也传入了。伊斯兰教的传入，海路虽较陆路为早，但由陆路传入的影响却甚大。而今我国信仰伊斯兰教的十个民族，主要聚居在我国西北地区，就是一个有力的证据。中国与西方各国经济文化的交流，对促进中国与西方各国经济文化的发展，对丰富中国与西方各国的经济文化生活，都起到了重要的作用。

对于这条经济文化交流的通道，西方学者称之为丝绸之路，这一名称渐为世界各国所采用。在古代，中国与印度、波斯、希腊、罗马等国间商品的流通，是通过各国的商人进行的。这些商人们的活动，在通常的情况下，并不像马拉松运动员，由起点一直跑到终点；却很像接力赛跑的运动员，逐站传递。中国丝绸运销希腊、罗马的情况就是这样。这中间要经过汉族商人、新疆各族商人、粟特商人、波斯商人以及希腊、罗马的商人之手，才能在希腊、罗马的市场上销售。在各国商人中，粟特商人是特别活跃的，在新疆各城市和敦煌、武威、长安、洛阳等地都有粟特商人的聚居点。汉族商人也在新疆从事商业活动。在英国人包尔欧（T. Borrow）编译的《新疆出土佉卢文简牍》中就有关于这方面的记载。从长安到终点站之间的许多城市，都起着中继站的作用。河西四郡和新疆的主要城镇也都起着这样的作用。东方与西方经济文化的交流，促进了这些城镇的繁荣发展。

在丝绸之路上经济文化的交流，实际上包括国外与国内两个部分。古代的新疆是一个东西文化交流和荟萃的地方，许多由西方传来的文化，一般都先传到新疆，再传入内地；许多由内地传到国外的文化，一般也是先传到新疆，再传到国外。譬如，许多农作物、乐器以及佛教等传入内地的情况就是这样，内地的丝绸、冶金技术传往国外也是这样。

　　用譬喻说明问题，好处在于能给人们以形象鲜明的印象，但同时也有可能使人们产生谬误的理解。上面用接力赛譬喻经济文化交流的情况，就存在这方面的缺点。因为经济文化交流的中继站之间的距离是不相等的，在交流中有可能越过一个或几个中继站，而接力赛中交出的接力棒站站都是一模一样的，经济文化的交流却远为复杂，特别是在精神文化的交流过程中，每经过一个地区，往往便染上了该地区和民族的特点。

　　关于古代丝绸之路上东西文化交流的问题，有两种说法是笔者所不能接受的：一种说法把古代新疆各民族经济文化发展的水平估计得过低；另一种说法则夸大了西方文化对新疆的影响，同时又贬低了汉族文化对新疆的影响。持前一种观点的人，有外国学者也有中国学者。这里只讲一个例子，有位著名的西域史学者在他所写的一本书里说"故自秦汉以来，龟兹文化实承印度文化之余绪，龟兹本国固无文化"，又说"龟兹文化实乃得诸印度"等。这种理论是不能成立的，因为它不符合历史事实，在理论上也是讲不通的。全世界各民族在文化发展水平上的差异，只有高低之分，并无有无之别。"固无文化"的民族在历史上是从来不曾有过的。在笔者看来，古代龟兹不仅有文化，而且有很高的文化。即以龟兹乐舞而论，诚然龟兹乐中曾吸收了印度乐器——四弦琵琶、贝蠡、铜鼓等以及印度佛曲，同时龟兹乐中也吸收了汉族乐器——笙、排箫、筝与鸡娄鼓伴奏的鼗鼓以及我国羌族的笛和羯人的羯鼓，但是这恰恰是龟兹文化很高的表现。地处古代东方与西方文化交流、荟萃地带的龟兹地区，同时受到东方与西方文化的影响，这是很自然的事。如果龟兹本身没有较高的文化，就没有条件同时接受发展水平很高的东方文化与西方文化。正是由于古代龟兹人具有远见卓识和较高的文化素养，所以才勇于吸收先进文化，创造出了在音乐舞蹈史上大放异彩的龟兹乐舞。著名的唐朝翻译家和旅行家玄奘曾称赞龟兹乐舞"特善诸国"。特善云者，特别好也；诸国云者包括西域各国也。这个很高的评价得自目睹耳闻，应该说是可信的。龟兹乐舞自南北朝传入内地后，对我国的音乐、舞蹈、戏剧、宋词、元曲都产生了深远的影响。龟兹乐传到日本、朝鲜、缅甸、柬埔寨等国后也产生了很大的影响。

　　在夸大西方文化对古代新疆影响的人们当中，有些是怀有偏见的学者，有些则是为沙俄和英国侵略新疆服务的殖民主义辩护士。由于后者不属于学术讨论的范围，姑置不论，现在仅对前者谈一点个人的意见，这里就以《中亚文化史》一书为例。作者在这本书里，只承认唐朝以后汉族文化对新疆的影响，而不承认唐朝以前汉族文化对新疆的影响。这是不符合历史事实的。西汉时龟兹王绛宾曾娶解忧公主的女儿为妻，夫妇同至长安学习汉族的礼乐典章，回到龟兹后曾按照汉族的礼乐典章行事。3世纪末以前，和阗地区的货币——和阗马钱（汉佉二体钱）上，有汉文和佉卢文两种文字。从南北朝到隋朝，高昌国的学校里是学习"四书""五经"的。最晚到南北朝时期养蚕缫丝的技术已由内地传到新疆了。造纸和内地的耧等先进技术和农具也都传到了新疆。这一类事情可以举出很多。唐朝以前汉族文化对新疆不是没有影响，而是有很大的影响。

河西四郡的武威、张掖、酒泉、敦煌，新疆境内的于阗、疏勒、龟兹、高昌，都是丝绸之路上的重要城镇。丝绸之路的畅通，曾经促进了这些城镇的繁荣发展。这些城镇在对外贸易上的重要地位，大可与海运大开以后一些沿海城市的情况相比拟。

（四）河西四郡促进了西北经济文化的发展

河西四郡的设置，促进了这个地区经济文化的发展。

西汉政府设置河西四郡后，这片古老的游牧区所以能够迅速变为新兴的农业区，是有其特别优越的条件的。首先，由内地移居到这里的移民，主要是汉族农民，他们是带着内地先进的农业生产技术到这里来的。移民的成员正如《汉书·地理志》中所说："其民或以关东下贫，或以报怨过当，或以悖逆亡道，家属从焉。"下贫当然指的是贫苦农民，"报怨过当"和因反抗封建统治而被目为"悖逆亡道"的人，也主要是农民。这些在内地缺地、无地的农民，到了河西地区之后，面对千年沉睡的肥沃荒原，就大有用武之地了，迅速地发展起了农业生产和畜牧业生产。这也正如《汉书·地理志》中所说的："谷籴常贱，少盗贼，有和气之应，贤于内郡。""地广民稀，水草宜畜牧，以故凉州之畜为天下饶。"其次，这里的农业是灌溉农业，不受旱涝灾害的威胁，农业生产在未失去水土平衡以前，是可以稳定地发展的。武威、张掖、酒泉、敦煌四个县的年降水量分别为174毫米、116毫米、82毫米、29毫米，因此光靠大气降水（雨、雪）是不能进行农业生产的，得天独厚的是发源于祁连山的石羊河、黑河、疏勒河等滋润着河西大地，可以引水灌田。在自然地理上河西与新疆有许多共同之处，在河西和新疆有一种传统的流行的说法，说"高山雪灌田畴"。在天山和祁连山巨大的山区中，年降水量确是比较高的。据天山中段三个山区气象站的观测，年降水量都在500毫米以上，大致相当于我国华北地区的年降水量。如果在天山和祁连山巨大的山区中，没有较高的年降水量，就不会有众多的河流从天山和祁连山中流出。正是由于有着这些河流，才保证了干旱地区农业生产的稳定发展。

在封建社会里，农业是最重要的生产部门。河西地区农业生产的发展，是造成这个地区城市发展、商业繁荣、文化发达的根本条件。中华人民共和国成立后，考古工作者在兰州、武威、酒泉等地清理了汉代墓葬500多座，出土了大批文物。出土文物中有大量的木简、漆器、陶器、铜器、铁器、丝织品、度量衡具、天文仪等。例如，1969年发掘的武威雷台一座东汉"张姓将军墓"，出土的文物中有铜马39匹，铜牛1头，铜车10辆。有一匹"铜奔马昂首扬尾，头微左顾，三足腾空，右后足踏一飞鸟，鸟似鹰，展翅回首，是一件罕见的古代艺术珍品"[1]。为数众多的两汉魏晋时代文物的出土，表明当时当地的手工业已经发展到了一个相当高的水平。

考古工作者还在河西地区魏晋时代的墓葬中发现了近千幅壁画，仅嘉峪关市的六座墓葬中就有600多幅壁画。在这些壁画中有犁地、播种、耢地、打场、采桑、养蚕、放牧等汉族和少数民族农民生产劳动的画卷，也有坞壁（封建庄园）内地主阶级在奴仆侍奉下宴饮、歌舞的画面[2]。在这些壁画中所见到的犁、连枷、耙、耢等农具，与笔者中华人民共和国成立前在山丹县农村进行社会调查时所见到的基本相同。这没有什么奇怪，农业生产上的墨守成规，生产工具千百年来很少变更，原是封建社会的一般通例。在河西地区魏晋墓葬中众多壁画的发现，为研究当时的农业生产提供了最可信的形象资料，其学术价值

---

① 《文物考古工作三十年》，第147页。

② 《嘉峪关汉画像砖墓》，载《文物》1972年第12期；《酒泉嘉峪关晋墓的发掘》，载《文物》1979年第6期。

是很高的。

在古代河西地区发达的封建经济的基础上，建立起了发达的封建文化。此事涉及的内容十分广泛，笔者只打算列举三事：（1）儒家思想的广泛传播；（2）西凉乐的深远影响；（3）石窟寺艺术的成就，做简略的说明。

自从汉武帝罢黜百家、独尊儒术以来，儒家的思想一直是中国的统治思想。在中国长达2000多年的封建社会里，历朝历代的帝王将相都把宣扬儒家思想作为加强其统治的思想工具。因此儒家思想对社会生活，特别是对政治生活的影响，远远超过佛教、道教等宗教教义的影响。因此，在敦煌石窟这样的宗教场所的"遗书"中，居然还保存有《论语》《孝经》等多种儒家经籍。在武威汉墓中曾发现《礼记》木简①。魏晋以来，河西地区出过许多位著名的文人。《资治通鉴》卷一二三曾说："永嘉（308—313）之乱，中州之人避地河西，张氏礼而用之，子孙相承，故凉州号为多士。"仅在《魏书》中列有专传的河西著名文人就有宋繇、张湛、段承根、刘昺、阚骃、阴仲达、索敞、程骏、常爽、江式等人。他们当中有著名的经学大师、历史学家、文字学家，并有著作传世。《魏书》列传第四十卷有一段评论说："赵逸等皆通涉经史，才志不群，价重西州，有闻东国，……"这一卷中共有11人的传记，除3人为安定人，两人为金城人外（两地均在今甘肃境内），余7人中5人为敦煌人，两人为武威人。河西地区人文蔚起，是和当地农业、手工业和商业的发展紧密地联系着的。

西凉乐是在河西地区融合汉族音乐与龟兹音乐而形成的一个乐种。西凉乐的乐器很丰富，有汉族乐器钟、磬、笙、筝、排箫，有龟兹乐器觱篥、五弦（五弦的直颈琵琶），还有国外传入的琵琶（四弦曲颈琵琶）、箜篌、铜钹、贝蠡等。西凉乐的各种乐器形象以及演出的情况，从魏晋墓葬和石窟寺的壁画中都可看到。在敦煌石窟遗书中，已经发现有古代乐谱和好几百首曲子词。这些都为深入研究西凉乐和我国的古代音乐史提供了宝贵的资料。西凉乐是在北朝时传入内地的。在隋唐燕乐中，龟兹乐与西凉乐最为流行，影响也最大，它们不仅对内地的音乐舞蹈，而且对宋词、元曲、戏剧的发展也产生了深远的影

---

① 《文物考古工作三十年》，第146页。

响。特别是西凉乐中的大曲，对我国戏剧的发展影响很大。笔者曾写过《西凉乐与伊州乐》一文，发表在《新疆社会科学》1982年第4期，可供参考，这里就不再做详细说明了。

　　甘肃境内的石窟寺共有20多处，其数量在我国各省区中是最多的。在河西地区著名的石窟寺有：敦煌莫高窟、安西榆林窟以及玉门昌马、酒泉文殊山、肃南马蹄寺和金塔寺、武威天梯山等石窟寺。在这些石窟寺内保存了大量的壁画、彩塑和题记，为研究1000多年间河西地区的文化提供了珍贵的资料。特别是敦煌莫高窟是为全世界瞩目的一座文化宝库。加之敦煌石窟遗书的发现，敦煌学已经成为一门世界性的学问。在党中央和国务院的关怀下，我国已经成立了敦煌、吐鲁番学会，人们正期待着我国的学者们能在这方面取得更大的成就。

　　如果没有河西地区雄厚的社会财富，为数众多的两汉魏晋的豪华墓葬和美轮美奂的石窟寺是建立不起来的。它们耗费了大量的社会财富，其主要来源，一为地主阶级向农民征收的地租；一为地主阶级的当权派向农民征收的各种捐税。这种饥寒中的富丽，用孝道和善行装扮起来的伪善设施，既敲诈了劳动人民的血汗，又作为向劳动人民进行欺骗的"依据"。当然，笔者对于石窟寺和墓葬中的艺术珍品，还是深怀敬意的，它们是无数能工巧匠累代勤劳的创作，是中华民族智慧的结晶。

　　两汉、西晋和唐朝都是河西地区经济文化高度发展的时代。现将这些朝代河西四郡的户数和人口列表如下：

时代	户数（户）	人口数（人）	县（城）数（个）	资料来源
西汉	71270	280211	35	《汉书·地理志》
东汉	46264	111121	47	《后汉书·郡国志》
内包括张掖附国	6216	21685	6	
西晋	24700	—	37	《晋书·地理志》
唐朝	40865	189298	13	《旧唐书·地理志》
内包括吐浑、契苾、思结等部	5048	17212		

对上表需要说明的是：①《后汉书·郡国志》中缺酒泉郡的人口数。②西晋时期敦煌郡的户数，包括新疆地区伊吾等地的户数。③河西四郡的人口以西汉时期为最多，东汉时期人口大量减少，据《后汉书·西羌传》说是由于西羌的骚扰，有一部分人口内迁造成的。唐朝天宝年间河西四郡的人口虽多于东汉和西晋，但是仍不及西汉时期的人口。当时由于推行租庸调制度，一般都有隐瞒少报人口的情况。

当匈奴休屠王和昆邪王在河西地区游牧时，其所部只有5万多人。西汉政府设置河西四郡以后人口大量增加了，农业、牧业和手工业生产都有了很大发展。县或城的数目增加，这也是经济得到发展的一个标识。

西汉政府设置河西四郡的历史功绩主要是：扩大了汉朝对古代新疆的政治经济影响，促进了新疆统一于汉朝；将河西游牧区建设成为农业区，为丝绸之路的畅通提供了方便条件；发展了河西地区的农业和手工业生产，创造了高度发展的封建文化。

河西地区与新疆毗邻，在历史上两者在政治、经济与文化上的联系是很密切的。东汉中期西域副校尉就常驻在敦煌，行使着西域都护的职权，后来由敦煌太守兼管西域事务。这种办法后来又为魏晋两朝所沿袭。我国著名学者顾炎武在所著《天下郡国利病书》中，把敦煌划入西域范围，这种看法是有其历史根据的。河西四郡，近代以来又被人们称为河西走廊，这是一条长达1000多公里的长廊，是通向新疆的长廊，是丝绸之路的长廊。①

---

① 本节作者谷苞：原载《新疆社会科学》1984年第2期。

第五章

中华民族研究的
理论与方法

一　民族研究新发展的良好开端

在国家民委的大力支持下，由国家民委民族问题研究中心主办，以费孝通教授所撰《中华民族的多元一体格局》为中心议题，于1990年5月17—19日在北京召开了民族研究国际学术讨论会。来自国内外的教授、研究员23人，副教授、副研究员7人，讲师1人，博士后1人参加了这次学术盛会。

由于中心议题明确，准备充分，与会国内外学者包括民族学家、社会学家、人类学家、历史学家、考古学家和语言学家，大家发言踊跃，畅所欲言，各抒己见，既有互相启发，互相补充，又有不同学术观点的争鸣。

参加这样高层次的学术讨论会，确实受益良多，今作一纪闻，谈谈体会，贡献给民族研究界师友，有不妥处，请与会诸公和读者指正。

（一）对中华民族的研究是时代的需要

与会的学者们一致的看法是，费老以80高龄，做出《中华民族的多元一体格局》这个重要的研究新成果，将民族理论与中国民族工作的实践结合起来，把汉族的研究与少数民族的研究结合起来，对中华民族构成的全局和中国的民族问题做了高层次的宏观的新概括，从而提出了民族研究中一个重大的新课题，具有对科学和实践的指导意义。它不仅是费老几十年民族研究的一个重要方面的总结，也是他进入成熟阶段树立的新的学术高峰；同时，也是自1978年以来，我国民族研究已得到新发展的集中表现和对中华民族进行新的探索的良好开端。

费先生早在20世纪30年代就开始社区研究，对国内的少数民族、农村、小城镇以及城市里工厂的研究采取同一观点和方法，把它们看成不同层次的社区，进行亲自观察和分析，写出了重要的论文。

中华人民共和国成立以后，废除了历史上所遗留的民族压迫制度，否定了民族歧视，党和政府制定和推行了民族平等、团结的政策，开展了民族工作。在这种历史背景下，学者和民族工作者，以历史唯物主义和马克思主义民族观为指导，进行了民族识别和少数民族社会历史调查等大规模的民族研究，这种研究称为民族学，与社会学是当作两种学科处理的。

由于历史上虽有对少数民族的记载，但对全面开展民族工作的需要，仍显得非常不够。因而在中华人民共和国成立以后，着重对少数民族的历史、文化和社会进行全面的调查研究是完全必要的，为党和国家制定民族政策、开展民族工作，提供了科学依据，并积累了丰富的科学资料和取得了引人注目的成果。这是必须肯定的。另一方面，自1978年以来，大家都已感到了对各少数民族分别研究的局限性，以致把包括在民族这个整体概念中的局部过分突出，甚至从整体中割裂出来。这样不仅不能得到对各少数民族全面的科学认识，不易看清这些民族在中华民族整体中的地位以及他们和汉族的关系，也不容易把握住各少数民族互相间的关系。这种局限性，毫无疑问也影响了民族学这个学科的发展。所以，自20世纪80年代以来，民族关系史、地区民族史、断代民族史、历代民族政策的连贯性与各自的特点，民族间文化的汇聚与相互影响等课题的研究已受到重视，对中华民族的整体研究也有所展开。费老及时抓住了这种民族研究新发展的苗头，将一些初步的成果集中起来，进行高层次的理论概括，提出了中华民族的整体观点，并亲自指导进行黄河中上游西北民族地区多民族共同开发与繁荣的综合研究和西南六江流域民族地区开发的综合研究以及湘、桂、粤瑶族地区开发的综合研究。他年逾古稀，仍年年都到上述民族地区进行实地调查，又多次重访江村。如今他已是80老翁，仍坚持这种将书本与实地调查结合、民族研究与民族地区现代化的实际结合、对汉族的研究与少数民族的研究结合、历史与现实结合、中华民族构成格局中的"多元"与"一体"各层次研究结合的方法。他不仅大力提倡这种多学科多层次的综合研究工作，并且为这种研究做了示范。

通过讨论，大家都认为，民族研究新的发展，主要表现在以下几个方面：

第一，时代需要理论，民族学科本身也需要新的符合中国国情的科学理论。而中华民族多元一体格局的理论，正如林耀华教授所指出："费教授这篇文章的最大贡献，在于它提出并通过论证而确立了'多元一体'这个核心概念在中华民族构成格局中的重要地位，从而为我们认识中国民族和文化的总特点提供了一件有力的认识工具和理解全局的钥匙。"林先生一语破的，也是大家共同的感受。

第二，指出了民族研究需要及时克服与少数民族研究等同起来的缺陷。要展开包括对汉族的民族学研究和各民族互相关系发展等项研究的民族学研究，同时要发扬民族研究与中国民族工作实践相结合的优良传统。对少数民族的研究要注重其历史、文化、社会深层结构以及它们在现代化进程中的作用与影响等研究。这并不影响有些研究机构仍然以研究少数民族为主，有些刊物仍然保持其特色，以发表对少数民族研究的成果为主；但整个民族研究事业，必须是全面的、整体的，而不能继续把少数民族的研究与民族研究等同起来，必须把近年得到初步发展的民族关系史、地区民族史、民族地区综合开发等项研究提到更自觉的更广阔的视野上发展下去。这不仅是民族学科发展的需要，也是全面理解中国民族问题和做好民族工作的需要。

第三，以历史唯物主义和马克思主义民族观为指导，是我国民族研究之所以取得了丰硕成果的重要原因，是我国民族学科的基本优势所在。这是继续发展的重要前提之一。它并不影响多学科、多种研究方法的运用；或者说，在历史唯物主义与马克思主义民族观的指导下，才能更好地吸收其他各种研究方法的科学成分，更好地进行多学科的综合研究。苏秉琦教授说，30多年前，考古学界就已感觉到中国新石器时代多中心、多区域的存在。现在民族史学界将这种存在与研究成果运用到了研究中华民族起源的多元特点上；考古学界也非常注意吸收民族学材料和民族研究的成果。我们有了共同的语言，研究工作互相联系起来了。佟柱臣教授还以丰富的考古材料，为中华民族多元一体的理论做了注解和引申。在费先生的文章中，还运用了地理学、语言学等多方面的研究成果。多学科的综合研究，是现代科学的重要特征。民族研究界多已注意到这一点，运用得是否科学和恰当，情况有所不同，有待完善与提高，如费老这样驾轻就熟，统贯全局，需要高深的功力，但不管学力如何，朝这个方向努力是使研究得到发展的重要条件之一。香港中文大学乔健教授认为，从费先生长达60年漫长、曲折的研究中可以看出，在他的研究中，不仅民族学与社会学一脉相通，跟地理学、历史学也是一脉相通的。他不仅早年以功能观点从事江村研究获得了成功，而且在《中华民族的多元一体格局》中清楚地表明了自己的历史观点，这与一般的功能学派是迥然不同的。这是整体的观点，也远远地超出了功能学派。同时吸收了结构派的观点和方法，特别强调与实际的结合。乔先生很有感慨地说："这许多观点，如果放在一个西方学者，他一定互相矛盾，或者是互相排斥的。但在费先生的著作里却是很自然的融合在一起。所以如此，我觉得并不完全由于费先生的功力，主要是因为在中国这样一个悠久、庞大、复杂文化里，从事社会科学研究，绝不可能单纯采用一种观点，更不可能只是依附于一个学派，而必然是兼容并包，而且不断吸收发展的新的观点与方法。"吉林民族研究所的张璇如研究员则认为，在乔先生所举多种学派与方法中，《中华民族的多元一体格局》所表明的，主要是接受了马克思主义观点的指导，多元与一体格局的提出，就是对立统一规律的具体运用。

当然，一个新的理论、新的学术体系的提出，尤其是对中华民族这样具有悠久历史、多元发展和广博内容的国度所做的新的概括，不可能一开始就很完善。它需要继续长期的、不间断的努力，才能使之完善和充实。重要的是这个新课题已经提出来，有了一个良好的开端。它必然推动民族研究事业的发展与科学水平的提高。

（二）对中华民族内涵与外延的探讨

对于"中华民族"这个称谓如何理解，是与会者讨论比较集中的问题之一。

在费先生的论文中，一处说中华民族是"用来指现在中国疆域里具有民族认同的十一亿人民"，也就是中国各族人民，或作为当代中国各民族的总称；另一处又说"中华民族作为一个自觉的民族实体，是近百年来中国和西方列强对抗中出现的，但作为一个自在的民族实体则是在几千年的历史过程中形成的。"

那么，中华民族是不是一个民族，与当代中国56个兄弟民族，是否属于"民族"这个概念的同一范畴？

对于这个问题，讨论中有两种不同的理解。

一种认为，56个民族称民族，中华民族也称民族，不好理解；尤其是译成外文，中华民族不用多数格，与56个民族一样用单数格，外国人无法理解。

有的学者提出，在制定政策和宣传中，不要把中华民族说成是一个民族，这样可能在少数民族中引起误解，以为是用中华民族掩盖了少数民族的存在。

还有的学者认为，中华是国家名称，中华民族过去与汉族是同义词，现在用来指中国各民族，应该是中国各民族的意思。在国外，华人和华侨认为自己是中华民族，其中包括少数民族，他们也觉得不好理解。所以，中华民族是一个政治的概念，指中国各民族组成的统一多民族国家的不可分割性，而不是一个民族学上的名称。

在讨论中，还提出了这样的问题，即跨境民族问题。比如中国的蒙古族与蒙古国的蒙古族，在语言、文化、历史等方面的同一性大于与汉族和中国其他兄弟民族间的同一性，但中国的蒙古族与汉族及其他兄弟民族都是中国人，这是很大的政治界限。其他如维吾尔、哈萨克、朝鲜、鄂温克、赫哲、景颇等，都有类似的情形。这种情形，如果把中华民族理解为属于政治的范畴，而不是民族学上的范畴，就明白得多。

另一种意见，认为中华民族，既是指中国各民族统一国家不可分割性，是属于政治范畴，同时也是民族学的范畴。两者是没有矛盾的。

民族，是稳定的，但又是发展的人们共同体，是历史的产物，它有不同的发展层次。民族和国家，在英、法、德这些语言中，是同一个词，那是因为这些国家在资本主义上升时期民族统一，或民族运动过程，形成了单一的民族国家，而我国却是一个有数千年发展史的统一多民族国家；事实上，现在包括上述国家在内，世界上大多数国家都不止有一种民族。

在中华人民共和国成立以前，国民党政府政策认为中国只有一个民族，其他都是"宗族"，不承认少数民族的存在，实行民族歧视与民族压迫政策。在学术界不完全是这样，当时或用"中华民族"，或用"中国民族"，或用"中国的民族"来称呼中国各民族。但在抗日战争以来，毛主席和中国共产党的统一战线政策和文件、文章中，中华民族都是包括中国各兄弟民族的，并且对反抗帝国主义而言，中华民族是一个整体。所以，当时解决中国民族问题的纲领，是对外反抗帝国主义的侵略，求得中华民族的独立与解放，这自然是指整个中华民族而言，绝不是求任何一个单一民族的独立与解放。客观上任何民族，即使是汉族，没有整个中华民族的独立与解放，也是不可能得到独立解放的。对内是废除民族压迫制度，求得各民族的平等，当然是指当代中国各民族的一律平等。其中汉族人口占90%以上，其他各少数民族人口也极不平均，分布大分散、小聚居，社会发展不平衡，显然在社会发展水平与文化水平等方面是有不同层次的。如果按照有些模式或理论，有的称民族，有的称部落或部族等，那就会影响民族平等、团结政策的实行。在中华人民共和国，凡经过民族识别、认定的各民族，不管其社会发展状况如何，人口多少等，一律称为民族，一律在政治上享受平等权利，各兄弟民族建立了平等、团结、互助、友爱的社会主义新型民族关系，都是社会主义民族大家庭中平等的成员。凡具有民族认同的不同层次的人们共同体，按"民族"这个同一的概念称为民族；其中有层次的不同，但都是民族研究或民族学上的范畴。中华民族，指的是中国各兄弟民族的总体认同。这种总体的民族认同，是客观存在的民族整体利益与各民族根本利益的一致性在民族意识中的反映，不是主观上规定出来的。

不管什么民族，只要是中华民族的一员，首先都承认自己是中国人，爱中国，维护中国的统一与中华民族的大团结，就是总体上的民族认同。

不管什么民族，当外国侵略到他们的家乡时，奋起反抗，保卫中国的领土完整，在反抗帝国主义的斗争中，中华民族是一个整体。现在，只有社会主义现代化事业的实现，才可能有整个中华民族的繁荣、富强。各民族都有自己的优势、自己的利益，但只有实现社会主义现代化，才能有各民族的共同繁荣；要在世界民族之林中，重振雄风，只有整个中华民族的振兴与现代化才能实现。这就是中华民族的根本利益。

当然不能说中华民族是单一的民族，它所包括的数十个兄弟民族还会长期共同协作，互相取长补短地发展下去，他们之间尽管存在各自的个性和特点，但都是中华民族的成员。中华民族的文化，是中国数十个民族世世代代创造的结晶，是中国各民族共同创造的。经过很长的社会主义——共产主义事业的发展，中华民族会如何发展，虽可以做些理论探讨，但必将是子子孙孙实践的事业。不断在这些实践中概括出符合实际的理论，成为整个中华民族的自觉意识，就会使中华民族多元一体的理论逐渐臻于完善。当代就是既有中华民族大认同的同一性，又有56个兄弟民族平等存在的共同发展，有着民族的差别的多元一体格局。中华民族称民族，56个兄弟民族也称民族，是一种不同层次上的民族称谓，是一对既有同一性又有差异性、相辅相成的民族概念。用"多元一体格局"概括这种多层次的关系，是可取的。

跨境民族，分散在各国而且是有同根和文化上共同性的民族，不只是中华民族各成员存在，世界上这种情形也有很大的普遍性。以美国为例，它是一个历史不太长的移民国家，美国的英格兰裔、爱尔兰裔、西班牙裔、法兰西裔、非洲裔、华裔等，他们各来自不同的国家、地区、民族，具有不同的文化背景，语言也各不相同，甚至人种也大有差别。他们在美国大致也各有社区，仍尽可能保留着他们传统的文化与语言，他们与祖先来源的国家与民族，往往具有浓厚的寻根、认同的观念，尤其是华裔美国人，与中华民族有非常亲切的同根同源观念，关心中国的富强与现代化。但所有美国各民族都认为自己是美国人，对世界其他民族而言，他们都属于美利坚的大认同。美国有民族博物馆，展现各民族的历史与文化，但各民族对美国来说，都是美国人。美国的历史不长，但美国的英、法、西班牙等民族的后裔，对美利坚的大认同是根深蒂固的。

由此又引出"民族界限"这个概念。在国与国之间，有两种认同界限，一是政治上的认同，同一民族分布在不同的国家，政治上区别为不同国家的民族，是首要的界限。中华民族这种大认同的观念是很强烈的：爱中国，爱祖国完全一致，在近代、现代的反帝斗争中，这种强烈的爱国主义的民族感情表现得非常明显。尽管在清末、在国民党统治时期，国内民族间的隔阂很明显，但遇到外国侵略，首先还是会奋起反抗，保卫祖国领土完整与统一。所以，帝国主义用尽各种手段收买若干分裂分子，都遭到了中华民族的共同反对而纷纷失败，在最困难的历史条件下仍保卫了祖国的统一与领土完整。一是文化上的认同。虽分居于不同国家，由于文化、语言、历史等方面的共同性而有亲戚感情、民族感情，都是很自然的，但不能越出政治认同的界限。中华民族是如此，别的任何国家与民族都是如此。

在中国这样多民族插花分布的环境里，文化、语言各方面都是相互影响的，各地民族界限的认同标准往往有很大的不同。比如中华人民共和国成立以前，大理盆地主要居住着白、汉、回三种民族，白族与汉族往往以说什么民族语言区分；回族既有说白语的，也有说汉语的，而以是否信奉伊斯兰教并以此与汉、白两族人区别。又比如，在黄河上游，由于处于中国民族交往南北通道与东西通道的"丁"字路口，这里除藏、汉、蒙古三个民族人口较多外，还有几个人口较少的民族。他们相互认同与区别的界限，与当地族际关系的环境密不可分：回、汉同说一种汉语方言，以是否信奉伊斯兰教区分；东乡族与回族同信伊斯兰教，以语言是否相同区分；撒拉族与回族，以族源是否相同区分，等等。所以，民族有一般的认同、区分的界限，也往往因环境不同，而族源、分布、语言、宗教信仰等因素在不同地区突出成为主要因素。民族，是稳定的人们共同体，但不是凝固的，不变的；同时，民族也是一个有着不同层次包容在其中的整体概念。中华民族称民族，56个民族也称民族，在科学上与政治上都是可以成立的，含义明确，不难理解。

（三）对中华民族"多元"与"一体"的探讨

如何理解中华民族构成格局中的"多元"与"一体"，也是这次讨论会讨论得比较集中的问题。这个问题与如何理解中华民族的含义是相联系的，或者说是同一个问题的不同角度与侧面。

有的学者从会上提交的论文中看出，汉、藏、回、满、瑶等民族都是多元一体的。"多元"是指这些民族的来源是多元的，在各地区发展也不平衡，文化、习俗、语言、宗教等方面也呈现多元的特点；"一体"是不管来源如何，经济、文化、语言、宗教等方面有何差异，都认同为一个民族。比如藏族，其形成发展中有多种来源，现在分卫、藏、安多、康等几个大区域，有农区、牧区的划分，改革前农奴制各有特点，宗教有藏传佛教中的各教派，还有本教等。但不管各地有何差别，都认同为藏族。在多民族插花分布的中国，各地各民族大概都存在这种情况。如果"多元"与"一体"是指同一民族上述差异与民族认同的关系，那么中华民族的"多元"是指当代中国的56个兄弟民族，但中华民族还没有形成为一个民族，不能称为一体。如果是指祖国的统一不可分裂，中华各民族都要为祖国的完全统一而奋斗，各民族都要坚持党的领导与社会主义道路，那么改为"中华各民族的多元一体""中国各民族的多元一体"或"中华各民族的多元一统"就比较好懂一些，确切些，说"中华民族的多元一体"，"一体"是指什么，难理解。

另一种理解认为，仅提"中华民族一体"不确切，但"中华民族的多元一体"可以辩证地表述中华民族的"多元"与"一体"的关系，是很恰当的表述。

林耀华教授指出，"多元一体"这个核心概念在认识中华民族构成格局方面是有力的工具和钥匙，他说："我之所以这样讲，是因为本人积多年来的研究心得，认识到多元一体，或说多元中的统一，统一中的多元，这一对矛盾确实主导着中华民族的现实格局和历史进程。中华民族历经几千年连绵不断的发展，终于形成今日这样的统一国家；这样一种汉族和少数民族插花分布、交错杂居而又相对聚居的分布格局；这样的一套建立在互补共生的基础之上，由多种经济文化类型构成的完整的体系。凡此种种，甚至包括我国现行的民族区域自治制度，都无不与多元一体这个特征密切相关。几千年来，中国这个辽阔版图上发生过无数分分合合的事件，但无论是分是合，多元和一体这一个对立统一体中的两个相辅相成的侧面始终没有停止它的矛盾运动。"

有的学者还列举了近百年来，国外有各种政治背景和为帝国主义侵略政策服务的"理论"，如中国各民族关系的"南北对立论""异民族统治中国论""中国无国境论""长城边疆论"，都是将汉族与中国少数民族对立分割起来，这些"理论"在中国已没有什么市场，在国外还有一定的影响。而"多元一体"的理论，是一个新的学术体系，科学地概括了中国历史上和当代各民族关系的总特点，因而也是消除上述各种非科学的"理论"的有力武器。

在讨论中，许多学者列举了丰富的历史事实说明，现在中华民族的多元一体格局，是几千年历史发展的结果，不是任何人主观可以规定的。

第一是中国从建立国家之时起，就具备多民族国家的性质。秦汉为形成统一多民族国家的开端，中间几度分裂，也是在一个国家中分裂，并且每次分裂之后都重归统一，终于在清代已确立为稳定的巩固的统一多民族国家。经过近百年的民族民主革命，尤其是新民主主义革命，各民族共同缔造了社会主义的中华人民共和国。彝族学者王天玺说，这是一个伟大的历史事实，也可以说是伟大的历史奇迹。

世界上曾出现过由希腊的亚历山大大帝统一的地跨欧亚非的大帝国，但他本人去世，帝国分裂，再没有统一起来；西罗马帝国与中国的两汉大致同时，可是当游牧民族入侵，罗马帝国灭亡，以后在欧洲形成了许多公国，近代形成许多资产阶级民族国家。中国的历史却不是这样，尽管在政治上发生了分裂，民族间还是在一体中做多元的运动，所以统一的局面一直不断扩大，直到如今。

这是什么原因？因为中国形成了一个人数众多、文化占主导地位的民族，就是华夏／汉民族，成为中华民族凝聚的核心；中国各民族由湿润的中国东南部、干旱的中国西北部和南北水田农耕、旱地农耕以及游牧、狩猎三个发展带组成共生互补的地理与经济单元，所以形成了汉族离不开少数民族、少数民族离不开汉族的总的民族关系的矛盾对立统一，互相分不开而又互相有区别，用科学的语言就是"多元一体"。之所以分裂以后重归统一，还因为中国的大一统，是以各民族的许多局部统一为前提，而且完成大一统的有华夏／汉民族的秦皇、汉武、唐宗，也有少数民族的忽必烈、康熙、雍正、乾隆等。还因为各民族插花分布，文化与血统相吸收，你中有我，我中有你。一般在军事征服之前，有很深的经济文化往来，统一以后，又有相互依赖、相互补充的经济文化联系在维系着。这与亚历山大的马其顿帝国及西罗马帝国等以军事征服而成立、以军事分裂而瓦解是根本不同的。中国的疆域、中国的历史、中国统一的多民族国家是中华民族共同创造的，各民族单位的你来我去，我来你去，你中有我，我中有你，互相依存，自古而然；当代更建立在自觉的民族觉悟基础上。中华民族的发展是与统一多民族中国的发展过程相联系的，它既是多民族的多元发展，又是整个中华民族的一体发展，两者相辅又相成。

第二，各民族有自己的历史、文化与社会特点，而又命运与共，兴衰相连，这一特点，与上述历史过程紧密地联系着。

历史上，中原地区统一，边疆地区就安宁；中原地区分裂，边疆地区就纷争、政权林立。中原建立了强大的王朝，边疆也就发展，反之也就在纷争中衰败。以藏族为例，中原建立了强大的隋唐王朝，西藏吐蕃王朝采取开放政策，也与隋唐相表里共同兴起；唐朝分裂了，吐蕃也分裂，五代、辽、金、宋、夏分裂对峙，西藏也政权、教派林立；元朝实现了大一统，西藏也出现了统一的萨迦派政教合一的统一地方政权；明朝相对衰落一些，西藏帕竹噶举地方政权与噶玛噶举地方政权也由于中央政府的孱弱，实力都不强大；清朝兴起，全国统一，西藏也出现了格鲁派统一的政教合一地方政权。这种内地与边疆的兴衰与共不是偶然的，因为整个中华民族有一种不可分割的内在的一体性联系，客观地起着使各民族命运与共的规律性作用。

帝国主义入侵，各民族命运与共、存亡相连的整体民族利益更加显现出来，所以各民族共同保卫了祖国的统一与完整，这一点目前研究得不够，宣传得也不够。如果中国各民族，特别是少数民族不反对分裂，那么中国60%以上的土地是少数民族分布区，在帝国主义分裂与侵略面前早就分裂了。就是因为整个中华民族的根本利益是整体不可分割的这一客观规律把各民族联系起来，共同保卫了祖国的统一，而极少数勾结帝国主义的人成了不可避免要失败的民族败类。中国各民族的爱国主义传统在近代反帝斗争中得到了充分的表现与高度发扬。对这种光荣的爱国主义传统要大力研究，大力宣传。

第三还表现在无论什么民族，如果对各兄弟民族采取开放、团结的政策就共同发展，如果采取封闭、歧视、排斥的政策，就两败俱伤，甚至越来越衰亡。

汉朝采取优待各民族上层，对民族地区根据各种不同的经济、文化背景而采取和亲、互市或郡县之下的民族地区自有王侯等政策，总的特点是因俗而治，不破坏各民族固有的社会与文化，在统一国家中使之各自按本来的传统发展，后来唐朝也实行大致相同或比汉朝更开明一些的政策。结果汉、唐成为中国历史上最兴盛的朝代，汉族也得到了大发展，边疆各民族得到共同发展。王莽实行歧视侮辱少数民族及其首领的大民族主义政策，结果各民族奋起反抗，成为新莽政权灭亡的重要原因之一。唐朝也是由于对契丹的错误政策，结果东北失守，但渤海仍极为注意维持与唐朝的宗藩关系；又由于对南诏实行大民族主义征伐，而造成在西南的大失败，南诏仍立《德化碑》表明其不得已而分裂的心迹等。吐蕃因唐代大开放，吸收印度、尼泊尔、汉地佛教，与传统本教熔为一炉而形成藏传佛教，吸收汉地、阿拉伯及印度的医学，与传统的民族医药熔于一炉而成为富有特点行之有效的藏医，都是很好的例子。但如果与其他民族间互相封闭、互相排斥，结果不仅造成民族纠纷，还影响了本民族的发展。

所以中华民族的整体性，还表现在各民族在处理相互关系时，团结则共同发展，歧视、分裂则互相抵消，两败俱伤。

有的学者还指出，历史上的剥削阶级不论属于哪个民族，不管他们推行的民族政策多么开放与开明，都摆脱不了时代与阶级的局限性，总是带有民族歧视与民族压迫。孔子和他的弟子，一方面主张"四海之内皆兄弟"，一方面又主张"裔不谋夏，夷不乱华"，孔子西游不至秦，是鄙视其他民族的。我国在历史上的发展，是忽视西部的，也就是忽视民族地区。我国现代才真正实现了民族平等，因此可以在自觉的基础上实行各民族的相互支援，共同繁荣，共同发展。在现代化的事业中，少数民族地区资源丰富，与四邻接近，在开放、改革、现代化建设中都有很优越的条件，如果通过恰当的政策，调动各民族的积极性，会使古老的中华民族，很快发展起来，实现中国各民族和整个中华民族的振兴与共同繁荣。所以，民族研究要注意这个方面的研究。

经过讨论，比较明确，"多元"是指各兄弟民族各有其起源、形成、发展的历史，文化、社会也各具特点而区别于其他民族；"一体"是指各民族的发展相互关联，相互补充，相互依存，与整体有不可分割的内在联系和共同的民族利益。这种一体性，集中表现为祖国的统一和整个中华民族的大团结，表现为共同关心与争取祖国的完全统一与繁荣富强，各民族坚持党的领导和社会主义道路。所以，中华民族的"一体"，是指各兄弟民族的"多元"中包含着不可分割的整体性。几十年的经验教训告诉人们，只有全面贯彻民族平等、团结政策，坚持民族区域自治，自觉地注重各兄弟民族的共同发展，使各兄弟民族在现代化中走上繁荣发达富强的发展道路，才会有整个中华民族的振兴和繁荣。

大家还认为，这个新的学术体系还需要做许多课题研究。比如，中华民族的起源，考古界、民族史界、民族学界都认为是多元的，那么有多少个源头？像汉藏语系各民族是不是从一个源头发展出来，如果不是，为何形成汉藏语系，如果是，为什么发展成这么多民族？其他民族和语系也有类似的课题。又比如，东北、北方、西北、西南、中南、东南各地区，如何成为中华民族多元一体格局中的组成部分，在这个漫长的发展中起过何种作用，民族关系发展如何，在现代化过程中有何特点等，这些课题都还需要继续深入研究，才能使

"多元一体格局"理论得到完整的发展。

费孝通教授尽管工作繁忙，仍坚持三天驻会，与国内外学者交换意见，并且认真听取发言。他在解答讨论中的问题时说，开这次学术讨论会，目的就是要听取大家的评论，听了许多补充的意见和不同的意见，很高兴。有相同，有不同，才是真正的学术讨论。请大家不要有顾虑。

他说，中华民族多元一体格局的问题提出来了，但不是一下子就能解决的。他对民族的整体概念和中华民族多元与一体做了进一步的阐明。他认为名称和概念的含义是随时代发展、事物发展、学科发展而发展的，最重要的是要把握中华民族和56个民族发展的客观科学内容，使已有的概念在不断思考中更新。科学的概念，不要做表决，不急于取得一致。关键在于它是否有利于促进社会发展，是否有利于促进学科发展。几十年来我们都在思考，在探索，现在还有许多问题不能完全解决，但解决得比以前多了一些。今后还靠大家来完善、补充、发展。

他指出，民族也是有发展的，有量变，有质变，中国各民族是客观的存在，实际生活中产生的整体认同意识也是客观存在的，用"多元"与"一体"概括，这是名与实的辩证关系，不能离开这个哲学基础。中华民族已有长期发展的历史，今后还会既有各民族的繁荣发展，又有中华民族的共同发展，同和异还会长期存在，不是说"同"就完全一样，说"异"就大家分开。各民族的差异和中华民族的共同发展是辩证的统一关系。

费老特别强调，对中华民族整体性的研究，是科学研究，大家遵守学术讨论的原则，不要有了争鸣就互相扣帽子，这样大家就不敢讲话了。这次讨论大家团结、愉快、争鸣，气氛很好。他语重心长地说，我已经80岁了，年纪大了，多年思考中华民族的整体发展，现在不提出来，怕没有机会了。但这项研究仅仅是初步，子子孙孙还要继续研究下去。他勉励年轻学者，继续努力，学无止境，经过长期的共同探索，会把对中华民族的多元与一体辩证关系的认识提到新的更高的水平上。

费老的一席话，对与会者有很大启发。与会者提出了许多需要继续探讨和合作进行的研究项目，计划把这次讨论会的成果带到各地去。

二 中华民族起源学说的由来与发展

中华民族，是20世纪初出现的称谓。最初用来指汉族，辛亥革命以后，即已用作中国各民族的总称，并且总的趋势是后一种用法越来越普遍。中国历史上有过许多的民族，他们又逐渐形成了统一的国家，客观上存在一个各民族相互关联的整体。近百年通过反帝斗争，这种客观存在的整体性逐渐被揭示出来；由于马列主义民族观创造性地运用于中国革命实际，而达到自觉的认同和中华民族的大团结。现在，中国是一个既有平等、团结、互助友爱的56个兄弟民族，又有整个中华民族的共同繁荣和发展的社会主义民族大家庭。中华民族既是中国各民族的总称，又用以概括56个兄弟民族的整体认同和相互不可分割的实体。所以中华民族与56个兄弟民族，是不同层次的民族认同的民族称谓。

本书所指中华民族的起源，就是从中国各民族的起源的整体角度观察，而不是仅指汉族或某个少数民族的起源。自然，在中华人民共和国成立以前，对这一问题的研究，往往主要是指华夏/汉民族，或完全是指华夏/汉民族。

因为关于中华民族与中华文明的起源，不仅是写好中国民族史所不可回避的开宗明义的一部分，也是对中华民族整体研究的起点，所以我不避浅陋，仍希望以本文对以往关于这一问题的各种假说与学说以及与此相关的地理与神话等问题做一个综述。为便于行文起见，文中征引前贤及师友的论著，于作者，一概不避名讳，不加尊称，尚祈鉴谅。

（一）从一元说到多元一体说

传统的汉文文献，是相信中华民族起源于中原地区，其中有一部分被流窜于边疆，才有了"四裔"各族。司马迁综春秋、战国各说，在《五帝本纪》中这样叙述：由于共工、骧兜、三苗、鲧有罪，"于是舜归而言于帝，请流共工于幽陵，以变北狄；放驩兜于崇山，以变南蛮；迁三苗于三危，以变西戎；殛鲧于羽山，以变东夷。"这种史观不仅影响及于《史》《汉》而下，一直到近现代也还有一些专家相信中华民族与中华文明起源于黄河中下游，然后扩散到边疆，才有了边疆的民族与文明。

然而这种一元中心起源的正统史观，到20世纪初叶受到了挑战。首先是梁启超以进化论为思想武器，同时也受到马克思主义的一些启发，1902年发表《新史学》，提出要以研究社会和国民人群进化并得其"公理公例"的新史学来代替以帝王为中心的旧史学。他在1906年发表《历史上中国民族之观察》，以"中华民族"称呼汉族，而以"中国民族"为中国各民族的总称。他指出："现今之中华民族自始本非一族，实由多数民族混合而成。"而"苗蛮""百越""百濮"等其他"中国民族"，"要之自有史以来即居中国者也"。以后他在1922年又发表《中国历史上民族之研究》，对汉族、蒙古等族进行了初步的叙述。现在我们看梁的研究只是提出了一些问题，而且难免受到大汉族主义正统观的影响，但20世纪初敢于否定汉族的单一来源并断言它是"多数民族混合而成"，是对中华民族一元中心起源正统观的大胆挑战。

另一派即以顾颉刚为代表的"古史辨"派。顾于1923年发表《与钱玄同先生论古史书》，提出了"层累地造成的古史观"。1923年又发表《答刘（掞藜）胡（堇人）两先生书》，进一步阐明这种上古史观"（一）打破了民族出于一元的观念"；"（二）打破了地域向来统一的观念"；"（三）打破了古史人化的观念"；"（四）打破了古代黄金世界的观念"，由此引发了一场关于中国上古史及先秦文献的可靠性的大论战。这是中国史学界在20世纪20—40年代的一个起了广泛作用的学术讨论。在学术上，顾受清代崔述、姚际恒等辨伪学说的直接影响，在思想与治学方法方面，主要受梁启超、钱玄同、胡适、王国维等人的影响，同时也受到《新青年》和五四运动的鼓舞。他说："若是我不到北京大学来，或是孑民（蔡元培）先生等不为学术界开风气"，"要是不逢到《新青年》的思想革命的鼓吹，我的胸中积着许多打破传统学说的见解不敢大胆宣布"。此后，他在《古史辨》第四册序中还指出，"我自己决不反对唯物史观……至于研究古代思想及制度时，则我们不该不取唯物史观为基本观念"。

当然，"层累地造成的古史观"涉及的内容很广泛，古史辨派的疑古及对先秦古籍的全面批判以至否定，有些结论和方法都有矫枉过正之弊，但它对打破中华民族一元中心起源的影响是显而易见的。

与古史辨派对上古历史及有关文献的态度大异其趣，然而同样不相信中华民族只有一源的是1927年蒙文通所撰《古史甄微》，认为中国上古民族可分为江汉、海岱、河洛三系，其部落、姓氏、地域各不一样，其经济文化各具特征。蒙的这种"三系学说"，与1943年出版的徐旭生撰《中国古史的传说时代》可为呼应。徐概括中国古代大致可分为华夏、东夷、苗蛮三大集团，这三大集团互相斗争，后来又和平共处，终于完全同化，才渐渐形成了尔后的汉族。他说："我们战国及秦汉时代的人民常自称为华夏是错误的，他们实是华夏、东夷、苗蛮三族的混合。我们常常自称为'炎黄裔胄'，其实这个词不能代表我们。必须说是羲、皞、炎、黄裔胄，才可以代表我们全体老汉族（今日的汉族混杂了很多族是很清楚的）。"此书一出版，就受到了很大的重视，由于它篇幅宏大且自成体系，确实对中华民族、特别是汉族的起源的研究，起了很大的推动作用。

此外，在20世纪20—40年代，曾出版多种综合性的中国民族史，其中林惠祥撰《中国民族史》，1936年由商务印书馆出版，书中较全面地对汉文历史文献和当时的考古学材料以及民族学等多种学科的研究成果进行了系统的综合研究，因而对华夏/汉族及其他中国各民族的起源形成进行了较为全面的叙述，可视为中华人民共和国成立以前中国民族史的代表作。

上述各家虽不一定是以唯物史观为指导思想，有的却直接或间接受到唯物史观的启发，而李大钊在把马克思主义革命学说介绍到中国来的同时，已极大地关注着以马克思主义唯物史观为指导创立马克思主义新史学的工作。其后郭沫若将唯物史观运用于整理研究甲骨文、金文史料，从而撰著了《中国古代社会研究》《青铜时代》《奴隶制时代》《甲骨文字研究》《卜辞通纂》《两周金文大系图录考释》等一系列鸿篇巨制，建立起中国从原始社会、奴隶社会到封建社会发展进程的学术体系。现在看起来具有中国马克思主义史学早期形态的特点，然而在20世纪30—40年代，这是中国史学的一场真正的革命。同时代的其他马克思主义中国史家和民族史家，对中国各民族起源和中华文明起源的总体研究，都做了许多开创工作，使中华人民共和国的民族史，得以有正确的方向和良好的基础去继续发展。在20世纪80年代以前主要是族别史研究，近年出现综合研究势头。最近费孝通撰《中华民族的多元一体格局》，从中华民族的多元起源、凝聚核心——汉族的出现及各少数民族的发展等多角度，论证中华民族多元一体格局的形成过程，指出："它的主流是由于许许多多分散孤立存在的民族单位，经过接触、混杂、联合和融合，同时也有分裂和消亡，形成一个你来我去，我去你来，我中有你，你中有我，而又各具个性的多元统一体。"这一提法，将进一步推动我们在唯物史观的指导下，使中华文明和中华民族起源的研究，走上一个新台阶。

（二）多元一体说的考古学依据

几个世纪以来，欧洲人从直接接触到古老的中华文明之日起，就对中华文明的起源及民族来源产生了浓厚的研究兴趣。他们一方面受着欧洲中心观念和当时流行的学说的影响，也受到考古学发展水平的限制，在他们看来，欧洲文明是受西亚与埃及的古老文明的启迪而发达起来的，所以中华文明也应从西亚、埃及寻其根源，从而产生了种种"外来说"。在关于中华文明起源形形色色的"外来说"中，"西来说"占主流，在林惠祥《中国民族史》第三章第二节做了详细介绍。由于中国考古学的发展，即使是当年力主中国文化"西来说"的瑞典考古学家安特生也对自己过去的观点有所纠正。诚如夏鼐所说："我以为中国文明的起源问题，像别的古老文明的起源一样，也应该由考古学来解决。"依我的理解，关键是新石器时代的考古学。

由于对已发现的7000余处中国新石器文化遗址的文化内涵、文化层叠压关系、年代测定等方面已做了比较系统的研究，现在对中华民族与中华文明的起源呈多元特点，在考古学界已无异议，但各家对中国新石器文化的宏观概括还有较大差别，或者说有几种不同的学说。

应该看到，自20世纪50年代末60年代初，考古学界就已提出了新石器多区域和相互融合、吸收的印象，到1979年夏鼐发表《碳–14测定年代和中国史前考古》一文，将中国的新石器文化划分为七大区域，已原则上提出了多元起源的问题。1979年4月，在西安举行全国考古学规划会议，苏秉琦提出了划分我国考古学文化的区、系、类型问题。随后1981年第5期《文物》发表了苏的论文《关于考古学文化的区、系、类型问题》。他指出："过去有一种看法，认为黄河流域是中华民族的摇篮，我国的民族文化先从这里发展起来，然后向四处扩散；其他地区的文化比较落后，只是在它的影响下才得以发展。这种看法是不全面的。在历史上，黄河流域确曾起过重要的作用，特别是文明时期，常常居于主导的地位。但是，在同一时期内，其他地区的古代文化也以各自的特点和途径发展着。各地发现的考古材料越来越证明了这一点。同时，影响是相互的，中原给各地以影响，各地也给中原以影响。"

按照苏的概括，我国新石器文化可划分为六大区：

1. 黄河中游，今关中、伊洛、汾涑平原，即仰韶文化的中心区。

2. 以泰山为中心的鲁、豫、苏接境区，习惯上称为黄河下游，这是大汶口及山东龙山文化分布区。

3. 以江汉平原为中心的长江中游文化区。

4. 以太湖平原为中心的长江下游文化区。

5. 鄱阳湖 — 珠江三角洲文化区。

6. 以长城为中心的北方文化区。

如果笔者冒昧地将这种学说称之为"多元区域说"，那么安志敏的概括笔者冒昧称之为"黄河流域主干说"，1982年文物出版社出版的安著《中国新石器时代论集》，大概可以代表他在20世纪80年代以前的研究成果。安认为黄河中游的仰韶文化在中国新石器文化中起到了主干作用，而距今5000年前后，已出现以黄河下游的新石器文化为主导的统一趋势。黄河流域是中华文明起源的大中心，其他文化在不同地区起着地区性中心的作用，但黄河流域对四方各地文明的发达都起着辐射与推动的作用。最近安所撰《略论中国早期新石器文化》，又指出黄河中游是早期新石器文化发展的重要地区，而"中原地区之外的许多考古发现，也一再更新了我们的认识……这些迹象充分表明全国范围内的早期新石器文化可能有着不同的来源，在长期的发展过程中，由于相互交流和影响，逐渐出现了融合统一的趋势，并为古代文明的出现奠定了基础"。安对自己学说做了新的阐述。1980年6月17日，石兴邦应邀在南京大学历史系做了《关于中国新石器时代文化体系的问题》的学术报告，认为我国新石器文化可分为：

1. 仰韶文化系统。
2. 青莲岗文化系统（包括东南、西南）。
3. 北方文化系统（包括新、蒙、东北）。

石还认为，上述三种文化又可归纳为以西北腹地为代表的半坡系统和以东南沿海为代表的青莲岗系统。这样两大集团的划分，与湿润的中国东南部及干旱的西北部的自然与民族分布相吻合。

佟柱臣则认为在中国内地东部有三个新石器文化接触地带。即在北纬40°—42°东西横亘的阴山山脉，是阴山以北狩猎经济类型诸文化和阴山以南黄河流域粟作农业经济类型诸文化的接触地带；在北纬32°—34°的秦岭山脉以南及其余脉桐柏山脉和汉水流域、淮河流域这东西一线，是黄河流域以粟作经济类型为特点的诸文化和长江流域以稻作经济类型为特点的诸文化的接触地带；在北纬25°—27°的南岭山脉以迄武夷山脉，是长江流域诸文化与珠江流域诸文化的接触地带。他既注意自然环境对人们创造文化的影响，也注意到各文化区的相互影响与融合。按上述接触地带可以把中国东部的新石器文化划分为阴山以北，阴山以南到秦岭以北，秦岭以南到南岭以北，岭南及武夷山以东五大区域。1986年，佟又著文指出，中国没有一个新石器时代文化起源的问题，而各地新石器文化，是从旧石器时代晚期各地的遗存发展过来的。因而，不存在向四方传播的问题。在佟看来，安特生的仰韶文化西来说固然不对，中华人民共和国成立后为了反驳"西来说"，又暗示了仰韶文化自东向西发展的意见。无论从西方起源向东方发展，抑或从东方开端向西方波及，都不符合新石器时代文化发展的实际。所以中国新石器时代文化，既是多中心的，不平衡的，又是相互吸收与融合的。

严文明把中国新石器文化概括为中原文化区、山东文化区、长江中游文化、江浙文化区、燕辽文化区和甘青文化区。从经济类型，又可划分为旱地农业经济文化、稻作农业经济文化、狩猎采集经济文化区三大经济类型区域。他说："中原以外这五个文化区都紧邻和围绕着中原文化区，很像一个巨大的花朵，五个文化区是花瓣，而中原文化区是花心。"严既注意到各文化区的特点，又注意到它们之间的联系与统一趋势，从而提出了《中国史前文化的统一性与多样性》的命题。

1983年笔者受嘱撰写《中华文化的起源与中华民族的形成》时，对以上各家之说还没有全面的了解，当时有些论文尚未发表，即使现在做上列综述，也不知是否较为准确地了解了各家之说。1985年我撰写了《中华新石器文化的多元区域性发展及其汇聚与辐射》，当时主要是受苏、安等的启发，大胆做了一个宏观的综合研究，从而得出如下几点结论：

（一）中国的旧石器考古学及远古人类化石的发现与研究，证明中华大地是人类起源的重要地区之一，是蒙古人种（黄种人）的故乡，从而彻底推翻了形形色色的"外来说"，肯定了中华文明与中华民族起源于中华大地，虽然在其发展过程中吸收了不少外来成分，就起源而论是土生土长的。

（二）也使传统认为中华民族与文明起源于黄河中下游然后向四周扩散的一元中心说得到了修正，证明了中华民族是多元起源，既有多元区域性不平衡发展，又呈现文化上向中原汇聚及中原文化向四周辐射的特点。这种多元区域性不平衡发展反复汇聚与辐射，可以说贯穿于中华民族发展的始终。

（三）在新石器时代已出现中华大地从南到北三个文化发展带：即秦岭—淮河一线以南为水田农耕文化；秦岭—淮河以北至秦长城以南（包括辽东、辽西）为旱地农耕文化，秦长城以北为狩猎／渔猎文化（进入青铜器与铁器时代即发展为游牧或渔猎兼不发达的农耕文化）。最近十多年以来，我反复阐述，中国民族呈现从南到北如上述地理分布的水田农耕、旱地农耕和游牧（包括东北狩猎／渔猎民族，习惯广泛称之）三带和湿润的东南部及干旱的西北部的相互依赖，相互补充，并强调这种南北三带与东西两大部不平衡发展而又互相离不开的发展特点，是中国既有多民族各具特征的发展而又必然结成统一整体的重要根源之一。经过对中国新石器文化的宏观研究与概括，笔者深信上述这种中国民族的发展特点，其根源一直可以追溯到中华文明与中华民族的起源阶段。

（三）中华文明初曙发展的总趋势

新石器文化的多元区域性发展，每个区域与每种文化又都呈现多种类型与各地的差异，证明了创造这些文化的氏族部落为数众多而在各区域又有大体同类的部落集群的存在。先秦文献可与此相印证。《左传·哀公七年》说；"禹合诸侯于涂山，执玉帛者万国。"《尧典》说尧"协和万国"；《吕氏春秋·用民》也说："当禹之时，天下万国。"春秋战国人征引这些传说，说明当时还保存着原始时代部落林立的朦胧史影。

然而，多元起源及各部落集群的发展是不平衡的。到新石器中晚期，虽然四方都已透射出文明的曙光，进入青铜时代却首先在黄河中下游（通常称之为中原地区）形成了国家，汇聚形成了中华文明的主流和中华民族凝聚的核心，从而为秦汉以来逐渐形成统一的多民族中国奠定了基础。

就起源阶段而言，根据新石器文化与远古传说的材料，足证华夏同样经历了由多元走向一体的过程。它是以黄河中下游东西相对的两大部落集群的融合为核心，并吸收四方优秀成分大融合的结果。关于这个问题，笔者在《华夏文化的起源与中华民族的形成》一文中已做初步的阐述。这里，讨论一下关于地理概念与地理因素的问题。

上文所称的黄河中游与下游，是以今地理概念为准，在《中华新石器文化的多元区域性发展及其汇聚与辐射》一文中所叙黄河中游与下游东西相对的两个文化区，也是如此。实际上这只是为了便于当今读者了解。如果按先秦地理，则是一个错误的概念。

黄河，在我国是与长江相匹配的大河。在青海，这两条大河的发源地相距并不很远。今黄河由青海出发，经甘、宁、内蒙古、陕、晋、豫诸省区，而在鲁北垦利县境入海。黄河以改道频繁著称，其全流见于史册记载，大约是在春秋战国时期。先秦是否也经过多次改道？现在专家论断大相径庭。不过黄河下游，在先秦与现今有很大不同，那时黄河下游流经今河北平原至天津市区入海，各家所考结论相同。今黄河下游走向大体与先秦的济河一致。

因此，按先秦的地理概念，整个黄河中下游都是仰韶文化分布区域。其前仰韶期诸文化，即沿古黄河中下游分布。安志敏《略论中国的早期新石器文化》指出，前仰韶期三种主要文化的分布："（1）裴李岗文化，以河南为中心，大体是沿黄土高原的边缘和太行山脉的东麓，南自淮河北至漳河之滨的狭长地带，共发现遗址40处。（2）磁山文化，主要分布在河北南部，沿太行山的东麓，南自漳河北过易水，处于华北平原的西部边缘的狭长地带，共发现5处。（3）大地湾文化，分布在黄土高原的渭河流域，个别遗址穿过秦岭，到达丹江上游，共发现4处。"至于仰韶文化的分布，以渭、汾、洛诸黄河支流汇集的中原地区为中心，北到长城沿线及河套地区，南达鄂西北，东至豫东一带，西到甘、青接壤地带。其主要类型：半坡、史家、后冈、庙底沟、西王村、秦王寨、大司空村各类型都是分布在陕、晋、豫接壤的黄河中下游地区和豫北、冀南地区，亦即先秦古黄河下游地区。

总之，若以先秦地理而论，黄河中游及下游沿太行山东侧一直到易水以南都是仰韶文化的起源与分布密集的地区；若与黄河中游相比较，则燕山南北一线虽不是仰韶文化分布的中心，也受到仰韶文化的影响，以至红山文化在其内涵被全面认清以前，曾被定为仰韶文化的地方性变体。

所称黄河下游的新石器文化区，实际上是以泰山为中心的济水、泗水流域延至淮河下游以北的新石器文化。由此可见，新石器文化在今黄河中下游东西相对的两大区域，按古地理是东以泰山为中心的济、泗、淮北地区；西以华山、嵩山（古称崇山）为中心的黄河中游，延及黄河下游，太行山东侧。其河、济之间及济水上游，东起泰山，西至嵩山，即今冀南、豫东、鲁西地区，为两大区文化的接合部，相互影响、汇聚、交融较其他地区为多，因而进入文明的门槛也较早。传说之古帝活动中心，大都在这个地区：

黄帝，邑于涿鹿之阿，在今河北涿鹿县境，地处京西北；有的考证认为在今保定地区；

太昊，都陈，今河南淮阳，地处豫东；

少昊，邑于穷桑，迁于曲阜，由鲁北迁鲁西；

颛顼，都帝丘，今河南濮阳，地处豫东北；

帝喾，都亳。晋皇甫谧以为在河南偃师县，即今偃师县境，地处嵩山北。但商代以亳为名者多处，其东有今山东曹县境之亳，其东北燕山地区有燕亳。1984年我与干志耿、李殿福合撰《商先起源于幽燕说》，断定燕亳也许是见于记载最原始的亳，它处之亳，都是商人迁徙所至从其祖居之都而得名。

今考古发现的新石器晚期、青铜器早期（实际是同一个考古文化期）的古城，可以与上述传说相印证：

淮阳平粮台古城。在河南淮阳县南4公里，呈方形，边长185米，总面积约3.4万平方米，属龙山文化晚期，碳–14测定树轮校正约当前2355年，是一座距今4300多年以前的古城①。相传此地为太昊之都，属于传疑，然而它是夏代以前的古城，则是可以肯定的。

登封王城岗古城。在今河南登封县告成镇西约1千米的台地上，地处嵩山南，为东西并列而相连的两座城，每座城总面积不足1万平方米，属龙山文化晚期古城。经碳–14测定树轮校正距今约4400年②。

边线王古城。在山东寿光县边线王，略呈圆角梯形，城内面积4万平方米，夯土城墙基槽发现有儿童、猪、狗等骨架，是为奠基的牺牲。属山东龙山文化的古城址，虽地处古济水之南，也与河济之间相距不远。

城子崖古城。在山东章丘县龙山镇，龙山文化即因最先发现于此而得名。此处城址到底是龙山文化期的古城址还是聚落遗址，尚无确定结论，如果是聚落遗址，也是有了较大规模且有了夯土围墙，墙根厚度约为10米，其地在今济南市稍东北。最近有重要发现，龙山期古城已得到证实，详情尚待报道。

根据龙山期古城的特点与规模，它们都是王权萌芽与宗教祭祀中心的产物，不具有“市”的性质。《墨子·明鬼》说：“虞夏商周三代之圣王，其始建国营都，日必择国之正坛，置以宗庙”，大概从龙山文化期的古城已有了这种性质，至少也是有其雏形出现。

关于中华文明首先在中原地区发展，是以中原地区东西相对两大文化区与两大部落集团交融汇聚为核心，不致有什么疑问；它同时又是吸收四方优秀文化的产物，也引起了学术界的注意。比如上文提到中原地区城市起源的诸小型城堡，在今内蒙古赤峰市英金河、阴河流域，考古工作者也发现了43座石城遗址，是属夏家店下层文化（以农耕为主的早期青铜文化）期的古城，城内面积一般1—2万平方米。此外在敖汉旗大甸子还发现了属同一文化期的土夯筑的城址，城内面积达6万平方米。夏家店下层文化碳–14测定约当前2300年—前1600年，③稍早于中原夏代或大体与之年代相当。更不用说在赤峰市与

---

① 《古史辨》第1册，自序，上海古籍出版社重印本，第80页。
② 《中国大百科全书·考古卷》，安特生条，中国大百科全书出版社，1986年，第18页。
③ 《考古》，1989年第8期，第112页，徐光冀的发言。

辽西地区早于夏家店下层文化的红山文化，其文化因素与商文化有多方面的渊源联系。其中红山文化的"女神庙"与祭坛，我们曾推断这是中国目前所知最古老的高禖祭天的物证，是商代高禖祭天求嗣礼制的源头。

为篇幅计，此题不能继续展开，谨重复一下笔者在《中华新石器文化的多元区域性发展及其汇聚与辐射》一文中的结尾："中华民族最早的国家组织为夏、商，都在黄河中下游。但从甘肃秦安大地湾仰韶文化的殿堂式建筑、辽西红山文化的祭坛等文化因素观察，均与商周以下中华古代制度有渊源联系，而红山文化的玉器群，也被认为与商文化有渊源联系。"

"红山文化的动物群玉雕有龙、鸟、龟、蝉……均与商代玉器主要题材相同，而良渚文化的玉器如玉璧、玉琮……显系两个系统。但良渚文化的玉器，同样在商周得到继承和发展，比如前面已提到玉璧与玉琮等成为商周祭天地的礼器……这些因素都可以说明：中华文明在黄河中下游发达，出现了中华最早的国家制度、青铜文化和文字制度，主要是黄河中下游两大系统新石器，同时也是其他诸多新石器文化内向汇聚熔铸的结晶。"①

至于为何在中原而不是在别处首先发达，除前仰韶文化—仰韶文化—河南、陕西龙山文化及青莲岗文化—大汶口文化—山东龙山文化两大文化系统的内涵丰富、积累时间长达3000年，足以融合孕育出中华文明的主流之外，同时其地处南北三大文化发展带的中央，是南北文化交汇的中枢，也是中原得以吸收熔铸四方优秀文化的有利条件。对远古时期中原地区的气候较当今为暖和，森林遍布，湖泊众多，古黄河下游与河济之间，支流如脉络汇于主干，宜于农业发展以及中原对四方具有吸引力等地理因素，史念海所撰《由地理的因素试探远古时期黄河流域文化最为发达的原因》一文，做了比较详细的论证，史还在其《河山集》（二集）的有关章节中对黄河中下游的变迁做了进一步的论证，可供参考。如果忽视了地理的因素，就无法全面而科学地理解中华文明与中华民族为何在中原地区首先发达。

---

① 同前引《商先起源于幽燕说》。

（四）需要对远古神话系统进行整理

研究中华文明与中华民族的起源，总离不开对远古神话传说的鉴别与整理。可以说，随着民族的形成与发展，历代都有学者在整理古史，企图"整齐故事"，构造同一来源的谱系。以唯物史观研究民族与文明的起源，更需要以科学的态度与方法甄别和使用远古传说史料。

第一，要审慎地甄别先秦文献的形成年代。在这一方面，自20世纪20年代以来，各家都做了许多有价值的考证。尤其是甲骨学与金文学研究的丰硕成果，可以提供鉴别的实证，使一些一度被怀疑的古史和典籍的可靠性又得到了比较准确的估计。但对先秦文献都要一一进行系统研究，是一个浩大工程，必须借鉴专家们的研究成果。中华人民共和国成立以后，顾颉刚与王煦华、刘起釪、李民等师生经过持续的努力，给学术界贡献了像《崔东壁遗书·序》这样比较系统的辨伪学说史和《〈尚书〉与古史研究》以及其他许多关于远古神话的论文，在研究民族与文明起源时，是有很大参考价值的。按照他们对文献形成年代的考订，可靠的西周文献所记述的古史只有夏、商、周三代。《国语》晋、郑语都有虞、夏、商、周四代的说法，但孔、墨号为春秋显学，推崇二帝（尧、舜）三王（夏禹、商汤、周文），也没有把舜与虞代相连，更不用说虞以上的唐与尧相连。至战国始有唐、虞、夏、商、周五代，并且把夏、商、周原本起源于不同地区也不一定同时代的始祖分配到唐、虞的朝廷里做了各种专职的大臣，又都是黄帝的裔续。这种古史系统与黄帝为始祖的统一谱系，是战国人为主张大一统服务和华夏民族由多元融合为一体认同的产物。

第二，《左传》《国语》保存了大量的远古神话史料。但不是当时所撰系统的远古历史，也不是为保存神话而编订的远古神话系统，而是当时君臣应对和卿大夫之间讨论所遇到的问题征引远古传说作借鉴。现在应该把当时的史事与征引的传说分开加以研究，同时还要注意这些传说的地区性特点。比如黄、炎为兄弟的传说出自晋人司空季子。当晋公子重耳（晋文公）流亡至秦，希望得到秦穆公支持，夺晋怀公之位而代之；秦穆公以五女嫁给重耳，其中包括晋怀公为质于秦时所娶之女怀嬴。晋怀公为重耳之弟晋惠公之子，故怀嬴于重耳已是侄媳，重耳欲辞，又恐破坏了争取秦国支持的夺位计划。于是司空季子征引了黄帝有子25人，得12姓的传说，及黄帝、炎帝都是少典氏与有蛴氏所生之子，"黄帝以姬水成，炎帝以姜水成，成而异德，故黄帝为姬，炎帝为姜"的传说，从而引申出"娶妻避同姓，畏乱灾也"，至于异德异姓可以通婚，落脚于"今子于子圉，道路之人也，取其所弃，以济大事，不亦其可乎"！司空季子这段征引使我们了解了晋国崇信其出于黄帝，并有黄炎同出少典，兄弟异德异姓姬、姜的传说。晋出自周之宗室所封，其以周姬与姜姓世为婚姻的史实上推至黄炎，明显打上了尊周的烙印。这一传说还反映了部落外婚制的遗俗，只避同姓，不论辈分，在春秋时人们仍然奉行着。至于司空季子所促成的晋秦政治婚姻，则应当作春秋时史事来研究。

　　这类例子很多，以成篇文献而论，《禹贡》大概是成于战国初期的地理文献，其中保存着禹平洪水的远古传说及禹与夏代相连的古史。但在统一的中央政府之下划分九州，按各州土壤高下及物产上贡与贡道，按民族分布的远近与特点确定五服（不同程度与不同贡献的管辖、羁属），使"声教讫于四海"等内容，则反映了战国时的地理知识、地理概念与大一统的政治理想，与禹和夏是毫无关系的。也许夏有"服"的观念，九州原是禹所自出的羌人地域的名称，可以提供一些追溯民族与文明起源的线索。

　　第三，先秦诸子差不多都曾征引远古神话传说为立说的依据。因此，诸子的思想史与他们所征引的神话也要加以区别，并研究其地区的差异。《韩非子·显学》说："孔子、墨子，俱道尧、舜，而取舍不同，皆自谓真尧、舜。尧、舜不复生，将谁使定儒墨之诚乎？殷、周七百余岁，虞、夏二千余岁，而不能定儒、墨之真，今乃欲审尧、舜之道于三千岁之前，意者其不可必乎。无参验而必之者，愚也；弗能必而据之者，诬也。故明据先王必定尧、舜者，非愚则诬也。"确实，古本《竹书纪年》记载"舜囚尧于平阳，取之帝位"；"舜囚尧，复偃塞丹朱，使不与父相见也"。《韩非子·说疑》说："舜逼尧，禹逼舜，汤武放桀，武王伐纣，此四王者，人臣弑其君者也，而天下誉之。"韩非所说与《竹书纪年》合，一因两书都产生在战国，二因其思想与文化都是三晋的范围，而且都出自战国的魏国，韩非受业于荀卿，而深斥儒家所鼓吹仁义，主张完全以法为治。儒家主张大一统，韩非也主张大一统，一个主张法先王行王道，一个主张法后王行霸道，思想体系之不同决定了两家对远古传说的取舍不同。而同一神话人物，各地所传相差亦远，不仅行为各异，世次也互相抵牾。其中奥秘，笔者以为到了战国，华夏已融成稳定的民族，中国统一已成为不可扭转的历史发展趋势，各地区各学派，心目中的民族来源的统一谱系有总体的相同：即认同、统一、尊周（战国时周的天下共主地位已完全丧失，但无论谁统一都必须继周为统则是必然的）。然而所不同：初则魏为中心，三晋处"天下之中"，《禹贡》贡道实以洛阳为中心；继则稷下学派以齐为中心；终则以楚、秦为中心。各以本区为中心构成统一的谱系，此所以关于古帝系统，其说纷繁，诸多来自各不相同地区与部落的天神与祖神，摆于同一祭坛上和统一谱系中，世次混乱，人神混杂，而且同一神话人物往往经过各家分合，或一人而分为二三，或多人而合为一位。一个蚩尤，既是三苗之君，又是九黎之首，还是炎帝之后，既代表东夷与黄帝争战于涿鹿，又为九黎之君与禹及伯夷战于荆山，到刘邦起事时，还作为战神把他与黄帝放在一块祭祀。神农本是创造神，西方以为后稷是神农，南方以为烈山氏是神农，东方似乎认为"勤其官而水死"的冥是神农，可见各地各部落集团原本有各自不同的神农。到后来这位代表农业发明者的天神不仅使各地不同的神农合而为一，而且原本与炎帝毫无关系，到西汉却已有了"炎帝神农氏"的说法，于是神农与黄帝谁先谁后，一直争论至今。

先秦大概除了《诗》《书》《诸子》之外，还有比较系统的神话在各地流传，保存至今者为《天问》与《九歌》以及号为先秦神话渊府的《山海经》。《九歌》无疑是楚国的神话诗，《天问》则成书至迟不会晚于战国初年，顾颉刚曾指出《天问》"颇有《诗经》以后《论语》以前之风"。再细考《天问》所问180多个问题，仅有几问涉及楚国，还集中在吴王光胜楚和淫荡之母生有贤子子文等事，其中只字未提到楚国的祖神高阳、祝融、重黎，与《离骚》首句即表屈原与楚国所自出："帝高阳之苗裔兮，朕皇考曰伯庸"大不相同，且《九歌》诸神，其中包括最高的天神东皇太一都没有任何迹象提及，而且文风也与楚辞不同，所以《天问》不仅成书较早，大概也不是楚辞，更不可能出自屈子之手。它包括天地开辟、大地成形的神话和夏、商、周三代来源与兴亡的神话和史事。林庚《天问论笺·序》指出《天问》是一部兴亡史诗，"是以夏、商、周三代为中心的"。至于《山海经》其形成于战国，各家所论大体相同。然而就内容而言，《五藏山经》地理多于神话，论者或据神话之古朴而推断其成书早于《山海经》与《大荒经》，或以为成书于秦始皇时方士之手，然而保存了先秦地理知识与史料。《山海经》与《大荒经》以神怪为主而兼叙地理与民俗，论者以为是巫祝之书编次而成，其中难免掺入若干后人的东西，大体仍保留着先秦的面貌。①其产生地区，或以为楚，或以为蜀，或以为齐鲁。以其中最显者为帝俊，即东方之天帝、日月的父亲、人类的始祖等内容判断，恐其中《山海经》与《大荒经》主要是东方沿海地区的产物。

　　总之，先秦的神话需要一次从研究民族与文明起源角度的彻底整理。这一工程，不仅要求对先秦文献形成的年代做一番认真的鉴别，还要将春秋、战国史事与《左传》《国语》等书所征引的神话分开进行研究，将先秦诸子的思想与他们所征引的神话分开进行研究。这样，把各时代、各地区、各家征引的远古神话梳理清楚，还神话以本来面目，再对照《天问》《九歌》《山海经》等书中的神话及地下出土的实证，才能比较系统地理清原本来自不同地区与不同部落集团的天神、祖神与事物起源的创造神，如何在华夏民族形成过程中放到了同一祭坛上，安置在同一谱系中；也才能理解为何神话系统中的世次、人物、事迹，矛盾百出，混杂难辨。如果不是这样，即使再讨论一百年，也不可能在纷繁的矛盾中，得出科学的为大家所能认可的远古神话体系及民族与文明起源的科学结论来。

---

① 《中华民族多元一体格局》，中央民族学院出版社1989年版，第135页。

三 传统民族观与中华民族一体观

中华民族，是20世纪初才出现的称谓，最初与汉族同义。随着中国革命对中国民族问题认识的加深与解决民族问题工作的推进以及中国民族研究的进步，对中华民族所包含的全部内涵，认识也越来越深入、全面。目前，中华民族既是中国各民族的总称，又概括了中国各民族的整体认同，是不可分割的实体。

需要讨论的是，在中国以往的几千年中，涌现过为数众多的民族，当代中国也有56个兄弟民族。中国古今各民族，既各有其起源、形成、发展的历史与文化，又在数千年中越来越紧密地结成了统一的多民族中国，共同创造了中华民族的历史与文化。中国古今的各民族，既是互相有区别的不同民族，又实际上在不断发展着互相不可分割的一体联系，具有多层次的民族认同。如何认识和阐明这种"一"与"多"的对立和统一，在中国是一个既古老而又内容常新的命题。1988年，费孝通教授发表了《中华民族的多元一体格局》这篇著名的论文，对中华民族的"多元"与"一体"的辩证运动及中华民族的结构特点，做了高层次的概括。现仅就中国传统的民族观与中华民族一体观的发展陈述一些情况，还谈不上对此做出科学阐释，希望能有助于对中国的民族与民族关系问题的了解。

（一）传统的"华夷之辨"

民族共同体发展的层次不同及民族关系发展的层次不同，民族的认同和区别也会有不同的尺度。华夏/汉民族在起源时代，由黄河中、下游东西两大区系的新石器文化及黄河中、下游东西大系统的部落与部落集体，通过长达千年（前3000—前2000）的接触、撞击争斗至于接近和融合，形成了夏人、商人、周人三族。他们起源的地区不同，祖先来源各异，然而都是上述东西两大系统文化及两大系统部落融合的产物，文化特征大同小异。商灭夏，夏、商两族进一步融合；周灭商，三族融为一体。周王在取得了统治地位以后，主动采取了一系列与夏、商认同的政策和措施：首先宣告，周灭商，是由于商纣王"失德"，因而也丧失了"天命"，周之代商，如商之代夏一样，都是按"天命"行事，是"皇天上帝，改厥元子"（《尚书·周书·召诰》）。第二，分封周王的兄弟、宗室为诸侯的主干，"以藩屏周"（《左传·定公四年》）；以舅族姜、任等姓诸侯为周室的婚姻与同盟；又封黄帝、炎帝、尧、舜等"先圣"及夏、商之后。①这样便构成了西周的宗法等级分封体系。第三，将周人原在"西土"所称谓"区夏"（即夏区，古今语法不同）的范围扩大到所有上述各类诸侯分布之区，诸侯称为"诸夏"，又将原商朝统治的中心区称为"东夏"。凡夏、商、周三代统治的区域，都认同是大禹开辟的土地，称之为"禹绩"或"禹迹"。后来又将周初只限于京师称"中国"，扩大到与"诸夏"同义。第四，周人自认为是黄帝姬姓的苗裔，并主动与商族认同，将原只是东方各部落及商族的祖神与天帝的帝喾，纳入黄帝为始祖的谱系，成为黄帝的曾孙，又奉帝喾为商、周共同的祖先。奉周人的始祖母姜嫄为帝喾的"元妃"，而商人的始祖母简狄及帝尧的母亲都是帝喾的"次妃"。第五，采用商的文字而加以改进和发展。西周经过灭商以前文王及灭商以后建立周朝武王、周公、成王、康王几代人的努力，大体上已使夏、商、周三族融合形成了同一民族的雏形：有了共同的族称——夏、中国；共同的始祖——黄帝，周之舅族姜姓诸侯的始祖炎帝，是黄帝的亲兄弟；共同的地域——"区夏"，又称"禹迹"；共同的文字——从地下发现的商周甲骨文与金文。另一方面，西系炎、黄两大部落集团又有一些部落在黄河中上游及上游发展。即夏、商、周三代的氐羌／西戎。其中除陇山以东各部落在春秋、战国时期已融合于华夏当中，分布于黄河上游及长江上游地区的各部落发展为秦汉以来的氐羌族群。东系太皞（昊）、少皞（昊）两大部落集团分布在泰山以东至海、以南至淮各部落，发展为夏、商、周三代的东夷，到春秋、战国时期，他们又融合于华夏。西周时，夏夷的区分已比较明显，但夏夷尊卑的观念不明显，夏夷间的限域也不太严格，"夏夷之

---

① 《历史地理》第3辑，上海人民出版社1986年版。

辨"的观念还没有明确地提出来。

西周末叶至春秋中叶的一两个世纪，游牧人戎狄内迁，在中原与诸夏交错分布，并对诸夏造成了威胁，南方自称"蛮夷"的楚国①势力也日益壮大，兼并了"汉阳诸姬"，进而北上威胁随、蒋、陈、蔡等诸侯国，甚至危及周王。南北这种蛮夷之势，《春秋公羊传·僖公四年》（前656）评论说："夷狄也亟病中国，南夷与北狄交，中国不绝若线。"诸夏在"尊王攘夷"的旗帜下求团结以解救面临的危难，民族矛盾激化，民族意识空前高涨。族称由诸夏又称诸华，或合称华夏②。华、夏两字古音相近，可以互假。华的本义为花，引申为文采、文明；夏原是地名，进而为部名、国名、族名，又含有大的意思。《左传·定公十年》孔《疏》说："中国有礼义之大，故称夏；有章服之美，谓之华"。夏而称华，自居衣冠礼乐文明，歧视夷狄为野蛮人，甚至是"禽兽"。

《左传·闵公元年》（前661），"狄人代邢"，管仲说："戎狄豺狼，不可厌也；诸夏亲暱，不可弃也。"

《左传·僖公二十五年》（前635），晋文公欲以武力逼取阳樊这个地方，"苍葛呼曰：德以柔中国，刑以威四夷。宜吾不敢服也！"

《诗经·鲁颂·闷宫》说："戎狄是膺，荆舒是惩，则莫敢我承。"

《左传》襄公四年（前569），晋国魏绛主"和戎"，"晋侯曰：'戎狄无亲而贪，不如伐之。'魏绛曰：'诸侯新服，陈新来和……劳师于戎而楚伐陈必弗能救，是弃陈也，诸华必叛。戎，禽兽也，获戎失华，无乃不可乎！'"

以上事例表明，到了春秋中叶，华夷尊卑、亲疏之别，界限分明，在处理华夷关系时十分强调"华夷之辨"。

在齐桓、晋文以后大约一个世纪，孔子主要是强调"裔不谋夏，夷不乱华"（《左传·定公十年》）。他的后学孟子进一步提出"用夏变夷"，反对"变于夷"（《孟子·滕文公上》）。但孔、孟既有贱视夷狄的一面，同时又主张兼容并包，有促进华夷接近的一面。孟子还公开承认：

> 舜生于诸冯，迁于负夏，卒于鸣条，东夷之人也。文王生于岐周，卒于毕郢，西夷之人也。地之相去也，千有余里，世之相后也，千有余

①　顾颉刚、王煦华：《崔东壁遗书一序》，上海古籍出版社1983年版，第1—71页。

②　李民：《〈尚书〉与古史研究》（增订本），此书有刘起釪序，中州书画社1983年版。

岁，得志行乎中国，若合符节。先圣后圣，其揆一也。（《孟子·离娄下》）

孔子强调不能让夷裔乱华夏，但他主张采取怀柔政策，使之亲附。孔子说："远人不服，则修文德以来之，既来之，则安之。"（《论语·季氏》）孔子办学"有教无类"（《论语·卫灵公》），他的弟子，其中包括贤人七十二，有来自当时仍是夷狄地区的子弟。孔门高足子夏说："与人恭而有礼，四海之内皆兄弟也。"《论语·颜渊》可见在先秦，民族观已随着民族本身及民族间关系的发展不断进化。儒家的民族观，较之齐桓、管仲时已有了明显的进步，在当时具有代表性，对后世有很大的影响。

春秋时期区分华夷，族类与文化并重，而以文化当作判别华夷的最高标准。当时族类的区分，包含地域、语言、习俗和礼仪，经济方面的差异也被重视，而祖源反而不放在重要地位。《左传·襄公十四年》（前559）姜戎酋长驹支说：

> 我诸戎饮食衣服不与华同，赘币不通，言语不达。

姜戎为"四岳之后"，这是驹支强调而诸夏也承认的，与姜姓诸侯同根共祖。但由于礼俗、语言、衣服、经济等不同，虽已内迁至晋国的南部，也还是戎人。《吕氏春秋·知化篇》记载伍员谏吴王夫差将伐齐，说：

> 夫齐之与吴也，习俗不同，言语不通，我得其地不能处，得其民不能使。夫吴之与越也，接土邻境，壤交通属，习俗同，言语通，我得其地能处之，得其民能使之；越于我亦然。

越人自称是大禹之后，诸夏也都相信。吴人声称是周王季历的长子与次子泰伯、虞仲之后，周人也承认这种说法，鲁与吴通婚还受到了"同姓为婚"的指责。但由于吴、越之语言、习俗不同于诸夏，"断发文身"，诸夏仍认吴、越是蛮夷。《吕氏春秋·为欲篇》说：

> 蛮夷反舌、殊俗、异习之国，其衣服冠带，宫室居处，舟车器械，声色滋味皆异，其为欲一也。

以上所举春秋、战国时期区分族类的那些基本要素，与近代以来民族学进行民族识别的基本要素相当近似。族类区分有如此明确的标准，说明华夏已成为稳定的民族共同体，其他非华夏各族也已经具备了由部落向民族过渡的基本特征。民族间相区分的标准明确，是民族共同体发展层次较高的反映。

　　华夏所持兼容并包的民族观及华夏高度发达的礼乐文明，促进了进入中原的非华夏各族的华化，而春秋时仍是夷蛮戎狄或被中原视同蛮戎的一些国家，如秦、楚、徐、吴、越、巴、蜀、中山等，也都努力吸收华夏文化，尽可能使自己与中原诸夏接近。到战国，这些国家先后都已华化，秦、楚成了战国中后叶最强大的诸夏大国。

　　在春秋中晚叶，孔子作《春秋》，进行"华夷之辨"有严格的标准，族类与文化相较，文化放在首位。这个文化首先是指周代的"礼乐"，按当今的术语，就是以春秋时仍作为诸侯相处的最高行为准则的政治文化为最高标准。董仲舒在《春秋繁露·竹林篇》中评论《春秋》宣公十五年（前597）晋楚邲之战孔子的"笔法"时说：

　　　　《春秋》之常辞也，不与彝狄而与中国为礼，至邲之战，偏然反之。何也？《春秋》无通辞，从变而移。今晋变而彝狄，楚变而为君子，故移其言而从事。

　　韩愈在《原道》中评论说：

　　　　孔子之作《春秋》也，诸侯用夷礼则夷之；进至中国则中国之。

　　唐宣宗大中年间进士陈黯撰《华心》一文，说：

　　　　夫华夷者，辨乎在心。辨心察其趣向。有生于中州而行戾乎礼义，是形华而心夷也；生于夷域而行合乎礼义，是形夷而心华也。

　　罗泌在《路史·国名纪》中也指出：

　　　　《春秋》用夏变[于]夷者夷之，夷而进于中国则中国之。

　　孔子这种以文化放在"华夷之辨"的首位是自然的。因为华夏是大融合的产物，就其多重来源而言，华夏可以说是夷蛮戎狄所化成，分别与四周各民族都有共同的渊源。在华夏形成了民族雏形以及以后的发展过程中，又不断有一部分分化出去移徙到边疆，化入当时各民族之中。《史记》所叙夏、商、周、楚、秦、赵及姜姓诸侯，都有子孙"或在中国，或在夷狄"的情形，说明华夷之间"你中有我，我中有你"，自古而然。孔子本人是商的苗裔，但他崇尚周的"礼乐"达到了无以复加的地步。他说："周监于二代，郁郁乎文哉，吾从周！"（《论语·八佾》）

　　总之，以儒家为代表的民族观，既具有民族优越感，有贱视夷蛮戎狄的一面，又具有兼容并包，促进民族接近与亲善的一面，而以文化放在区分华夷的首位，促进了民族间的认同。这些特点，可以说是中国传统的"华夷观"的基本特点，孔孟以后至清朝前期关于华夷关系的种种议论，都离不开这些基本特点。

（二）"大一统"格局中的"华夷之防"

强调"华夷之辨"是为了贯彻"华夷之防"。《春秋公羊传·成公十五年》评论孔子"笔削"的原则，说：

> 《春秋》内其国而外诸夏，内诸夏而外夷狄。王者欲一乎天下，曷以为内外之辞言之？言自近者始也。

这个评论道破了"华夷之辨"和"华夷之防"都是在"大一统"思想主导下，防止以夷"乱华"和夏"变于夷"的本质，是在"王者无外"的前提下分"内外"，在"大一统"格局中有"华夷之防"。中国古代由众多民族发展、确立为统一国家的过程，也就是"大一统"与"华夷之防"矛盾对立统一的过程。

春秋以前所称"四夷"，是泛指四方之夷。由于春秋、战国时期中原地区华夷杂处，又日趋融合，对边疆地区的民族了解也日渐增多，到战国时出现了夷、蛮、戎、狄配合东、南、西、北四方，与"中国诸侯"合为"五方之民"，共成"天下"的观念。《管子》，一般认为是稷下学派的学者依托管仲的思想与政绩发挥而成的一部战国时期的著作，其中《小匡篇》已有"东夷、西戎、南蛮、北狄、中国诸侯"五方整齐的称谓。据《隋书·经籍志》记载，《礼记》是"汉初，河间献王又得仲尼弟子及后学者记一百二十一篇献之"，经戴德删订，汉末马融增订，郑玄作《注》才得以流传。其中《王制》下说：

> 中国戎夷五方之民皆有性也，不可推移。东方曰夷，被发文身，有不火食者矣；南方曰蛮，雕题交趾，有不火食者矣；西方曰戎，被发衣皮，有不粒食者矣；北方曰狄，衣羽毛穴居，有不粒食者矣。中国夷蛮戎狄，皆有安居、和味、宜服、利用、备器。

该篇还肯定，"五方之民"生活、生产方式与习性的差异，都是因地理环境不同，因地制宜，适应环境所形成的，非人力可以推移。因此《王制》提出来对四方各族统一和管辖的方式是"修其教不易其俗，齐其政不易其宜"。后世对边疆民族各种"因俗而治"的制度和政策，都是从这个总原则出发制定的。

中国的大一统，是在许多地区性的统一的基础上实现的。战国"七雄"，其中每一个国家都实现了地区性的华夷统一，而全国统一的历史大趋势当时人已看出是不可逆转的。战国初叶，孟子到魏国，魏惠王"卒然问曰：'天下恶乎定？'"孟子肯定地回答："定于一"（《孟子·梁惠王下》）。《春秋公羊传》以"大一统"为宗旨总结《春秋》所记242年历史，分为"所传闻世""所闻世""所见世"。按《公羊》学派的"三世说"，"所传闻世"是"据乱世""内其国外诸夏"；"所闻世"是"升平世""内诸夏外夷狄"；"所见世"是"太平世""夷狄进至于爵，天下远近大小若一"（《春秋公羊传·隐公元年》）。他们认为历史是进化的，待夷狄和中国诸侯一样"进至于爵"，天下统一了，也就"太平"了。在战国，这当然还不是现实，但已是一种可以实现的理想了。此外，华夷"服事观"的整齐化和理想化，也就是华夷大一统政治理想的一种表现。

夏、商、西周，已出现了"服事"观念或制度。大禹"合诸侯于涂山，执玉帛者万国"（《左传·哀公七年》）。《诗经·商颂·殷武》说：

> 昔有成汤，自彼氐羌，莫敢不来享，莫敢不来王，曰商是常。

《国语·周语上》记载祭公谋父谏周穆王将伐犬戎，说：

> 先王之制，邦内甸服，邦外侯服，侯卫宾服，蛮夷要服，戎狄荒服。

《禹贡》托名大禹，现一般考订多认定是战国的著作，《职方》现收入《周礼·夏官司马》流传，也可能是成书于战国的著作。战国时全国统一还没有实现，可是两书都超前统一地划分了全国的行政区域地理。在诸夏范围内，《禹贡》依据山川自然分野划分"九州"，《职方》依据战国七雄疆域形势划分"九州"。又以王畿为中心，按地区远近，华夷不同，管辖制度由近及远，由繁渐约，《禹贡》分为"五服"，《职方》分为"九服"。《禹贡》的"五服"的名称与祭公谋父所说基本一致而做了更具体、整齐的叙述：

> 五百里甸服，百里赋纳总，二百里纳铚，二百里纳秸服，四百里粟，五百里米；五百里侯服，百里采，二百里男邦，三百里诸侯；五百里绥服，三百里揆文教，二百里奋武术；五百里要服，三百里夷，二百里蔡；

五百里荒服，三百里蛮，二百里流。东渐于海，西被于流沙，朔、南暨
声教，讫于四海。

《周礼·夏官司马·职方氏》说：

职方氏掌天下之图，以掌天下之地，辨其邦国、都、鄙、四夷、八
蛮、七闽、九貉、五戎、六狄之人民，与其财用九谷，六畜之数，要周
知其利害。

其"九服"则以"方千里曰王畿"为中心，每向外五百里为一"服"，依
次分为"侯服""甸服""男服""采服""卫服""蛮服""夷服""镇服""蕃
服"。其他《吕氏春秋》《尔雅》等都有"九州"的划分，不再一一介绍了。

对于《禹贡》《职方》中的"五服""九服"的名称、内容，古今学者多所
诠释，各家所说不尽相同，但都表达了以天子为首，以王畿为中心，包括华夷
的统一理想。郑玄《注》："服，服事天子也"，是一语破的的解释。所以，对
于国家元首的层次，在秦始皇实现全国统一以前也有了原则性的阐释，其最
高的层次就是"守在四夷"（《左传·昭公二十三年》），"君临四海"。《逸周
书·太子晋》中说：

善至于四海，曰天子；达于四荒，曰天王；四荒至，莫有怨訾，乃
登为帝。

《吕氏春秋·功名篇》说：

善为君者，蛮夷反舌、殊俗、异习皆服之，德厚也。

《礼记·曲礼》说：

君天下曰天子。郑玄《注》：天下，谓外及四海也。今汉于蛮夷称天
子，于王侯称皇帝。

先秦所憧憬那种"定于一"的理想境界，到秦汉已经实现。秦汉建立了中
国尔后2000年中央集权封建君主专制制度的基础，汉代四方各族的臣服，又奠
定了尔后中国疆域的基础。汉朝"天子"称号加之于"四夷"；"皇帝"称号加之
于"王侯"，同时包举郡县而言。国家元首称号这两重含义已完全体现了华夷的
大一统。地理观念也出现了以郡县和诸侯王地区为主干，民族地区为边裔的一

体观念①。把秦汉断定为统一多民族中国形成的开端，是符合中国历史实际的。

自秦汉到清代2000年间，多民族中国的大一统，曾经历两度大分裂。每度分裂之后，又分别由南北多民族的地区性统一形成南北两王朝对峙，进而达于全国性的更高度的统一。到清代乾隆年间，全国所有各民族地区都已置于朝廷直接派官管辖之下，其管辖制度又依据各地区民族、文化、社会经济、原有政治制度的不同而有很大区别。与周围邻国，有的是有传统的较为稳定的边界，康熙、雍正时与俄罗斯订立了具有近代国际条约水准的分界条约，划定了中俄东段与北段边界。这些基本情况，标志着统一的多民族中国的古代发展过程已经完成。2000年间，历代关于民族问题有过种种议论与对策，时移势异，各不相同，但基本精神总离不开在"大一统"思想主导下强调"华夷有别"。虽然民族矛盾贯穿着中国古代历史的始终，有时表现得十分激烈，但还是随着多民族统一中国的发展，中国各民族仍然越来越近，越来越朝着相互依赖的方向发展，相互影响，互补共生的一体联系。2000年间有过许多次民族战争，在当时是不同民族、不同王朝间的战争，从统一的多民族中国的形成发展及其确立的过程看，则都是中国历史的一部分，矛盾斗争的各方，都是中华民族形成发展史上不可缺少的一环。中国古代从"华夷之防"到"中华一体"，是一个经历了数千年矛盾对立统一的漫长过程。在这个过程中，中原和边疆都有过许多王朝。历代中原王朝无论统治民族是汉人还是其他民族，都继承和推行秦汉奠定的政治制度，从汉武帝以后历代都以儒家思想为各项制度与文化发展的理论基础。即使几个以北方游牧民族为统治民族的王朝，虽具有农牧两种文化结合的鲜明特点，仍以中国传统的制度和文化为主体。因而中国历代王朝更替，统治民族时或不同，但中华文化传统从来未被割断。

传统的"华夷之辨"把文化标准放在首位。与此相应，传统的"华夷之防"也是把保卫中华文化传统放在首位的。这一点，在中国古代的关于"正闰"的争辩中表现得相当明显。从汉代分裂之后，出现了魏、蜀、吴三国，西晋短暂统一之后，又大分裂，北方和西北一些少数民族走上了争夺中原政权的历史舞台，进而形成了中国古代史上第一次南北王朝对峙。这样同时存在几个王朝，

---

① 《古史辨》第7册，《三皇考》。

就发生了"正统"属于谁的问题。隋唐两代在制度、文化等方面都大力提倡和恢复汉晋传统，却并不否认北朝的合法性。宋代民族矛盾尖锐，理学昌隆，关于"正统"问题有许多辩论。欧阳修作《正统论》上、中、下三篇及附论（《居士集》卷十六），司马光在《资治通鉴》中也有关于"正闰"的长篇评论，朱熹在《通鉴纲目·凡例》中对怎样才算"正统"有明确的说明。他们共同的标准都强调是否统一了"天下"，欧阳修则尤其着重强调是否延续和发扬了儒家的"道统"。两宋时，辽、金雄踞中国北部，与宋朝对峙，欧阳修、司马光都曾主持朝政，而朱熹是影响宋以后数百年的一代理学宗师，他们衡量"正统"的标准，把大一统和儒家"道统"放在首位，而并不强调占统治地位的民族是夏还是夷，充分说明了"华夷之防"，是把保卫中国的统一和中华文化传统放在最根本的首要地位。

欧阳修的《正统论》太长，朱熹《凡例》关于"正统"问题的处理一条很明确，本文不拟征引。司马光的"臣光曰"颇具代表性，节引如下：

> 臣愚诚不足以识前代之正闰。窃以为苟不能使九州合为一统，皆有天子之名而无其实者也。虽华、夷、仁、暴，大、小、强、弱，时或不同，要皆与古之列国无异，岂得独尊奖一国谓之正统，而其余皆为僭伪哉！若以自上相授者为正邪，则陈氏何所受？拓跋氏何所受？若以居中夏者为正邪，则刘、石、慕容、苻、姚、赫连所得之土，皆五帝、三王旧都也。若以有道德者为正邪，则蕞尔之国，必有令主，三代之季，岂无僻王！是以正闰之论，自古及今，未有能通其义，确然不可移夺者也（《资治通鉴》卷六十九）。

金末文学家王若虚读到这一段评论，欣然感佩地赞同："正闰之说，吾从司马公！"（《滹南遗老集·议论辨惑》）元代为修宋、辽、金时期历史，关于"正统"问题辩论了几十年，差不多与元朝共始终，最后在元末还是以宋、辽、金各修"一代正史"的方式解决。明太祖的《论中原檄》中所表达的民族观，在古代可以算是典型代表了。《檄》中说：

> 自古帝王临御天下，中国居内以制夷，夷狄居外，以奉中国，未闻以夷狄治天下也。自宋祚倾移，元以北狄入主中国，四海内外，罔不臣服，此岂人力，实乃天授。然达志之士，尚有冠履倒置之叹，自是以后，

元之臣子，不遵祖训，废坏纲常 …… 夫人君者，斯民之宗主，朝廷者，天下之根本，礼义者，御世之大防。其所为如彼，岂可为训于天下后世哉！及其后嗣沈荒，失君臣之道 …… 于是人心离叛，天下起兵 …… 虽人事所致，实天厌其德而弃之也 …… 当此之时，天运循环，中原气盛，亿兆之中，当降生圣人，驱逐胡虏，恢复中华，立纲陈纪，救济斯民 ……

在北伐讨元之际，明太祖、宋濂等虽然在华夷关系方面提出了明确的口号，仍承认元朝入主中国是"天授"，因而在古人心目中就是合法了。明之所以要北伐，也因天已"厌其德"，强调是执行"天诛"，恢复"纲常"。明初，宋濂监修《元史》，对元世祖做了如下的总评：

世祖度量弘广，知人善任，信用儒术，用能以夏变夷，立纲成纪，所以为一代之制者，规模宏远矣（《世祖本纪·论》）。

《元史·地理志》对元代统一中国的评价也很高，《志序》说：

自封建变为郡县，有天下者，汉、隋、唐、宋之盛，然幅员之广，咸不逮元 …… 若元，则起朔漠，并西域，平西夏，灭女真，臣高丽，定南诏，遂下江南，天下为一。故其地北逾阴山，西极流沙，东尽辽左，南越海表。元东南所至不下汉唐，而西北则过之，有难以里数限矣。

（在管辖方面）汉、唐极盛之际，有不及焉。盖岭北、辽阳与甘肃、四川、云南、湖广之边，唐所谓羁縻之州，往往在是，今皆赋役之，比于内地。

成吉思汗至蒙哥汗时期，蒙古帝国所创地跨欧亚两洲的诸汗国，元朝皇帝仍名义上是他们的大汗，但《元史》限于中国传统范围以内，赞颂元朝大一统之盛。可见宋濂及明朝并不因提出"驱逐胡虏，恢复中华"就否定元朝的历史功勋。

清初，民族矛盾激化，抗清义军，此起彼伏。当时著名的思想家顾炎武在论证"亡国"与"亡天下"的异同时说：

有亡国，有亡天下。亡国与亡天下奚辨？曰，易姓改号谓之亡国；仁义充塞而至于率兽食人，人将相食，谓之亡天下 …… 是故知保天下，然后知保其国。保国者，其君其臣肉食者谋之；保天下者，匹夫之贱与有责焉耳矣（《日知录·正始》）。

从亭林先生这一著名论述中引申出"天下兴亡，匹夫有责"的命题，是中国古代爱国主义思想的重要精华。当时还有一位与顾亭林齐名的黄梨洲先生（宗羲），他们早年都参加过抗清斗争，在清朝统治稳定并大力提倡与推崇中华传统文化以后，他们都专心著述，虽不食清禄，终身不仕，也不再抗清，并在著作中颇寄情清廷能施行他们的经世致用之学。顾的外甥徐乾学兄弟，应科第并入仕清廷，徐乾学官至礼部侍郎、左都御史、刑部尚书等，还参与了监修《明史》《大清会典》《大清一统志》等官修史志与典制。当徐氏兄弟官运亨通、步步显达之时，乃舅仍一如既往与之保持亲密的联系。顾、黄等明清之际的大思想家与影响一代学风的大学者，他们在传统的"华夷之防"的理论与实践中，也是把保卫中华文化传统放在首位的。

在大一统格局中有"华夷之防"，又在统一的多民族中国的形成与发展过程中，各民族共同创造中华文化，便是中国古代由"华夷之防"到"中华一体"的辩证过程。清人段玉裁撰《说文解字注》，他在注解"夏，中国之人也"一句时说：

> 以别于北方狄，东方貉，南方蛮闽，西方羌，西南焦僥，东方夷也。

段氏强调了民族差别，依据先秦华夷对举的古义做解释。另一位清代学者王绍兰在他的《说文段注订补》中对这一条段《注》提出了批评，他说：

> 案，京师为首，诸侯为手，四裔为足，所以为中国之人也。

王氏着重从统一的多民族中国已确立的现实出发，阐明"中国人"应包括中国各民族在内，中国各民族是一个整体。段、王两位清代学者对"中国"一词的不同解释，反映了由"夏夷之辨""华夷之防"到"中华一体"的辩证过程和在统一的多民族中国确立以后人们观念上对"中国"一词含义认识的深化与词义的规范化，不啻是从"华夷之防"到"中华一体"发展过程的一个总结，是大有助于对传统"华夷之防"观的理解的。至1840年前后，士大夫关于"华夷之防"的议论，着重在于抵抗西方列强的侵略，但也有以顽固的封建王朝观念抗拒面向世界，抗拒接受先进文明的负面作用，这些已属另一范畴，与本书虽不无联系，仍当另文讨论，于此不拟展开了。

（三）中华民族从自在发展到自觉的联合

随着统一的多民族中国的形成、发展、巩固和确立，在中国古代，实际上已形成了中华民族整体。只是由于1840年以前，没有遇到来自中华大地以外足以危及中华民族生存的对立面，不可能在与外部势力的矛盾、冲突中显现中华民族的整体的存在，而中国历代王朝所推行的民族压迫制度和中国各民族间的矛盾、冲突，使人们集中注意中国各民族间的歧视、隔阂和斗争，而掩盖了各民族间的联系。对于这种未能成为民族自觉意识，但在2000年统一的多民族中国形成与确立过程中不断发展着的中华民族整体性，姑且称之为中华民族的自在发展。

中国古代，民族间的区别与认同虽然有了明确的标准，却没有形成"民族"这个词汇。中国人民在政治生活和科学文化领域中使用"民族"一词，是19世纪和20世纪之交从外文中引进的[①]。这是世界近代史上才形成的观念。在世界的近代，伴随欧洲资本主义的萌芽、发展和资本主义制度将取代封建制度而形成的一些民族，到1871年欧洲资产阶级革命结束时，已形成一系列的单一民族国家，从而也产生了民族（Nation）与国家（State Nation）一致的观念。这种在先有近代民族而后才形成近代民族国家的历史条件下所出现的民族与国家同一的观念传到中国，中国已经是一个有两千年发展历史的统一的多民族国家了。在已有了巩固的统一多民族国家的历史条件下，接受从西方传来的"民族"的观念，存在历史与文化背景很大的反差。因而在引进"民族"一词和最初几十年的使用中存在不同的理解和含义混乱的情况，丝毫不足为奇。从西方历史与文化背景的角度观察统一的多民族中国的民族与民族关系，自然也会觉得有许多问题不好理解。几十年来，学术界都希望揭示中国各民族与中华民族（或称中国民族）之间的区别与联系，曾有不少名家对这一问题进行论证和辨析。真正揭示了这两者的辩证关系本质的是中国近现代解决中国民族问题的进程。

伟大的革命先行者孙中山先生，在兴中会誓词中提出了"驱逐鞑虏，恢复华夏"的目标。这是从明太祖北伐檄文"驱逐胡虏，恢复中华"所表达的传统

---

①　参见林耀华《关于"民族"一词的使用和译名问题》及中国社会科学院民族研究所韩锦春、李毅夫两先生编辑的"民族"一词考源资料，搜罗繁富，足资参考。

华夏／汉民族意识中引申出来的。1905年，孙先生联合各革命政党组织革命同盟会，在誓词里提出的目标是：

> 驱逐鞑虏，恢复中华，创立民国，平均地权。

将"民族革命"与推翻专制帝制，创立民主共和国，平均地权，解决民生问题结合起来。当时孙先生虽然以推翻满洲贵族的政权作为"民族革命"的根本宗旨，却并不排斥满族及其他少数民族。武昌起义成功以后，孙先生当选为中华民国临时大总统，1912年元旦他在《中华民国临时大总统宣言书》中郑重宣告：

> 国家之本，在于人民。合汉、满、蒙、回、藏诸地为一国，即合汉、满、蒙、回、藏诸族为一人 —— 是曰民族之统一。
>
> 武汉首义，十数行省先后独立。所谓独立，对于清廷为脱离，对于各省为联合。蒙古、西藏，意亦同此。行动既一，决无歧趋，枢机成于中央，斯经纬周于四至 —— 是曰领土之统一。

孙先生以汉、满、蒙与回、藏概指中国各民族。这么多民族同处于统一的中华民国，孙先生指出，民族间不允许互相"宰制"，根据当时情形，尤其强调不可以仇视满人，"务与之平等处于中国之内"。在以后的十余年中，孙先生与军阀及其后台 —— 各国帝国主义进行斗争，对于中国民族革命的真谛有了更明确的认识。1924年1月23日在《中国国民党第一次代表大会宣言》中予以阐明：

> 国民党之民族主义，有两方面之意义：一则中国民族自求解放；二则中国境内各民族一律平等。

孙先生在这里所使用的"中国民族"，也就是现在通常所用的"中华民族"，是指体现中国各民族总称的整体而言。这个《宣言》已阐明了中华民族反对帝国主义以求独立解放和国内各民族一律平等两个方面的区别与联系。随着中国民主革命的发展，孙先生对中国民族问题深层次的认识上的飞跃，每一步都不是可以道里计的。他已原则上指明了中华民族自觉地联合成为一个整体的道路，给各民族以很大的启迪。

辛亥革命之后不久，帝俄策动当时外蒙古哲布尊丹巴活佛等宣布"独立"。1912年10月和1913年10月，哲里木盟（今通辽市）10旗王公等在长春两次举行东蒙古王公等会议，商讨赞成五族共和、拥护民国，反对外蒙古"独立"相关诸事宜。1913年初，在旧绥城（今内蒙古自治区呼和浩特市）又召开了西蒙古王公会议，内蒙古西部22部34旗王公一致决议"联合东蒙，反对库伦"，并通电声明：

> 蒙古疆域与中国腹地唇齿相依，数百年来，汉蒙久成一家。我蒙同系中华民族，自宜一体出力，维持民国。（《西盟会议始末记》）

这大概是在政治文告中，第一次由少数民族代表人物共同决议，宣告中国少数民族同属中华民族的一部分。

中国共产党一贯重视民族问题。但对中国既是多民族又是统一不可分割的整体，这样两个方面如何理解，也有一个认识的过程。因而，在民族问题上提出适合中国国情的纲领与政策，也需要一个发展的过程。1931年，日本军国主义者发动"九一八"事变，侵占了中国的东北，实际上已悍然发动了侵华战争。中华民族面临生死存亡的重大抉择。空前的民族危机，迫使中华民族的觉悟空前地飞跃。毛泽东指出：

> 帝国主义和中华民族的矛盾，封建主义和人民大众的矛盾，这些就是近代中国社会的主要矛盾……而帝国主义和中华民族的矛盾，乃是各种矛盾中的最主要的矛盾。

这样就从本质上揭示了中华民族在帝国主义的侵略面前，是一个整体。体现着中国各民族整体与根本利益的中华民族，是帝国主义侵略者的直接对立面。同时，中华民族当中还包括汉族和数十个少数民族，应该废除民族压迫，促进国内各民族的平等联合。因而解决中国民族问题的总纲领是：

> 对外求中华民族的彻底解放，对内求国内各民族之间的平等。

与孙中山先生在1924年所解释的民族主义纲领一致。在实践方面，逐渐摸索出在统一的多民族中国实行民族区域自治以及废除民族压迫、禁止民族歧视、加强民族团结的一系列的民族政策，从而在明确的理论基础和具体政策指引下，实现了中国各民族的平等联合，中华民族已实现为自觉的整体。

中国革命在民族问题上所揭示的深层次联系，为学术研究开辟了道路。抗日战争的发展，极大地揭示了中华民族中各兄弟成员之间休戚与共、祸福相连、存亡之机、不可分割的性质。从日本军国主义的铁蹄下解放出来，只能是中华民族全民族共同进行的伟大的民族解放战争。中华民族这种最广泛的认同，产生了无比巨大的凝聚力，结成了包括当时中国各政党和中国各民族以及海外侨胞、华人最广泛的抗日民族统一战线。全民族抗战的八年，艰苦卓绝，同仇敌忾，终于取得了抗日战争的伟大胜利。

抗日战争时期，一方面在学术界引人注目地提出了中华民族是一个整体的论证，同时学术界也注意到在强调中华民族是一个整体的前提下，要承认少数民族的存在，并且对少数民族的社会、文化、习俗等展开了一些调查。如何将这两方面从科学上加以概括，费孝通教授进行了长期的调查、研究和思考，于1988年撰写了《中华民族多元一体格局》，他说：

> 我将把中华民族这个词用来指现在中国疆域里具有民族认同的十一亿人民。它所包括的五十多个民族单位是多元，中华民族是一体，它们虽则都称为"民族"，但层次不同。

> 中华民族作为一个自觉的民族实体，是近百年来中国和西方列强对抗中出现的，但作为一个自在的民族实体，则是几千年的历史过程形成的。

费老的论文，对中华民族的结构全局做了高层次的概括，在中国历史学、考古学、文化学、民族学等多学科中，都有较深刻的影响，可见其学术价值，是得到了较广泛认同的。由于对中华民族的上述理解，因而只强调中华民族的一体性，忽视了各民族客观地存在的不同特点、民族意识和民族利益，或只强调中华各民族都是具有不同特点、民族意识、民族利益的单一民族，而忽视了中华民族的一体性和中华民族的共同利益，都是片面的。

中华民族的文化源远流长，是一个有极强大凝聚力的民族。对全民族都迫切希望为之奋斗的历史使命理解越深，就越能使中华民族的凝聚力发挥出巨大的功能。在中华民族已经获得了独立解放，实现民族平等、团结以后，最根本、最中心的历史使命是中华民族的现代化。改革开放是中华民族现代化的必经之路。现在为实现中华民族现代化而共同奋斗，已成为中华民族自觉联合最广泛、最深刻的民族觉悟。不仅大陆上的各兄弟民族在改革开放进程中已发生了巨大的变化，中国经济建设的成就，其中包括中国各民族地区经济建设的成就，举世为之瞩目和称许，同时，大陆各民族与台、港、澳同胞的关系以及与海外华侨、华人的联系也得到了很大的改善和发展。整个中华民族的大团结，正随着现代化事业的发展而日益得到增进，伟大祖国完全统一的前景，也为所有中华民族子孙所深切关心。这些都使海内外中华民族子孙为之欢欣鼓舞，为中华民族的振兴和祖国的完全统一贡献自己的力量，是海内外中华民族子孙共同的心愿。这不仅是因为"血浓于水"，更有扎根于极为深厚历史土壤的中华民族传统文化和深厚民族认同感所形成的凝聚力在推动全民族为面向现代化，面向未来，面向世界而共同奋斗。赵朴初先生曾就"中华民族凝聚力"议题赋诗称颂说：

> 出题能令万民思，九派群科尽在兹。
>
> 功德日增凝聚力，寻根长发万年枝。

满族学者、著名书法家启功先生也赋诗称颂：

> 黏如胶漆，甘如饧蜜，
>
> 民族众多，团结如一，
>
> 中华文化，繁荣扬溢。
>
> 凝聚千秋，永世迪吉。

两老的华章，对于中华民族现代化事业所发挥的巨大凝聚力，做了画龙点睛的描绘。中华民族的现代化，是中华各民族共同繁荣的伟大事业，是中华民族恢复历史上所处世界领先地位，重新跻身世界先进民族之林的伟大历史进程。中华民族的现代化，必将使中华民族博大渊深的传统文化发扬光大，在现代物质文明与精神文明的基础上发展得更加光辉夺目，为世界文明的发展做出更为卓越的伟大贡献。民族地区拥有广阔的天地和丰富的资源，如何随着民族地区现代化建设的发展，促进各兄弟民族共同发展为现代化的民族，这是中华民族现代化、中华民族共同繁荣的重要组成部分。其中有许多课题，有待进行深入的、认真的调查与研究。国家民委、中国社会科学院等有关领导部门，正着手组织进行一次少数民族现状和发展问题的较为全面的社会调查。这是非常及时和令人鼓舞的。深信这次调查，将会对民族地区的现代化建设与各民族现代化的发展过程中出现的新情况和新问题，积累科学的资料并做出有说服力、有启发性的科学分析。调查研究越充分，越能为民族地区和各民族现代化进程的顺利发展提供有利条件。现代化事业越发展，中华民族的大联合越巩固，传统的中华文化，也必将在现代化的进程中，放射出光耀夺目的光辉。[①]

---

① 本节作者陈连开：本文为作者在第四届"现代化与中国文化研讨会"上的报告，收入乔键、潘陷主编《中国人的观念与行为》。收入本书时文字略有改动。

四　中国民族研究的识异与求同

中国古代文献关于不同民族的记载，其由来非常古远。以近代学科形态出现，则1902年梁任公《新史学》、1906年《历史上中国民族之观察》及1922年《中国历史研究法》已越来越明确民族史在中国史学中的地位。民族学自19世纪中叶在欧美形成学科，1903年，林纾、魏易即将德国哈伯兰（Michael Haberlandt）的《民族学》由英译本译成中文，书名《人种学》，交京师大学堂书局出版。中国正式使用民族学的名称从1926年蔡孑民先生发表《说民族学》到现在也有70年。当前，在中国内地，将研究民族问题诸学科，统称为民族研究，已成为一个包括民族史、民族学、民族语言学、民族问题理论、民族经济等诸多学科的学术部门。

这是中国民族问题所占重要地位决定的。

回顾内地1949年以后民族研究的总体情况，大概可以分为三个阶段：

第一阶段是20世纪50年代。当时是以民族识别为中心，进行了广泛的访问、调查和研究。

中华人民共和国成立以后，中央人民政府决定完全废除历史上遗留的民族压迫制度，制定和推行民族平等、团结和民族区域自治的政策。这就需要识别和确定到底有多少民族。据1953年统计，全国各地所报自称或他称有400多个，经过20世纪50年代至80年代的调查与识别，至1982年，确定中国有56个民族，除汉族以外，其他55个兄弟民族称为少数民族。少数民族是指人口数量与汉族比较居于少数，政治权利无论人口多少，各民族一律平等。

民族识别工作，一是区分汉族和少数民族；二是区分是单一民族还是同一民族中具有不同地区性或其他特殊从业、生活方式等特点的人们群体（中国台湾学术界称为族群）；三是要确定各民族为大多数人民乐于接受而且较为科学的名称。

这是一项政策性、科学性都很强的工作。因为中国是个很古老的多民族国家，地域广大，民族众多，语言多样，社会发展很不平衡，要把民族识别的工作从理论到实践都解决得非常圆满，不是一件容易的事。依愚所见，民族识别工作的主要成果，是确定了当代中国有56个民族。这样才能顺利推行民族平等、团结和民族区域自治的政策，全面开展民族工作。在科学上和理论上，坚持民族是历史的产物，而不是古代某一英雄人物或氏族、部落简单的血缘延续。各民族有共同的历史，却不一定是单一的来源。事实上，在中国这样有数千年民族共处历史的国家，不可能是单一来源的民族；必然是以古代某一族体为核心，在发展中涵化吸收了不同来源才形成了当代中国的某一民族。在科学研究方面，依据各民族的客观实际，确定其社会发展水平、社会形态、族体特点，但在民族识别上，则凡有民族认同要求，并具备确定为单一民族的条件，经过中央人民政府确认的，一律称为"民族"，享有平等的权利。

上面笔者只能简单陈述一孔之见，希望进一步了解中国民族识别的理论与实践，则有黄光学、施联珠两位专家主编的《中国的民族识别》一书（民族出版社，1995年1月第1版）和该书所收录费孝通、林耀华两位教授的专论，可供参考。

第二阶段，1958—1965年，以对少数民族的族别研究为主，中心是调查研究各少数民族当时所处的社会发展阶段和特点，并且结合文献，研究各民族起源、形成、发展的历史，同时进行了最广泛的民族语言调查。此项规模浩大的调查研究，1956—1958年年初，由全国人民代表大会民族委员会主持，当时从专门研究机构、高等院校，抽调了民族学、历史学、考古学、社会学、经济学、语言学等学科的专家和学生组成8个少数民族社会历史调查组，分赴内蒙古、新疆、西藏、云南、贵州、四川、广东、广西等省区对20个少数民族的社会历史进行调查。1958年以后，少数民族社会历史调查工作改由国家民委和中国科学院哲学社会科学部（现中国社会科学院）领导，具体事务由民族研究所主持，调查组由原有8个增至16个，在全国各少数民族分布较集中的省区进行调查研究，人员最多时调查组人员达到千余人，其中中央民族学院历史系（现中央民族大学历史系和民族学系的前身）参加调查的师生达240余人。据不完全统计，从1953年开始试点到1956年形成8个调查组，1958年形成16个调查组先后所获资料340余种，总计3000万字左右，此外还有大量文物、照片和民族学电视片。在此基础上，由国家民委主持编纂了"民族问题五种丛书"（五种丛书已出版）。此外，还出版了一批研究少数民族社会形态、族别史、族别风俗志及语言文字与文化的专著。对少数民族族别研究的深入和推进，也促进了关于中国少数民族其他各相关学科的发展。

第三阶段是1978年到目前。这一阶段以地区民族研究、民族关系研究的发展较突出，汉民族研究的课题也提到了日程上来。在这些综合性研究有了相当进展的条件下，20世纪80年代末叶，及时提出了对中华民族进行整体性研究的任务，其中尤其是费孝通教授《中华民族的多元一体格局》一文发表以后，对中华民族的整体研究引起了国内外学术界的关心与瞩目。当然，上面所说三个阶段只是就其突出的特点而言，并不是能截然分开的。实际上1978年以后，对各民族的族别研究仍在发展而达到较为成熟，族别研究的著作大多是在1978年以后成书。对中国各兄弟民族的族别研究，任何时候都是民族研究不可缺少的课题。

综上，除1966—1976年"文化大革命"空前浩劫学术研究遭到破坏而停止以外，在1966年以前，内地的民族研究集中在对各少数民族的历史发展过程与当前社会、经济、语言文字、风俗习惯、宗教信仰、民族意识等各个方面的调查与研究，着重点放在研究其区别于汉族和其他少数民族的特点方面，换句话说，着重点放在"识异"上。在当时这是非常必要的，中国古代虽然有记述边疆各民族的传统，积累了大量资料；20世纪30—40年代对中国一些少数民族的调查研究也取得了若干可贵的成果，但对于全面推行民族工作，贯彻民族平等、团结与区域自治的政策而言，古代与20世纪30—40年代积累的知识与资料，都显得非常不够用，必须通过艰苦、细致、全面的科学调查研究，才能为全面开展民族工作、促进民族地区的发展提供较为系统和科学的知识。这样的调查研究不仅对促进民族团结、巩固祖国统一有积极的意义，对提高各兄弟民族的自信心和建设家乡、建设祖国的积极性也有重大的意义。深入地、科学地认识各民族历史与文化的特点，也是促进兄弟民族间互相尊重、互相理解、互相谅解、互助协作的必要条件。所以，民族研究方面的"识异"，不是使各兄弟民族越来越疏远，而是为促进各兄弟民族越来越在互相了解的基础上发展团结和互助提供必要的科学知识，为民族工作适应各民族历史、社会和文化特点，提供参鉴和决策的依据。所以不仅是一项严肃的科学研究工作，也是具有广泛应用性的调查研究工作。

　　1976年粉碎"江青反革命集团"以后，民族研究学术界共同感到，重点放在对少数民族一个民族一个民族的调查与研究，在一定阶段上有必要，同时也暴露出一些弱点。这些弱点集中表现在不能很好地阐释各民族发展中的相互关系，不仅是汉族与少数民族的关系，也包括各少数民族之间的关系。20世纪70年代末，有些学者反复撰文阐释历史上的中国与中国历史上的民族，对中国、中国民族等范畴进行探讨，以中国如此众多民族、悠久历史、广大疆域如何形成统一的多民族国家以及为何会形成统一的多民族国家而不是各民族分别在不同地区形成不同国家为中心，研究中国民族关系发展的过程及其内在的联系。1981年，在翁独健、白寿彝等老前辈的指导下，在北京香山召开了"中国民族关系史学术座谈会"。在这个座谈会的推动下，中国民族关系史、地区民族关系史、兄弟民族间的关系史以及民族关系的各个层面的研究工作十分活跃，每年都发表大量论文，而且20世纪80—90年代先后出版了通史体及地区的、民族间的关系史专著近20部。20世纪80年代末开始的对中华民族整体性进行研究，是在以往族别研究、地区性综合研究、民族关系史研究已取得显著成绩的基础上进行的。1951年老一辈史学家范文澜曾发表《中华民族的发展》一文，实际上提出了对中华民族进行整体研究的任务，但由于当时缺乏族别研究、地区性综合研究和民族关系史研究的基础，对中华民族整体研究的任务提出来而未能得到推进。停顿了40年以后，才出版了《中华民族多元一体格局》①《中华民族研究新探索》②《中华民族研究初探》。广东中华民族凝聚力学会先后召开过三次讨论会，均出版了论文集。重庆史式教授，联络中国内地、中国台湾及新加坡一批学者，共同研究和撰写《中华民族史》，已出版一本论文集。

　　如果说族别研究着重点放在"识异"，那么地区性的民族研究、民族关系史研究、对中华民族整体的研究等，着重点就是放在"求同"。这个"同"是

---

　　①　费孝通主编，中国社会科学出版社1991年版。

　　②　陈连开著，知识出版社1994年版。

客观存在的中华民族整体不可分割性、根本与长远利益的一致性、中华民族文化特质的共同性以及中华民族的大认同与凝聚力等，而不是人们主观上的虚构。对这些客观存在的事实进行挖掘、研究和阐释，就是"求同"。所以"求同"不是虚构"同"，而是把未能被认识的"同"通过调查、研究，反映与阐明清楚，成为民族的觉悟，或称民族的自觉意识。也可以说"识异"是"求同"的学术基础，"求同"是"识异"的旨归。传统中国哲学较重视"相辅相成"却忽视了"相反相成"。实际上这两者往往在同一过程中相互作用。在民族研究上，如果我们不关心和重视各兄弟民族之"异"，当然不是实事求是的科学态度；如果看不见各兄弟民族间的"同"，也违背了中国民族发展的客观实际。在实践中，如果片面强调中华民族的整体不可分割性和中华民族的共同利益而忽视了各民族的特点与利益，或反过来片面强调民族特点与利益而忽视了中华民族的整体不可分割性与共同利益，都是违背客观规律的，必然给中华民族和各兄弟民族之间的发展带来损失和挫折。这是近现代历史反复证明了的。笔者自知不学，然而为使命感所驱使，正在主编《中华民族的形成与发展》，试图从中华民族整体的形成、发展过程及主要层面，做一个较为全面的叙述和论证。

大陆与台湾民族研究学术的接轨，已有一个可喜的开端。在相互接触中，深感到彼此多接触、了解、取长补短的必要。同时也感到，无论学科名称、研究范畴，还是理论、方法和术语，都存在很大的差异。这种差异有些需要在学科接轨与整合中求同，使彼此能顺利交流、讨论，否则，各自所云，所指不同，无法达到交流的目的；有些是在学术思想上的不同流派，彼此并存，争鸣竞长，有什么不好！最近十余年来，费孝通、李亦园、乔健等几位教授创造条件，使海内外学者在香港、苏州举办了四次"现代化与中国文化"研讨会，着重从人类学、社会学角度讨论中国现代化与中国传统文化诸问题。1995年夏天，由费孝通教授倡导，中国和日本、韩国几位人类学、社会学名家费孝通、李亦园、乔健、中根千枝、金光亿在北京大学举办的"社会·人类学高级研讨班"授课。这些活动与大陆和台湾关于民族史及民族研究共同探讨的活动一样，都充分表现了学术接轨中识异、求同的热忱和愿望。

笔者自知不学，最近几年才有机会拜读台湾学者的一些论著，也有幸结识学界同人，亲自领教。但究竟了解肤浅，可能有些言不及义。但初步接触中，深有感受，觉得求同的基础非常雄厚。

首先是大陆及台湾学者，都发自肺腑，认定中华民族是一个整体。在这个整体中，汉族占绝大多数，无论人口、文化、经济都是中华民族的主干，同时还包括55个少数民族。中华民族是由汉族和众多少数民族组成的一个整体，中华民族的各个成员是享有平等权利的兄弟民族。海外华人，大多已加入居住国国籍，成为居住国的国民，有些仍是旅居海外的华侨。无论有居住国国籍的华人还是华侨，一般也都保持和发扬中华民族文化，是中华民族在海外发展的子孙。这种一个民族分别为不同国家国民的情况，在当代世界上并不仅中华民族如此。

其次，海内外华人拥有雄厚的经济实力和强烈的民族亲情以及振兴中华民族的愿望。大陆及台湾学界都怀着共同的使命感：通过研究，深入挖掘中华民族历史、文化、经济等各个层面的共同性，以促进中华民族的大一统和在现代化基础上的中华民族的振兴。

再次，笔者高兴地看到台湾学术界所持有的客观与求实的严谨态度。在20世纪80年代以前对汉族以外的中国各民族称为边疆民族，主要是指文化上有别汉族的各民族。1980年以后称汉族以外的各民族为少数民族。台湾的少数民族学者还提出无论汉族还是少数民族都称为兄弟民族。实际上大陆在政策上称汉族以外各民族为少数民族，在日常生活中常常称当代中国各民族为兄弟民族。从此次与会学者的一些论文中，可以看到台湾学者对大陆少数民族的研究，对大陆民族政策与民族工作都怀着深厚的兴趣。杨嘉铭先生初步统计，近20年发表的专书论文共60种，从内容上加以区分，"其中一般性论著23种，以大陆为研究对象者26种，专门研究台湾少数民族者11种，三者比例为2.1：2.4：1"。

最后，笔者怀着很大的兴趣，希望了解关于台湾人类学、社会学中国化或称本土化的讨论。作为一种近代学科，这些学科都是19世纪与20世纪之交或20世纪初叶传入中国的。又都是19世纪在欧洲形成的学科；20世纪，特别是第二次世界大战以后在美国有很大发展，并对这些学科的传播有世界性的影响。台湾研究民族学（文化人类学）的学者，大多有受欧美，尤其是美国专门教育的背景，有这些国家的高层次学位。他们运用所学研究中国的民族、中国的社会，自然有其特长；在大陆，我们这一代在成长时基本上与外界隔绝，缺乏这种特长，此是我们深感欠缺，需要补课的。可惜我们已迈向老年，补课也很有局限，于是鼓励年轻一代不故步自封，努力吸收世界各种学派的理论和方法充实自己，取其所长，扬弃不适用的部分。另一方面，大陆学者生活在各民族之中，接近研究对象，做了长期的实地调查，结合文献、考古、语言等方面资料，熟悉研究对象，有些方面的研究已达到相当的深度，已取得一些较为成熟的成果，这是大陆学者的优势与特长所在。如果大陆和台湾学者和衷共济，共同努力，取长补短，一定会在民族研究领域创造出有中国特点的新学科，成为中华民族现代文化的重要组成部分。中华民族的现代文化，必然是世界现代文化的一个组成部分，但不是西方文化的附庸，也不是对西方文化的模仿。它既不是洋装土货，更不是土装洋货，而是吸收了西方理论和方法并与中国国情及传统文化相结合创造出来的中国学科。在可以预见的未来，还不可能有一种完全国际化的文化，但可以期待一种与西方文化取得平等地位，并且与西方在现代化基础上交相辉映的中华民族现代文化。我们的祖先以其灿烂的东方文化与西方文化交相辉映，在中华民族的振兴中，中华民族的子孙应该发扬祖先的传统，创造出现代文化充实丰富人类文化的宝库。中华民族的民族结构有其特殊性和典型性，不需拿任何一种理论套用，却需要吸收各种有益的理论和方法进行深入研究，从中概括出新的理论和方法，以丰富世界民族学科的内容，从而使世界的民族学科更富于普遍性和科学性。长期以来，笔者从事中国民族史的研究，主要以历史学的方法，同时也吸收民族学、考古学、古人类学、语言学、地理学等相关学科的资料和研究成果，包括其研究方法和理论，试图阐明中华民族的形成过程和其中的内在联系。台湾学者将这种多学科的综合研究方法称为科际整合。在此次研讨会期间，林恩显教授多次提到民族关系史研究，并建议大陆学术界在进行民族关系研究时，吸收台湾学术界族群研究的理论。这是本人乐于接受的。记得1993年，听李亦园院士介绍台湾学术界关于人类学、社会学中国化的努力，有感成八行打油诗，曰：

西学中国化，自古有传统。

唐僧不畏难，取经集大成。

六祖灵根硕，本土立禅宗。

两岸同努力，可期成大功。

善于吸收外来优秀文化而不失民族特性，外来文化经过再创造成为民族文化的一部分，是中华民族的优良传统。我们深信大陆和台湾共同努力在民族研究领域中创立的诸学科，既是中国的，又完全是可以与国际学术界对应交流的，它们是中国现代文化不可或缺的一个组成部分。

修订本跋

一

1988年秋，费老在香港中文大学做Tanner讲演，发表了《中华民族的多元一体格局》这一著名论文。宏论甫出，洛阳纸贵。国家民委领导高度重视，1990年春在北京主办了民族研究（国际）学术讨论会。国内有来自民族学、历史学、考古学等学科的20多位著名专家；日、美、英等国也有人类学、民族学界的几位著名专家，大家共聚一堂，对"中华民族多元一体格局"展开了热烈的研讨。1996年，日本人类学、社会学、民族学界众多知名学者，在日本（大阪）国立民族博物馆召开了有中国人类学、社会学、历史学者参加的"关于中华民族多元一体论"学术讨论会。其他还有在文论中引述及教学中指定为参考书等情况。这些都表明了费老在民族研究方面这一丰硕成果，在国际上受到了广泛的重视和好评。

国内的影响自然更加深入而广泛。《中华民族的多元一体格局》发表之后不久，在福州举行的闽台文化学术讨论会上，大陆和台湾学者认为，不仅闽台文化有深远的共同渊源和诸多共同特点，并且闽台文化都是中华文化的有机组成部分。这种既有地区特点又构成中华文化整体不可分割的有机组成部分，是中华民族多元一体特点在文化领域中的生动表现。1993年在香港中文大学举行的"人类学、社会学在中国的发展"学术座谈会及随后在香港中文大学开头，到苏州继续进行的第四次"现代化与中国文化学术讨论会"上，海内外学者对中华民族多元一体的理论，也展开了深入的讨论。其他有海内外学者参加的相关学术讨论会和学术交流、学术论著对中华民族多元一体的研究和评介，不能一一详述。仅以上所叙，大概可以表明学术界对中华民族多元一体理论，已有了广泛的了解、讨论和运用。即便有些学者持有不同学术见解，也认为费老提出了一个很重要的理论，开拓了对中华民族进行整体研究这个重大的课题。

其重要意义，已超出了民族研究的范围。至于在民族史研究方面的指导意义，《历史研究》1996年第2期发表了林甘泉研究员的论文《20世纪的中国史学》，评论说："民族史研究也有很大进展，中华民族多元一体的观点，得到了广泛的认同。"其他在文化学、考古学等方面的响应与发展，不再在此备列了。

总之，《中华民族的多元一体格局》是费老对中华民族结构的高层次概括，是对中华民族形成研究的开拓，并已为此项研究创立了核心理论。费老在谈到各方面的好评时，很谦逊地说："我从朋友的反映中得到了鼓励。鼓励不是来自我说明了中华民族形成的经过，而是提出了对中华民族形成的整体观点。"他还指出，对中华民族形成进行研究，目前还处在起步的阶段，需要经过几代人的共同努力，才能使之臻于完善。

使我们深为庆幸和欢欣鼓舞的，不仅是因为费老开拓了中华民族形成的研究新领域，并且创立了指导此项研究的核心理论；更加使我们感动和振奋的是，费老以近90岁遐龄，仍以诲人不倦的精神，指导我们的学习和研究工作，并期待研究工作在各个层次向前推进。有如此幸运，作为后学，岂敢稍怠于学！所以，在费老的宏论发表以后的十余年，不仅在中华民族研究方面不断有所收获，而且，笔者还被批准以中华民族形成史为专业方向招收博士研究生，中华民族研究的后续梯队，正在逐步成长。

二

中华民族多元一体格局理论和中华民族形成的研究，在20世纪晚期的中国出现高潮，是有其历史必然性的。对中华民族结构中的"一"与"多"进行讨论和研究，盖可说与20世纪同步而来，又在20世纪中华民族的每一个历史关键时刻，都引发出研究讨论的新高潮。费老对这一问题的思考和探索，也持续了几十年。

当19世纪与20世纪相交的前后10年，中国经历了甲午海战惨败、戊戌变法遭残酷镇压、八国联军烧掠北京等一系列重大历史事件，表明中华民族已面临生死存亡的危机。故义和团爱国运动如火如荼，而孙中山先生领导的革命也前仆后继。中华民族的觉悟得到了空前的提高。

据专家考证，将西文 Nation 一词译为民族，是在19世纪80年代初。但较为明确地使用民族、民族主义、民族帝国主义并出现了汉族、中华民族等术语和名称，则是在20世纪初叶。由于资本主义上升时期，在欧洲形成了一些资本主义民族，在资本主义确立过程中形成了一批民族国家，因而在欧洲形成了民族与国家含义相通的同位关系。而中国自古有众多民族，自秦汉以来形成统一多民族中国也有2000余年的发展和确立的历史。因而引进欧洲的"民族"概念，和中国历史及民族结构，形成了极大的反差。中国的各种政治派别和学术界，在使用"民族"一词时，其含义有很大的差别。

　　1901年，梁启超主编的《清议报》第94、第95期上连载《国家思想变迁论》，介绍了欧洲近代由"民族主义时代"到"民族帝国主义时代"的演变。1902年，梁先生在其《新民说》中进一步论证了19世纪末叶欧洲列强瓜分世界并形成了世界殖民体系，指出中国有面临被瓜分的危险，得出结论说："故今日欲抵挡列强之民族帝国主义，以挽浩劫而拯生灵，惟有我实行民族主义之一策。"梁氏当时主张在中国实行民族主义，只有推行君主立宪才能实现，把希望寄托在满洲贵族实行"满汉一体"，推行君主立宪上。

　　与立宪派相同的是，革命派也倡导在中国实行民族主义，政治主张却与立宪派对立。他们坚决主张推翻清朝，其民族主义突出的特点在于"排满"。孙中山先生与一般单纯"排满"者不同，主张将推翻清朝与推翻两千年专制帝制相结合。1906年12月2日《在东京〈民报〉创刊庆祝大会上的演说》一文中，孙先生解释"民族主义，并非是遇着不同族的人便要排斥他 …… 惟是兄弟曾听见人说，民族革命要尽灭满洲民族，这话大错"。

　　在宣传自己的政治主张同时，无论是革命派还是立宪派，都进行了相应的学术研究，发表了如《论汉种》《中国民族论》《论中国的种族》等文章。1902年，梁启超发表《新史学》，指出："历史者何？叙人种之发达与竞争而已。"此处梁先生所说"人种"，包括"民族"与"种族"在内。1903年梁先生著文介绍《政治学大家伯伦知理之学说》，对德国国际法与政治学家 J. K. 布伦奇利的学说做了评介，在论证中国的民族区分与民族主义时，断言："吾中国言民族主义者，当于小民族主义之外，更倡大民族主义。小民族主义者何？汉族对于国内他族是也。大民族主义者何？合国内本部属部之诸民族对于国外之诸族是也。"他认为，如果中国能在列强侵夺中不亡而自立，"势不得不取帝国政略，合汉、合满、合蒙、合回、合苗、合藏组成一大民族……果有此事，则大民族必以汉人为中心点，其组织者必成于汉人之手，又事势之不可争夺者也。"1906年，梁先生进而发表《历史上中国民族之观察》，指出中国在帝国主义瓜分危机面前必须避免内部省界和民族间的纷争，故作此篇"其将唤起我民族之感情"。他以突出的笔调强调指出："现今之中华民族（指汉族）自始本非一族，实由多数民族混合而成。"并分析了汉族融合吸收的诸多民族成分，有些未融入汉族当中，仍是当今中国的非汉族，如苗、瑶等中国少数民族。

辛亥革命推翻了专制帝制，创立了中华民国，其影响远逾中国范围，也证明了立宪派政治纲领不符合当时中国历史主潮流。辛亥革命以后，梁启超先生实际上接受了共和政体，同时孙中山先生也采纳了汉、满、蒙古、回、藏"五族共和"的立国原则。辛亥革命以前关于汉族对满族的立场及中华民族结构的争辩，至此客观上统一了。但关于中华民族的含义及其结构中的"一"与"多"在科学上的阐释，尚未真正展开。

抗日战争开始以后，关于中华民族的命运前途及如何动员全民族团结抗敌的研究和讨论又一次形成高潮。1939年，抗日战争进入相持阶段，历史学家顾颉刚先生等力倡"中华民族是一个"的观点。强调大敌当前，中国不可分为本部或属部，汉族与边疆少数民族是一个整体，中华民族是一个，共同进行抗日战争，以争取中华民族的解放。顾先生等从现实和历史结合的角度论证了中华民族的整体不可分割特点。对顾先生上述观点，费先生同意中华民族应团结一体进行抗日的观点，但从民族研究学理角度观察，也应该承认中国是一个拥有众多民族的国家。当时费先生还年轻，1935年在清华研究院结业时曾听从史禄国教授建议到广西瑶山调查，开始以"社区研究"的理论和方法进行民族研究，在1939年以《益世报》学术副刊为阵地对关于中华民族结构中的"一"和"多"进行讨论时，强调要注意多民族的存在，才能真正团结中国各民族共同抗日。这场学术争辩范围不算大，却涉及如何认识中华民族结构中的"一"与"多"，因而含义十分深刻。

在政治实践与学术研究中如何认识和处理中华民族这个以汉族为主体，

同时又包括众多少数民族的局面，如何认识和处理好中国民族问题中对外求中华民族独立解放，对内求中华各民族平等的关系，是贯穿中国近代社会矛盾的一条主线，任何政党或研究中国人文社会科学的流派，都不可能回避这个客观存在。中国共产党自诞生之日起，一直站在中华民族独立解放斗争的最前列和居于领导地位，对中华民族独立解放的问题也经历了一个由浅入深的认识和实践过程。1938年，毛泽东主席在《论新阶段》的报告中指出："我们的抗日民族统一战线，不但是国内各党派各阶级的，而且是国内各民族的。"他说："当前的第十三个任务，就在于团结各民族为一体，共同对付日寇。为此目的，必须注意如下各点：第一，允许蒙、回、藏、苗、瑶、夷、蕃各民族与汉族有平等的权利，在共同的原则之下，有自己管理自己事务之权，同时与汉族联合建立统一的国家。"此外，还对尊重各民族语言、风俗文化和反对大汉族主义等方面，都做了创造性的阐释和规定。在《目前抗日统一战线中的策略问题》中，毛主席再次强调："实行民族主义，坚决反对日本帝国主义，对外求中华民族的彻底解放，对内求国内各民族间的平等。"当时在延安聚集了一大批历史学家和研究民族问题的学者，其中有些参与了《中国革命与中国共产党》一书的撰述，该书第一章有"中华民族"一节，阐述当时中国四亿五千万人当中"十分之九以上为汉人。此外，还有蒙人、回人、藏人、维吾尔人、苗人、彝人、僮（壮）人、仲家人、朝鲜人等，共有数十种少数民族，虽然文化发展的程度不同，但是已有长久的发展历史。中国是一个多数民族结合而成拥有广大人口的国家。"

上述毛主席发表的诸文阐明了中国共产党关于解决中国民族问题的基本路线和政策，对国内少数民族也逐渐明确地创制了民族区域自治的基本政策。此时，也正是在重庆展开关于中华民族结构中"一"与"多"两个侧面如何正确认识的学术讨论的时候。两者同时存在，深刻地反映了关于中华民族与中国各兄弟民族之间的辩证关系，已引起了深刻而广泛的关注；说明正确认识中国的民族结构和民族关系，对于中国政治生活及中国历史、文化等方面都是不可回避的课题。

由以上叙述可以看出，在中华人民共和国成立以前，关于中华民族结构的学术研究，已进入基础学术理论的尝试阶段，而解决中国民族问题的政治路线和政策已有了巨大的创造性的推进。

中华人民共和国成立以后，不仅已实现了中华民族的独立和解放，也实现了国内各民族的平等团结。这是中国民族关系一个根本性变革和转变。费老以满腔热忱投入实现民族平等团结的实践和研究工作。1950年到1952年参加中央访问团，并负责领导贵州和广西两省的访问和调查工作，切实地开始了他有系统的民族研究。当时他还参加筹备中央民族学院，担任院领导，具体组建和指导研究部的工作。从1954年开始，又着手参与组织少数民族社会历史调查。同时，他力倡写出一部反映中国民族发展和中国各民族共同缔造的中国历史，并且亲自编写讲义，登台讲授中国民族史。不幸的是，1957年夏，费老的研究工作突然被中断，并从此持续了23年。思考虽仍在持续，终究使研究工作受到很大的损失。所幸在改革开放以后，费老重新工作，虽然已是古稀高龄，仍以加倍热忱，坚持行行重行行，调查研究，观察思考，在民族研究方面终于到1988年发表了《中华民族的多元一体格局》，使中外学术界为之惊叹和振奋。这既是费老在民族研究领域中一个总结性的巨大成果，也可以说是对20世纪以来中华民族结构"一"与"多"辩证关系的研究，一个阶段性的总结，从而开拓了关于中华民族研究的新局面。这是中华民族已开始在现代化基础振兴的大道上迈开步伐的历史时刻，学术研究也开始迈向繁荣盛世的一种突出的表现。大家都可以看出，中华民族多元一体的理论及中华民族形成史研究的推进，不仅对中国史学、民族学等学科的建设具有重要的学术价值和指导作用，对提高中华民族整体认同的自觉意识，增进民族团结和中国的完全统一，也是重要的学术思想武器。

三

十年前（1989年），为了开好"1990年民族研究（国际）学术讨论会"，费老指示笔者将《中华民族的多元一体格局》所征引的论文编集成册，出版了《中华民族多元一体格局》一书。此书于1989年在中央民族学院出版社（1993年更名为中央民族大学出版社）出版以后，在国内影响很大。1990年获"北京市哲学社会科学优秀成果特等奖"。在出版10周年之际，恰逢伟大祖国50

年大庆，费老也即将迎来90岁华诞，承出版社美意，计划出版《中华民族多元一体格局》（修订本），以示热烈庆贺。费老对出版社的美意以及10年来各方面朋友的支持、鼓励深表感谢，对近10年中华民族形成研究的进步，也表示欣慰，同意出版修订本，即嘱咐我办好此事。对于老人家的信任和嘱托，我深感责任重大而又水平有限，每走一步都主动请费老给予指导并与出版社方面具体商量。

我想，原本是以费老的论文为主旨并收录费老征引的论文与相关两篇论文成册的，现增录诸文，都是费老与我在国内外讨论中华民族多元一体格局所提供的论文，都是以中华民族多元一体格局为核心理论的研究成果。把这些论文收集在一册，内在的联系与逻辑顺序，不啻是一本自成体系的学术专著。于是除对原书做了校订，改正其中一些错排错印，对原书所收及此次增收诸文均不改其原貌，而又按学术专著的体裁编集，使之顺理成章，自成体系。

（一）以费老向在日本（大阪）国立民族学博物馆召开的"关于中华民族多元一体论"国际学术讨论会提供的《民族研究——简述我的民族研究经历与思考》为《代序》，说明了"多元一体"理论的来龙去脉。

（二）以费老《中华民族的多元一体格局》以及《中华民族研究的新探索》为全书《导论》，实际上是全书的大纲。

（三）以下依《导论》所表述的学术体系，分为《中华民族的起源与形成》《民族称谓含义的演变及其内在联系》《中国历史上游牧民族的地位》《中华民族研究的理论与方法》四章，以与《导论》相互呼应和补充，表明这几章多是以中华民族多元一体格局理论为核心的最新研究成果。每篇文后均注明作者和原刊于何处，以备核考。

现在书已经编好，责任编辑邱立同志十分认真负责，争取尽可能降低差错率。我仍心怀惴惴，深恐有负广大读者所望。其中错误与偏漏之处，仍祈师友及广大读者指正。

陈连开

1999年5月1日